YINGKE® 盈科

盈科全国业务指导委员会系列丛书

拒绝危险关系

婚外情的法律应对

盈科律师事务所 / 编
杜　芹　郑素洁 / 主编

法律出版社 LAW PRESS · CHINA

本书编委会

主 编 杜 芹 郑素洁

副主编 李金涛 许慧芳 谢达梅

编 委（按姓名拼音顺序）

安立刚 曹梦珊 陈文玉 陈 希 崔丹萍

林劲松 刘静慧 马 刚 谭佳琪 涂 红

王峰明 王艳芬 吴 艳 谢翠芹 杨灿煌

张 静 朱楚欣

YINGKE® 盈科

目录

第一章　今天,让我们直面婚外情 / 001
第一节　婚外情现象 / 001
第二节　为什么婚外情会长期存在 / 006
第三节　婚外情引发的深远影响 / 010
第四节　如何应对婚外情 / 016

第二章　婚外情与民事权利 / 021
第一节　婚外情里的人,名誉及隐私是否受保护 / 021
第二节　婚外情引发侵害他人身体,如何赔偿 / 028
第三节　婚外情中的财产损害纠纷 / 032

第三章　婚外情与民事纠纷 / 043
第一节　婚外情赠房,还钱还是还房? / 043
第二节　夫妻财产系共有,伤情伤财不容许——婚外情与占有返还、返还原物纠纷 / 050
第三节　三角情易断,共有物难分——婚外情与共有纠纷、共有物分割纠纷 / 060
第四节　伤人伤情又损物——婚外情与物权保护纠纷 / 067
第五节　婚外情获赠岂能落袋为安——婚外情与不当得利纠纷 / 073

第四章　婚外情与家事纠纷 / 080
第一节　不该有的同居，分手如何分财？ / 080
第二节　婚外情里的孩子，抚养问题何去何从？ / 088
第三节　婚外子女的尴尬继承 / 099
第四节　婚外情离婚，如何抚平这个痛？ / 113
第五节　离婚后发现婚外情，财产可否重分？ / 127

第五章　婚外情与行政处罚 / 140
第一节　情人的裸照、性爱视频拍不得、更发不得 / 140
第二节　发短信、打电话内容不当也会遭行政处罚 / 150
第三节　故意伤害他人不构成犯罪不代表不违法 / 157
第四节　丈夫婚外情有过错受道德评判，妻子维权不当侮辱诽谤遭行政处罚 / 176
第五节　站住！别人的住宅岂能轻易迈进 / 186
第六节　过错方婚外情寻花问柳，受害方不当维权成寻衅滋事 / 194

第六章　婚外情与危害公共安全类犯罪 / 204
第一节　一着不慎，婚外情亦会危害公共安全 / 204
第二节　入围城为情所困　求解脱火烧无辜 / 215
第三节　交通肇事岂容婚外情人在公共道路上泄愤 / 222

第七章　婚外情与侵犯生命、健康类犯罪 / 234
第一节　围城内外的暴力伤害——婚外情与故意伤害罪、故意杀人罪 / 234
第二节　因过失葬送的生命——过失致人死亡罪 / 245
第三节　遗弃罪迷失自己也践踏生命——遗弃罪 / 251

第八章　婚外情与侵犯性的自主决定权及妨害婚姻类犯罪 / 258
第一节　一朝婚外多情缘，他日不慎惹性侵——强奸罪与婚外情 / 258
第二节　婚外情里藏猥亵，悔不当初叫苦连天 / 267
第三节　从婚外情到重婚罪，有多远 / 274

第九章　婚外情与侵犯公民人身自由类犯罪 / 288
第一节　爱情不是囚禁的理由——非法拘禁罪 / 288
第二节　孩子遭绑架，罪魁祸首竟然是婚外情 / 293
第三节　住宅易侵入、心房难再开——非法侵入住宅罪 / 303
第四节　诬告陷害，害人反害己——诬告陷害罪 / 309

第十章　婚外情与侵犯他人名誉、隐私类犯罪 / 316
第一节　侮辱诽谤求平衡，害人害己入了刑 / 316
第二节　帮他人购买、调查婚外情信息也会带来牢狱之灾 / 326

第十一章　婚外情与侵犯财产类犯罪 / 338
第一节　婚外情背后的勒索敲诈 / 338
第二节　隐藏在婚外情中的“桃花劫”——抢劫罪 / 354
第三节　财物易盗、人心难留——盗窃罪 / 365
第四节　婚外情与故意毁坏财物罪 / 374

第十二章　婚外情与扰乱公共秩序类犯罪 / 380
第一节　无事生非反害己——寻衅滋事罪 / 380
第二节　用力过猛的婚姻保卫战——聚众斗殴罪 / 388
第三节　伪造离婚证，断送真感情——伪造、变造、买卖国家机关公文、证件、印章罪 / 394

第十三章　婚外情与贪污贿赂及妨害司法类犯罪 / 402
第一节　情人窝藏包庇犯罪人，引罪上身 / 402
第二节　受贿的代价 / 412
第三节　因婚外情牵出的那些贪污事 / 423

结语　远离婚外情，从今天开始 / 437

第一章　今天，让我们直面婚外情

第一节　婚外情现象

对每一个婚姻中的当事人来讲，婚外情无疑都是最不能容忍的。因为它冲击了婚姻的根基——夫妻感情和夫妻信赖。卢梭曾经说过：“婚姻的结合要求夫妻双方都要忠实，忠实是一切权利中最神圣的权利。”

通俗来讲，精神出轨、婚外性行为、“言语聊骚”、“一夜情”、出轨、通奸、姘居、“包二奶”、包养、婚外同居、重婚等行为，都属于婚外情的范畴。当然，这些词汇本身并不严谨和规范，但已然代表了创造这些词语的人背后的是非立场。这些行为中，有的是单纯的性满足、精神满足，有的是钱色、权色交易，也有的包含真的感情。但无论怎样，都无法排除它们属于“婚外”，于法所不容，属于违背“夫妻应当互相忠诚”基本原则和义务的“非法行为”。而这些又成为婚姻家庭关系和社会关系中其他一系列问题的诱因：家庭矛盾、家庭暴力、家风扭曲、离婚率上升、离异家庭子女教育、婚外生育子女安置、名誉权与隐私权被侵犯，甚至引发了违法犯罪行为等，成为社会不和谐不安定的因素之一。

在我国，婚外情现象时有发生，先看一份情感数据调查，见图1－1：[①]

---

① 参见https://www.sohu.com/a/328503219_117399，2020年9月30日访问。

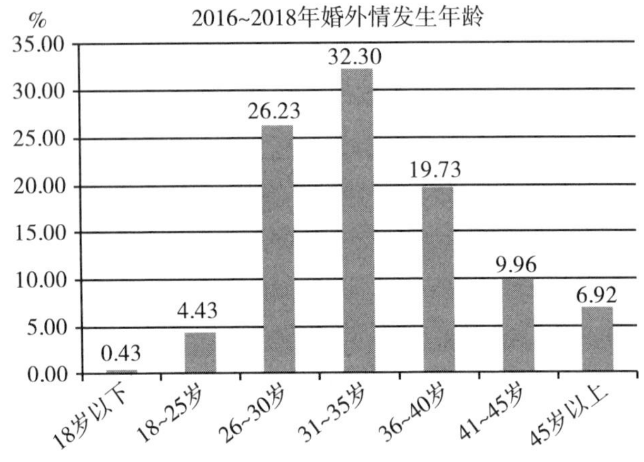
2016~2018年婚外情发生年龄
%
35.00
30.00
25.00
20.00
15.00
10.00
5.00
0.00
0.43
4.43
26.23
32.30
19.73
9.96
6.92
18岁以下
18~25岁
26~30岁
31~35岁
36~40岁
41~45岁
45岁以上

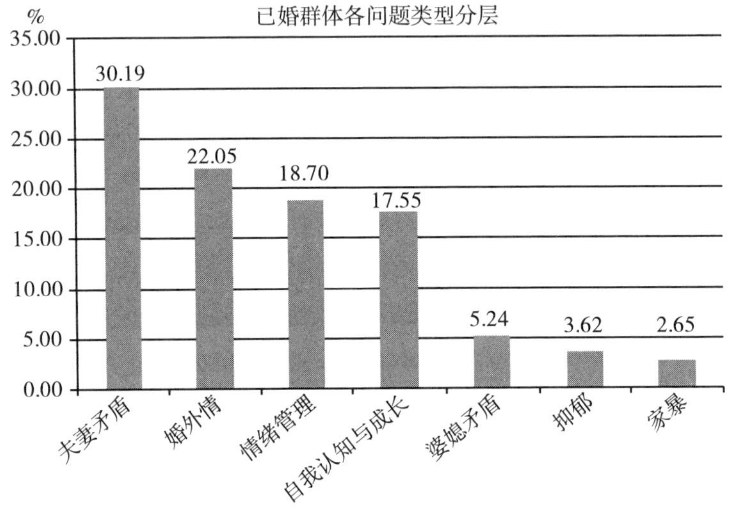
已婚群体各问题类型分层
%
35.00
30.00
25.00
20.00
15.00
10.00
5.00
0.00
30.19
22.05
18.70
17.55
5.24
3.62
2.65
夫妻矛盾
婚外情
情绪管理
自我认知与成长
婆媳矛盾
抑郁
家暴

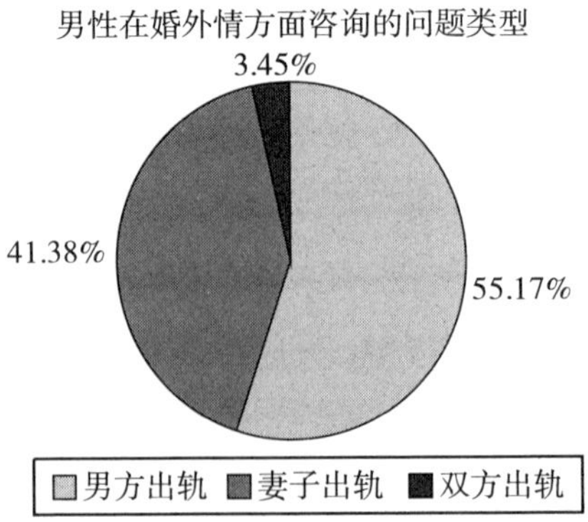
男性在婚外情方面咨询的问题类型
3.45%
41.38%
55.17%
男方出轨
妻子出轨
双方出轨

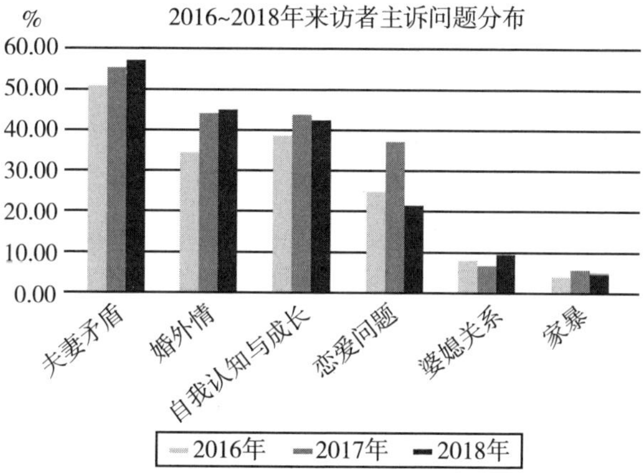

图 1－1　情感大数据调查(节选)

如图 1－1 所示,婚外情多发年龄段为 31 岁至 35 岁,已婚群体最常咨询的问题中婚外情排第二位,男性婚外情的比例高于女性,2016～2018 年婚外情的咨询比例呈上升态势。

下面再看来自《事实说》的《2016 年中国人出轨态度调查报告》,见图 1－2:①

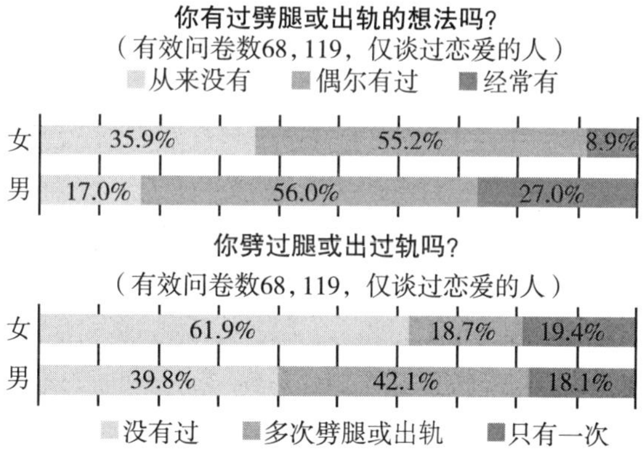

数据来源:事实说调查　调查支持平台:腾讯问卷

① 《2016 中国人出轨态度调查报告》,数据来源:事实说调查,调查支持平台:腾讯问卷(wj. qq. com)https://news. qq. com/cross/20160815/U6RV5t07. html,2020 年 9 月 30 日访问。

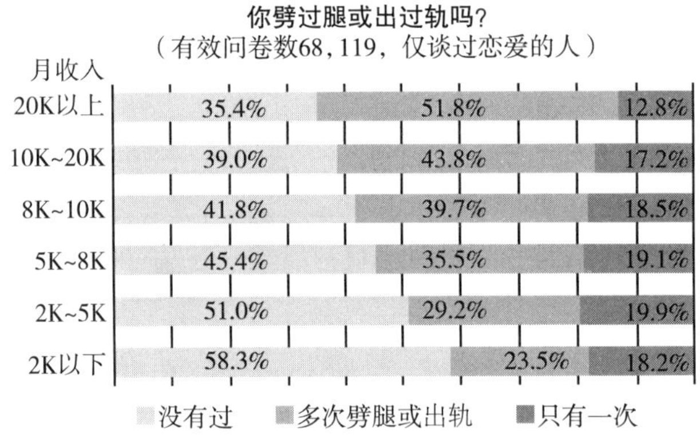

数据来源:事实说调查　调查支持平台:腾讯问卷

图 1 – 2　2016 年中国人出轨态度调查报告(节选)

从图 1 – 2 的调查统计数据可以看出人们对于婚外情的心态和普遍程度。

最后来看一下,笔者团队通过检索整理的,关于全国诉讼案件中涉“婚外情”案件的大数据统计:①

表 1 – 1　全国诉讼案件中涉“婚外情”案件的大数据统计

案由	民事(106,396 件)	人格权纠纷	4090 件
		婚姻家庭、继承纠纷	67,850 件
		物权纠纷	3323 件
		合同、无因管理、不当得利纠纷	19,473 件
		知识产权与竞争纠纷	7208 件
		劳动争议、人事纠纷	1090 件
		海事海商纠纷	31 件
		与公司、证券、保险、票据等有关的民事纠纷	960 件
		侵权责任纠纷	1876 件
		适用特殊程序案件案由	495 件

① 数据来源:威科先行 · 法律信息库:https://law.wkinfo.com.cn/,笔者以全文关键词“婚外情、出轨、婚外恋、情人、不正当关系”进行检索,2020 年 8 月 5 日访问。

续表

案由	刑事(30,869 件)	危害公共安全罪	981 件
		破坏社会主义市场经济秩序罪	1807 件
		侵犯公民人身权利、民主权利罪	13,794 件
		侵犯财产罪	6607 件
		妨害社会管理秩序罪	7109 件
		危害国防利益罪	20 件
		贪污贿赂罪	1101 件
		渎职罪	194 件
	行政(4190 件)	行政管理范围	3239 件
		行政行为种类	1473 件
	国家赔偿(141 件)	行政赔偿	113 件
		司法赔偿	28 件
	执行(420 件)		420 件

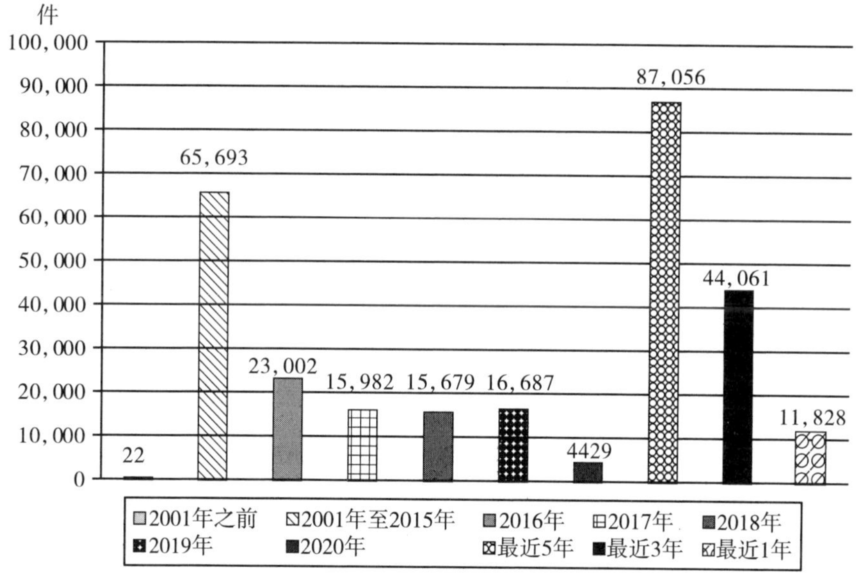

图 1-3　全国法院涉婚外情案件数量变化

从表 1-1 和图 1-3 不难看出,涉婚外情案件数量不少,而它的影响范围也越来越超出人们的想象。同时,从笔者团队近年来经办的离婚案件来看,婚外情引发的离婚纠纷占比超过70%。实践中,还有很多案例因为婚姻家庭案件涉及不公开审理,而未公开在互联网中。

显然,婚外情现象已经成为全社会必须直面和想办法解决的重要课题。

第二节 为什么婚外情会长期存在

婚外情现象的增多和屡禁不止,困扰着很多人。为什么有些人会陷入婚外情,有些婚外情的当事人难以自拔呢?下面将从多角度进行分析。

一、从诱发婚外情的心理角度分析

(一)欲望型

贪婪是人性的弱点,贪婪的人会寻找任何借口来满足自己的各种欲望。比如,认为配偶不够漂亮,不够温柔,不够体贴,不够知书达理,对自己父母不够孝顺,不够成熟,不够有能力,三观不合,没有共同语言,原配偶已经配不上我了,等等。总之,当婚姻让自己的每一天变得平淡和习以为常,配偶自然再无光彩焕发,再也无法填补内心的空虚和欲望。主动出击,去婚外寻找新鲜和生动,便成为满足欲望最自然不过的选择。

(二)冲动型

人们常说,有钱就会变坏。真的如此吗?也许不是,只是财富让人拥有了更多的自由和机会。在特殊际遇或者特殊心理条件下,当诱惑一旦勾勾手指,那些定力不足自律性较差的人,便可能随时上钩发生婚外情。通常此时被包装的理由是,我本忠诚,只是一时冲动、没经受住诱惑。当然,只有当事人自己知道,这个被动其实也掺杂着冒险、好奇、倾慕……一切看似偶然,实际与欲望型婚外情半斤八两。

(三)补偿型

恋爱总是美好的,因为它只展示优点和甜蜜给对方;婚姻,却是总也买不完的柴米油盐,总也摆脱不了的锅碗瓢盆。恋爱靠激情,婚姻拼耐力。在这场几十年持久平淡的日子里,一方如果长期累积着对另一方的不满,就可能出状况。

笔者团队代理过一起双方均是78岁老人的离婚案件。提出离婚的是男方，他脾气温和，在既往的几十年婚姻生活中，对妻子都极为迁就。而妻子是一个家境优越、十指不沾阳春水的女人，家里的诸多大小事宜，都由妻子说了算。就是这样一对在外人看来性格互补、感情恩爱的夫妻，却在男方婚外情和连续三次的离婚起诉后，最终分道扬镳。仔细分析起来，男方习惯逆来顺受，早年亦享受着女方带来的优渥和安稳生活，但面临剩余不多的人生阶段，却想要重新开始寻找生命里的自我和光芒，以弥补年轻时没有自我的损失，做一些以前想做但未能做的事情。

人们常说，爱情是无私的，应该不图回报。但事实上并非如此。人们往往在给予对方后，期待得到对方的回馈。这种期待会转化成一种情感需求，它往往不会被直接说出口，而是会以“你不在意我，你不爱我了”等语言来代替。这种付出与回报的不平衡，难以满足情感需求时，就会向外界寻求解决，便有了婚外情。

（四）报复型

报复型婚外情一般发生在原本和谐美满，或者一方条件比对方更为优越的婚姻中。如果条件较差的一方出现出轨、家暴或其他比较严重的婚姻过错，另一方很容易产生报复心理和放纵心态，而婚外情属于最具杀伤力的报复手段。这个过程看似因果明显、顺理成章，但以毒攻毒终究还是会殃及自己，当自己也成为底线的破坏者，自我否定带来的自我伤害会更深。

（五）交易型

以婚外性行为作为一种交易，换取权利、金钱、机会等，彼此满足各自的需求。性行为的观念开放，人们对物质金钱权利的过度追逐，对自我道德观价值观的缺失和不坚定，会带来很多负面做法，婚外情就是其中最直接的体现。情感、利益交织在一起，恐怕当事人本人也未必分得清交易抑或感情，哪一个是主，哪一个是次。

（六）被迫型

有把柄握在对方手上，受制于对方而发生婚外情，一旦突破便会持续。这种被迫心理，有些也不见得真有现实的把柄，也可能只是自我认知和信念不足带来的臆想：我唯有如此才能生存。这大概也可以理解为，做错事应对自我负疚感的一种防御性心理。

（七）爱情型

爱情型婚外情大概就是很多都市生活剧都感兴趣的一种婚外情题材，当感情与理性碰撞，当爱情与责任对冲，当是非对错好坏黑白发生冲突，对人性对生活对世界的复杂理解和感悟，就会被交融混淆在一起，再也分不清。查尔斯王子和戴安娜王妃的婚姻，起初让人艳羡，却不知，查尔斯王子的真爱是一个名不见经传的教师，最终戴安娜王妃退出。究竟是忠于婚姻，还是忠于感情？竟然成了哲学问题。

作为律师，心理角度的分析，就到此为止。但上述心理角度分析的结论还是有的，婚外情的诱因、原因、情形、过程、发展等异常复杂，这恰是由“情感”的高度复杂性所导致的。而道德，也是建立在复杂关系、情感、伦理认知基础上的。因此，过去常常以道德来规范和约束婚外情行为，如大家所熟知的“浸猪笼”。随着法制社会的发展、法律制度的完善，在道德已经不足以规制婚外情之时，法律也在逐步对婚外情所侵害的权益进行保护。

那么，法律人又是怎样分析这个婚外情的呢？

二、从法律角度分析

毫无疑问，婚外情是违法行为。但关于这个违法行为的惩戒，遵循法律的逻辑，分为不同严重程度和惩戒等级。大致分成精神出轨、一般婚外情、与第三者同居、重婚。

（一）精神出轨

夫妻有互相忠诚的义务，这个义务显然包含精神、生理两个方面。但是鉴于精神出轨这个事实实在难以被客观举证证明，法律这个以事实为依据，以法律为准绳的基本原理，也便没有了适用空间。

单纯的精神出轨，无法被法律所惩戒，也就赋予了所有人精神，或者意念出轨和婚外情的可能。换个角度，人性如此，便也无须过于强求。法律终究是那个维护婚姻秩序的底线。底线在于，想一想婚外情也就罢了，有行动就不行了。

（二）一般婚外情

婚姻法中确认的不忠诚，更多是生理上的出轨。于是在常见的婚外情事件中，总是会出现不雅照片视频之类，因为这些才可能被作为案件中认定婚外情的直观证据。

对于这类婚外情，婚姻法是坚决说不的。民法典中对这类婚姻中常见的过错，也有了更多的打击。当然，这些打击以配偶要求离婚为前提。也就是说，因婚外情过错离婚时，将会要付出更多代价。比如，离婚财产分割时，照顾无过错方；如被认定为其他重大过错的，无过错方可以请求损害赔偿。

事实上这些罚则，基于现实中婚姻的多样性和复杂性，以及偏于保守的司法实践，并不足以震慑到婚外情的过错方。同时，这些婚外情过错方，往往因为明知这些法律后果，因而可能采取提前进行财产屏蔽、隐瞒甚至转移的方式，事实上逃避了法律的惩罚，利用自己经济上的有利地位事实上控制着婚姻和对方。因此，有些婚外情的过错方变得肆无忌惮。

（三）与第三者同居的婚外情

与第三者同居的行为在婚姻法中属于明确的"严重过错"。如果出现这样的情况，无过错方可以请求离婚，过错方即便不同意离婚，法院也是可以判决离婚的。此外，根据民法典的最新规定，无过错方还可以据此要求多分财产、要求过错方支付损害赔偿金。

只不过，这一类婚外情，对证据的要求很高，需要双方达到稳定、持续的共同居住，偶尔的一两天、三五天，并不能达到同居的效果。

（四）重婚

重婚行为，属于最严重的婚外情。不仅婚姻法明令禁止，刑法也是严厉打击的，并专设了重婚罪。重婚在婚姻法上的罚则，与前述"与第三者同居的婚外情"一样。此外，如果婚外情办理了结婚登记的，该段婚姻也会因为触犯"重婚"而无效。

正因为法律对重婚的严厉打击，所以对重婚的认定也较为严格，需要达到对外以夫妻名义共同生活，或者进行了二次婚姻登记的程度。拍摄婚纱照、进行新婚蜜月旅行、以夫妻名义共同签署文件等，就属于"对外以夫妻名义共同生活"的表现形式之一。

某社会学家说过，"从社会学的角度看，真正完美的夫妻关系，就是夫妻之间既要有经久不衰的亲密性，又要有持续不断的调适性，还要有高度充分的独立自由性，这三者构成了现代家庭巩固的基础"。任一环节掉链子，其实都有可能引发婚外情，也都能成为过错方掩饰和解释自己行为的理由。不过，这不能成为逃避责任的理由,也不能否认它给身边人带来的不可预估的伤害。

第三节　婚外情引发的深远影响

在新闻网站、短视频平台、电视剧电影情节中,只要涉及“婚外情”“打小三”“第三者”等字眼和内容的,阅读量和播放量都会遥遥领先,也最容易引发话题讨论。究其根本,除了这些事件能满足和调动观众的八卦心理之外,很多观众本身或者身边人也都遇到过婚外情,所以对此感同身受。因为婚外情行为确实对社会、家庭、个人都产生了严重影响。

一、离婚率攀升

据民政部门统计,2010 年至 2019 年,每年结婚离婚人数及比例统计如图 1－4 至图 1－8 所示:[1]

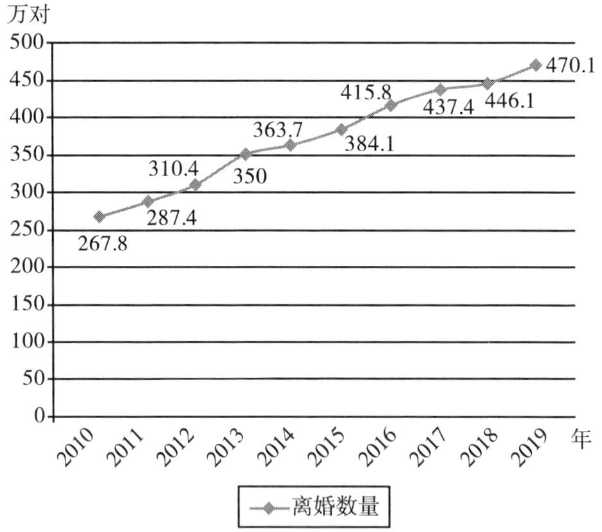

图 1－4　2010 年至 2019 年离婚数量

① 民政局官网,《统计公报》,http://www.mca.gov.cn/article/sj/tjgb/,2020 年 9 月 29 日访问。每年的数据从每年的统计公报中截取。

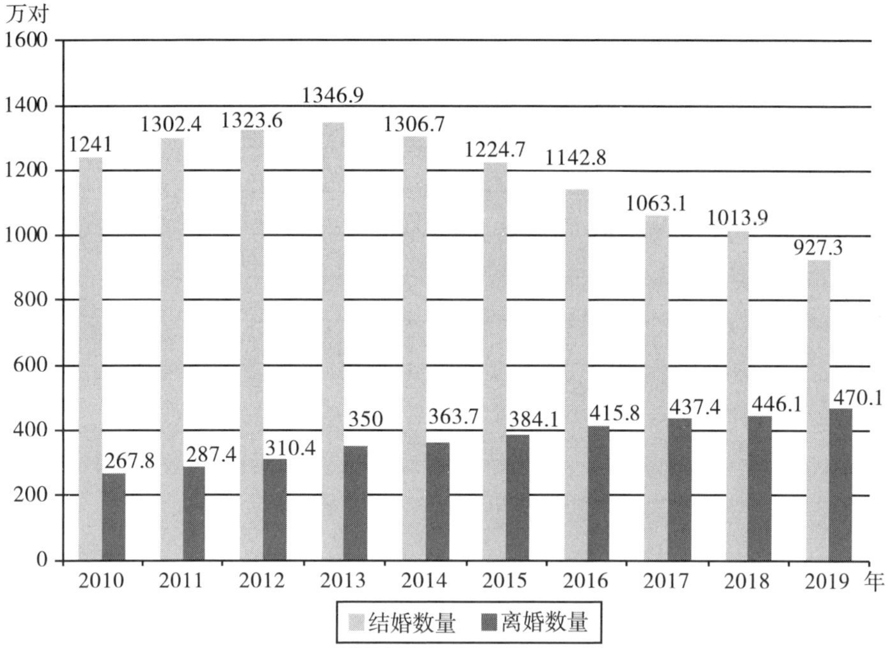

图 1－5　2010 年至 2019 年结婚与离婚对比

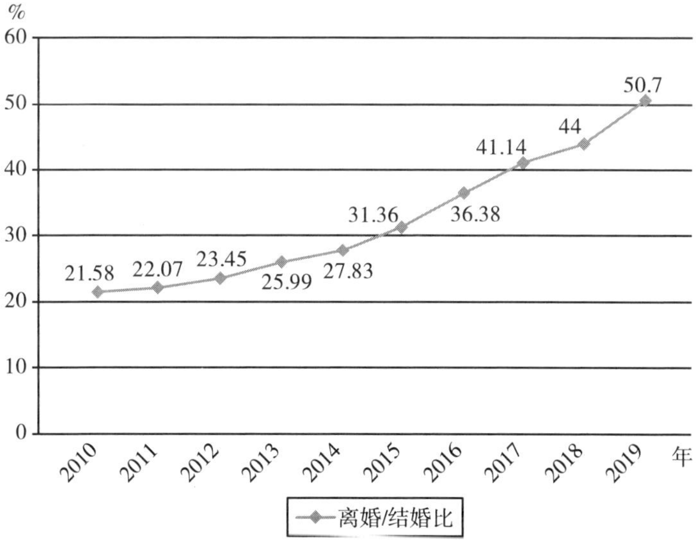

图 1－6　2010 年至 2019 年离婚/结婚比

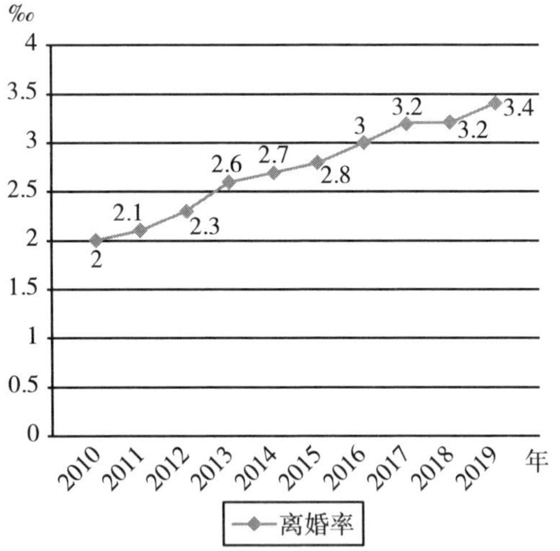

图 1 -7　2010 年至 2019 年离婚率

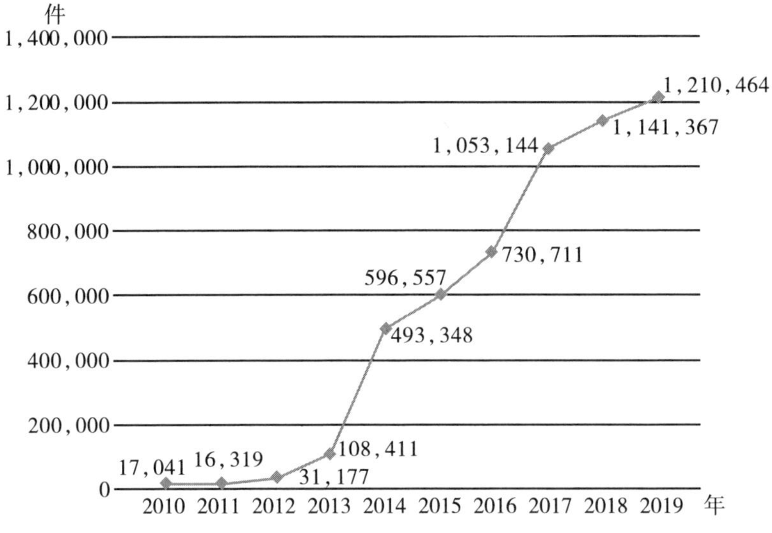

图 1 -8　2010 年至 2019 年离婚纠纷案件裁判数量变化①

如图 1 -4 至图 1 -8 所示,近年来,离婚率越来越高。到了 2019 年,离婚对数超过了当年结婚的对数。而实践中,因婚外情而离婚的比例,也越来越高。除笔者团队从经办离婚案件中统计出婚外情引发离婚纠纷占比超过 70% 的数据

① 原始数据来源于中国裁判文书网:https://wenshu. court. gov. cn,2020 年 9 月 29 日访问。

之外，民政部门的相关人员亦有进行相应统计。据在深圳市某区民政局婚姻登记处工作过的婚姻咨询师统计，因为婚外情而离婚的夫妻约占离婚数的50%。[①]美联社的数据也清楚地显示出，在婚外情被戳破之后，只有31%的婚姻持续了下来。[②]

二、影响当事者的人生观、价值观

就如电视剧《我的前半生》所呈现的一样，人们除了不断分析男主角的婚外情动因，还会分析婚外情离婚给受害女主带来的新人生际遇。只是现实中的婚外情严重程度会堪比电视剧，但新的人生路，不见得那么光彩照人。

张玉芬，一位被《华盛顿邮报》头版头条报道过的女人。她捉奸8年，打第三者23年，被称为"二奶杀手""中国第一女侦探"。而张玉芬之所以耗费大半生做这么一件游走于法律灰色地带甚至有时可能触犯法律的事情，仅仅因为她曾经也是一位"被出轨"伤害过的受害者。

1997年，结婚16年的丈夫，抛弃了张玉芬和儿子，拿走了家里所有的钱和第三者远走高飞。遭遇了背叛的打击，张玉芬连续一星期不吃不喝，头发都变白了，精神极度崩溃。她觉得一切都完了。也是从那时起，张玉芬的生活全变了。她发誓一定要找到丈夫和第三者，不能就这么轻易放过他们。8年后，她终于捉奸在床。之后，张玉芬总共11次将丈夫以重婚罪告上法庭，直至两人于2007年离婚。这期间的2003年，张玉芬在西安成立了"火凤凰商务信息服务有限公司"，专门帮人收集"包二奶"的证据。从此，张玉芬陷入"抓第三者、打第三者"的旋涡中无法自拔，"暴打8000个第三者"的辉煌战绩成为她最自豪的事。她对第三者有一种近乎偏执的恨意，甚至不惜放下狠话："搭上我后半辈子，都要把这个第三者赶尽杀绝。"整整21年，张玉芬没有正式工作，没有朋友，甚至把离婚后的追求者也给吓跑了。逐渐增长的年纪，与仇恨猜忌为伍的日子，正在渐渐

---

① 参见唐翠云编著：《让家不再伤人》，知识产权出版社2018年版，第101页。

② 风月无边、江左梅娘：《这一组大数据告诉我们：男女婚外情比例真相比我们想象得严重》，载"梅娘说"：https://baijiahao.baidu.com/s?id=1602852507374495929&wfr=spider&for=pc，2020年9月29日访问。

压垮这个女人。①

张玉芬不是个例,因为配偶出轨而改变人生和性格的比比皆是。有的人如张玉芬般变得嫉恶如仇,有的人从此陷入抑郁先后患病,也有的人从此浴火重生活得更好。

三、对社会风气、家风造成不良影响

每当婚外情曝光,第三者就成了过街老鼠,人人喊打。国内外的新闻里,不乏原配暴打、故意伤害第三者的新闻。大多数人看到这样的现象,或默然不管,或愤而向前。第三者的行为固然有错,但这种公开或私下"处刑"的行为,既给犯罪提供了温床,助长了打着"打第三者"为幌子的殴打、拐卖等犯罪行为,也相当于变相助长了社会上"以暴制暴"的不良风气。

另一层面,当过错方违背夫妻义务出轨、第三者破坏合法婚姻的行为未得到有力的惩戒,两者依然能继续舒适生活、安心工作时,这对社会上还未进入婚姻的未婚男女来说,极易造成对婚姻的恐慌和对社会的不忿;当第三者"上位"成为常态时,会有太多不谙世事的少男少女进行效仿,也将助长社会上不劳而获的不良风气,更有违社会所提倡的为人"善良和谐"之道。

家庭或家族内部中,一旦有人出现了婚外情,对于家中青年人,尤其是未成年人的伤害,亦是无法估量的。就如张玉芬的儿子,由于父亲的出轨,母亲的执着与仇恨,38 岁的他依然单身。年轻时交的女朋友,也因为得知他有这样一个父亲后,选择分手。②

---

① 布呐呐:《冲上外国头条,论抓小三,这个中国女人不一般!》,载"视觉志(ID:iiidaily)"微信公众号:https://mp.weixin.qq.com/s?__biz=MjM5NTAyODc2MA==&mid=2654654422&idx=1&sn=df98e458a3af74de432a434a09e30b13&scene=6#wechat_redirect,2020 年 9 月 29 日访问。居潇潇:《扒内裤、踢孕肚、踹下体……"二奶杀手"20 年暴打 8000 个:打小三,就是为民除害?》,载"爸妈研究所(ID:mama_cn)"微信公众号:https://mp.weixin.qq.com/s?__biz=MjM5NjM4MzQyMA==&mid=2669038972&idx=1&sn=c59dc55b80aeff0e845ec6f019a3480b&scene=6#wechat_redirect,2020 年 9 月 29 日访问。

② 居潇潇:《扒内裤、踢孕肚、踹下体……"二奶杀手"20 年暴打 8000 个:打小三,就是为民除害?》,载"爸妈研究所(ID:mama_cn)"微信公众号:https://mp.weixin.qq.com/s?__biz=MjM5NjM4MzQyMA==&mid=2669038972&idx=1&sn=c59dc55b80aeff0e845ec6f019a3480b&scene=6#wechat_redirect,2020 年 9 月 29 日访问。

四、可能诱发严重的违法犯罪，扰乱社会秩序

一起来看看2010年至2019年与婚外情相关的犯罪案件情况：①

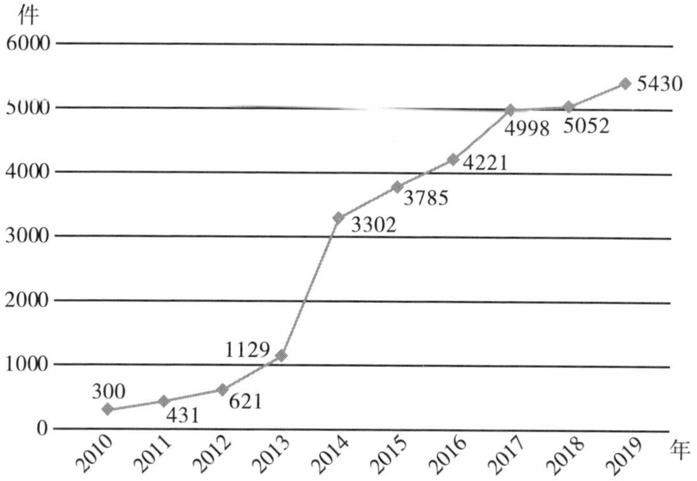

图1－9　2010年至2019年涉婚外情的刑事案件数量

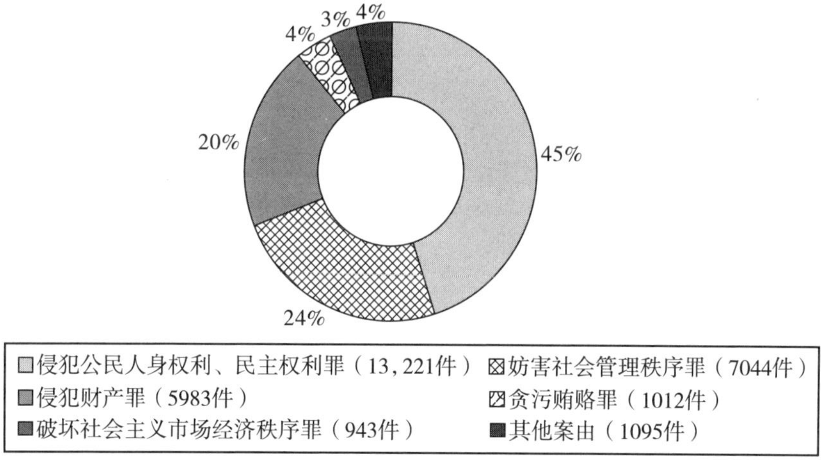

图1－10　2010年至2019年涉婚外情的各类刑事案件占比

① 数据来源：alpha案例库：https://alphalawyer.cn/，笔者以全文关键词"婚外情、出轨、婚外恋、情人、不正当关系"，案由"刑事"或"故意伤害罪"，裁判日期：截至2019年12月31日进行检索，2020年9月29日访问。

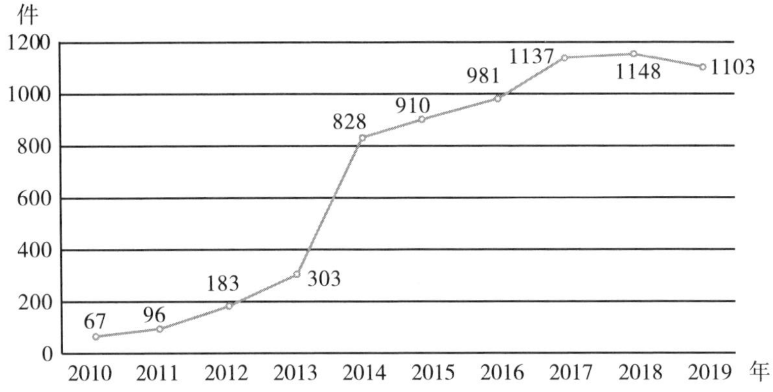

图 1－11　2010 年至 2019 年涉婚外情的故意伤害罪数量

由图 1－9 至图 1－11 可见,因婚外情引发的刑事案件数量,逐年上升。这其中,侵犯公民人身权利、民主权利罪(如故意伤害罪、侮辱诽谤罪、非法拘禁罪等)、妨碍社会管理秩序罪(如放火罪、交通肇事罪等)、侵犯财产罪(如敲诈勒索罪、抢劫罪、故意毁坏财物罪等)位列前三,侵犯公民人身权利、民主权利罪占比将近半数。

如前所述,一旦发现第三者,当事人极易冲动行事,闯入家门、暴力殴打、用残忍手段伤害第三者胸部或下体……当事人、参与者甚至自己都不知道,这些行为已经触犯了刑法。

婚外情引起的另一个不容忽视的刑事犯罪,是贪污贿赂罪。近年来,落马事件时有发生,揭开内幕时,或多或少都能发现部分犯罪者是为了供养第三者或掩盖婚外情而走上贪污腐败的道路。

色字头上一把刀,往往事后才幡然醒悟。

第四节　如何应对婚外情

一、解决问题的现实方法汇总

婚外情中,各种关系和利益交织在一起,处理起来很麻烦。但是,私下“处刑”的方式绝不可取。那些暴打第三者,当街示众,网上“人肉”并辱骂的方式,虽然当下看起来很“爽”，但这背后可能就是犯罪的深渊。

婚外情固然违法，但我们必须在合法合理的框架下来维护自身利益。下面分别讨论婚外情中各方当事人所面临的维权困境及基础解决方案。

（一）无过错配偶方的维权

无过错配偶方维权的最大困境，是如何才能有效惩戒对方，最大化保障自己的利益。这真是个宏大的问题，能做到什么程度，取决于过错方婚外情的具体情节和程度，是普通婚外情还是达到犯罪情节的重婚。不同情节所能保护的利益也有所不同。具体分析，本书后续各章节会陆续详解。

无过错配偶方维权的另一个困境是证据。这也是前述张玉芬开立公司的另一个重要使命之一——协助无过错配偶方搜集过错方婚外情的重要证据。

由于情感的私人性和隐秘性，婚外情的证据往往难以取得。若再碰上个反侦察能力强、预防意识强的过错方，将会难上加难。同时，若是初次婚外情，无过错方往往对婚姻、对家庭、对过错方都还抱有期待性。孩子的年幼，也增大了无过错方在挽回家庭，还是惩戒对方之间摇摆和不定。这就造成无过错方往往错过了搜集和保存证据的最好时机。

证据的搜集与保留，首先需要无过错配偶方保持清醒的头脑。不管之后和好与否，现时的证据保留最为重要。之前所发现的蛛丝马迹如照片、视频、聊天记录、过错方的自认与保证等，都能成为以后维权最重要的证据。

（二）有过错配偶方的抽身维权

俗话称：浪子回头金不换。婚外情中，确实也不乏冲动的情况，比如一夜情。有时，因为不小心的一夜情，却有可能引发后续一连串的噩梦，敲诈勒索、威胁举报、孩子抚养……无休止的索要。

对于此种情形，有过错配偶方应该及时回头，与原配偶及时沟通，协商一致对外。对于法律保护的利益，比如对第三者造成的身体损害，对亲生孩子的抚养义务，该负的责任就及时负责；对于第三者无理甚至违法的请求，及时保留证据，必要时进行民事起诉和刑事举报。

（三）受骗第三者的维权

笔者团队曾经办理过一起“被重婚”的案例。初出茅庐的职场新人，被驰骋商场的企业主所打动，倾注情感与金钱，与其结婚生子。万万没想到，孩子出生后,才发现企业主原有婚姻并未结束。如晴天霹雳,不知所措。摆在她面前最现实的问题是:该如何自保?该如何结束这段荒谬的婚姻?

“明知他人有配偶而与之以夫妻名义生活或登记结婚”,该行为亦构成重婚罪。同时,因前一段婚姻登记在先,后一段婚姻应属无效,相应的财产和人身关系亦均不受法律保护。

在此种困境下,受骗第三者必须及时梳理当初交往及沟通的全部记录,筛选过错方欺诈的相关言语,同时,必须以协商或者诉讼方式尽快结束婚姻,并对子女抚养和损害赔偿等做妥善安排。

(四)过错第三者的及时抽身

成为第三者的原因各有不同,或单纯无知,图对方的“温情”和“真爱”;或迷恋权财,图对方的“大方”和“体贴”;或已厌倦原有婚姻,想“透透气”……但不管是什么原因,选择这种方式生活,本身就不是一个明智之举,甚至可以说是将自身暴露在时刻的危险之中。

不被保护的关系,时刻都有被伤害的可能;不被保护的财产关系,时刻都有收回的风险,有违社会公序良俗的赠与并不可靠;未在合法婚姻关系下出生的孩子,亦随时有被对方“否认”的可能。不管是基本的被抚养权利,还是未来的继承权利,都有可能无法得到任何的保障。及时抽身,才是正道。

(五)专业律师参与解决

婚外情,是一个交叉着个人情感、职业和各类财产关系的复杂体。虽然前述讨论了各方当事人的基本维权方式和困境,本书接下来的各个章节也会陆续进行更详细的讲解与提示,但个案的不同在处理细节与把握上会有很大的差别。比如,有的案子适合以温情方式重新为婚姻双方举办“离婚或再结婚仪式”,从而唤起双方埋藏已久的温情;有的案子适合从容不迫,由各方平和冷静坐下来协商、谈判;也有的案子,只适合单刀直入、交锋法庭,方能有一个彻底的了断。因此,切勿直接对号入座和粗暴适用。

不管所处的是哪一种角色,或者代表的是哪一种利益,法律都会保护该方在法律层面应该得到保护的基本人权,就如在刑事案件中必须给犯罪嫌疑人提供法律帮助一样。在行动前咨询或聘请专业人士提供法律建议和方案,有利于促进事件圆满解决。

二、法律在解决婚外情问题中的价值

在人们的意识中，常常会有一种感觉，认为法律对于“婚外情”的容忍度太高，如果法律制定的再严苛一些，给予婚外情参与者更多惩罚措施，自然可以通过威慑进而减少婚外情现象。即便不能减少，对婚外情的损害赔偿更多些，也可以更好地抚平受害方的伤痛和损失。

这种想法一点没错，立法参与者们也一直对这个问题进行无休止的辩论。

赞成的人认为：婚外情现象已经非常严重，必须通过国家强制力，即用法律手段来力挽狂澜。他们希望用法律为道德撑腰，通过立法扭转道德滑坡。用法律规范道德，强制性地引导道德的走向。但是，这种想法是否混淆了道德之所以是道德，法律之所以是法律，二者天生存在的差别呢？倘若法律过多渗入到道德领域，用强制手段确立道德的方向和高度，便也最终丧失了道德世界，那将是非常可怕的世界。如同，教育一个孩子，用简单粗暴地惩罚，是无法真正赢得孩子的心，无法彻底解决问题的。

反对的人认为：婚外情是复杂的情感问题，属于道德范畴，而非法律范畴。因此，道德的应由交给道德强制力和社会道德体系来进行管理和约束；只有道德问题上升到严重程度的法律问题时，才能由法律介入进行规制。同时，法律的手段相对有限，而婚外情对受害人造成的伤害和潜在影响，并非经济赔偿或将对方绳之于法就能够弥补的。它需要足够强大和温暖的社会道德体系支撑、需要充分地自我心理和认知成长、需要对社会、婚姻、人性的恰当理解，才能最终战胜婚外情的负面影响。

这些辩论冲突，归根结底，是如何厘清道德与法律的边界问题。当然事实上这个边界并不是一成不变的。比如，新中国成立前曾有“通奸罪”，新中国成立后就废止了。而随着人们观念的更新，社会的进步，个人权利意识的增强，婚姻观价值观的变化，以及基于情感本身的天然复杂性和难以界定性，将婚外情问题更多交给道德，是一个趋势。我们应该努力的是，如何建立一个对婚外情恰当的道德自律和评价体系，让道德审判恰如其分地发挥应有的作用。

当然，这也并不意味着，法律是旁观者。法律是这个社会的基本保障，反映这个社会整体的不可逾越的道德底线，而不是每个人的底线。每个人的底线取决于其个体的道德认知和社会总体道德观的互动影响。所有道德问题，一旦严重到一定程度,就会落入法律的管辖范围,法律是保障人权、婚姻关系、社会稳定的终极武器。而在这个由道德跨入法律的无形界碑附近,将有无数个涉及婚外情的各种各样的细碎问题需要闯关。此时,法律将发挥着至关重要的作用。因此,法律在解决婚外情问题上,并没有袖手旁观。相反,在不遗余力地进行更多精细化的规制和管理。它将婚外情引发的各种现象和各类权益侵害情形,逐个进行细化,让其更具现实可操作性。接下来的章节,将介绍法律之于婚外情问题的具体操作。

第二章　婚外情与民事权利

第一节　婚外情里的人，名誉及隐私是否受保护

一、案例精选

【案例一】　同学聚会旧情复燃　妻子大闹侵犯名誉

校园里的初恋或许美好又难忘，分手后再次相遇，如果此时双方都已成家，选择重温旧梦还是守住底线，不同的选择会带来不同的结局。旧情复燃带来的后果，除了伤害到两个家庭，甚至还会导致当事者们对簿公堂。本节案例中的王晓芳和李建军就是如此。

王晓芳与李建军是同学也是初恋，大学毕业时王晓芳选择了回家乡开花店过安稳的生活，李建军选择了留在大城市闯一闯，两人结束了这段恋情。2017年7月，在毕业10周年同学聚会上，两人又见面了。虽时隔10年未见，两人也都早已成家，但这一见还是让李建军又生情愫，借着酒劲，忍不住向王晓芳表达了思念之情，王晓芳也有些动心。在这次同学聚会之后，两人多次见面，李建军每月都坐着高铁穿梭于两人所在的城市之间，虽奔波两地辛苦却也充满期待甜蜜。但纸终究包不住火，李建军的频繁"出差"引起了妻子的怀疑，妻子知道了他与王晓芳旧情复燃的事。2018年4月的一天，李建军和妻子两人突然出现在王晓芳开的花店门口，李建军妻子大声辱骂王晓芳勾引她丈夫，与她丈夫有不正当婚外情，引来大量花卉市场经营户及顾客围观，大家议论纷纷。

王晓芳认为，李建军妻子的行为使她的社会评价及名誉在整个花卉市场范围内遭到明显贬低，给她造成了很大的精神伤害及名誉损失，故将李建军及其妻子起诉至法院，要求他们在整个花卉市场范围内公开赔礼道歉、恢复名誉；并要

求他们赔偿精神损害抚慰金10,000元。庭审中,李建军承认了与王晓芳之间确有越轨事实。李建军妻子认为王晓芳的行为违背社会公序良俗,破坏社会秩序,不同意赔礼道歉,也不同意赔偿精神损害抚慰金。

经法院对李建军及其妻子是否在花卉市场辱骂了王晓芳,以及王晓芳与李建军是否有不正当男女关系等事实进行审理后,法院认为,公民的行为应遵守法律和社会公德。李建军妻子在王晓芳经营的花店内宣扬王晓芳的隐私,行为确有不妥,对王晓芳的名誉造成了一定的影响。但是王晓芳和李建军的行为违背公序良俗,对双方的家庭造成了恶劣的负面影响,王晓芳对于冲突的发生有重大过错,依法应减轻李建军妻子的责任。因此,法院判决李建军妻子在王晓芳的花店内赔礼道歉。对于王晓芳要求李建军及其妻子赔偿她精神损害抚慰金10,000元的主张,法院依据《最高人民法院关于确定民事侵权精神损害赔偿责任若干问题的解释》第11条"受害人对损害事实和损害后果的发生有过错的,可以根据其过错程度减轻或者免除侵权人的精神损害赔偿责任",结合王晓芳过错程度,未支持她赔偿精神损害抚慰金的请求。

【案例二】 网友见面擦火花 分手不成泄隐私

现代社会中,网络交友是人们常用的一种社交方式。但一旦交友逾越了道德界限,分手时又处理不好,会使得当事者们深陷困境。以下案例中的刘婷就因网友张强的骚扰焦头烂额。

刘婷和张强因打网络游戏认识,久而久之,张强对这位素未谋面的网友产生了好感,决定与刘婷见一面。2016年12月两人第一次见面,一见如故,彼此都向对方坦白了已婚的事实,两人说好只谈恋爱不干涉彼此婚姻。一时的新鲜感过后,刘婷觉得生活终该恢复平静,长此下去,对两个家庭都是伤害,故向张强提出分手,希望结束这段婚外情。但张强希望继续享齐人之福,坚决不同意分手,并扬言如果分手,要给刘婷好看。

2017年1月刘婷收到了张强发来的微信,竟是她的裸照,其惊慌失措,立即向派出所报警。张强在刘婷及派出所干警的监督下删除了手机储存的刘婷照片。2017年2月张强又再次通过微信向刘婷发送照片,并发送"喜欢你""爱你"等词汇,刘婷不堪其扰。2017年3月张强找到刘婷家里,逗留不走,刘婷再次报警。

刘婷精神受到极大的打击，将张强起诉至法院，要求张强停止侵害她的隐私权，删除所有保留的涉及她隐私的照片，停止骚扰她并赔礼道歉。张强提出，照片是双方之间在自愿情况下拍摄的，仅是道德问题。他并未将照片向不特定无关人员扩散和传播，隐私仅存在他的个人空间手机里，没有公开，没有造成不良的社会影响，因此，他并没有侵害刘婷的隐私权。

法院经审查认为，刘婷在张强存有她照片并向她发送的情况下向公安机关报警，说明刘婷不愿意张强知悉她隐私。张强在被勒令删除照片后仍保存刘婷的照片，并向刘婷发送，构成对刘婷隐私权的侵犯。故支持了刘婷要求张强停止侵害、删除侵权照片并且赔礼道歉的请求。

【案例三】全职太太遭婚变　网络泄愤惹官司

随着生活节奏加快、工作压力增大，工作生活之间的平衡似乎越来越难。男方赚钱养家、女方相夫教子，不失为一种合理的选择。可一旦女方为家庭尽心尽力，却遭遇丈夫不忠时，愤怒、委屈总要找到排解方式。以下案例的主人公顾芳就是这样一位女性，遭遇丈夫不忠后，恼羞成怒在网上公布了第三者白晓莲的姓名、住址、照片，结果被白晓莲起诉到法院。

白晓莲称自 2016 年 3 月起，顾芳通过其新浪微博账号发布白晓莲的真实姓名、地址、照片，指责白晓莲当第三者并虚构相关事实。某某公司系新浪微博的运营商，某某公司任由顾芳发布此类信息，构成侵权。所以，白晓莲要求顾芳删除新浪微博及其他网络媒体上侵害白晓莲名誉权的全部信息，并通过报刊、网络等媒体道歉，为白晓莲恢复名誉、消除影响；并要求某某公司删除顾芳在新浪微博发布的有关白晓莲的全部信息，对此后顾芳发布的有关白晓莲的全部信息不予发布或删除，并赔礼道歉。

顾芳提出，她愿意通过新浪微博对所发布关于白晓莲的过分的言语道歉，她在新浪微博所发布的所有言论中，只愿意删除不正当的言论，对事实部分不会删除，白晓莲确实系顾芳和丈夫婚姻的第三者。某某公司意见是，某某公司作为新浪微博的经营者在案件中的法律地位属于网络服务提供者，对微博用户所发布的内容无事先审查或主动审查的法律义务，白晓莲在本案起诉前就涉案内容未对某某公司进行过通知，某某公司在收到本案法律文书后，即对涉案内容进行了处理,不应当承担侵权责任。

法院就顾芳登记注册的微博账户发布的信息进行了审理,顾芳发布信息中确实公布了白晓莲姓名、住址、照片,并提示其他公众微博账户进行阅读。故,法院认定,顾芳的微博账户公开发表辱骂白晓莲的言论,公布白晓莲的姓名及住址,公开散播不当言论,并提示公众微博账户进行阅读,造成了不当言论传播范围扩大,足以导致白晓莲的社会评价降低,名誉受损。鉴于审理中顾芳已将微博账户发布的信息全部删除,法院判决顾芳不能再以其他形式发表侵害白晓莲名誉权的言论。关于某某公司是否应当承担责任,法院认为,某某公司作为平台运营方,无法对通过新浪微博发布的所有信息实施全面、适时、主动审查,且顾芳所发布的不当言论已经全部删除,故某某公司不承担责任。

二、维权指引

(一)名誉权及隐私权属于道德范畴还是法律范畴

在案例二中,张强认为,照片是双方之间在自愿情况下拍摄的,且诉讼时已删除,所以他的行为仅是道德问题,没有侵害刘婷的隐私权。而结合上述三个案例的判决结果,可以看出,名誉权及隐私权不仅是道德问题,也属于法律问题。名誉权和隐私权是每个人享有的民事权利,受法律保护。如果行为不当,可能会侵害他人的名誉权和隐私权。

(二)名誉权及隐私权的概念

名誉是指社会对公民的品德、才能以及其他素质客观、综合的评价。

名誉权是指公民就自身属性和价值所获得的社会评价和自我评价享有的保有和维护的人格权。案例一中的王晓芳、案例三中的白晓莲,都是基于认为自身的社会评价降低,名誉权被侵害而起诉的。

隐私是指不愿为他人所知晓的私人生活、私人信息、私人空间及个人生活的安宁。隐私权是指自然人享有的对自己的个人秘密和个人私生活进行支配并排除他人干涉的一种人格权。私密照片,个人感情生活,包括婚外男女关系,均属于个人隐私范畴。案例二中刘婷,就是基于私密照片被张强获取,认为隐私权被侵害而起诉的。

(三)如何认定是否侵害名誉权及隐私权

是否侵害名誉权取决于该行为是否使自然人的社会评价降低。案例一中,王晓芳和李建军因同学聚会旧情复燃,李建军妻子在得知后,到王晓芳经营的花店内广而告之李建军与王晓芳婚外情一事,对王晓芳名誉造成了影响,使王晓芳的社会评价降低。案例三中,顾芳微博账户公开发表辱骂白晓莲的言论,公布白晓莲的姓名及住址,并提示公众微博账户进行阅读,造成了不当言论传播范围扩大,导致白晓莲的社会评价降低。这两个案件,行为人都构成了名誉权侵权。

隐私权的权利主体对他人在何种程度上可以介入自己的私生活,对自己是否向他人公开隐私以及公开的范围和程度等具有决定权。案例二中,虽然张强认为没有将刘婷照片向不特定无关人员扩散和传播,隐私仅存在张强手机里,没有公开,没有造成不良的社会影响,不构成隐私权侵害。但是,刘婷在张强存有照片并向她发送的情况下报警,说明刘婷并不愿意张强知悉她的隐私,法院据此认定张强的行为构成了对刘婷隐私权的侵害。

(四)侵害名誉权及隐私权的法律责任

承担侵权责任的方式主要有停止侵害、消除影响、恢复名誉、赔礼道歉、精神损害赔偿等。本节三个案例也是通过赔礼道歉、停止侵害的方式,判决侵权人承担责任的。

(五)道德问题能否对抗名誉权及隐私权

婚外情有悖公序良俗,第三者是否享有名誉权及隐私权呢?无论是案例一、案例三中第三者起诉原配侵权,还是案例二中第三者起诉出轨方侵权,均说明道德问题不能完全对抗法律赋予每个人的权利。但是,法院可以基于第三者对于冲突的发生有重大过错,根据过错程度减轻侵权人的相关责任。在案例一中,法院就是基于这个理由,没有支持王晓芳精神损害抚慰金的请求。

(六)道德问题能否对抗个人信息保护原则

《民法典》第111条规定,自然人的个人信息受法律保护。那么,婚外情违背公序良俗,第三者的个人信息是否受保护,能否任意公开呢?案例三中白晓莲因顾芳在网上公布其真实姓名、住址、照片并发表不当言论起诉至法院,法院判决顾芳承担侵权责任,说明公开个人信息应当谨慎,道德问题无法完全对抗个人信息保护原则。

(七)网络用户侵权时网络服务提供者是否承担责任

信息时代通过网络发布、获取信息成为生活常态。网络用户利用信息网络侵害他人名誉权、隐私权,网络服务提供者是否应当承担责任?这个视具体情况而定。案例三中法院认定某某公司作为平台运营方,无法对通过新浪微博发布的所有信息实施全面、适时、主动审查,且顾芳所发布的不当言论已全部删除,故判决某某公司不就损害结果承担责任。但是,如果网络服务提供者知道网络用户利用其网络服务侵害他人民事权益,未采取必要措施,需要承担责任。

三、律师建议

(一)一旦涉足婚外情,无论是原配、出轨方、第三者,都需要理性解决问题,维权不当,会导致侵犯他人的名誉权

一方产生婚外情,原配希望捍卫自身权利合情合理。但从法律角度,没有因为婚外情剥夺任何一方的名誉权,公众场合言论不当,不但对维权无益,反而可能会侵害别人的名誉权。在因婚外情引起的名誉权侵权案件中,除了原配与第三者作为原被告之外,也有出轨方与第三者分手时,双方没有谈妥,出轨方的承诺未能兑现,或者第三者因爱生恨,从而做出侵害出轨方名誉权的行为,两人对簿公堂的。无论是哪一种情形,在处理婚外情时,还需理性维权。

(二)婚外情中的照片、视频等关系到个人隐私的资料,应妥善处理

如果婚外情中拍摄了一些比较亲密的照片,分手时未能妥善处理,会让身处其中的人遭受困扰。案例二中张强以为只要不对外扩散,就不会构成侵权,但该案例说明,只要一方不愿意被骚扰,不愿意对方再保留涉及其隐私的照片,而另一方仍然保留这些涉及隐私的照片,即使没有向外公开也可能会构成对隐私权的侵害。可见,如未妥善慎重地处理涉及隐私的照片视频,不仅照片视频的当事人会因隐私泄露受到伤害,保留隐私照片视频的另一方也会因为这种缺乏法律意识的侵权行为承担法律风险,实属“两败俱伤”。

(三)互联网时代需注意个人信息保护,否则可能会涉及网络侵权

类似案例三中,白晓莲有违公序良俗,那么她的个人信息是否应当受到保护?这个案例让笔者联想到最高人民法院公布的八起利用信息网络侵害人身权益典型案例之一,曾引起舆论广泛关注的所谓博客自杀第一案,这个案例体现了婚外情在道德上值得批评,但公民的个人感情生活包括婚外男女关系属个人隐私,无论是个人通过互联网披露,还是媒体的公开报道,都应当注意个人隐私的

保护。很多出轨者的配偶往往因为丈夫或妻子的出轨行为而情感上难以接受,出于对第三者不道德行为的愤怒一时冲动在一些公众平台上对第三者的不道德行为进行曝光,希望借此使得第三者受到舆论的攻击和惩罚。但这样的"泄愤行为"却深埋着侵犯隐私权的隐患,甚至可能触碰法律的底线,因此理性对待和处理婚外情才是解决之道。

四、法律速递

《中华人民共和国民法典》

第一百一十条　自然人享有生命权、身体权、健康权、姓名权、肖像权、名誉权、荣誉权、隐私权、婚姻自主权等权利。

法人、非法人组织享有名称权、名誉权和荣誉权。

第一百一十一条　自然人的个人信息受法律保护。任何组织或者个人需要获取他人个人信息的,应当依法取得并确保信息安全,不得非法收集、使用、加工、传输他人个人信息,不得非法买卖、提供或者公开他人个人信息。

第九百九十五条　人格权受到侵害的,受害人有权依照本法和其他法律的规定请求行为人承担民事责任。受害人的停止侵害、排除妨碍、消除危险、消除影响、恢复名誉、赔礼道歉请求权,不适用诉讼时效的规定。

第一千零二十四条　民事主体享有名誉权。任何组织或者个人不得以侮辱、诽谤等方式侵害他人的名誉权。

名誉是对民事主体的品德、声望、才能、信用等的社会评价。

第一千一百七十三条　被侵权人对同一损害的发生或者扩大有过错的,可以减轻侵权人的责任。

第一千一百九十七条　网络服务提供者知道或者应当知道网络用户利用其网络服务侵害他人民事权益,未采取必要措施的,与该网络用户承担连带责任。

第二节　婚外情引发侵害他人身体，如何赔偿

一、案例精选

【案例一】　撞见妻子婚外情　拿刀砍人担责任

夫妻之间应当互相忠诚，发现一方有婚外情，是怒火冲天任意为之还是以合理方式妥善处理？一时冲动引发的后果，也许难以收拾。本节案例中的刘强便是如此。

2015年9月的一天，刘强在家中发现了妻子和张辉有不正当关系，一怒之下持菜刀将张辉砍伤，张辉立即报警，刘强被警察带走。张辉共住院8天，出院后即向法院提起诉讼，要求刘强赔偿医疗费、误工费、护理费、住院伙食补助费、残疾赔偿金等各项费用共计12万余元。

法院经审理后认为，公民的身体权受法律保护，公民由于过错侵害他人身体造成损害的，应当承担民事责任。家庭是社会的细胞，只有家庭关系和睦，社会才能更加和谐稳定。公民应当遵守夫妻相互忠实的义务。张辉与刘强的妻子存在不正当男女关系，导致刘强与其妻子之间正常的家庭关系受到侵害，进而引发刘强的不满，是本案发生的直接原因，张辉对本次纠纷的发生具有过错。刘强在发现张辉与妻子发生不正当关系后，未能采取更加合理的方式妥善处理，而是采取损害张辉生命、健康的行为发泄自身的不满，对本次纠纷的发生亦具有过错。结合本案实际情况，认定刘强承担60%的赔偿责任，判决刘强赔偿张辉经济损失7万余元。

【案例二】　房内约会惧被抓　仓皇逃走丢性命

婚外情违反社会道德、公序良俗而被大众谴责，婚外情暴露之际，恐慌之下会遭遇什么危险？此时婚外情中的双方是否负有法律上的义务？

胡飞和洪秀春是婚外情关系，为方便约会，两人在外租了一套房子。2015

年8月的一天，两人正在房间内约会，听到有人敲门，胡飞一听说话声音，就知道是他的老丈人和丈母娘。两位老人一边敲门，一面喊着“胡飞开门，我知道你们俩在里面”，胡飞怕老人在门外砸门，在门内用身子抵门，在双方僵持中，胡飞听到楼下有人喊“跳楼了”，胡飞回头发现洪秀春不见了，急忙打开门往楼下跑，在一楼拐角处看见洪秀春躺在地上，身旁全是血。警察与“120”医生接到报案后赶到现场，医生经过检查确认洪秀春已经死亡。洪秀春父母与胡飞协商赔偿不成，将胡飞诉至法院，要求他赔偿丧葬费、死亡赔偿金等各种损失合计60万余元。

法院认为，洪秀春疏忽注意自身安全致坠楼身亡，自身具有重大过错，应承担主要责任。胡飞与洪秀春发生婚外情，两人均处于社会道德的对立面，且事发时胡飞与洪秀春婚外情事实即将被揭露。在此特殊情境下，胡飞应当预见到洪秀春会产生一定的精神压力，胡飞对洪秀春的安全应负有合理注意义务。胡飞未尽对洪秀春的合理注意安全义务，明显具有过错，他的过错行为与洪秀春不慎坠楼身亡之间具有因果关系，应承担一定的侵权责任。综合考虑洪秀春与胡飞各自的过错程度，法院认定洪秀春自身承担70%的责任，胡飞承担30%的责任。

【案例三】 情人受骗竟自杀 赔偿协议怠履行

婚外情的结局各有不同，有身体受伤害的，也有名誉尽毁的，甚至有失去生命的。婚外情中签订的协议也是不尽相同，是否有效，能否得到法律保护呢？以下案例中的杨建就因《赔偿协议》引发了纠纷。

杨建和妻子分居两地，久而久之，感情转淡。在一次朋友聚会上，杨建遇到了年轻活泼的李乐，渐渐地，两人发展为情人关系。在一起2年后，李乐提出希望杨建离婚，杨建答应了并在一个月后把《离婚证》交给了李乐，李乐满心欢喜。2017年12月的一天，一个陌生女子带着孩子找到了李乐，李乐这才知道，杨建给她看的《离婚证》是假的，李乐忍受不了杨建的欺骗，自杀了。

李乐父母知道后，认为是杨建害死了李乐，要求杨建赔偿。杨建也同意赔偿，于是和李乐父母签订了《赔偿协议》，杨建同意赔偿死亡赔偿金、丧葬费等各项损失共计48万元。但杨建在支付了8万元后，迟迟不肯支付余下的40万元，李乐父母见状将杨建起诉到了法院。

在庭审中,杨建提出,李乐是自杀的,不是他杀害的,所以他没有义务对李乐的死亡承担赔偿责任。他和李乐的关系,不符合社会秩序和公序良俗,基于这种关系因李乐的自杀而签订的《赔偿协议》是无效的,所以他不应该支付余下的40万元。

法院认为,李乐的死亡虽然在法律上与杨建的行为之间没有因果关系,但在客观事实上李乐和杨建的婚外情是导致李乐自杀的诱因。在李乐自杀后,杨建与李乐父母经过协商达成的《赔偿协议》是他自愿的处理结果。虽然李乐与杨建之间的关系不受法律保护,但杨建在李乐自杀后与李乐父母签订的《赔偿协议》是有效的。因此,法院判决杨建支付余款40万元。

二、维权指引

(一)婚外情因素对侵权责任的承担有何影响

侵害他人身体权、健康权、生命权,侵权一方应当承担责任,但对于因婚外情因素引起的这类纠纷,法院在认定侵权责任时,往往也会考虑被侵权人是否存在过错。根据《民法典》对侵权责任的规定,侵害他人民事权益,应当承担侵权责任。但如果被侵权人对损害的发生也有过错的,可以减轻侵权人的责任。比如,案例一中刘强因为发现其妻子与张辉有不正当关系,一怒之下将张辉砍伤,应当承担侵权责任。但法院在判决时,基于张辉与刘强妻子的婚外情是引发纠纷的原因,故认定张辉对本次纠纷发生有过错,减轻了刘强40%的责任,判决刘强按照60%承担张辉的各项损失。

(二)如何理解婚外情相关的合理注意义务

《民法典》第1165条第1款规定:“行为人因过错侵害他人民事权益造成损害的,应当承担侵权责任。”一般而言,过错包括故意和过失,故意是指行为人以损害他人为目的而实施加害行为,或者明知自己的行为会造成损害仍实施加害行为。行为人因疏忽或者懈怠未尽合理注意义务的为过失。合理注意义务是一种行为人应采取合理的谨慎注意以避免给他人造成人身和财产损害的义务。在实践中如何判断是否违反合理注意义务呢?对于合理注意义务的判定通常按照一个正常普通人的认知为判断标准。比如,在案例二中对于洪秀春的死亡,胡飞并没有不法加害行为,胡飞与洪秀春坠楼身亡之间没有因果关系,洪秀春不慎坠楼身亡系意外。但在当时胡飞老丈人、丈母娘在房外敲门、推门，洪秀春极度恐慌试图躲避的特殊情境下，胡飞对于洪秀春的安全负有合理注意义务，法院基于胡飞未尽合理注意义务，判决胡飞承担30%的责任。

（三）基于婚外情关系签订的《赔偿协议》是否有效

在实践中，我们常常会看到因婚外情订立的各种协议，婚外情关系违反社会公序良俗，基于该关系订立的《赔偿协议》是否一定无效？在案例三中杨建在已婚情况下，违背夫妻之间忠诚义务，与李乐发生婚外情并以假离婚证欺骗李乐以维持恋情，后被李乐发现，李乐自杀死亡。杨建明知李乐系自杀而与李乐家属签订《赔偿协议》，杨建作为完全民事行为能力人，对签订协议产生的后果完全预知，协议未违反法律法规的禁止性规定，属有效。虽然杨建与李乐的关系不受法律保护，但杨建在李乐自杀后与李乐家属签订的《赔偿协议》是双方平等自愿协商一致的结果，是有效的。

三、律师建议

（一）暴力维权不可取

配偶与他人有婚外情，违反了夫妻忠诚义务，但采取暴力行为侵害他人权益的，仍然要承担法律责任。因此，在一方有婚外情时，另一方采取侵害第三者生命权、身体权、健康权的方式维权并不可取。

（二）婚外情中应该尽到合理注意义务

当婚外情东窗事发时，极有可能出现冲突场景。而此时身处其中的人，特别是出于道德对立面的人出于羞耻、恐惧等因素心理、生理可能会出现不稳定的状态，在这种情况下特定行为人就对其负有合理的注意义务。如果行为人怠于尽到合理义务发生严重后果，则不能因为无因果关系而免责。

（三）签订与婚外情相关的《赔偿协议》应当谨慎

婚外情本身不受法律的保护，但这不意味着基于这一关系签订的一切协议当然无效。签订协议是独立的法律行为，如果签订双方自愿达成合意且协议内容不违反法律规定，那么协议就是有效的。因此，笔者提示基于婚外情关系签订相关协议时，需要慎重考虑协议带来的法律后果。

四、法律速递

《中华人民共和国民法典》

第四百六十五条　依法成立的合同,受法律保护。

依法成立的合同,仅对当事人具有法律约束力,但是法律另有规定的除外。

第一千一百六十五条　行为人因过错侵害他人民事权益造成损害的,应当承担侵权责任。

依照法律规定推定行为人有过错,其不能证明自己没有过错的,应当承担侵权责任。

第一千一百七十三条　被侵权人对同一损害的发生或者扩大有过错的,可以减轻侵权人的责任。

第一千一百七十九条　侵害他人造成人身损害的,应当赔偿医疗费、护理费、交通费、营养费、住院伙食补助费等为治疗和康复支出的合理费用,以及因误工减少的收入。造成残疾的,还应当赔偿辅助器具费和残疾赔偿金;造成死亡的,还应当赔偿丧葬费和死亡赔偿金。

第三节　婚外情中的财产损害纠纷

一、案例精选

【案例一】　情路不顺怒报复,财产损害得赔偿

婚外情不同于正常的恋爱,具有一定的隐蔽性,有的甚至具有欺骗性,所以在感情发展不顺或分手时往往会互生怨怼,甚至因怨恨产生报复行为,有的还因泄愤行为损害财产而吃上官司,实在不值得!

董某与吴某系夫妻关系,刘某某与吴某系同事关系,吴某因不安平淡的家庭生活,隐瞒其已婚事实,追求刘某某并顺利发展为恋爱关系,但纸终究包不住火,刘某某知道吴某有家庭后,感觉被欺骗非常气愤,两人多次发生激烈争吵,分手后仍恨意难消,决定上门讨要说法。

2018年2月7日18时许，刘某某及其母亲到吴某、董某家中，当时家中仅有吴某一人，吴某一开始不愿开门，于是刘某某及其母亲怒砸不锈钢纱门，门被损坏，后吴某开门与刘某某和其母亲理论，两人遂闯入家中，与吴某发生激烈争执，期间数件财产被损坏，吴某打电话报警。

报警后，民警及时出警，并询问吴某“什么东西被砸”，吴某不想事情闹大，称“算了、算了，小东西”，于是，报警事件很快处理完了。可是，吴某妻子董某回家知道发生的事情后，越想越气，气吴某感情不忠，更气第三者竟然敢上门挑衅，于是愤然起诉，吴某、董某夫妇均为原告，要求被告刘某某赔偿损失4万余元，包括IPADPRO一台5176元、百浪多男士腕表一块32,000元、修理门的费用1000元及其他生活物品，并提供了身份证、结婚证、出警记录、微信截图、派出所民警出警视频、开锁公司业务登记单、当事人陈述等证据予以证实。

法院经过审理，法院对发生争议的事实及门的损失予以了认定，因报警后吴某未陈述所有损害物品，只称“算了，小东西”，因此未能记载其他物品损害情况，出警视频也未能拍到具体损害财物，因此，对于其他财物损失未能认定。

最后，法院判决刘某某承担门被损坏的赔偿责任800元。

【案例二】往来款项厘不清，主张借款终失败

顾某是家具店店主，2017年，周某某与顾某因购买家具相识后很快发展为恋人关系，顾某有家庭，两人是婚外情关系，但这并不阻碍两人感情飞速发展，2018年甚至还一起开了一家日料店，周某某也怀上了顾某的孩子，就等顾某离婚后两人修成正果了，在婚外情期间，两人经济往来频繁但均未办理任何书面手续，俨然已经成为一家人。可是2019年年初，这一切在顾某的母亲发现了两人的关系后发生了巨变，顾某母亲坚决要求顾某分手，守住原来家庭，同时要求周某某打掉孩子。

为了保全感情，2019年3月18日，周某某出具保证书1份，载明“我周某某肚内的孩子跟顾某没有任何关系，以后不负责抚养义务。周某某不以任何形式逼顾某离婚”。

2019年3月23日，周某某再次出具书面证明，内容为“周某某与顾某2019年3月23日之前无任何经济纠纷。双方签字后生效”，周某某与顾某分别在该

证明下方签字、捺印。

但是周某某的行为并未守得云开见月明，因顾某母亲的强势介入，顾某忌惮母亲开始淡化关系，周某某隐忍退让却更失意，两人不断产生矛盾，最终黯然分手。

分手后，周某某很悲痛，亦难以接受这两年的感情付出、金钱付出都化为泡影，于是2019年7月，周某某愤然作为原告提起诉讼，向顾某（被告）主张偿还借款本金1,169,425元并支付利息，并提供了2017年9月至2019年7月的27笔转账记录，在被告建材店的26笔信用卡刷卡记录以及微信支付宝转账若干，合计为原告主张的1,169,425元。

但被告顾某却反驳：原被告双方在交往期间有多次转账，财务不分你我。2019年年初，原被告之间的不正当男女关系被被告的母亲发现，为了维护家庭稳定，被告的母亲要求原被告分手。在原告同意的前提下，原告签字、捺印确认其与被告至2019年3月23日已无任何经济纠葛。同时原告在被告商铺刷取信用卡仅是为了套现所用，不存在被告欠款的事由，恳请法庭驳回原告诉请。同时，顾某也提供了向原告周某某的转账记录。

虽原告周某某称被告的母亲威胁其打掉孩子，其是受胁迫才签订了至2019年3月23日之前无经济往来的证明，但未能提供相关证据。

法院经审理后认为，出借人向人民法院起诉时，应当提供借据、收据、欠条等债权凭证以及其他能够证明借贷法律关系存在的证据。人民法院在审理民间借贷纠纷案件时应当严格审查借贷发生的原因、时间、地点、款项来源、交付方式、款项流向以及借贷双方的关系、经济状况等事实进行综合判断。

因仅有转账记录，原告并无借据、结算依据等债权凭证证明原被告之间存在借贷一致的意思表示；且双方互有多笔、大额的交易往来。法院认为，当事人对自己提出的诉讼请求所依据的事实或者所反驳对方诉讼请求所依据的事实，应当提供证据加以证明，除非法律另有规定。

最后，法院认为原告周某某提供的银行交易明细、支付宝交易明细、微信交易明细等证据并未形成完整的证据链，故原告周某某主张被告顾某归还其借款本金1,169,425元并支付利息的诉请依据不足，驳回了原告周某某的诉讼请求。

【案例三】维权方式不正确，经济损失难补回

朱某某与曾某某于2000年3月8日登记结婚，2004年曾某某生了一男孩毛毛（化名），这个孩子一直由奶奶邱某（朱某某母亲）帮忙带，到了上幼儿园的年龄，更是吃住都在奶奶家，整个幼儿园、读小学、日常生活、生病治疗均由邱某家庭负担照顾，直至2014年5月，也就是孩子10岁那年，邱某和儿子发现毛毛系曾某某和第三者罗某发生婚外情所生，此事也直接导致邱某儿子朱某某与曾某某离婚。

养育多年，倾注了自己全部心血的孙子竟然不是自己家的，邱某十分受打击也深感冤枉，于是一纸诉状，将前儿媳曾某某和第三者罗某作为共同被告告上了法庭，要求赔偿损失，请求法院判令二被告连带赔偿原告对毛毛10年付出的抚养费420,000元（每月3500元）。

被告曾某某却称：(1)在与朱某某离婚前，毛毛的法定抚养义务人是父母，也就是自己和朱某某，而非奶奶邱某，所以原告邱某主张抚养费没有事实及法律依据；(2)原告邱某没有相应的证据证实其履行了抚养毛毛的义务，并因此遭受了财产损失。同时法院也没有生效判决认定曾某某与罗某具有不正当关系，以及毛毛生父是罗某。

法院经审理后查明，在朱某某与曾某某离婚案件中，朱某某提供了一份某医院法医临床司法鉴定所出具的鉴定意见书，鉴定意见为：朱某某与毛毛之间排除亲生血缘关系，法院采信了该鉴定意见，并根据该鉴定意见在离婚案中判决毛毛归曾某某抚养，朱某某无须支付抚养费。

朱某某还另案向法院起诉曾某某、罗某，要求精神损害赔偿，判决确认了曾某某在与朱某某婚姻关系存续期间违反夫妻忠实义务，与他人发生性关系并生育小孩毛毛，严重伤害了夫妻感情并最终导致双方离婚，判决曾某某支付朱某某精神损害赔偿金10万元。

虽然以上两个关联案件确认了毛毛系曾某某与他人所生，朱某某无须承担抚养费，并且曾某某要向朱某某支付精神损害赔偿金，也就是事实确凿，但是本案邱某作为原告起诉的财产损害赔偿案件中，法院却驳回了原告的诉请，因为法院认为，民事诉讼的原告必须是与本案有直接利害关系的公司、法人和其他组织，本案原告以财产损害赔偿提起诉讼，要求两被告赔偿原告对毛毛10年付出

的抚养费。但在确认毛毛与朱某某非亲生父子关系之前,朱某某与被告曾某某是毛毛的法定抚养义务人,原告对毛毛的抚养是基于其与朱某某的母子亲情,是一种自愿行为,并非法定抚养义务人。有权请求赔偿抚养费损失的应当是毛毛的法定抚养义务人,原告并非毛毛的法定抚养义务人,其作为原告起诉主体不适格,应予驳回。

二、维权指引

(一)何种情形构成财产侵权

损害财产是侵害他人财产权益的侵权行为,《民法典》第120条规定,民事权益受到侵害的,被侵权人有权请求侵权人承担侵权责任。而财产权益就是民事权益的一种,受法律保护。

构成一般侵权责任的构成要件,主要包括如下三点:

1. 行为:侵犯他人合法权利或合法利益的加害行为;
2. 损害事实:他人财产或者人身权益所遭受不利影响;
3. 因果关系:行为与损害事实、后果之间有因果关系。

侵权责任的构成要件同时受侵权责任归责原则的影响。在过错责任原则下,需要行为人有过错;在无过错责任原则下,则不考虑行为人是否存在过错。案例一中的损害财产的行为,适用无过错责任原则。

婚外情关系相比一般感情的复杂性,决定了感情出现问题时矛盾更尖锐,案例一中的刘某某,开始并不知道自己是第三者,是抱着谈恋爱的心态和吴某建立男女朋友关系的,却发现吴某骗了她,感情被骗,还被戴上第三者的帽子,心里当然不甘,气得上门理论的心情是可以理解的。

但案例一中的刘某某用了较为极端的上门打砸方式,毁坏了财产,即使损害财产的行为和后果,是因为感情被骗,但财产侵权适用无过错责任原则,刘某某要为损害他人财产行为承担法律后果,感情上是受害者,出气未成却构成侵权并需承担损害赔偿责任,导致自己置于被动地位,虽然该案金额不高,但也实在不值得。

作为第三者,如果发现自己的恋爱对象有家庭时,建议长痛不如短痛,快刀斩乱麻,潇洒离开。一时意气快意洒恩仇的结果很可能是:身份暴露被恋爱对象配偶怨恨,过激行为惹上官司,第三者的身份还可能影响下一段感情的发展,所以，笔者再次奉劝，即使痛苦，也要及时脱身，着眼未来。

（二）真感情也要明算账，资金往来借条不能少

感情总是和物质相随，无论是感情的物化表达，还是情到浓时发生共同经济活动，在感情顺利时，百好千好，钱都不是问题，可是一旦感情出现裂痕，往往随之发生经济纠纷。如果没有约定或相应文件，则很难说清楚，到头来，可能落得人财两空的局面。

案例二中，从周某某的种种行为来看，她是希望和顾某有长久稳定的感情关系的，与顾某共同开店，怀孕后也打算把孩子生下来，在顾某母亲发现后，也委曲求全写下近两年无经济纠葛、孩子和顾某没关系等一系列的保证书，可是换来的并不是她期待的顾某离婚，和她建立家庭，而是惨淡分手的结局，逾百万元的经济往来，诉至法院后也分文未得到支持。

根据《最高人民法院关于审理民间借贷案件适用法律若干问题的规定》第 2 条第 1 款的规定，出借人向人民法院提起民间借贷诉讼时，应当提供借据、收据、欠条等债权凭证以及其他能够证明借贷法律关系存在的证据。

案例二中，周某某未能提供相应借据等证明借贷法律关系存在的证据，同时还写下了无经济纠葛的证明，因此，仅凭转账记录很难主张借款。

所以，不管案例中周某某的款项往来到底有无或多少是借款，笔者都建议，和恋人经济往来，尤其大额款项往来，应根据款项实际发生的原因、用途建立书面配套文件，比如借条、对账单等，转账也应按实注明转账用途，万一感情发生问题，该算的经济账可以厘清，感情不在钱还在，分手也分得干净不留后患，避免人财两空。

（三）被欺诈性抚养孩子，需采用正确维权方式

辛辛苦苦投入心血，财力物力悉心栽培的孩子却不是自己家的，这个事实谁碰到都会深受打击。可案例三中的奶奶，愤然起诉主张多年付出的抚养费用却被裁定驳回，究其原因，在于维权的方式不对。

欺诈性抚养，是指女方故意隐瞒其子女非与男方所生之事实，使男方误将子女视为亲生子女予以抚养的行为。

对于欺诈性抚养，目前还没有法律对其进行明文规定，但构成欺诈性抚养的当事人，是可以进行司法救济的，部分法院也出台了相关的司法意见，比如江苏

省高级人民法院于 2019 年 7 月 18 日发文的《家事纠纷案件审理指南(婚姻家庭部分)》第 14 条第 1 款就规定:女方隐瞒子女与男方无亲子关系的事实,使男方实际履行了抚养义务,构成欺诈性抚养侵权行为,离婚时或者离婚后男方主张返还给付的抚养费并赔偿精神损害抚慰金的,可以支持。

在确定抚养费返还数额时,男方应当对抚养费给付情况承担举证责任。确实无法举证证明的,可以参照《最高人民法院关于适用〈中华人民共和国民法典〉婚姻家庭编的解释(一)》第 49 条的规定,根据子女的实际需要、男女双方的负担能力、婚姻关系存续期间双方的经济收入、离婚时共同财产分割情况、当地的实际生活水平等酌情判定。

精神损害抚慰金的赔偿数额可以依照《最高人民法院关于确定民事侵权精神损害赔偿责任若干问题的解释》第 5 条的规定确定。

从以上审理意见来看,被欺诈性抚养孩子的,除了可以主张抚养费外,还可以主张精神损害抚慰金。从该审理意见也能看出,欺诈性抚养侵权的权利主体是男方,即适格的原告主体是男方。

从《民事诉讼法》第 119 条第 1 项规定可以看出,起诉必须符合下列条件:原告是与本案有直接利害关系的公民、法人和其他组织。

根据以上规定就可看出,案例三中的奶奶起诉未成功的原因在于身份问题,不是适格的原告主体。虽然现实生活中,由爷爷奶奶帮助带孩子养孩子的不在少数,但在欺诈性抚养的诉讼案件中,爷爷奶奶不能作为原告,正如法院裁定驳回的理由所述,起诉主张抚养费,首先得是或曾经是孩子的抚养义务人,在朱某某与被告曾某某离婚前,他们两人作为父母才是毛毛的法定抚养义务人,而奶奶并不是,因此,奶奶没有请求权基础。换言之,只有朱某某可以主张抚养付出的财产损失。

那么,起诉对象可以是谁呢?江苏省高级人民法院的审理意见中也规定了,欺诈性抚养的赔偿义务主体应当是欺诈行为的实施主体。男方起诉子女承担欺诈性抚养赔偿责任的,不予支持。子女的生父与女方通谋欺骗男方的,应当承担连带赔偿责任。男方仅起诉女方承担赔偿责任的,可以不追加子女的生父为共同被告。

所以,欺诈性抚养侵权的诉讼,有权利主张返还抚养费以及精神损害抚慰金的是男方,起诉的对象是女方,或共同起诉女方以及孩子的生父。

三、律师建议

（一）投入感情需谨慎，避免误入婚外情

笔者建议，在建立一段感情前，尤其对象明显属于婚龄段的，最好了解清楚对方是否已婚，当今社会，了解信息的途径很多，比如向朋友打听、直接询问、观察举动等，从生活经验判断，已婚和未婚的状态也是不一样的。

那么，如果遭受了欺骗意难平如何处理，笔者认为，应尽早梳理双方交往历程，包括感情、财产，如有财产往来，尽快厘清，避免感情被欺骗的同时财产也受到损失，梳理后尽快与对方摊牌谈判，挽回财产损失。因为欺骗一方被揭穿时，可能会有歉意，此时处理财产问题也相对容易。之后，及时离开，避免因怨恨作出出格之事伤及自己，从受害者变成被告，承担法律责任，实在得不偿失。

作为婚外情一方的配偶，如果遭遇财产被损害，则应根据侵权责任构成三要件，及时保存相关证据，比如加害行为的照片、视频、报警记录等，对于财产损失，要注意提供发票、维修票据、支付证明等相关证据材料，以尽可能全面主张损失赔偿。

（二）大额经济往来不马虎，手续齐全少纷争

笔者建议，和恋人经济往来，尤其大额款项往来，应有书面配套手续，转账也按实注明转账用途，这样，万一感情发生问题，可厘清经济账，实现和平分手。

（三）为孩子建立手账，记录孩子成长史也能以防万一

当今社会，抚养孩子的成本很高，在能力范围内家长都是给予孩子最好的，而一朝发现孩子非亲生，花出去的巨额培养成本却难以举证，就实在悲剧了，所以，笔者建议：

1. 孩子的大额开销保留发票或收据以及支付凭证，比如培训班费用、早教中心费用、贵重用品如钢琴等购买费用发票等，可以为孩子准备一个专用文件袋用于存放重要凭证单据。当然笔者不是建议带着怀疑孩子非亲生的心态生活，为孩子记录培养手账，也相当于记录了孩子的成长史，将来孩子长大了，看到这些也能体会父母培养自己付出的心血和不容易。

2. 如发现有迹象表明孩子非亲生，尽量在不伤害孩子的前提下取样及时做亲子鉴定，尽早释疑，以避免不必要的怀疑伤害和配偶的感情，也伤害孩子；如果

真的非亲生,不能接受继续抚养的,也尽早亮明事实解决问题,避免时日长久后产生更大的矛盾和财产损失。

3. 如孩子的祖辈帮忙带养孩子的,同样建议保留大额凭证,或阶段性就较大款项与孩子父母做个资金结算或家庭对账,毕竟养育孩子是父母的责任。

但是不论怎样,孩子是无辜的,不管大人之间如何矛盾深重,笔者都奉劝,尽量不要伤害孩子,不要影响孩子的健康成长。

四、法律速递

《中华人民共和国民法典》

第六百六十七条　借款合同是借款人向贷款人借款,到期返还借款并支付利息的合同。

第一千一百六十五条　行为人因过错侵害他人民事权益造成损害的,应当承担侵权责任。

根据法律规定推定行为人有过错,其不能证明自己没有过错的,应当承担侵权责任。

第一百七十九条　承担侵权责任的方式主要有:

(一)停止侵害;

(二)排除妨碍;

(三)消除危险;

(四)返还财产;

(五)恢复原状;

(六)修理、重作、更换;

(七)继续履行;

(八)赔偿损失;

(九)支付违约金;

(十)消除影响、恢复名誉;

(十一)赔礼道歉。

法律规定惩罚性赔偿的,依照其规定。

本条规定的承担民事责任的方式,可以单独适用,也可以合并适用。

《中华人民共和国民事诉讼法》

第六十四条　当事人对自己提出的主张,有责任提供证据。

当事人及其诉讼代理人因客观原因不能自行收集的证据,或者人民法院认为审理案件需要的证据,人民法院应当调查收集。

人民法院应当按照法定程序,全面地、客观地审查核实证据。

第一百一十九条　起诉必须符合下列条件:

(一)原告是与本案有直接利害关系的公民、法人和其他组织;

(二)有明确的被告;

(三)有具体的诉讼请求和事实、理由;

(四)属于人民法院受理民事诉讼的范围和受诉人民法院管辖。

第一百五十四条　裁定适用于下列范围:

(一)不予受理;

(二)对管辖权有异议的;

(三)驳回起诉;

(四)保全和先予执行;

(五)准许或者不准许撤诉;

(六)中止或者终结诉讼;

(七)补正判决书中的笔误;

(八)中止或者终结执行;

(九)撤销或者不予执行仲裁裁决;

(十)不予执行公证机关赋予强制执行效力的债权文书;

(十一)其他需要裁定解决的事项。

对前款第一项至第三项裁定,可以上诉。

裁定书应当写明裁定结果和作出该裁定的理由。裁定书由审判人员、书记员署名,加盖人民法院印章。口头裁定的,记入笔录。

《最高人民法院关于审理民间借贷案件适用法律若干问题的规定》

第二条　出借人向人民法院提起民间借贷诉讼时,应当提供借据、收据、欠条等债权凭证以及其他能够证明借贷法律关系存在的证据。

当事人持有的借据、收据、欠条等债权凭证没有载明债权人,持有债权凭证的当事人提起民间借贷诉讼的,人民法院应予受理。被告对原告的债权人资格提出有事实依据的抗辩，人民法院经审理认为原告不具有债权人资格的，裁定驳回起诉。

第十八条　人民法院审理民间借贷纠纷案件时发现有下列情形之一的，应当严格审查借贷发生的原因、时间、地点、款项来源、交付方式、款项流向以及借贷双方的关系、经济状况等事实，综合判断是否属于虚假民事诉讼：

（一）出借人明显不具备出借能力；

（二）出借人起诉所依据的事实和理由明显不符合常理；

（三）出借人不能提交债权凭证或者提交的债权凭证存在伪造的可能；

（四）当事人双方在一定期间内多次参加民间借贷诉讼；

（五）当事人无正当理由拒不到庭参加诉讼，委托代理人对借贷事实陈述不清或者陈述前后矛盾；

（六）当事人双方对借贷事实的发生没有任何争议或者诉辩明显不符合常理；

（七）借款人的配偶或合伙人、案外人的其他债权人提出有事实依据的异议；

（八）当事人在其他纠纷中存在低价转让财产的情形；

（九）当事人不正当放弃权利；

（十）其他可能存在虚假民间借贷诉讼的情形。

《最高人民法院关于适用〈中华人民共和国民事诉讼法〉的解释》

第九十条　当事人对自己提出的诉讼请求所依据的事实或者反驳对方诉讼请求所依据的事实，应当提供证据加以证明，但法律另有规定的除外。

在作出判决前，当事人未能提供证据或者证据不足以证明其事实主张的，由负有举证证明责任的当事人承担不利的后果。

第三章　婚外情与民事纠纷

第一节　婚外情赠房，还钱还是还房？

一、案例精选

【案例一】　拈花惹草性难改，贤妻一朝断舍离

秦时梅回顾着过往和夏卫国的十几年婚姻，心里五味杂陈。十几年前，她和夏卫国刚结婚，挤在夏卫国的一间小宿舍，夏天蚊虫叮咬冬天湿寒刺骨。也是在这间小房间里，他们有了女儿夏梅儿。为了给夏卫国一个安定的大后方，秦时梅承包了整个家的里里外外，大到补贴家用，小到为夏卫国生病的父母寄药。后来，夏卫国的业务越做越大，家却回的越来越少了。

2014 年的一天，秦时梅无意间接听了夏卫国的一个电话，电话的另一头是一个小男孩稚嫩地喊着爸爸。秦时梅慌乱中挂断了电话，但女人的直觉告诉她丈夫有了问题。犹豫之后，秦时梅还是决定要去一探究竟。原来，早在 2011 年，夏卫国就和自己的下属侯雨发生了婚外情，2012 年两人生下一子夏承。为了安顿侯雨母子，夏卫国瞒着秦时梅先后给侯雨买了两套公寓，总共花了将近 600 万元，两套公寓房产证都写了侯雨的名字。

2014 年年底，经过多次谈判，最终秦时梅代夏卫国与侯雨签订了《调解协议书》，约定夏卫国和侯雨自此分手，夏卫国原赠送给侯雨的两套公寓所有权暂归侯雨所有，待夏承成年之后，所有权归夏承，侯雨仅有使用权。

秦时梅为了维持各自体面，选择了原谅。但是夏卫国并没有遵守当初的诺言。2018 年，秦时梅跟踪夏卫国来到了他和侯雨的新住处，她不但目睹了丈夫和情人的藕断丝连另筑新巢，也了解到了侯雨已将协议中的两套公寓出售，置换了位于松江的这套房产，房产证还是登记在侯雨名下。伤心欲绝的秦时梅决定不再退让，她梅将夏卫国和侯雨告上法庭，控诉夏卫国在他们婚姻关系期间，未经她的同意，擅自给侯雨出资购房，损害了夫妻共同财产，同时要求侯雨返还松江的房产。

侯雨在法庭上也不甘示弱，表示夏卫国出资是对自己的赠与，即使用的是夫妻共有财产，夏卫国也有权处分属于自己的一半。而且，松江房产是用协议中的两套房子的转让款所购，这两套房子在《调解协议书》中即已明确是对自己的赠与。所以，松江的房产是用自己的钱买的，产权也登记在自己名下，与秦时梅无关。此外，侯雨表示，秦时梅在 2014 年时就知道夏卫国给她买了房，直到现在才主张，早已过了诉讼时效。

法院经过审理认定，2014 年，秦时梅代夏卫国与侯雨签订《调解协议书》，秦时梅虽在 2014 年就已知道了事实真相，但当时侯雨也在协议中承诺将协议中的两套房产留给夏承，该条款可视为秦时梅对夏承的赠与。可是侯雨并未按照协议履行，而是将两套房产出售，所以，秦时梅知道自己权利被侵害的时间应当是其得知两套房产出售之时，而非 2014 年签订《调解协议书》之时，秦时梅起诉并未过诉讼时效。

侯雨坚持夏卫国为其出资购房属于赠与，但并未提供赠与协议等书证。《调解协议书》中的赠与字样也被划掉从而更加难以佐证。夏卫国与秦时梅是结婚多年的夫妻，应互相扶助、互相忠实、互相尊重，但夏卫国却长期与侯雨交往，还出资为侯雨购买房屋，即使其出资部分已对侯雨构成赠与，也是一种违反公共秩序和社会公德的行为。因此，侯雨关于夏卫国有权将自己的一半赠与侯雨的观点，法院并未支持。

侯雨接受夏卫国出资的 600 万元购买了协议中的两套房产，并登记为产权人，是侯雨自己的意思表示，并不侵犯秦时梅的权益。同样，侯雨用出售两套房产的转让款购置松江房产的行为，也是出于自主行为，侯雨作为松江房产的权利人应该受到法律保护。

最终法院判决，秦时梅对松江房产主张权利，没有法律和事实上的依据，法院难以支持。但侯雨应将夏卫国出资的 600 万元购房款返还给秦时梅和夏卫国。

【案例二】 螳螂捕蝉黄雀在后，爱情公寓看确权

相较于秦时梅和夏卫国的剪不断理还乱，陈亦芩在知道丈夫傅文山有婚外情人后，尽管内心挣扎，还是很快作了决定和傅文山离婚。2016 年，陈亦芩和傅文山签订了《离婚协议》，约定傅文山放弃家庭所有财产归陈亦芩所有，协议签订后共同财产自行分割完毕。本想一别两宽，再无纠葛。却不想，时隔 2 年傅文山再次出现在陈亦芩的生活里，目的竟是让陈亦芩状告他和原恋人涂珊珊。

2013 年，涂珊珊大学毕业，到傅文山和朋友合伙开的公司做职员。傅文山对涂珊珊一见倾心，于是对涂珊珊谎称，涂珊珊所在的岗位为涉密岗位，为了防止相关机密被其他人知道，涂珊珊可以在家工作。在傅文山的强大攻势下，初涉社会的涂珊珊最终答应了和傅文山交往，两人开始了一段忘年之恋。随着恋情的升级，涂珊珊提出要傅文山承诺与陈亦芩离婚并和她结婚。然而，离婚并没有那么快，为了让涂珊珊放心，2014 年傅文山出资 500 多万元为自己和涂珊珊在虹口购买了一套公寓，产证登记在自己和涂珊珊的名下。

但是好景不长，傅文山要求涂珊珊把自己的名字从虹口公寓的产权证上去掉，并要求涂珊珊答应给予他补偿，结果被涂珊珊拒绝。愤怒又沮丧的傅文山找到了陈亦芩，向她和盘托出了 2014 年自己和涂珊珊购买了虹口公寓的事实，并请求陈亦芩通过起诉涂珊珊和他本人来追索回当初买房子的钱。

2018 年年底，陈亦芩向法院提请诉讼，要求确认虹口公寓为陈亦芩所有，如果法院不支持该诉请，则要求涂珊珊按照市场价返还房款。

开庭时，傅文山完全同意陈亦芩的诉讼请求。并表示自己是在涂珊珊的再三要求下，才给涂珊珊购买了虹口公寓，该公寓购买后一直由涂珊珊居住。2016 年，他与陈亦芩在民政局离婚，约定所有的家庭财产都归陈亦芩所有，当时陈亦芩并不知道虹口公寓的存在。自己与陈亦芩离婚后由于公司资金出现了问题，并没有与涂珊珊结婚，自己到外地发展，近期才回沪。

涂珊珊愤慨道：第一，自己和傅文山的事情，陈亦芩 2013 年就知道，陈亦芩和傅文山甚至在 2013 年签订了《婚内财产协议》，约定他们之间的经济收益自此分开，相互独立，傅文山的任何债权债务都与陈亦芩无关。所以，傅文山根本不是用夫妻共有财产购买的虹口公寓。第二，即使购买虹口公寓的出资款属于陈亦芩和傅文山的夫妻共同财产，傅文山处分的也不是房屋，而是金钱，因为傅

文山处分时还未取得虹口公寓产权。所以,就算返还也应返还购房出资款而非公寓的产权。

法院经审理后认为:陈亦芩与傅文山签订的《婚内财产协议》,文义与双方离婚协议中再行分割夫妻共同财产的内容存在矛盾。再结合陈亦芩与傅文山之间存在夫妻财产分别制并得到实际履行一节难以认定。因此,虹口公寓的出资款均应认定为陈亦芩与傅文山的夫妻共同财产。

至于涂珊珊应否返还其名下虹口公寓产权问题。傅文山在与陈亦芩婚姻关系存续期间,擅自以夫妻共同财产为自己和他人购房,其行为有违公序良俗,损害了陈亦芩的利益,应属无效,因无效行为所取得的财产,应当返还。但对于无效的究竟是赠与房款的行为还是赠与房产的行为,双方存在较大争议。对此法院认为,购房款均自傅文山账户支出,可视为傅文山替涂珊珊完成了出资,认定傅文山赠与给涂珊珊的金额为争议房产出资款中的一半。但该行为未经其配偶同意,有悖公序良俗,发生的无效后果为涂珊珊需向傅文山返还该笔出资款。考虑到陈亦芩与涂珊珊不存在争议房产共有的基础,最终法院判令,涂珊珊取得房屋所有权,涂珊珊向陈亦芩返还购房出资款及房屋折价款,在涂珊珊完成返还和给付义务之后,傅文山配合涂珊珊办理争议房屋产权变更手续。

二、维权指引

(一)婚内一方擅自将夫妻共有财产赠与他人的行为是否有效?另一方是否有权要求返还?

《民法典》第1060条应当理解为:

(1)夫或妻在处理夫妻共同财产上的权利是平等的。因日常生活需要而处理夫妻共同财产的,任何一方均有权决定。

(2)夫或妻非因日常生活需要对夫妻共同财产作重要处理决定,夫妻双方应当平等协商,取得一致意见。他人有理由相信其为夫妻双方共同意思表示的,另一方不得以不同意或不知道为由对抗善意第三人。

从中可以看出,超出日常生活需要对夫妻共同财产进行处分,双方应当协商一致,一方单独将大额夫妻共同财产赠与他人,是一种无权处分行为。

根据《民法典》第311条第1款规定,无处分权人将不动产或者动产转让给受让人的,所有权人有权追回。因此,当财产被他人无合法依据占有时,所有权人有权根据物权的追及效力要求非法占有人返还财产,夫妻中的受害方可以行使物上请求权,以配偶和婚外第三者为共同被告,请求法院判令其返还财产。

以上案例,夫妻一方未经另一方同意,用婚内夫妻共有财产为婚外情人购房出资,属于无权处分,应属无效。另一方有权向一方的婚外情人追回钱款。

(二)夫妻一方擅自将共同财产赠与他人的赠与行为应属全部无效,还是部分无效?

虽然我国《民法典》尚缺乏有针对性的明确规定,但夫妻共同财产是基于夫妻关系的存在而产生的。在夫妻双方未选择其他财产制的情形下,夫妻对共同财产形成共同共有,而非按份共有。夫妻对共同财产享有平等的处理权,并不意味着夫妻各自对共同财产享有一半的处分权。只有在共同共有关系终止时,才可对共同财产进行分割,确定各自份额。因此,夫妻一方擅自将共同财产赠与他人的赠与行为应属全部无效,而非部分无效。前文案例一中,侯雨认为夏卫国出资是对自己的赠与,即使用的是夫妻共有财产,夏卫国也有权处分属于自己的一半,该抗辩理由违背了夫妻财产共同共有的一般原理,在婚姻关系存续期间,夫妻共同财产应作为一个不可分割的整体,夫妻对全部共同财产不分份额地共同享有所有权,夫妻双方无法对共同财产划分个人份额,在没有重大理由时也无权于共有期间请求分割共同财产。

(三)夫妻一方赠与婚外情人房产,究竟是返还房屋还是返还相应的购房款?

可分为两种情况:一是夫妻一方赠与给第三者钱款让其购房且登记在第三者名下,赠与行为被确认无效后,第三者应返还相应的钱款;二是夫妻一方是把原来登记在自己名下的房屋变更登记为第三者,第三者应返还原房屋。上述案例皆属于第一种情况,受损害一方配偶可以向一方的婚外情人主张返还购房钱款。

(四)夫妻一方擅自赠与婚外情人大额财产,是否属于转移夫妻共同财产?另一方可否要求婚内分割?

根据《民法典》第 1066 条第 1 项规定,婚姻关系存续期间,有下列情形之一的,夫妻一方可以向人民法院请求分割共同财产:一方有隐藏、转移、变卖、毁损、挥霍夫妻共同财产或者伪造夫妻共同债务等严重损害夫妻共同财产利益的行为。

笔者认为,上述案例一方擅自赠与婚外情人大额夫妻共同财产的行为与“转移”夫妻共同财产的概念有重合之处,应当认定属于构成分割夫妻共同财产的“重大理由”,另一方可以要求在婚姻关系存续期间分割夫妻共同财产。

(五)婚内可否用夫妻财产分别制来保障另一方配偶的权益?

根据《民法典》第1065条规定,男女双方可以约定婚姻关系存续期间所得的财产以及婚前财产归各自所有、共同所有或者部分各自所有、部分共同所有。约定应当采用书面形式。没有约定或者约定不明确的,适用本法第1062条、第1063条的规定。夫妻对婚姻关系存续期间所得的财产以及婚前财产的约定,对双方具有法律约束力。夫妻对婚姻关系存续期间所得的财产约定归各自所有,夫或者妻一方对外所负的债务,相对人知道该约定的,以夫或者妻一方的个人财产清偿。

三、律师建议

(一)当美好的婚礼誓言败给现实中的一地鸡毛

多数婚姻始于对彼此忠贞的誓言。在婚礼上,那句经典的“你愿意以后谨遵誓词,无论贫穷还是富有、疾病或健康、美貌或失色、顺利或失意,都愿意爱她、尊敬她、保护她,并愿意在你们一生之中对她永远忠心不变”的誓言总是最令人动容的一幕。可是,说好的不离不弃,共到白头直至死亡,到头来还是败给了现实生活中的一地鸡毛。有时候,婚姻出现问题,不是不可以解决,只是多数人逃避解决,选择婚外情去寻找寄托。

婚姻生活多是枯燥和琐碎的,可是当夫妻一方想跟另一个他(她)婚外寻爱时,或逃避面对现实婚姻之困时,不妨理智地问一问自己,这样做究竟能解决什么问题?能得到什么?又或是会失去什么?欢愉之后是否还是一地鸡毛?

(二)如果婚姻已是千疮百孔,请给自己多点捍卫婚内财产权利的机会

维权指引中的第(四)点提到,一方婚内擅自赠与婚外第三者大额财产的属于婚内转移夫妻共同财产,构成分割夫妻共同财产的“重大理由”,另一方可以在婚内提起分割财产之诉。实践中,很多出轨的一方,在配偶得知事实之后,不是悔悟其给配偶造成的伤害,反而是联合第三者采用更加隐蔽的方式损害夫妻共有财产,导致原配取证不能。因此,笔者建议,配偶可适时提起婚内分割财产

之诉,及早保全婚内共有财产,避免加大事后追索财产的难度和成本。当然,实务中,各地法院对婚内财产分割之诉的立案标准有所不同,还要参考各地法院受理情况进行方案选择。

此外,婚内财产协议也是种不错的选择,夫妻双方可以婚内约定哪些财产属于共有,哪些财产作为个人所有,提前明确财产归属,减少争产争议。

(三)重视证据收集

实践中,有出轨一方联合原配要求第三者返还财产的,也有出轨一方串通第三者转移、隐匿财产损害原配利益的。如果是第二种情况,原配在追索财产时往往受困于证据的证明上。因此,建议受损害一方平时应多留意证据收集,比如对方的各类金融账户信息、转账信息、交易合同、交易凭证、财务账簿等,提前做好追索被损害财产的事前准备。需要注意的是,以侵犯他人权益或违反法律禁止性规定的方法取得的证据不能作为认定依据,所以,证据取得的合法性是是否成为证据的先决条件。

四、法律速递

《中华人民共和国民法典》

第三百一十一条　无处分权人将不动产或者动产转让给受让人的,所有权人有权追回;除法律另有规定外,符合下列情形的,受让人取得该不动产或者动产的所有权:

(一)受让人受让该不动产或者动产时是善意;

(二)以合理的价格转让;

(三)转让的不动产或者动产依照法律规定应当登记的已经登记,不需要登记的已经交付给受让人。

受让人依据前款规定取得不动产或者动产的所有权的,原所有权人有权向无处分权人请求损害赔偿。

当事人善意取得其他物权的,参照适用前两款规定。

第一千零六十条　夫妻一方因家庭日常生活需要而实施的民事法律行为,对夫妻双方发生效力,但是夫妻一方与相对人另有约定的除外。

夫妻之间对一方可以实施的民事法律行为范围的限制,不得对抗善意相对人。

第二节 夫妻财产系共有,伤情伤财不容许
——婚外情与占有返还、返还原物纠纷

一、案例精选

【案例一】 为免处罚同意丈夫补偿,后又反悔情人怒卖车辆

现实生活中因为婚外情给婚外情人送车送房的情形较常见,如果婚内配偶以侵犯了夫妻共同财产为理由要求返还,法律上亦有依据。但是在婚外情发生之后,经婚内夫妻和婚外情人达成协议,用相应财产作为补偿的,在不违背法律法规和公序良俗的前提下,不能再以侵犯了夫妻共同财产为由要求返还。

蔡春妮尽管出生并成长在大城市,但性格既市侩又泼辣。她的丈夫李秀成来自偏远山区,通过读书考上大学留在城市工作生活。李秀成对自己的定位非常清楚,留在大城市,而选择一个都市女青年结婚无疑是扎根城市的最快途径。李秀成有着反哺原生家庭的责任认知,蔡春妮却是精致的利己主义,两人显得有些格格不入。两人的文化程度也存在较大差异,导致两人完全无法进行正常交流,彼此不懂对方的世界,对社会的理解也完全不同,这样的割裂为这个家庭埋下了不和谐的隐患。

两人矛盾的进一步激化是蔡春妮在知道了严艳的存在之后。李秀成和严艳同在一个科研单位,严艳的知性、善解人意犹如春风化雨般渗透着李秀成,李秀成的儒雅学识也让严艳暗生情愫。2015 年,李秀成和严艳正式走到了一起。其间,李秀成瞒着蔡春妮花 15 万元为严艳买了一辆车,登记在严艳的名下。2016 年年初,严艳查出怀孕后不断催促李秀成与其结婚,李秀成却以经济条件尚不成熟为由作为推脱,并苦口婆心劝严艳做了人流手术。

蔡春妮内心有些瞧不起自己的丈夫,尤其是对李秀成的出身。可就是这么一个她瞧不起的男人,不仅和别的女人好上了,还给人家买了车,这让蔡春妮大受刺激。2016 年 11 月,蔡春妮跑到李秀成和严艳的单位大闹,怒不可遏地扯着严艳又打又骂。不仅如此,她还砸坏了严艳的手机。最后在围观同事报警之后,

三人进了派出所才结束了这场闹剧。

至此,严艳才知道李秀成竟然是个有妇之夫。

在派出所,三人各怀心思,严艳要求李秀成给自己一个交代,李秀成想着如何不让事态扩大影响事业,蔡春妮也在琢磨着怎么不被警察治安拘留处罚。最后,在民警的调解下,三人达成了和解协议,约定李秀成给严艳精神补偿费155,000元,其中支付现金5000元,剩下的15万元以车辆作抵押,限3天之内付清余下的15万元补偿款,否则车子由严艳本人任意处理。同时蔡春妮作为李秀成的妻子也在协议最下方捺了手印。

3天后,严艳并未得到李秀成和蔡春妮的15万元补偿款,于是她一怒之下以7万元的价格将车辆转让给了其他人。蔡春妮得知后把严艳告上了法庭,要求严艳返还车辆。

开庭过程中,蔡春妮改变了诉讼请求,要求严艳赔偿车辆损失15万元。蔡春妮称,李秀成婚内出轨严艳,为严艳购置了车辆,虽然后来达成了协议,但协议并不是自己的真实意思表示,而是在严艳的威胁下不得已而写,该协议有违社会公序良俗应为无效协议。严艳变卖了车辆,理应赔偿。

严艳当庭反驳称,协议是在民警办公室由当事人三方自愿写下,是一份综合性协议,协议里所涉的金额包含蔡春妮摔坏的手机,自己为李秀成做人工流产造成的身体伤害等补偿,并且协议签订后李秀成就向自己交付了车辆。他们违约在先,自己有权处理车辆。

最后法院认定,协议是经公安民警接处警处置,最终由蔡春妮夫妇与严艳达成的补偿协议,蔡春妮称协议是在严艳威胁之下达成的意见,但无证据证明,所以不予采信。依据补偿协议达成的内容是蔡春妮夫妇和严艳之间的真实意思表示,蔡春妮夫妇同意给予严艳155,000元的经济补偿,蔡春妮在协议上捺手印予以确认并同意,该协议内容并不侵犯他人权益。因蔡春妮夫妇未能依约支付严艳约定的补偿金额,严艳依据协议约定处置了车辆,属于有权占有和处置。所以,蔡春妮要求严艳赔偿15万元车辆损失的请求,无事实及法律依据,法院不予支持。

【案例二】 婚外赠房博情人欢心，原配索回空欢喜一场

上个案例提到丈夫给婚外情人送车，妻子欲索回财产，但因夫妻双方与丈夫的婚外情人已达成补偿协议，致原配的主张未能被法院认可的情形。司法实践中，不管作为案件中的哪一方，想要获得法院认可皆需要强有力的证据予以主张。下面的案例则是原配妻子联合出轨丈夫，通过丈夫与婚外情人的一份协议，索回了丈夫为婚外情人支付的购房款。

刘玉田是镇上的个体户小老板，毛小凤是个小摊贩，时常到刘玉田的店里进货。在一次刘玉田醉酒强奸了毛小凤之后，纠葛就此开始。刘玉田和毛小凤各有家室，在毛小凤被刘玉田强暴之后，毛小凤成了镇上大家茶余饭后的笑谈，也直接导致了毛小凤离婚的结果。至此，刘玉田和毛小凤开始了长达 15 年的情人关系。毛小凤离婚后，刘玉田不准许毛小凤与任何异性交往，更不准其谈婚论嫁，以装监控、定位跟踪等方式限制毛小凤的人身自由，令毛小凤苦不堪言，多次电话恳求刘玉田的妻子田丽霞将刘玉田带走，田丽霞却反过来说毛小凤是自作自受。

毛小凤为了摆脱刘玉田的纠缠逃离住所，无奈刘玉田赖在毛小凤娘家大吵大闹，毛小凤只能回家。回家后的毛小凤和刘玉田争吵不休，刘玉田要求毛小凤返还 2014 年为其购房所支付的 18 万元首付款、12 万元房屋贷款，5 万元装修费，并返还所有家电。因双方意见不合，刘玉田以毛小凤涉嫌卖淫为名报假警，最后自己却被公安机关带进了派出所。2017 年 6 月 5 日，在田丽霞的再三请求下，毛小凤来到派出所进行和解，并在民警的协调下，毛小凤与刘玉田签订了协议，约定毛小凤与刘玉田断绝一切来往，今后刘玉田不得骚扰毛小凤；至于房产，双方约定户主为毛小凤，出资方由刘玉田预付 18 万元整，2014 年至今分期付款由刘玉田承担到现在，以后的分期付款由毛小凤承担。

2018 年，田丽霞在刘玉田的怂恿下，将毛小凤告上法庭，要求毛小凤返还房款、装修款、房贷款共计 35 万元，以及返还空调、电视、冰箱等家电。庭审中，田丽霞不仅提交了协议作为证据，同时提交了一份毛小凤承认装修款、房贷款及家电为刘玉田所购买的通话录音作为证据。毛小凤在庭上声嘶力竭控诉刘玉田对自己的霸占长达 15 年之久，以致自己遭受家人、同事的嘲讽和社会的谴责。毛小凤对协议和录音并不认可，表示签协议一是为了尽快和刘玉田断绝关系，二是为了表示对刘玉田的谅解，不让其负相应法律责任，根本未查看协议的内容。录

音更是刘玉田和田丽霞的精心策划，诱导自己在醉酒的情况下所述，不能作为证据。

一审法院经过审理认定，毛小凤为完全民事行为能力人，应清楚并知晓其在协议中签字所代表的意义，毛小凤称房屋首付款、按揭贷款均由其自行支付，协议虽为其签字，但其并未查看具体内容的陈述，不予采纳。再结合毛小凤与田玉霞的通话内容亦与协议内容相互印证，故对毛小凤的主张法院不予采信。最终法院判定，毛小凤向田丽霞返还房款、装修款、房贷款共计 35 万元，以及返还空调、电视、冰箱等家电。

毛小凤不服一审判决，认为刘玉田违反社会道德、败坏社会风气的恶劣行为应该受到法律的制裁，一审判决变相维护了刘玉田的不法行为，没有查清谁才是真正的受害者，明显偏袒田丽霞一方，损害了真正冤屈的自己，故上诉到了二审法院。

二审法院确认了一审查明的事实，并补充阐述，没有证据表明刘玉田和田丽霞之间的财产为分别财产制，因此双方之间为法定的婚后财产共有制，婚后财产为夫妻共同共有。刘玉田与田丽霞在婚姻存续期间，与毛小凤长期保持不正当男女关系，并在此期间将夫妻共同共有财产赠与(处分)给毛小凤，未经田丽霞同意，侵犯了田丽霞的夫妻共同财产权，应当依法认定刘玉田的赠与行为无效。毛小凤接受赠与不构成民法上的善意取得。最终，二审维持了原判。

【案例三】 情人要挟补偿，配偶出招索回

前面两个案例为男主主动送车送房，情人怡然笑纳。下面这个案例是男主送钱却满足不了情人的胃口，走投无路只得向发妻“投案自首”。睿智妻子出手有招，被丈夫送出去的钱最终完璧归赵。

林世华攥着手中的《承诺书》恍若梦境，一时语塞。“今我谢易得承诺：(1)照顾好吴影；(2)每月付吴影生活费壹万元，按物价指数调整；(3)补偿吴影精神损失壹佰万元；(4)如果再伤害吴影，我自愿剁小指头。”

嫁给谢易得，林世华一直觉得是上了自己爹妈的当。爹妈那个年代朴实又动荡，所以凡事求个稳。爹妈觉得林世华好歹也算根正苗红，一定要找个政治清白的，免得女儿跟着三天被严打，四天被批斗。谢易得尽管家里兄弟姐妹多了

点，但三代贫农，思想觉悟高不至于拖后腿。结婚后林世华才发现，严打批斗不见得，谢易得的穷亲戚层出不穷，不是隔三差五来要生活补助费的，就是让给想办法托人办事的。林世华虽然嘴上对谢易得和他的穷亲戚们抱怨连连，但心里还是想着谁家亲戚也不是从石头缝里蹦出来的，个个都带几分亲，渐渐地也就睁只眼闭只眼随谢易得去救济。想不到的是，谢易得的这次哪是救济，分明是要她的命。

2014 年谢易得和吴影经朋友介绍认识，之后两人长期保持婚外男女关系。其间，谢易得不仅通过银行转账、现金等方式多次给吴影钱款计 50 万元，2015 年，更是因吴影购房，谢易得通过银行转账方式直接向开发商支付了首付款 75 万元。承诺书出具后，谢易得在吴影的威逼下又借债向吴影转账了 60 万元，剩余的 40 万元是再也拿不出来了。谢易得怕吴影的泼辣会让纸包不住火，再三考虑后还是自己先向林世华坦白，求个坦白从宽。

林世华听完，随即以吴影涉嫌诈骗为由向公安机关报案。紧接着，林世华又把吴影告上法庭，要求确认谢易得给予吴影钱款的行为无效，并要求吴影返还其夫妻共有财产共计 185 万元。庭审上，吴影哭着承认和谢易得是恋爱关系，但是她说自己根本不知道谢易得有老婆，谢易得给的 50 万元是用于两人恋爱期间的生活开销。谢易得按照承诺书所支付的 60 万元也是他为了维持两人的男女朋友关系而主动给的钱，承诺书也是他自愿写的，并非是受到欺诈或胁迫所写。

一审法院经审理认定，185 万元是林世华与谢易得的夫妻共同财产，吴影应予以返还。另外，吴影主张其与谢易得交往期间承担了谢易得的生活费，谢易得支付的钱款是对吴影的补偿。对此法院认为，吴影并未提交购物发票、合同等有效证据等予以证明。鉴于谢易得前期存在婚外情及就夫妻共同财产的不当处置行为，上述款项应当直接返还给林世华管理，因林世华与谢易得仍系夫妻关系，故吴影应返还的款项属夫妻共同财产。其次，吴影提交了谢易得向其出具的承诺书，其内容有违公序良俗，且于法有悖，应认定为无效，吴影不能据此作为占有涉案财产之依据。

吴影认为，50 万元是用于恋爱生活，非用于她个人。60 万元是谢易得举债而来，不属于谢易得与林世华的夫妻共同财产，也未用于谢易得与林世华的婚后夫妻共同生活，该 60 万元债务举债时，林世华并不知情，谢易得不属于无权处分。因此，吴影不服一审判决，上诉至二审法院。

二审中,谢易得表示,自己与吴影有婚外情,吴影没有正当职业和稳定收入来源,却靠勒索等手段拥有与其经济收入不相称的存款和资产。吴影谎话连篇,以威胁逼迫的方式向自己索要大量钱财。在吴影的恐吓威逼下,自己只得通过向朋友借钱等方式筹措资金,并向吴影支付了60万元所谓的补偿费。

二审法院对债务情节并无具体说明,但最终认定,谢易得在婚姻关系存续期间与吴影保持婚外情,并将夫妻共同财产无偿交付给吴影,该行为侵犯了夫妻共同财产所有人林世华的财产权益,吴影应予返还。本案中,因存有大量的现金交易,结合吴影的工作及收入情况,综合考虑谢易得与吴影之间的关系,在吴影未能举证证明其款项来源的前提下,对谢易得银行取现时间和金额与吴影现金存款时间和金额基本匹配的款项应认定为谢易得无偿交付给吴影的款项,吴影应予全部返还。

【案例四】 丈夫为情人放弃财产,发妻依法怒索赠与

除了丈夫婚内赠与婚外情人财物,配偶愤然索要,接下来这个案例则是丈夫不但将婚内财产自行处分给婚外情人,双方还自行达成调解。正当两人觉得已经人财两清时,结发妻子却起诉要求情人返还丈夫已经放弃的债权。

因为一个偶然的失误,李大庆和文丽分居了。清早出门的时候老婆还和风细雨,晚上回家的时候已是狂轰乱炸。分居的原因很简单,文丽接到了一个陌生女人的电话发现了李大庆金屋藏娇的事实。

相较于柯一凡的精致和情调,李大庆厌倦了文丽每天固定的蓬头垢面、固定的叨扰、固定的生活方式。李大庆倒也爽快,和文丽分居后,赌气直接和柯一凡同居。可是同居后的生活琐碎和柯一凡的利己主义,让李大庆不禁暗生悔意,脑海中文丽的身影越来越清晰,李大庆甚至开始想念那张早已厌倦的蓬头垢面。

李大庆的漫不经心彻底激怒了柯一凡,柯一凡起诉要求李大庆返还他们同居的房产,该房产虽为李大庆出资购买,但产权登记在柯一凡名下。李大庆也不甘示弱,另行起诉柯一凡要求返还客户转入至柯一凡及其母亲账户的货款345万元。后经法院调解,双方达成协议:(1)价值208万元的同居住宅归李大庆所有;(2)柯一凡一次性补偿李大庆37万元;(3)李大庆与柯一凡,及柯一凡的家属再无其他债权债务纠纷。

对文丽来说,李大庆兜了一大圈最终还是回归大本营,如果论得失,李大庆是占了便宜,但自己人财两亏,自己亏了岂不是全家都亏,这个亏还是得柯一凡来平衡。于是,2018 年年底,文丽又将柯一凡告上法庭,称李大庆从事销售废旧油管的生意,为记账方便,李大庆将其做生意的部分销售款存入柯一凡及其母亲账户,货款高达 345 万元,现还有余款 100 万元未追回,作为李大庆的合法妻子不愿放弃任何权利,坚决要求柯一凡退回其占有的财产。柯一凡反驳称,自己和李大庆确实为情人关系,但李大庆与文丽早已分居,婚姻关系名存实亡,李大庆分居后的收入不能作为和文丽的夫妻共有财产。且在之后长达 6 年的同居生活时间里,李大庆为了规避税收,使用柯一凡及其母亲的身份证开设银行卡,大部分资金往来走个人账户,但双方已达成调解协议,债权债务已两清。

法院经过审理认定,李大庆与文丽存在合法婚姻关系的状态下与柯一凡产生婚外情且同居生活,违背公序良俗和社会道德准则。李大庆在文丽不知情的情况下,将夫妻共同财产赠与柯一凡的行为严重侵害了文丽依法享有的对夫妻共同财产的支配权和所有权。夫妻共同财产在婚姻关系存续期间应作为一个整体存续,一方未经共同所有权人同意单方赠与他人的行为,应属无权处分,应依法认定无效。柯一凡明知其与李大庆的婚外情关系既违背公序良俗又违反法律规定,仍然接受李大庆赠与的财产,其行为不属于善意取得。李大庆与柯一凡的调解协议内容亦无法确认与本案中柯一凡主张的事实具有关联性。据此,对柯一凡辩称其已将受赠财产全部返还给李大庆的事实不予认定。本案中,文丽要求柯一凡返还的财产数额为 100 万元,未超出法院认定的李大庆赠与柯一凡的财产数额,柯一凡应负返还义务。

二、维权指引

(一)夫妻一方与婚外情人或原配与一方的婚外情人签订的协议有效吗?

根据《民法典》第 153 条、第 154 条规定,违反法律、行政法规的强制性规定的民事法律行为无效。但是,该强制性规定不导致该民事法律行为无效的除外。违背公序良俗的民事法律行为无效。行为人与相对人恶意串通,损害他人合法权益的民事法律行为无效。

如果协议双方在不违背上述条款的情况下,签订的协议原则上认定为有效。但如果夫妻一方与婚外情人签订的协议损害了夫妻另一方的权益,或协议内容以损害人身作为条件，或存在欺诈、胁迫等手段的，则应为无效。前文案例三中，谢易得为吴影出具的《承诺书》内容，不仅违背了公序良俗和社会道德准则，也损害了发妻林世华的财产权益，且以身体伤害为约定，应属无效。

（二）夫妻一方的婚外情人在不知道一方有家室的情况下“被动做了第三者”，所接受的赠与为善意取得吗？

根据《民法典》第 311 条规定，无处分权人将不动产或者动产转让给受让人的，所有权人有权追回；除法律另有规定外，符合下列情形的，受让人取得该不动产或者动产的所有权：

（1）受让人受让该不动产或者动产时是善意；

（2）以合理的价格转让；

（3）转让的不动产或者动产依照法律规定应当登记的已经登记，不需要登记的已经交付给受让人。

受让人依据前款规定取得不动产或者动产的所有权的，原所有权人有权向无处分权人请求损害赔偿。

当事人善意取得其他物权的，参照适用前两款规定。

前文案例一中，严艳虽对李秀成已婚的事实并不知情，但因实务中，对婚外第三者是否属于“被动做了第三者”的事实，认定难度比较大，感情问题也不是商业行为，有付出未必一定有收获，在当事人双方均为成年人的情况下，其应当明确预知自己行为的法律后果。因此，“被动做了第三者”往往不能被认定为善意取得，另一方配偶有权向第三者追索财产。

（三）夫妻一方为婚外情人所借的债务是否属于夫妻共同债务？

根据《民法典》第 1064 条规定，夫妻双方共同签名或者夫妻一方事后追认等共同意思表示所负的债务，以及夫妻一方在婚姻关系存续期间以个人名义为家庭日常生活需要所负的债务，属于夫妻共同债务。

夫妻一方在婚姻关系存续期间以个人名义超出家庭日常生活需要所负的债务，不属于夫妻共同债务；但是，债权人能够证明该债务用于夫妻共同生活、共同生产经营或者基于夫妻双方共同意思表示的除外。

同时，根据《民法典》第 1064 条规定，夫妻双方共同签字或者夫妻一方事后追认等共同意思表示所负的债务，应当认定为共同债务。

前文案例三中,法院对谢易得的债务情节并无具体说明,但从案情看,谢易得举债系为婚外情人吴影所用,非用于家庭日常生活所需,亦无配偶林世华的共同签字或事后追认,笔者认为,宜认定为谢易得的一方个人债务。

(四)夫妻双方分居期间取得的财产为一方个人财产还是夫妻共有财产?

根据《民法典》第1064条规定,夫妻在婚姻关系存续期间所得的财产,为夫妻的共同财产,归夫妻共同所有。我国婚姻采用登记制度,夫妻双方虽为分居,但只要未进行离婚登记,法律上仍为合法婚姻关系。因此,前文案例四中李大庆处分给婚外情人柯一凡的财物,虽是在与文丽分居期间所得,但李大庆与文丽并未对婚内财产进行特别约定,李大庆在婚内所处分的财产依然属于夫妻共同财产。

三、律师建议

(一)第三者要自负经济风险

电视剧《心术》中,海清饰演的小护士有一幕和丈夫情人的对话场景颇有意思。情人被海清邀至家中就先迫不及待下战书:“你自己的车位不看好,空了还不许人使吗?造成资源浪费。”海清答:“我想得很明白,占着个好地段好车位不容易,既然大家都抢,偶尔被人用用就算了。我呀,就扎根这儿了,哪儿也不去。说实话,这种事,我一年能遇上三回,今年年份不好,你是第四个。俗话说,常在河边走哪能不湿鞋,你见过男人湿鞋,没见过男人光着脚回去的吧,只要他还穿鞋,我就能稳坐这个位置。”从归属来看,情人享有的只是使用权,不确定因素大;从投资角度看,盈亏需自负;从战术层面看,夫妻一联合,情人多是赔了夫人又折兵。

(二)夫妻一方出轨造成夫妻共有财产遭受损失,另一方可以通过法律多途径进行维权

婚内夫妻一方出轨,除了给另一方造成情感上的伤害,往往还会伴有损害夫妻共有财产的情形,如给情人赠送财物。

作为受害的另一方配偶可以通过司法途径追索财产。根据《民法典》的相关规定,我国实行婚内财产共有制,一方违反法律规定,未经另一方同意,单方对婚外情人进行财物赠送的,应为无效。从婚内与离婚后两个维度来看,另一方如

果在婚内维权，可以通过提起所有权确认之诉、占有物返还之诉等，向一方的婚外情人追索财物；另一方如果是离婚后才发现或另有发现婚内财产遭受损失，可以提起离婚后损害赔偿之诉等继续维权。

（三）财产共有制是原则，财产分别制是调剂

我国虽实行婚内财产共有制，但夫妻婚内可以对财产进行约定，如婚内财产分别制约定。生活中，也有婚姻出现信任危机时签订的夫妻忠诚协议等，只是各法院对夫妻忠诚协议的法律效力评价不一，很多法院给予其否定性的评价。主要原因在于夫妻忠诚协议的人身属性强于财产属性，恐违公序良俗，认定其效力存在现实困境。但是婚内财产分别制约定可以直接找到法律依据，现实操作及司法实践当中具有较强的运用价值。因此，婚内财产分别制约定作为事前保护层，对弱势的一方来说未尝不可。

（四）证据收集与财产保全

俗话说，打官司就是打证据，没有证据作为基础，再多的委屈也未必能得到伸张正义。因此，日常生活中，细节的留意，证据的获取尤为重要。除此之外，为了避免权利主张过程中财产遭受流失或被转移，财产保全之策也必不可少。

四、法律速递

《中华人民共和国民法典》

第二百三十五条　无权占有不动产或者动产的，权利人可以请求返还原物。

第四百五十八条　基于合同关系等产生的占有，有关不动产或者动产的使用、收益、违约责任等，按照合同约定；合同没有约定或者约定不明确的，依照有关法律规定。

第四百六十条　不动产或者动产被占有人占有的，权利人可以请求返还原物及其孳息；但是，应当支付善意占有人因维护该不动产或者动产支出的必要费用。

第三节 三角情易断,共有物难分
——婚外情与共有纠纷、共有物分割纠纷

一、案例精选

【案例一】 金屋藏娇又生子,原配夫人来分房

都说孩子是一个家庭的润滑剂,其成长伴随着一家人的泪水欢笑,可以说孩子是一个家庭幸福欢乐的源泉。如果一个家庭中缺少了孩子,总是免不了会缺失一些欢乐的因子。梁晓龙与林曼曼结婚多年,婚后二人一直尝试要一个孩子,但始终未能如愿,家庭的氛围日益变得低沉。有时丈夫梁晓龙想要安慰妻子,就算没有孩子,这日子也过得下去,但妻子林曼曼却回以冷言冷语,说可以让别的女人来为他们老梁家延续香火,这让梁晓龙有些无以应对。渐渐地,梁晓龙变得不愿意回家,下班以后宁愿去酒吧放松一下,他在心里自我安慰着,也许妻子不看到自己,就不会去想那些烦心事,这样对她好一些。

这样的日子维持了一段时间,直到一个女孩李小洁的出现,打破了梁晓龙如湖水般平静的生活。这个女孩像极了当初自己热烈追求的林曼曼,大方热情有理想,在和她的交谈过程中,梁晓龙感到无比的放松,自己也重新焕发了活力,不再是个天天上班下班、喝酒买醉的"机器人",二人渐渐生了情愫。意料之外却也在情理之中的是,李小洁很快为梁晓龙生下一子。梁晓龙面对这个孩子,心里真是既欢喜又忧愁,亲生孩子与原配妻子,也许自己注定要辜负其中一人了。与此同时,梁晓龙与李小洁还共同出资买了房子用于居住生活。

这边,梁晓龙过着"双面人"的生活,那边,妻子林曼曼也逐渐心灰意冷,主动提出与梁晓龙离婚。梁晓龙心有愧疚,愿意配合办理离婚,还以四六开的方式让林曼曼多分夫妻共同财产。正当梁晓龙以为可以正大光明和李小洁在一起开启全新的生活时,林曼曼也得知了梁晓龙"金屋藏娇"的事实,起诉至法院,要求分割梁晓龙隐瞒其在婚姻关系存续期间用夫妻共同财产所买下的该套房屋。

一审法院认为,梁晓龙与李小洁共同出资买下涉案房屋,该房屋可以依法或

按约定共同共有或按份共有。两人作为共同出资方，约定按出资比例按份共有该套房屋，分别应占比85%和15%。由于梁晓龙参资购置房产时尚属与林曼曼婚姻存续期间，故梁晓龙所占份额应与林曼曼共同共有。考虑梁晓龙、李小洁与林曼曼三人关系的现状，参照梁晓龙、林曼曼二人原离婚时确认的分割比例原则，梁晓龙以折价补偿林曼曼的方式合理合法。林曼曼最终获得的补偿款金额＝房屋价值×85%×60%。

【案例二】 一时动情房相赠，回头是岸能补救

并不是每一个出轨者最终都选择离婚，当事人选择回归家庭时，如何能彻底将婚外情的情与债翻篇呢？岳一鸣本是某国有银行的一名职员，事业稳定，家庭和美，单位也有较好的福利政策，职员能够享受单位的团购房福利待遇。此时，岳一鸣结识了钟晓玲，二人迅速进入热恋期，形成了婚外男女关系。钟晓玲知道岳一鸣的工作与单位福利待遇，于是要求岳一鸣尽快申请单位的团购房名额，并把房屋产权登记在二人名下。岳一鸣此时正是对钟晓玲浓情蜜意之时，爽快地答应了钟晓玲的要求，用自己的住房公积金付了房屋的首付款，同时申请了公积金贷款，二人有了固定的约会场所。

但是纸终究包不住火，妻子张乐乐很快知道了丈夫岳一鸣背着自己做的这些龌龊事情，于是和岳一鸣展开了一番家庭大战。岳一鸣认识到自己的错误，愿意回归家庭，他答应妻子立即与钟晓玲一刀两断。岳一鸣与钟晓玲彻底摊牌，要求断绝两人的男女关系，并且还要收回自己贷款购买的房屋。钟晓玲也不甘示弱，坚决不同意让出房屋，甚至将其与岳一鸣存在不正当关系一事举报至岳一鸣单位领导，导致岳一鸣最终从银行离职。无奈，岳一鸣与张乐乐夫妻二人将钟晓玲告上法庭，请求法院确认涉案房屋为其夫妻共同财产。

本案中，岳一鸣和张乐乐就婚姻关系存续期间的财产分配并无约定，故岳一鸣婚姻关系存续期间的收入及公积金应当归岳一鸣、张乐乐夫妻二人共同所有。涉案房屋首付款为岳一鸣以其住房公积金支付，之后该房屋的贷款也是由岳一鸣以其公积金按月偿还的，因此涉案房屋的房款系岳一鸣以其个人收入缴纳，该个人收入属于岳一鸣与张乐乐夫妻共同财产范畴之内。岳一鸣未经妻子张乐乐同意，擅自处分夫妻共同财产购买涉案房屋系无权处分，且其妻子张乐乐表示不

予追认。

另一方面,钟晓玲受领涉案房屋未支付任何房款,不能适用善意取得。岳一鸣以其本人和钟晓玲的名义购买涉案房屋并登记在二人名下的行为也属于无效。

那么涉案房屋所有权究竟归谁?虽然涉案房屋已登记在岳一鸣与钟晓玲名下,但张乐乐和岳一鸣系该房屋的实际权利人,法院确认涉案房屋所有权为张乐乐与岳一鸣共同共有。

所谓"浪子回头金不换",婚内出轨的一方如果能及时醒悟,痛改前非,那么家庭还是有可以挽回的余地,婚内财产也不至于白白流失。

【案例三】 离婚购房两不误,原配妻子维权难

周婷与王义结婚至今,算来已有20个春秋,两人是经人介绍认识的。王义的家庭算是书香门第,他又是80年代的大学生,在当时能交上一个这样的男朋友,对于普通工人家庭出身的周婷和她的家人来说都是一件再好不过的事情。两人如旁人羡慕的那样,结婚、生子、平淡地过日子。但是生活却是如人饮水冷暖自知,日子究竟过得好不好,只有夫妻两人自己的心里清楚。长年的相伴并没有完全弥补两人文化背景的不同,"阳春白雪"与"下里巴人"本无意争长短,但各自的欣赏者在一起生活,却又是显得如此的格格不入。离婚的念头不止一次在两人的脑海中盘旋,却都没有勇气说出口。

这一天,王义突然向周婷提出了离婚,周婷虽然心中曾有预想,但真的从丈夫口中说出的那一刻,周婷还是愣住了,不知怎么回答。王义似乎态度很坚决,不由分说便出了门,留下周婷一人,心情久久不能平复。很快,法院的传票寄到了周婷的手中。周婷此时更加疑惑。丈夫王义温文尔雅,周婷想着,即使要离婚,他也应该会和自己好好谈一谈,怎会有如此决绝的态度与做法。通过多方的打探,周婷终于知道了真相,原来王义早已有了一个情人施丽丽。施丽丽是一个典型的精致白领,职场上八面玲珑,独身至今,直到遇上品位与兴趣都相投的王义,两人很快确立了恋爱关系。周婷此时才明白王义下定决心要离婚的原因。这边,离婚诉讼正在进行,另一边,周婷又得知王义与施丽丽已经共同买房。周婷认为,王义用来买房的钱是夫妻共同财产,自己应该要回应得的部分,于是将

王义与施丽丽告上法庭,追讨公道。

周婷主张,丈夫王义因发生婚外情,已经向法院提起离婚诉讼,其与情人共同购买系争房屋,所花费的购房款均为王义支出,王义的银行流水记录显示在购房期间有大笔支出,足以证明以上观点。施丽丽抗辩称,自己有足够的经济实力能够买房,系争房屋是其个人财产,其对系争房屋有合法的权利。王义抗辩称,其与周婷提出离婚后才从家中搬离,住到施丽丽购买的房子里,系争房屋与己无关。

法院认为,周婷要求确认系争房屋是其与王义在夫妻关系存续期间的共同财产,该主张能成立的前提:首先,周婷应举证证明系争房屋的房款系王义出资;其次,由于王义的出资行为与系争房屋登记于施丽丽名下所形成的法律关系也具有多种可能性,因此周婷还须举证排除其余可能性,以证明系争房屋系王义所有这一事实的确定性及唯一性。但从本案的实际情况来看,周婷并不能提供足够的证据证明系争房屋的房款由王义出资,虽然王义的银行流水记录能反映在购买系争房屋期间,王义的账户有大额支出,但该证据也难以证明系争房屋的出资与王义有关联,故依据"谁主张,谁举证"的原则,周婷所提主张的首要前提并不能成立;同时依据不动产物权的公示公信原则,系争房屋现登记于施丽丽一人名下,因此周婷要求确认系争房屋系其与王义共同共有的诉讼请求,于法无据,法院不予支持。

诉讼是以证据为基础展开的辩论,没有证据就如同缺少了一件趁手的兵器,法庭辩论时难以克敌制胜。当婚姻从家庭走上法庭,也许人们的一切面具与伪装都卸了下来,只剩下冰冷的诘问与攻击。

二、指引维权

(一)什么是民法上的共有?

民法将所有权分为两类,单独所有权和共有权。单独所有权,即所有权的主体唯一,可以是自然人、法人及其他组织,但所有权人确定且唯一。共有,即所有权人不唯一,由自然人、法人或其他组织中的二人及以上按其应有部分享有所有权。共有又可依共有权人的内部关系,分为按份共有与共同共有。通常来说,共有权人基于某种强烈的"人和"关系而共有某一财产时,共有权人之间为共同共有的关系,比如家庭成员的财产、合伙事业财产、未分配的遗产等;而按份共有人以出资额或内部约定确定份额比例;共有人对共有的财产没有约定为按份共有或者共同共有,或者约定不明确的,除共有人具有家庭关系等外,视为按份共有。我们常说的夫妻共同财产,就是典型的共同共有关系。除简单的日常家事代理,比如买菜、购买日用品、家电维修等小额开支,夫妻双方在使用共同财产时应取得一致的意见。夫妻双方有平等的财产处理权,一方不得任意挥霍夫妻共同财产,损害另一方的利益。

(二)如何分割共有财产?

《民法典》第303条规定,共有人约定不得分割共有的不动产或者动产,以维持共有关系的,应当按照约定,但是共有人有重大理由需要分割的,可以请求分割;没有约定或者约定不明确的,按份共有人可以随时请求分割,共同共有人在共有的基础丧失或者有重大理由需要分割时可以请求分割。因分割造成其他共有人损害的,应当给予赔偿。从中可以看出,首先,在分割共有财产时,遵守共有人之间的约定是第一位的,这体现了共有关系中"人和"的重要性。其次,在按份共有关系中,如果按份共有人之间没有约定或约定不明,则其中的部分或全部按份共有人可以随时提出分割共有财产。最后,共同共有人在分割共有财产时,必须具备重大理由,该理由的重大程度应当等同于共有基础的丧失。比如,夫妻共同财产在没有进行财产约定制时通常为夫妻双方共同共有,共同共有的基础是合法存续的夫妻婚姻关系。这也就能够解释,通常法院只有在离婚诉讼中才会处理分割夫妻共同财产,夫妻一方发现另一方对外任意挥霍夫妻共同财产而未提起离婚诉讼时,仅能以不当得利、原物返还请求权等其他案由请求法院追回被挥霍的财产,而不能立即分割夫妻共同财产。

(三)未经其他共有人同意而擅自处分共有财产时应当如何处理?

部分共有人未经全体共有人同意,擅自将共有财产转让给第三人,那么此时利益受损失的共有人该如何维护自身的权益呢?根据《民法典》第311条规定,无处分权人将不动产或者动产转让给受让人的,所有权人有权追回;除法律另有规定外,符合下列情形的,受让人取得该不动产或者动产的所有权:(1)受让人受让该不动产或者动产时是善意;(2)以合理的价格转让;(3)转让的不动产或者动产依照法律规定应当登记的已经登记,不需要登记的已经交付给受让人。受让人依据前款规定取得不动产或者动产的所有权的,原所有权人有权向无处分权人请求损害赔偿。当事人善意取得其他物权的,参照适用前两款规定。《民法典》第 1060 条规定,夫妻一方因家庭日常生活需要而实施的民事法律行为,对夫妻双方发生效力,但是夫妻一方与相对人另有约定的除外。夫妻之间对一方可以实施的民事法律行为范围的限制,不得对抗善意相对人。

从中可以看出两点,第一,共有人未经其他共有人的同意,擅自处分共有财产的,属于无权处分,原则上可以追回共有财产。第二,当受让人为“善意第三人”时,共有财产不能被追回,只能由无权处分人向其他共有人进行赔偿。

那么,法律上对“善意第三人”是如何认定的呢?《民法典》第 311 条作了详细规定,第三人善意取得共有财产必须具备三个条件:受让人在受让财产时为善意、支付合理对价、交付与登记。受让人为善意,指的是受让人不知出售人为无权处分人;支付合理对价,即受让人支付了合理的市场价格买下共有财产;交付与登记,指的是动产已经实际交付给了受让人、特殊动产如汽车以及不动产等已经办理了转让登记。生活中经常会出现父母与新婚子女之间因为房产加名而百般纠结的现象。事实上,经过民法典婚姻家庭编及整套婚姻家庭财产法律制度的设计,房产簿上是否加名并不决定房屋本身的内部份额认定,但对外却有足够的公示公信作用。当产权登记簿中显示有夫妻两人名字时,夫妻一方难以单独对外转让房屋,买受人未经过夫妻双方的一致同意时也不得以善意第三人的身份取得并保有该财产。

三、律师建议

(一)“共产共管”

夫妻本是相互信任、相互依赖的一个整体,除夫妻约定分别财产制外,法律天然赋予了夫妻共有财产的制度,平等地享受、使用夫妻共同财产。然而,现实是不少夫妻并没有能够携手白头,一旦一方中途想要“变换车道”与别人同行人生之路,那么如何保障自己的权益,尽可能地减少自身面临的损失,将是不可回避的问题。中国人常说“防患于未然”,每一段婚姻在开始之初总是甜蜜的,此时大多数人不会意识到未来是否会有危机产生,但防微杜渐的最好时机却正是此时。双方能够取得财产方面管理与支配的共识,将有效防止“危机”的出现。“管钱”的同时也是在“管心”,传承千年的智慧总是颠扑不破的真理。同时,“管钱”手段也随着时代的发展与科技的进步在不断提升着。千万不要以“自己对数字不敏感”等理由,完全放任另一方管理与支配所有财产。适时地了解家庭大额资金的投资与走向,及时发现是否有异常情况。往往越是大额的资金流向,越需要较长的办理时间与反复的确认过程,尽早发现问题,能够有效阻止交易的进行,避免自身的损失。

(二)“管钱”的手段

传统的中国家庭总有“工资卡上交”的优良传统,而面对近年来崛起的移动支付手段,银行卡本身不再是支付与消费的必要工具,交卡似乎已经不能体现“忠心”,敢于每个月把“某宝”账单晒出来才更有说服力。对于需要登记的不动产、特殊动产(汽车)、有价证券(股票)等,建议进行夫妻共同登记或交叉登记,不要所有的资产都登记在一人名下。对于一些全职的家庭主妇,在力所能及的时候,可以购买一些大额的年金保险,通过专业的财富规划能对自身权益进行有效保障。另外,部分银行提供夫妻联名账户的服务,这样能使夫妻之间的收支更透明,也是一个可以参考的选择。

(三)不要心存侥幸

出轨者往往会把婚内财产以各种形式隐匿、转移到自己的情人处,然后潇洒转身,迎接新生活。但这里需要告诫有这些想法的人,法网恢恢疏而不漏,这些投机取巧的小动作并不能逃脱法律的管控。通过网络查控等手段,婚内财产与资金的流向能够被查清与追溯,配偶应得的部分最终能够通过司法途径得以保障。况且,情人就一定比配偶更可信吗?将财产转移至情人名下可不能保证万无一失,当情人也离你而去时,自己才真正变成了孤家寡人。

四、法律速递

《中华人民共和国民法典》

第二百九十七条 【共有及其类型】不动产或者动产可以由两个以上组织、个人共有。共有包括按份共有和共同共有。

第二百九十八条 【按份共有】按份共有人对共有的不动产或者动产按照其份额享有所有权。

第二百九十九条 【共同共有】共同共有人对共有的不动产或者动产共同享有所有权。

第三百零四条 【共有物的分割方式】共有人可以协商确定分割方式。达不成协议，共有的不动产或者动产可以分割且不会因分割减损价值的，应当对实物予以分割；难以分割或者因分割会减损价值的，应当对折价或者拍卖、变卖取得的价款予以分割。

共有人分割所得的不动产或者动产有瑕疵的，其他共有人应当分担损失。

第四节 伤人伤情又损物
——婚外情与物权保护纠纷

一、精选案例

【案例一】 为离婚净身出户，争房产父母相助

何大伟与牟小琴结婚十余年，育有一子，本是幸福和睦的小家庭。然而因为一次错误，何大伟在生意场上认识的一名年轻女子吸引了他的目光，二人发展为情人关系。女子很快便怀孕了，她为何大伟生下一子。纸终究包不住火，到了东窗事发的一天，父母、妻子都知道了何大伟的婚外情。最终，在父母苦口婆心的劝导下，何大伟认识到自己荒谬的行为对自己的家庭所造成的巨大伤害，哀求妻子让其回归家庭。妻子牟小琴不忍 10 岁的儿子就这样成了单亲家庭的小孩。于是，牟小琴答应何大伟，可以与他继续做夫妻，但是考虑到他毕竟有了一个私生子，将来这个私生子对何大伟是享有继承权的，为了防止私生子将来分财产，牟小琴与儿子必须和何大伟之间做一个法律上的切割，这婚是一定要离的！

双方的离婚协议约定，何大伟因自身的过错而愿意将所有夫妻共同财产均留给牟小琴与儿子，自己净身出户；搬完所有离婚手续后，二人继续如之前一般一起生活，等过一段时间，私生子那边不再纠缠于何大伟时，二人再考虑复婚。何大伟一想，毕竟是自己有错在先，妻子这样考虑也不无道理，于是便同意了这样的做法。何大伟与牟小琴办理了协议离婚，何大伟将所有的财产，包括自己名下的两套房产均过户给牟小琴。

过了一年多，何大伟的婚外情人以及私生子离开了这座城市，一切又重归风平浪静。何大伟与牟小琴办理了复婚,看似生活正重回正轨,一切可以重新开始,但心中的结又岂是说解开就能解开的,何大伟与牟小琴之间相敬如宾的表面下已经难掩同床异梦的实质。

何大伟意识到自己必须和牟小琴分居,想从牟小琴这里要回一套房屋。牟小琴说道:"这个家的财产都是我的,没有你的份。"何大伟于是找到自己的父母,希望以何父何母的名义起诉,以其中一套房屋的物权为二老所有为由,请求法院判决离婚协议中关于该套房屋的处理方式无效,房屋登记至何父何母名下。

庭审中,何父何母陈述,其为系争房屋的实际出资人,因二人年事已高,故委托其子何大伟代为管理房屋及其产生的收益,何大伟将该房屋转让登记至牟小琴名下的行为侵犯了何父何母的合法权益。牟小琴辩称,系争房屋为其与何大伟婚后购买,本应属于夫妻共同财产,因何大伟婚内有出轨行为,故二人再离婚时,何大伟以其存在过错为由,放弃了房屋的全部利益,房屋也已登记在自己名下,自己是房屋的合法所有人。

法院认为,何父何母虽然提供了银行流水明细,证明在购买系争房屋时,购房款是由何父的银行账户中支付,但因当时已是何大伟与牟小琴婚后,何父何母同意以何大伟的名义购买房屋,根据法律规定,当事人结婚前,父母为双方购置房屋出资的,该出资应当认定为对自己子女的个人赠与,但父母明确表示赠与双方的除外。当事人结婚后,父母为双方购置房屋出资的,该出资应当认定为对夫妻双方的赠与,但父母明确表示赠与一方的除外;婚后由一方父母出资为子女购买的不动产,产权登记在出资人子女名下的,视为只对自己子女一方的赠与,该不动产应认定为夫妻一方的个人财产。何父何母支付的房款,在未有其他相反证据推翻的情形下,其应推定为系对其子何大伟的赠与,何大伟基于赠与取得房屋的相应权利,其有权自主处理该房屋相应的权益。故何大伟基于婚内出轨并有私生子的过错,与牟小琴协议登记离婚,并在《离婚协议书》中约定何大伟的财产归牟小琴所有符合情理及法律规定。

【案例二】 误信情人办委托,里应外合把房卖

朱丽与丈夫一起开办公司,生意做得风生水起,平时的往来应酬自然也不

少,江建军是一个销售代表,也是在业务往来中与朱丽结识,江建军表现出的年轻有为让朱丽颇为赏识,江建军也很懂得如何讨朱丽欢心,二人渐渐发展成了情人关系。朱丽心知这样的事情是不能永远隐瞒下去的,想到丈夫对自己的信任,二人一起走过的创业路,于是便下定决心和江建军讲明,结束二人的不伦之情。江建军也没多说什么,只让朱丽照顾好自己。

过了一年左右,朱丽的公司遇到现金流的问题,为了渡过这一难关,朱丽想到通过买卖的方式将名下的一套房屋过户给自己姐姐从而取得银行贷款。正当此时,与朱丽还有业务往来的江建军主动找到朱丽,表示自己认识做房产中介的可靠朋友张璐,他可以帮忙为朱丽操办房屋过户与贷款的事宜。朱丽想着,自己曾与江建军有过一段情,可以信任江建军。于是,在江建军的安排下,朱丽前往公证处办理了委托张璐出售房屋事宜的公证手续。

过了一个多月,随着公司业务的好转与其他渠道的融资,公司的资金压力已经缓解,朱丽便找到江建军,表示不需要银行贷款,希望撤销委托。江建军表示会处理好此事,并在知晓朱丽平时并不居住于该套房屋内的情况下,主动提出租赁该房屋,同时保留一间房屋给朱丽放置物品。朱丽考虑到江建军为自己的事花费了不少心力,同意了他的主张,于是将房屋产权证、房屋买卖合同、发票等均放置于房间内并将房间上锁。

没想到的是,江建军在朱丽走后,竟强行入室将房屋相关文件拿走,并将房屋擅自出售给了他人。直到朱丽无法联系上江建军,来到该套房屋处发现陌生人居住在内,又通过查询后才得知该房屋已过户至一个名叫佟子健的人名下。最后,江建军终于现身,他向朱丽坦白,因为自己欠下巨额债务,为还高利贷,在债权人授意下,利用朱丽之前办理的委托公证书,将房屋过户至佟子健名下,同时取得银行贷款后用于归还高利贷。无奈之下,朱丽只得起诉至法院,主张代理人张璐与买房人佟子健恶意串通侵害其权益,请求判令张璐代理的房屋买卖行为无效,房屋所有权仍归朱丽所有。

本案中,张璐通过公证的形式取得了代理权,并在代理权限内与佟子健签订房屋买卖合同,将房屋出售给佟子健,朱丽理应对代理人的行为承担民事责任。现朱丽主张佟子健与代理人张璐串通,侵害其权益,缺乏相应的证据证明。买房人佟子健基于朱丽的公证委托,与委托代理人张璐签订了房屋买卖合同,并无不妥。朱丽主张口头告知代理人张璐的朋友江建军要求终止委托,但未办理撤销委托公证手续,也未提供相应的证据证明其通知委托人张璐终止委托,故朱丽应自行承担撤销委托不当的后果。

婚外之情,有的人会误以为是一段甜蜜的回忆,但不要忘记,这样的感情在一开始便具有不能见光、充满谎言的本质,那个甜蜜的情人究竟是为何与你接近,开始一段不伦之情的目的是否别有用心,情人的承诺如何能与家人之间的信任相提并论?莫要到最后揭开谎言的面纱时,情人获利而去,只剩下自己留在原地独自神伤。

二、指引维权

(一)什么是物权?

我国《民法典》第114条第2款规定:“物权是权利人依法对特定的物享有直接支配和排他的权利,包括所有权、用益物权和担保物权。”物权是权利人直接支配标的物的权利,如房屋所有人可以依照自己的意思对其拥有的房屋进行占有、使用、收益、处分,并且排除任何非房屋权利人的干涉。物权的本质特征便是支配性,物权所有人对物享有直接支配的权利,其与债权的请求性正好形成鲜明的对比,债权的本质,是债权人请求债务人为一定行为或不为一定行为,是一种请求权。因此,当物上设立担保物权时,法律规定担保物权人可以享有优先受偿权。债权人此时因债务人不履行债务时,可直接行使其对担保物的物权,使债务得到清偿,不再需要请求债务人履行其债务。

物权因其具有强大的支配性,必须明确物权的所有权人,在物权的设立与变动中,使物权具有能为他人识别的权利外观,这就关乎物权的公示与公信原则。动产的物权通常以占有为外观,而不动产的物权以登记为准。在婚姻中,夫妻双方在房产登记簿中的名字便是房屋所有权人的证明,虽然房屋的份额是由内部出资与约定而决定的,但房产登记簿中的名字对第三方具有绝对的公示与公信力,在房屋的处分与变动中,未经权利人的一致同意,他人难以合法取得房屋所有权。

(二)什么是代理?

代理行为,是指代理人以本人的名义在代理权限范围内为本人的利益所实施的法律行为。由此可见,代理人首先必须取得被代理人的授权,然后代理人在授权范围内从事代理的事务，代理事务所产生的法律效果皆由被代理人本人承担。在生活中，“委托关系”是对代理关系更常用的一种说法，委托人为被代理人，被委托人为代理人。个人因为时间、精力、专业等限制，很难在日常生活中做到事必躬亲，代理关系的存在就解决了人们的困扰，更何况许多需要专业知识才能处理的事情，由可靠的代理人处理将使结果事半功倍。如前文案例中，处理房屋转让与银行贷款的事宜是需要专业知识与市场渠道的，平时生活中很多的中介机构就能代理这类的事务，省去人们的时间与精力。但与此同时，代理人的可靠性与专业性，是在授予代理权前，被代理人必须认真思考与评估的，一旦代理人不能妥善按照被代理人的意愿处理事务，或在处理代理事务时出现失误，其后果皆由被代理人本人承担，这将给被代理人造成不可挽回的损失。被代理人只能按照其与代理人之间的内部约定，确定彼此的责任。

（三）什么是无权代理与表见代理？

代理人的代理权限，是以被代理人的授权范围为准。行为人没有代理权而以本人名义实施代理行为的，就是无权代理。无权代理分为三种情况：自始无代理权、超越代理权限、代理权终止之后的无权代理。无论哪种无权代理，行为人都从根本上违背了被代理人本人的意志。无权代理行为并非全然无效，被代理人行使追认权，可以使已经发生的代理行为生效；而在代理行为被追认之前，该行为出于效力待定的状态，为了尽快结束这种效力待定的状态，维护市场交易的秩序与稳定，法律同时赋予无权代理的相对人催告权与撤回权。无权代理人因其无权代理行为给被代理人本人造成损失的，构成侵权行为，无权代理人应对本人承担侵权损害赔偿责任；因无权代理行为被确认无效而造成相对人损失的，相对人可以要求无权代理人履行义务或进行损害赔偿。

一旦被代理人希望终止代理关系，撤销代理人的代理权限，被代理人必须将撤销的意思明确到达代理人，以书面形式授权代理的，要以书面形式解除代理，以公证形式授权代理的，更要办理撤销公证。否则如前文案例二中，朱丽未能有效解除与张璐之间的代理关系，使朱丽丧失了房屋的所有权，造成不可挽回的损失。

三、律师建议

(一)区分债权与物权

本节案例一中,何父何母最终败诉的原因,很大程度上源于法院将二老对购房款的出资视为对何大伟夫妇的共同赠与。中国的父母为子女买房是人之常情,在希望小两口生活美满的同时,又不愿未知的变故让老人大半辈子的心血付之东流。《婚姻法》中有明确规定,父母可以以书面等形式明确将自己出资购买的房屋作为对自己一方子女的赠与,此时即使房产证上登记了夫妻中另一方名字,该登记仅对外具有公示的效力,在出售房屋时须取得所有登记者的同意,而对内的财产份额则完全属于夫或妻一方所有。购房款虽然是何父何母所出资,但未能取得房屋的物权,即使主张该出资为借款,则也是一种债权,不能与房屋的物权相抗衡。法律对债权与物权有明确区分,盲目的出资极有可能造成人财两空的局面。

(二)评估委托代理人的专业资质

经济社会的快速发展,造成行业分化越来越细致,所谓"专业的人办专业的事",委托代理关系在日常生活中屡见不鲜,甚至已经变得不可缺少。像前文中所述办理房屋转让与申请银行贷款的事宜,一个专业熟练的代理人可以为委托人省去不少麻烦,但是,错信了代理人,同样会造成无法弥补的损失。婚外情原本就是一种对家庭的欺骗,婚外情人极少会以诚相待,大多是以金钱利益为目的建立起的关系。在办理房屋交易与申请贷款等重大财产事宜中,婚外情人的不良居心暴露无遗。信任这样的人,结局只能是"赔了夫人又折兵"。事先评估代理人的专业资质,了解其过往业务经历与执业机构资质,签订专业委托合同,明确委托义务及风险承担,在终止委托关系时更要明确签订书面协议,最好向房产交易中心及银行金融机构同时发出终止委托的声明,避免代理人的无权代理与表见代理行为损害委托人利益。

四、法律速递

《中华人民共和国民法典》

第二百零八条　不动产物权的设立、变更、转让和消灭,应当依照法律规定登记。动产物权的设立和转让，应当依照法律规定交付。

第二百三十三条　物权受到侵害的，权利人可以通过和解、调解、仲裁、诉讼等途径解决。

第五节　婚外情获赠岂能落袋为安
——婚外情与不当得利纠纷

一、案例精选

【案例一】　异地夫妻苦闷多，贴心情人常相随

所谓夫妻，应当相濡以沫，携手相伴，在生活与精神两方面都是彼此最好的伴侣与后援。随着国家经济建设不断的迅猛发展，在过去的几十年间，全国各地掀起基础建设的大狂潮，无数的建设者们投身其中，朱大祥也是其中之一。作为革命的一块砖，祖国建设哪里需要往哪里搬。虽然与妻子于晓梅结婚十余年，但是聚少离多，朱大祥外出打工挣钱养家，每年虽然回不了几次家，但也一直往家里寄钱，不算多，但在老家也是一笔不小的收入了。于晓梅在家侍奉老人拉扯小孩，撑起了一大家子人，生活虽然过得艰辛，却也有盼头。于晓梅想让丈夫回老家安稳过日子，但朱大祥从没正面回应过。谁知天不遂人愿，朱大祥在工地干活时，意外坠楼身亡，家中的顶梁柱突然倒下，于晓梅悲痛万分，久久不能走出丧夫的阴影。可惜偏偏祸不单行，这边朱大祥的后事刚刚处理完，在整理遗物与存款时，于晓梅发现朱大祥居然隐瞒了一个天大的秘密。朱大祥有一个情人叫郑蓉蓉，他们在朱大祥打工的地方一起同居生活了长达5年的时间。得知事情真相的晓梅，无疑心中响起一道晴空霹雳。通过朱大祥的微信记录与银行流水得知，他与情人同居期间，陆续转给了郑蓉蓉多笔钱款，林林总总加起来金额达到16万余元。

为了维护自己的合法权益，惩戒郑蓉蓉明知朱大祥是有妇之夫还一起同居的行为，于晓梅起诉至法院，请求法院判令郑蓉蓉向其归还其与朱大祥的夫妻共同财产16万余元。

郑蓉蓉也不甘示弱，在法庭上抗辩称，自己的丈夫在5年前也因为意外而离世，当时正好认识了朱大祥，朱大祥给了她安慰，并时常在力所能及的范围内给予她生活上的帮助。她知道朱大祥是一个人在异乡打工，自己也是外乡人，跟着丈夫来到当地打工，现在自己没了依靠，生活也没了保障。既然朱大祥也需要人照顾他的日常生活，自己便与他住在了一起，相互也是个照应。至于于晓梅所主张的 16 万余元，则是这 5 年间，自己与朱大祥共同生活所需的必要支出，包括房租、交通费、伙食费、水电煤以及其他必要的生活支出等。朱大祥将这些钱款赠与自己，自己也并没有随意挥霍。

一审法院认为于晓梅与朱大祥系夫妻关系，朱大祥将夫妻共同财产给付与其保持不正当男女关系的郑蓉蓉，该给付行为无效，郑蓉蓉接受朱大祥赠与的财产，无法律依据，构成不当得利，应予返还。法院酌定郑蓉蓉向于晓梅返还 13 万元。

郑蓉蓉不服一审判决，遂提起上诉，并称即使这 16 万余元是属于朱大祥和于晓梅的夫妻共同财产，那么其中至少有一半的钱款是属于朱大祥的个人部分，该部分视为朱大祥对自己的赠与。

二审法院认为，郑蓉蓉上诉称朱大祥对夫妻共同财产享有一半的处分权，上诉人只应当返还其中的一半的理由，因夫妻双方在未选择其他财产制的情形下，夫妻双方对共同财产系共同共有，而非按份共有；在婚姻关系存续期间，夫妻共同财产是一个不可分割的整体，夫妻一方擅自将共同财产赠与他人的行为应全部无效，故该理由不能成立。至于郑蓉蓉上诉所持朱大祥赠与的财产全部用于双方共同生活消费之理由，考虑到朱大祥自 5 年前与郑蓉蓉开始租房，双方即保持不正当男女关系并时常在一起生活的实际情况，郑蓉蓉从朱大祥处接受的赠与财产部分用于双方的共同生活支出，法院酌定郑蓉蓉返还于晓梅不当得利 10 万元。

于晓梅拿到了属于自己的那部分夫妻共同财产，经济上得到了一定的保障，但朱大祥给她留下的伤害已无法抹去，今后也唯有孩子是她心里最重要的人。

【案例二】 十年婚姻两茫茫，未雨绸缪筑爱巢

上一个案例，我们谈到了普通的外来务工者，因为身处异乡，两颗孤寂的心碰撞在了一起，日久生情的故事。接下来我们看到的案例，则是影视剧经典题

材，中年成功人士约会年轻女大学生的故事。故事的男主人公陆大海40岁出头，正当“男人四十一枝花”的大好时光，名下有房有车，还是大公司的股东。他与妻子程媛媛结婚十余年，白手起家，打拼出了现在的事业，积累起不小的财富。但是两人都是工作狂，虽然曾经无话不谈，相互支持，而如今两人却各自忙自己的事业，感情已经淡漠。正当此时，陆大海邂逅了年轻貌美的艺术系女大学生童潇潇。两人的结识源于一次音乐比赛，陆大海作为比赛的冠名赞助商代表出席活动，一眼就被童潇潇出众的气质所吸引。两人从音乐谈到生活，渐渐产生了情愫。

陆大海出手阔绰，以帮助童潇潇购买乐器、参加比赛打点之用的名义，多次向童潇潇转账。陆大海向童潇潇承诺，自己马上就会离婚，会对童潇潇负责。陆大海倒也说话算话，向程媛媛提出了离婚。这边，程媛媛也认为自己与陆大海的婚姻已经走到尽头，两人一拍即合，着手离婚事宜。陆大海为了加速离婚的进程，提出自己愿意“净身出户”。

两人经过诉讼离婚程序，很快拿到离婚判决。程媛媛此时心存疑惑，陆大海可谓在生意场上几经沉浮的老手，这一次怎么会如此痛快地答应离婚？为此，程媛媛进一步调查陆大海的资产情况，终于发现他与童潇潇的私情。在离婚之前的一年多时间里，陆大海向童潇潇转账高达200万元，再加上陆大海本身所持有的公司股权，原来这两人早已有所准备，筑好了爱巢，只待自己这个“多余的人”远离他们的生活。

于是，程媛媛向人民法院提起诉讼，请求法院判令童潇潇返还不当得利200万元。童潇潇抗辩称，自己所得到的200万元是陆大海对自己的赠与。在二人交往时，陆大海已超过40岁，是具有相当丰富的社会阅历和人生经验的完全行为能力人，而童潇潇仅是一名19岁的大学生，这种年龄和阅历、经验、金钱上的差距是巨大的，很显然陆大海很好地利用这种差距，对童潇潇的馈赠在当时的角度上看意思表示是真实的。如果要论受害者，自己也属于受害者，应当得到相应的补偿。

一审法院认为，夫妻之间应当相互忠实、相互尊重。夫妻对共同所有的财产，具有平等的处理权。超出日常生活需要对夫妻共同财产进行处分，双方应协商一致。本案中，根据陆大海与童潇潇陈述的双方之间的关系，可以认定陆大海汇给童潇潇的200万元应系陆大海对童潇潇的赠与。陆大海在与程媛媛夫妻关系存续期间，未与程媛媛协商而单独将200万元赠与给童潇潇的行为，侵犯了程媛媛对夫妻共同所有财产权的处分权，故该赠与行为无效。虽然程媛媛与陆大海现已离婚，但该处分行为发生在双方夫妻关系存续期间，故童潇潇仍应将陆大海赠与的200万元款项全部返还。

陆大海自作聪明，以为将财产实现事先转移给童潇潇就能逃避分割夫妻财产，最后只是“竹篮打水一场空”。

二、指引维权

（一）什么是不当得利？

不当得利，顾名思义，即没有法律上的原因而获得的利益。《民法典》第985条规定，得利人没有法律根据取得不当利益的，受损失的人可以请求得利人返还取得的利益，但是有下列情形之一的除外：(1)为履行道德义务进行的给付；(2)债务到期之前的清偿；(3)明知无给付义务而进行的债务清偿。不当得利与契约合同、侵权行为、无因管理等均为债的发生原因。例如，张三受朋友李四委托，替他归还信用卡负债5万元，但张三在输入李四卡号时，误将其中两位数字颠倒，导致5万元被转入一素不相识的人账户。后经了解，该账户为王五所有，李四有权请求王五返还5万元的不当得利。不当得利者对于该利益的获得没有合法的保持力，因此合法的利益受损者可以依法请求返还该利益。同理，如前文案例二中，当陆大海与童潇潇之间的赠与合同被人民法院依法判令无效时，陆大海所赠与童潇潇的200万元财产成为不当得利，而作为利益受损失者的程媛媛可以请求不当得利者童潇潇予以返还。

（二）夫妻一方用夫妻共同财产向婚外情人所支出的所有费用中，如何界定不当得利的金额？

在现实中，夫妻中出轨一方通常需要为婚外之情人进行一定财产上的消费，比如租房、购物、玩乐等众多开支。根据《民法典》第1062条的相关规定，夫妻任意一方所取得的工资奖金、生产经营收益、知识产权收益、继承或赠与所得的财产，原则上都属于夫妻共同财产。因出轨方所花费的财产通常情况下都属于夫妻共同财产，故夫妻中的另一方有权向婚外之情人请求返还其所得的各项利益。但如何界定这些利益，返还多少金额，在个案中需要区别对待。如前文的两个案例,法院对于利益受损的夫妻一方所确定的返还金额有明显不同。第一个案例中,出轨方朱大祥与婚外情人郑蓉蓉长期租房生活,在郑蓉蓉所得的全部利益中,有一部分是用于维持二人正常生活的必要开支,法院将其从不当得利中予以扣除,甚至二审法院所确定的这部分生活开支金额比一审法院所确认的金额更大;而在案例二中,陆大海所赠与童潇潇的 200 万元财产,均是陆大海为取得童潇潇的欢心而利用自身经济地位优势进行的"爱情投资",该 200 万元财产均被人民法院确认为是不当得益而判令返还。通常来讲,夫妻一方出轨时间较短时,对婚外情人支出的大笔金额转账、购买贵重物品等开销均能通过移动支付记录或银行转账流水明细加以证明,在证据取得较为容易且全面的基础上,有利于尽可能地为受伤害的夫妻一方挽回经济损失。

（三）出轨方将赠与婚外情人的财产主张为借款时,应当如何认定?

当事人主张涉案钱款是为履行借款合同的义务而交付的借款时,应当提供相应的证明。借款合同是典型的实践合同,即交付借款时合同成立并生效。认定借款合同关系时,需要具备两个必要条件,借款合意与交付借款。当事人仅仅通过转账或现金交付的方式将钱款给予他人,事后再补借条追认为是借款的,因缺乏证明借款合意的证据,难以被认定为借款。实践中,出轨方通过将给予婚外情人的钱款主张为借款,再通过设计较长时限的还款日期,以期逃避夫妻另一方的追责。但法院会综合各方证据,判断该钱款的性质究竟为借款还是赠与。一旦认定为赠与,则法院倾向于该赠与无效,应当作为不当得利返还受损失的夫妻一方。

（四）出轨方与婚外情人,原配究竟该向谁追索损失?

在婚姻关系存续期间,除非夫妻双方曾订立过夫妻分别财产制的约定,原则上因夫妻财产混同,不能区分彼此的财产,因此当夫妻一方向婚外情人支出财产时,原则上受损失的另一方无法通过起诉向出轨方追索损失,只能向婚外情人主张不当得利返还;但根据《民法典》第 1066 条的规定,一方有隐藏、转移、变卖、毁损、挥霍夫妻共同财产或者伪造夫妻共同债务等严重损害夫妻共同财产利益行为的,另一方可以请求分割共同财产,但此种婚内分割财产的方式在实践中的适用较为困难。当夫妻因一方出轨行为而导致离婚诉讼时,受损失一方可以主张因出轨方而导致的夫妻共同财产减损部分由出轨方承担,通过多分剩余的夫妻共同财产来弥补其损失。当夫妻双方已经完成离婚手续,且对夫妻共同财产分割完毕,此时才发现一方在婚内有出轨行为,并转移了夫妻共同财产,另一方有权以尚有夫妻共同财产未处理为由向人民法院起诉请求分割,向出轨方追索损失。

三、律师建议

(一)进行财产约定

虽然民法典婚姻家庭编对夫妻关系存续期间的夫妻共同财产有一整套详尽的规定,但法律的适用是在婚姻已经出现危机、财产出现损失时,尽可能地为受害方进行弥补,却往往难以做到事前防控。为此,夫妻双方可以对财产进行事先约定,不仅可以约定各自的婚前财产,还应当对婚姻关系存续期间的财产以及离婚时的财产如何分割进行约定,并附以各项条件,约定婚内的过错行为以及相应的惩罚后果。中国有句古话叫作"先礼后兵",这样做既是对双方的一种警醒,一旦婚姻出现危机,也是对受伤害一方的保护。当然,协议的文本应当符合法律的相关规定,不得含有违反公共秩序、善良风俗以及法律强制性规定的内容,否则极有可能被人民法院确认为无效。建议在起草文本时,寻求专业律师及法律工作者的帮助。

(二)养成家庭记账的好习惯

现代人的快速生活方式已经不同于几十年前那个物资并不丰富的年代,当时的人们过日子量入为出,几乎家家都有记账的习惯。现在的人们可能并不习惯记账的方式,但现在的高科技、大数据已经能够帮助人们完成繁复的记账任务。每月花一点点时间,查询移动支付端以及手机银行的收支记录,留心高档物品、家庭大宗财产以及其他的支出记录,通过拍照或截图的方式存档,就能快捷地了解到家庭财产变动情况,及时发现异常支出,防患于未然。

(三)留意细节

留心对方存单的账号、在哪个银行存的钱,以便在诉讼时向法庭提供合法的证据。关于银行账号,在知道一方开户行和账号的前提下,可以申请法院查询,一般法院都会接受申请并能顺利查询;仅知道开户行,不知道账号,理论上是可以查询的,但法院是否接受申请以及查询力度不能保证;既不知道银行账号又不知道开户行，原则上只能申请法院进行网络查控，但难度较大，不同法院的判断标准与执行力度也不同。

（四）申请诉讼保全

财产证据的搜集有利于在面对今后可能发生的诉讼时，不至于临阵磨枪手忙脚乱，但这并不等于万无一失。一旦对方有了刻意隐瞒财产的行为，就极有可能在诉讼的同时恶意转移财产。申请诉前或诉中财产保全是有效阻止财产流失的重要手段。人民法院依据申请，会对申请保全的财产进行查封、扣押或冻结，使对方失去对该财产的处分权，保障判决生效后能够有足额的财产可以执行。

四、法律速递

《中华人民共和国民法典》

第九百八十五条　得利人没有法律根据取得不当利益的，受损失的人可以请求得利人返还取得的利益，但是有下列情形之一的除外：

（一）为履行道德义务进行的给付；

（二）债务到期之前的清偿；

（三）明知无给付义务而进行的债务清偿。

第四章　婚外情与家事纠纷

第一节　不该有的同居，分手如何分财？

一、案例精选

【案例一】 三次怀孕流产，能否换来分手补偿？

梁洛施产下三子后与豪门李泽楷分手，网传拿到亿元分手补偿；侯佩岑妈妈林月云与富商男友同居多年，得到巨额财产赠与。似乎同居关系的结束，为她们带来了巨大的经济利益，也使得“分手费”这一词汇走进大众的视野。然而，现实中的同居分手，女方或经济地位较弱的一方理应得到另一方的财产补偿吗？

小雯是一位单纯的女孩。不到20岁的她在亲属的催促下开始相亲，并与同乡的小雨迅速恋爱结婚。然而婚前的不甚了解带来了婚后的抱怨与不满。婚后一年，小雯通过QQ聊天认识了同城的李星。双方好感越发强烈，小雯觉得跟李星在一起，才终于体会到心动的感觉……

2014年年初，小雯瞒着小雨和家人，跟李星一起南下打工。小雯到一家KTV做服务员，工作辛苦，但收入可观。李星却求职艰难，其一年多以来吃穿用度都从小雯的账户中提取。为了照顾李星的自尊心，小雯直接把自己的银行卡交给李星，让他不用客气，自己从卡里支取。2014年、2015年，李星通过小雯的银行卡取款共计10万余元，包括支付两人的房租、李星的生活费用、李星父母的部分赡养费以及炒股的费用等。2015年年初，小雯回老家办理了离婚登记，随后怀了李星的孩子，小雯多次催促其结婚，谁知道却一直被李星以家人不同意为由推诿。2015年6月，小雯收回自己的银行卡，独自前去医院做了流产。

2016年1月26日夜晚，李星与小雯争吵要分手，小雯也不甘示弱，让李星偿还自己的钱且报警。次日，在派出所干警的协调下，李星向小雯出具借条，载明“今于2016年1月27日向小雯借人民币5万元，将于2016年12月30日还”。不久，小雯再次怀孕且做人流。2017年年初，小雯第三次怀孕。不堪重负的她向法院起诉要求李星偿还借款5万元。诉讼期间，李星私下同意还款，并与小雯签订了《协议书》，约定“双方协议，小雯此后不得打扰李星及家人正常生活，李星愿一次性支付小雯8000元打掉小孩，结束男女关系”。此后小雯撤诉，但李星没有支付8000元款项，小雯自费做了引产手术，两人正式分手。

2017年9月，小雯作为原告再次向法院提起诉讼，举出《协议书》作为证据，请求判令被告李星支付分手补偿款5万元及利息，并承担本次起诉的全部诉讼费。一审、二审法院均认为，本案是由于同居期间的经济往来产生的纠纷，属于同居关系析产纠纷。婚外同居不符合社会公序良俗，而且这种情况下的欠条不具有真实的债权债务关系，属于以金钱方式补偿小雯与李星交往期间逝去的青春时光，与社会主义道德观、公序良俗原则相悖，属无效的民事行为，不应受到法律的保护。因此，小雯请求判令李星支付同居期间分手补偿款5万元及利息，于法无据，不予支持。但双方同居期间，李星从小雯的银行卡内支取了数万元款项用于个人消费的事实客观存在，同时，双方租房、日常生活费用等亦由小雯开支，给小雯造成了一定的经济损失。尤其是李星致小雯三次怀孕、流产、引产，身体受到了伤害，给小雯造成经济损失的同时，亦造成了一定精神痛苦。故依法应由李星给予小雯相应的经济补偿，酌定补偿3万元。

案件尘埃落定，酌定补偿的3万元远不及同居期间小雯给李星的花费。而小雯在此期间三次怀孕，三次流产、引产，身心俱疲。这一伤人至深的婚外同居，带来的不仅是经济损失，还有身心损害。

【案例二】婚外同居大额赠与，须返还

数年前电视屏幕上的《蜗居》，高官宋思明送给情人海藻的豪宅记忆犹新。现实中，富有的已婚男性送给婚外情人巨额礼物的也不在少数。然而这种赠与，却被法律所不容。2011年2月，一场饭局，舒宝和孟维相识。此时孟维尚有妻子，舒宝也有丈夫，但二人的婚姻感情都已出现裂痕，处于分居状态。经过一番暧昧与试探，两人产生爱慕并同居。孟维在当地经营一家工厂，经济状况明显好

于舒宝，两人共同居住的房租、生活日用的支出均来自孟维。不仅如此，同居期间，孟维曾多次向舒宝大额转账，从2011年10月至2013年8月，孟维向舒宝转账共计40万元。2013年2月25日，二人以舒宝的名义与开发商签署《商品房购销合同》，首付50万元，按揭贷款44万元。当日，孟维刷卡支付了首付款。

"婚房"虽然买了，但二人最终没有走到一起。2011年11月，舒宝与前夫离婚。而孟维在2013年2月20日与前妻离婚之后，其对舒宝结婚的承诺鲜少再提。2013年11月30日，孟维要求与舒宝签署一份《赠与协议》，约定：甲方孟维(赠与人)2013年3月25日在××房地产开发有限公司刷卡现金为50万元，上述款项赠与乙方舒宝(受赠人)，赠与理由：甲方看在两人长期相处的感情，因乙方生活困难，且乙方又愿意给甲方做情人，双方从2013年11月20日起2年内保持单身，乙方接受甲方的赠与。

出于无奈，舒宝签署了这份《赠与协议》，但自认其付出是真心，换来这样的一纸协议心有不甘，提出分手。2014年5月，孟维将舒宝告上法庭，要求舒宝返还同居期间的赠与40万元及房屋首付款50万元。孟维提出，其与舒宝属于婚外同居，同居期间的40万元赠与是他跟前妻的共同财产，舒宝应予返还；此外，房屋首付的50万元赠与是附条件赠与，舒宝违反《赠与协议》，因此该50万元赠与亦应全额返还。面对孟维的起诉，舒宝震惊失望之余未做答辩……

本案经历一审、二审，法院认为，第一，同居期间的40万元赠与，是原告孟维的生产经营收益，其中的36万元属孟维与其前妻的夫妻共同财产，双方各自享有50%。孟维私自给予舒宝钱财的行为，侵犯了前妻作为孟维合法配偶对夫妻共同财产的所有权，因此，孟维处分前妻财产18万元的行为属无效民事行为，应予返还。第二，双方签订的《赠与协议》，违背了婚姻法禁止有配偶者与他人同居，各享50%的处置权。舒宝应返还25万元。第三，孟维离婚后，因与舒宝同居的禁止性规定，违背了社会公序良俗原则，侵犯孟维前妻的合法财产权益，故该赠与协议无效。第四，孟维基于该《赠与协议》赠与舒宝的50万元现金(作为房屋首付款)，该款虽系孟维离婚后5日所处分，但应视为孟维与前妻的夫妻共同财产，处分的其他个人财产3万元属于赠与，不得要求返还。此外，从情理及利益平衡的角度来讲，由于舒宝与孟维的同居关系，已导致两人均与原配偶离婚，孟维的经济地位高于舒宝，也应给予舒宝补偿。

婚外赠予侵犯了原配偶的权益，属于无效行为，原配偶有权追回。有些感情披着“爱情”的外衣,但不合乎法律伦理,必将承担法律的后果。

二、维权指引

(一)同居关系的赠与性质认定

同居关系的赠与认定,要求符合法律规定的赠与的构成要件——其一,赠与人有赠与的意思表示;其二,受赠人接受赠与。满足以上要件后,还必须满足构成赠予的前提:赠与人必须拥有所赠与财物的合法处分权。本节案例二的情形,因“赠与人”与“受赠人”属于婚外同居,违背社会公序良俗,且“赠与人”所送出的财产属于夫妻共同财产,鉴于夫或妻在处理夫妻共同财产上的权利是平等的,“赠与人”不具备赠与财产的合法处置权。因此该赠与行为无效,法院结合案件实际情况,判处返还所赠与财产的一半。

值得注意的是,在司法实践中,婚外同居者一方向另一方支付补偿/赠与后反悔而主张返还或者其配偶主张返还的情形较为多见。各地法院的裁判立场和学者见解并不相同,大致上可以分为驳回起诉、返还财产、不予返还财产、收缴非法所得和自然债处理方式等几种。[①] 关于财产的返还,亦有较多案例判决返还全部赠与财产。且不论婚外同居的非正当性,在法律上,认定赠与,本来就须有切实的证据证明。而在有配偶者与他人同居的情况下,有配偶者向第三方赠与财物,即便赠与人具有真实意思表示,其根本不具有赠与财产的合法处置权,这一行为还侵犯了其配偶的合法权益。

在笔者经办的案件中,曾代理过一位女性,其男友常居国外,但定期回国与她共同居住。男方将几十万元人民币打入银行账户中,让女方随意支取,并供两人日常生活开销。这位女性并不知道自己的“男友”已婚,一直认为仅是普通恋爱关系,直到有一天收到男方要求返还财产的起诉状。这位女性受到莫大打击。失望之余,她认为,即使对方的赠与行为因无权处分而无效,双方同居已经花费的财产,男方一定无权追究。但遗憾的是,后来发现,男方打入几十万元的银行账户,是男方自己而非女方的账户,他将银行卡和密码给予女方,让女方随意支配。在没有留下任何书面、录音、录像等证据的情况下,仅凭这一行为,女方想要证明银行卡里的现金属于男方赠与,且所支取的钱财均用于双方的共同生活,难

① 参见陈信勇:《身份法视角下的婚外同居补偿协议》,载《法治研究》2014年第9期。

上加难。在此种情况下,法院极可能将这类行为的法律性质认定为民法上的代为保管财物。

综观同居关系赠与返还的司法实践,自2001年“四川泸州遗赠案”[①]后,涉及赠与人有配偶,并将财物赠给婚外同居第三方的,赠与返还的主张往往得到支持。2013年,经济学家郎咸平教授的前妻起诉郎咸平及婚外第三者,要求返还郎咸平为第三者出资的购房款;2019年,网曝演员吴秀波“出轨门”,妻子何震亚发表公开声明,内容早已不限于返还夫妻共同财产,更涉及针对第三者的刑事问题,已报警立案。可见,法律对夫妻共同财产权利的保护不容置疑。

必须明确的一点是,有配偶者的婚外同居行为,其赠与之所以不具备法律效力,是法律对同居者的配偶,基于夫妻身份产生的财产权利的保护,而非对婚外同居过错方的保护。而作为“受赠与人”,对于该等同居及赠与行为,一定要“三思而后行”,切勿挑战底线,违背法律。

(二)同居关系的借款性质认定

通常所说的借贷,指的是《民法典》第667条规定的借款合同,即借款人向贷款人借款,到期返还借款并支付利息的合同。同居关系,尤其在婚外同居关系中,双方当事人可能会因为各种原因,签署一份“借款协议”。那么,前述借款协议是否有效,借款意图的真实性又如何甄别呢?

案例一中,同居双方的日常开销从女方小雯的银行账户支取,且男方李星的部分消费亦使用了小雯的银行卡。在这一背景情况下,一次因吵架、冲突升级,在派出所民警的协调下,李星向小雯出具了数额大致符合两人支出及李星消费总额的借条。那么,根据这一借条,可否认定小雯和李星真的存在借贷关系?在本案中,因二人存在婚外同居关系,且小雯不能举证证明确实存在借款行为,法院否认了借款,认为这一纠纷属于同居关系析产纠纷。《民法典》第8条规定:民事主体从事民事活动,不得违反法律,不得违背公序良俗;第153条第2款规定:违背公序良俗的民事法律行为无效;第155条规定:无效的或者被撤销的民事法律行为自始没有法律约束力。认定借条属于无效约定,双方不具有真实的债权债务关系,借条相关内容和条款自始不发生法律效力。

---

① 泸州遗赠案:在这一案件中,有配偶的一方将自己的财产遗赠给婚外同居者,并做公证。事后法院判决,因违反公序良俗,该遗赠无效。

此外,还有另一种常见的同居关系签署借条情况:经济地位较好的一方有配偶与他人同居,且对另一方赠与过一定的财物。结束同居关系时,要求经济地位较差的一方向其出具“借条”,已达到防止对方干扰家庭、暴露隐私等种种目的。在这一情况下,借条性质的认定亦受上述法律制约。如出具借条的同时,或在长期的交往中存在款项给付,还应受到无权处分赠与返还的相关法律约束。

(三)婚外同居关系,离婚后进行的赠与,是否必然有效?

有配偶者与第三方婚外同居,后有配偶者与配偶离婚,再对同居方进行赠与,也就是说,赠与行为发生在有配偶者离婚后。这一赠与是否还牵涉夫妻共同财产?答案视情况而定。

在案例二中,孟维在与舒宝同居期间已与前妻分居多年,并且孟维是在与前妻离婚5天后为舒宝购买房产并支付首付款50万元。但在本案中,是否判定为夫妻共同财产并不以办理离婚的时间为绝对分割线。法院认为,该款虽系孟维离婚后5日所处分,但因孟维从事生产经营活动,该50万元明显为婚姻期间所获得的生产经营收益,应视为孟维与前妻的夫妻共同财产。同时,基于本案是同居关系析产纠纷,并不是孟维前妻在其婚姻关系存续期间以侵权为由提出的返还请求,因此各享50%的处置权,舒宝应返还其中的50%。假设还有另一种情况,如果舒宝可以证明孟维对其的赠与发生在离婚之后,且款项来自孟维离婚之后所取得的财产收益,那么该笔赠与就是合法有效的。

对于受害人来讲,发现自己的配偶违背夫妻忠诚义务,与他人同居,侵犯了自己的财产权、人格权等,在婚姻存续期间,可主张对方返还夫妻共同财产,维护属于自己的权益。如在离婚后才发现该等侵害,仍可在诉讼时效内起诉追回财产、挽回损失。

珍爱婚姻,坚守道德,法律保护合法婚姻内的财产权益,侵犯配偶合法财产的赠与行为,为法律所不容。

三、律师建议

(一)同居关系,切勿财产混同

同居关系解除、分手时,某些当事人为达到一定的目的,可能会签署一些名为“借款协议”实为“分手协议”的文件,以期达到生活不再受到干扰或其他特定目的。然而,当后续发生问题诉诸法律时,却发现这一“借款协议”的效力难以被认定。在司法实践中,借贷关系的认定须综合多种因素,既要有借款协议,又要提供相同时间段的银行流水、交易对话或其他相关证据,辅助证明该笔借款的真实性。对于同居关系,往往缺乏一个明确的借款转账说明,而是在日常生活中如同夫妻一样混同了财产。因此,法院通常会结合同居以及财产混同的事实,综合判断案由确定为同居析产还是民间借贷。一旦案由定为同居析产,那么该等“借款”就很难被追回。

律师建议,对于处在同居关系中的二人,如确实发生借款行为,一定要保留好借款凭据(借条)以及相应的借款交付证据,如银行流水、转账记录、聊天对话记录等,以免发生不必要的纷争。

(二)越过道德的边界,法律难以守护你

我国现行法律、法规没有限制非婚男女之间的同居行为,未婚男女的同居也无可厚非。但是,相比于一个合法的婚姻,同居关系中的人身和财产权利更难受到法律保护,受害方想要维权也更不容易。如果涉及婚外的同居关系,其本身便是违背公序良俗的,与法律和道德的要求相违背。婚外同居期间,已婚一方对另一方的赠与,侵犯了已婚方的配偶的权利。该等赠与财产属于夫妻共同财产,已婚一方无权处置。因此,该等赠与往往是无效,且自始不发生法律效力的,已婚方的配偶可要求返还。

现实生活中,可能还存在另外一种情况。即同居一方并不知道另一方有配偶,属于受骗的“被小三”行为。这一情况,极有可能处于“法律救济”之空白地带,更要留足证据,及时脱身,避免自身权益受到侵犯。而对于明知对方有配偶且与其同居的情况,只能告诫,切勿越过法律的底线,否则,必将受到法律的惩罚。

(三)损害赔偿,及时主张

我国法律从未明示或暗示“分手费”“青春损失费”这种说法。从本质上来讲,狭义“分手费”暗指的是女性或男性付出青春而要求获得财产补偿,这本来就是与现代道德观念、社会价值观相违背的,不可能获得法律的支持。但是,对于因同居关系造成的权益受损,则可以主张损害赔偿或相应补偿。如本节的案例一,法院认为女方多次怀孕并流产,身心受到巨大伤害,判决由男方进行酌定补偿。因此,在此种情况下,法律是鼓励受害者维护自身权益的。当然,“酌定补偿”的数额往往由法院结合案件情况和当时社会生活水平进行综合判定,并非直接采纳受害方所提出的数额。

四、法律速递

《中华人民共和国民法典》

第八条　民事主体从事民事活动,不得违反法律,不得违背公序良俗。

第十条　处理民事纠纷,应当依照法律;法律没有规定的,可以适用习惯,但是不得违背公序良俗。

第一百二十条　民事权益受到侵害的,被侵权人有权请求侵权人承担侵权责任。

第一百五十三条　违反法律、行政法规的强制性规定的民事法律行为无效。但是,该强制性规定不导致该民事法律行为无效的除外。

违背公序良俗的民事法律行为无效。

第一百五十五条　无效的或者被撤销的民事法律行为自始没有法律约束力。

第一百五十七条　民事法律行为无效、被撤销或者确定不发生效力后,行为人因该行为取得的财产,应当予以返还;不能返还或者没有必要返还的,应当折价补偿。有过错的一方应当赔偿对方由此所受到的损失;各方都有过错的,应当各自承担相应的责任。法律另有规定的,依照其规定。

第一百七十九条　承担民事责任的方式主要有:

(一)停止侵害;

(二)排除妨碍;

(三)消除危险;

(四)返还财产;

(五)恢复原状;

(六)修理、重作、更换;

(七)继续履行;

(八)赔偿损失;

(九)支付违约金;

（十）消除影响、恢复名誉；

（十一）赔礼道歉。

法律规定惩罚性赔偿的，依照其规定。

本条规定的承担民事责任的方式，可以单独适用，也可以合并适用。

第六百七十九条　自然人之间的借款合同，自贷款人提供借款时成立。

第一千零四十二条　禁止包办、买卖婚姻和其他干涉婚姻自由的行为。禁止借婚姻索取财物。

禁止重婚。禁止有配偶者与他人同居。

禁止家庭暴力。禁止家庭成员间的虐待和遗弃。

《中华人民共和国民事诉讼法》

第二百五十三条　被执行人未按判决、裁定和其他法律文书指定的期间履行给付金钱义务的，应当加倍支付迟延履行期间的债务利息。被执行人未按判决、裁定和其他法律文书指定的期间履行其他义务的，应当支付迟延履行金。

第二节　婚外情里的孩子，抚养问题何去何从？

一、案例精选

【案例一】中年贪图一时温存，畸形爱恋伤了谁的心？

人到中年，仿佛都避不开“中年危机”。最常听闻的莫过于“婚外情”。顾小南和李大飞之间的中年爱情故事，则是个活生生的“婚外情”让多方受伤的例子，令人唏嘘。

顾小南和李大飞都是平凡的“80后”上班族。李大飞有个5岁的女儿，老婆吴丽丽收入比李大飞高，近年来两人收入差距更是越来越大。吴丽丽对此内心颇有微词，李大飞明显感觉到妻子和岳父岳母对自己态度的变化，心里很不是滋味。顾小南和丈夫陈平已经结婚8年，但一直未能求子成功，去医院检查才知道陈平生育功能有障碍。陈平常常深夜买醉消愁，回家后还把家里弄得乱七八糟，两人的关系越发淡漠，同床异梦。

又是一年公司年会，顾小南和李大飞刚好同桌吃饭，两人是老乡，聊着聊着便熟络起来。在此之后，两人的联系迅速增多，慢慢地，甚至在彼此身上重新感受到爱情的甜蜜滋味。两人的秘密关系，就这样维持了近半年。

一天深夜，顾小南给李大飞打电话，她发现自己怀孕了，孩子很可能是李大飞的。顾小南的电话无疑给了李大飞一个当头棒喝，两个人都异常心慌，究竟该怎么办？顾小南希望把孩子生下来，毕竟是来之不易的骨肉，说不定陈平也会因为孩子的喜讯，与她重修于好。但李大飞却坚决不同意，如果要生就顾小南自己养，他不会管这个孩子。最后两人不欢而散，顾小南更是换了工作，孩子出生后，取名陈晓晓。

陈晓晓的出生给顾小南和陈平的关系带来了转机。但喜悦并没有维持多久，陈晓晓出生后，陈平发现孩子眉眼跟他并不相似。对此他留了个心眼，趁顾小南不在，带着孩子去做亲子鉴定，结果为不支持陈平为陈晓晓的生物学父亲。在他的质问下，顾小南道出了真相。事到如今，两人再也无法回到从前，不久后就办理了离婚手续。

顾小南和丈夫离婚后独自抚养着孩子。面对孩子日益增长的开销，顾小南逐渐入不敷出，而李大飞则是一直采取回避态度。最终顾小南不得不以孩子的名义诉至法院，要求李大飞支付孩子欠付至今的抚养费以及实际产生的医疗费、教育费等费用，同时以后定期支付抚养费至孩子年满 18 周岁止。

法院审理过程中，同意原告陈晓晓提出的亲子鉴定申请。最终鉴定结果为支持李大飞为陈晓晓的生物学父亲。

法院认为：父母对非婚生子女有抚养和教育的义务。父母不履行抚养义务时，未成年的非婚生子女，有要求父母付给抚养费的权利。关于子女抚育费的数额，可根据子女的实际需要、父母双方的负担能力和当地的实际生活水平确定。本案中，原告出生后随母亲共同生活，被告作为原告的生父，对原告有法定抚养义务，故对原告要求被告给付抚养费的诉讼请求，本院予以支持。被告另有一名未成年女儿需要抚养；被告和顾小南作为原告的父母，对原告均有抚养的义务，顾小南亦有正常收入来源，亦应承担对原告的抚养义务；原告请求给付抚养费的金额过高，超出必要的抚养费范畴。依法酌定被告支付原告每月抚养费 1500 元。抚养费依法应包括子女生活费、教育费、医疗费等费用，故原告主张按实际产生的费用支付医疗费、教育费等费用，法院不予支持。

案件结束后，吴丽丽无法容忍丈夫的出轨和不忠，坚决要和李大飞离婚。最终李大飞失去了妻子，也未能争取到女儿的抚养权，更失去了“爱情”。这一场复杂的四角关系连续剧，结局是所有人都是输家。

【案例二】“分手协议”起纷争，该负的责任不能免

胡冰和邱霜霜大学相识并发展为恋爱关系，其间，两人在学校附近的小区合租同居。大四那年的春天，邱霜霜发现自己怀孕了，两人决定向各自家里坦白。原以为可以得到家人的支持，没想到双方父母都表现出极大的反感。胡冰的父母表示，两家人的家庭条件差太多，以后结婚了也是处不来的；而邱霜霜的父母听后极为恼火，称你家儿子把我女儿肚子搞大还不想负责任，你们家有钱我也不稀罕！

未得到家里的支持，两人的感情多少受到些影响。邱霜霜父母向学校申请休学，把邱霜霜接回家，两人很长一段时间没有再见面。不久后孩子出生，是个男孩，邱霜霜给她取名邱年。胡冰来探望孩子，同时带来一份《分手协议书》。协议约定，胡冰和邱霜霜非婚生育一子邱年，现双方决定分手，孩子由邱霜霜直接抚养，胡冰同意每年给付邱年 10 万元抚养费，于每年的 1 月 31 日之前给付 5 万元，同年的 12 月 31 日之前给付余下的 5 万元。上述费用一直支付至孩子年满 18 周岁。邱霜霜最终同意了。

分开 2 年后，邱霜霜听闻胡冰结婚。她感到深深的不平衡，凭什么胡冰就可以两袖清风，而自己却只能带着孩子辛苦劳累？

内心的躁动使她动起报复胡冰的心思。她偷偷把孩子送回老家，而每当胡冰想约看孩子时，邱霜霜便以各种理由推卸。次数一多，胡冰发现不对劲，一调查才知道邱霜霜故意把孩子带回老家不让他看。一气之下，胡冰停掉了给孩子的抚养费。邱霜霜联系胡冰时，已是忙音。邱霜霜意识到，胡冰应该是发现她把孩子带回老家，所以故意不付孩子的抚养费。没想到胡冰如此心狠，邱霜霜只能以孩子邱年的名义起诉至法院，要求胡冰按《分手协议书》支付上年下半年和今年上半年抚养费共 10 万元，并承担诉讼费。

被告胡冰庭审时对《分手协议书》的签订方式和内容提出异议，他提出该协议是在原告母亲邱霜霜逼迫下签订的。另外，胡冰称其自大学毕业至今无固定

工作,协议中约定的抚养费数额明显超出其经济承受能力。若按协议约定履行,势必侵害其合法权益。本案系因婚外情引发纠纷,该协议违背公序良俗,存在违法性。故该协议属于部分无效,无须按协议全额履行。

法院认为,涉案《分手协议书》是关于给付子女抚养费的约定,不完全等同于合同法调整的合同关系。根据最高人民法院有关司法解释,子女抚养费的数额,可根据子女实际需要、父母双方的负担能力和当地的实际生活水平酌情予以确定。即子女抚养费可根据实际情况,随时调整。该协议约定每年给付10万元抚养费,明显超出当地城镇居民收入水平,原告方亦未能举证证明被告每年个人收入及个人财产状况。若法院支持原告诉求,一方面超出被告实际经济承受能力,另一方面势必侵害被告基本生存权益。因此,原告要求被告按协议履行给付抚养费的义务的诉讼请求,本院不予支持。依据当地城镇居民当年人均纯收入,法院确定抚养费每年5万元较为适宜。最终判决被告陈冰从当年开始按每年5万元的标准给付原告抚养费至原告独立生活止。同时,法官也严厉批评了邱霜霜藏匿孩子、不配合探望的行为,邱霜霜表示已深刻认识到行为不当,日后会积极配合。

年轻并非犯错后可拒绝正视现实的理由,也不是可以无条件得到原谅的免死金牌。成年人应该学会对自己的一言一行负责,既然决定为人父母,就应该承担起抚养孩子的责任和勇气。无论双方最初生育孩子的契机是什么,都应该将未成年人权益保护放在最优先级。把孩子视作要钱的工具,甚至变相让孩子成为"留守儿童",是完全忽视未成年人权益的做法。非婚生子女本就容易受到社会的偏见和异样目光,在他们的成长路上,父母应该投入更多的关爱和照顾,而不应该再让他们受到二次伤害。

【案例三】 消失的爱人,孩子被迫变"单亲"

李娟与由东明相识于一场交友酒会,李娟温柔动人,由东明风度翩翩,两人一拍即合。由东明说自己从没遇到如此默契的另一半,离异的他,特别珍惜与李娟的这段感情,而李娟也被由东明的深情和体贴打动,不疑有他。交往半年后,一次偶然的机会,李娟发现由东明除了跟她日常联系的微信外,还有一个微信。置顶微信对话人昵称是"亲爱的",点开之后,都是双方相互问好聊家常的记录。

此外，女方每天都会发来的，是一个大概七八岁小男孩的照片及小视频。

此时的李娟，才知道由东明一直在欺瞒她，他根本没有离婚。往日的款款情深如鲠在喉，而更让李娟崩溃的是，她发现自己已怀孕3个多月。是摊牌还是装作不知道？孩子打掉还是留下来？李娟的心揪成一团乱麻。

冷静了一段时间，李娟决定摊牌。面对李娟的发难和质问，由东明一开始含混其词，但微信记录截屏在手，最后不得不承认。一开始，由东明还露出有点可惜的表情，后慢慢归于平淡冷漠。他告诉李娟，既然已经知道事实，那么我俩也没有再继续维系这段感情的必要，往日的真情不假，日后各自安好吧。而李娟的一句"我怀孕了"，如同平地一声雷，把由东明炸懵了。他瞒着妻子在外艳遇，都是露水姻缘，他绝不接受被这些突然的"意外"绊住手脚。于是，由东明一反刚刚的冷漠姿态，抱着李娟温柔安慰，让李娟先回家好好休息几天，妻子那边他来想办法，还承诺一定会对李娟和肚子里的孩子负责。由东明的温柔太让人沉沦和依赖，李娟又一次相信了他。

3日后，李娟再联系由东明，发现所有的通讯号码都被对方拉黑，手机空号，住处也已经人去楼空。又一次被这个男人欺骗，还是以这种毫不负责的方式，李娟彻底心死。孩子出生后，李娟通过朋友打听到由东明早已躲回了老家，她果断起诉到法院，要求确认孩子与由东明之间的亲子关系，并支付孩子抚养费至成年。

尽管起诉了，但李娟手上并没有任何能证明孩子与由东明父子关系的直接证据，只有几张自己与由东明的合照。孩子出生后，由东明更是通过回避的方式，很巧妙地没有留下任何线索。开庭时，由东明咬定与孩子不存在亲子关系，而李娟也未能提供任何证明双方存在亲子关系的证据。最终，法院未批准李娟的亲子鉴定申请，并驳回了李娟的全部诉讼请求。李娟不服一审判决，以孩子名义继续上诉至二审，二审依然维持原判。

本以为是十拿九稳的诉讼，最后却拿到冰冷的败诉结果。是谁之殇，又是谁之过？万般言语，最终化为一声叹息。

二、指引维权

（一）非婚生子女与婚生子女的法律权利平等吗？

根据《民法典》第1067条、第1068条和第1071条的相关规定，非婚生子女享有与婚生子女同等的权利,任何人不得加以危害和歧视。无论是婚生子女还是非婚生子女,都有权要求父母履行监护和抚养义务,给付抚养费的权利。

(二)非婚生子女与婚生子女抚养权的诉讼确认程序有什么不一样吗?

婚生子女的抚养权归属一般在离婚诉讼中一并处理,或者在夫妻双方解除婚姻关系后,另就子女抚养问题提起抚养权诉讼;而非婚生子女的生父母若要通过诉讼明确抚养权归属,根据生父母是否存在同居关系,判断应该适用同居子女抚养关系纠纷还是抚养纠纷案由。

(三)追索抚养费的诉讼权利主体,是非婚生子女本人,还是抚养权人?

抚养费诉讼的起诉主体为非婚生子女,而非抚养权人。这也是实务中许多当事人会产生的一个常见误区。如本节案例二的情况,签署《分手协议书》的虽然是非婚生子女的生父母,对于非婚生子女抚养费的约定也在该协议中列明,但此时抚养费的起诉主体并非协议双方,而是非婚生子女本人。另,依据法律规定,未成年子女的法定代理人有权代为提起诉讼,因此实务操作中,非婚生子女追索抚养费,往往是生父母一方作为代理人代为起诉的。

(四)"抚养费"具体包括哪些费用,以什么标准支付?

1. 依据《最高人民法院关于适用〈中华人民共和国民法典〉婚姻家庭编的解释(一)》第 42 条之规定,《民法典》第 1067 条所称"抚养费",包括子女生活费、教育费、医疗费等费用。因此如本节案例一,原告除主张被告支付抚养费外,还要求被告按实际产生的费用支付医疗费、教育费等费用,已经属于重复主张,因此法院最后并未支持。

2. 抚养费一般支付至孩子年满 18 周岁为止,协议有另行约定的按协议约定。抚育费的数额,主要结合子女的实际需要、父母双方的负担能力和当地的实际生活水平等方面综合考虑确定,有固定收入的一般按月总收入的 20% ~30% 比例给付;无固定收入的,可依据当年总收入或同行业平均收入,参照上述比例确定。

(五)非直接抚养子女的父母一方,还需要承担抚养费吗?

依据《民法典》第 1071 条第 2 款之规定,不直接抚养非婚生子女的生父或生母,应当负担子女的抚养费,直至子女能独立生活为止。这是法律对非直接抚养方所设立的法定抚养义务。需要提醒的是,抚养义务并不止存在于非抚养一方而在双方,因此在主张抚养费时,不应将所有抚养支出都算归一方承担。即,若非抚养方每月支付 2500 元的抚养费,实质上抚养方也应同步支出 2500 元作为孩子的抚养费,孩子每月共计有 5000 元的抚养基金。该数额,一般也会作为法院参考孩子实际需要的考虑之一。

(六)孩子成年后,还可以追索抚养费吗?

当前审判实务中,对于该情形的裁判方式并没未形成统一定论。笔者团队曾经承办过的一宗成年子女追索抚养费案件中,一审、二审法院就该问题作出了截然不同的裁判,在此列出供读者思考:

一审法院认为,父母负担子女抚养费主要是为了维持未成年及不能独立生活子女的基本生活,保障其基本生存和受教育的权利,确保其健康成长。当子女成年后,支付抚养费的基础已经不复存在,且并未提交证据证明其属于法律规定的"不能独立生活的子女",因此不支持其对未成年期间父母应承担的抚养费进行追索。

二审法院认为,根据《民法总则》第 196 条(现为《民法典》第 196 条)等相关规定,请求支付抚养费不适用诉讼时效规定,法院应当对本案进行实体审查。原告自小一直随母亲生活至成年,被告并未能提供在此期间曾向原告支付抚养费的证据,故原告主张被告应当支付其未成年期间的生活费、教育费等抚养费用,理由成立。

笔者更认同二审法院的裁判思路。上述法律的立法原意,就是为了让未履行抚养子女义务的父母承担相应的法定责任,且这种责任不应当因为子女的成年而消灭。若剥夺子女成年后追究父母未尽抚养教育义务责任的权利,将变相助长大量不负责任的父母在孩子未成年时就故意拖延、逃避支付抚养费,待孩子成年后就无须承担任何法律责任,没有任何违法成本。而作为子女一方,即使父母在自己未成年时未尽任何抚养义务,但在父母年老时仍需要承担相应的赡养义务。这有违法律公平正义的本意,有违我国法律和《联合国公约》确立的儿童权益最大化原则。

(七)中止探望权的情形有哪些?

(1)非直接抚养一方享有法定的探望子女的权利。依据《民法典》第 1086 条第 1 款之规定,离婚后,不直接抚养子女的父或母,有探望子女的权利,另一方有协助的义务。

(2)探望权也有可能被中止。依据上述法律规定,若父或母探望子女导致子女身心健康不利的,人民法院有权依据一方申请,中止另一方的探望权。常见的不利情形包括暴力、虐待、遗弃、吸毒、探望方患重大传染疾病,等等。但中止的事由消失后,应当恢复探望的权利。

三、律师建议

(一)非婚生子女要维权,证明亲子关系很关键

非婚生子女提出的抚养费诉讼中,第一个要突破的难点,就是证明原被告间存在亲子关系。要证明亲子关系,最直接、最常见的就是人口信息材料,如出生医学证明等。鉴于各种原因,许多非婚生子女的生父母并不愿意在办理出生医学证明时留下真实信息。此时要证明亲子关系,难度将会随之大大增加。

除提供上述资料外,还有一个证明亲子关系的方式,就是进行亲子鉴定。当前我国法院对于亲子鉴定结果的采信程度相对较高,在双方不能提供更多证据证明亲子关系是否存在时,亲子鉴定结果将成为定案证据。但实务当中的难题在于,当事人一方起诉请求确认亲子关系时,应当先提供基础证据证明亲子关系可能存在,法院才可能启动亲子鉴定程序,以避免当事人随意起诉导致司法资源滥用和错判。就情理而言,亲子关系的缔结依赖于最原始的血缘,贸然启动亲子鉴定,对双方特别是对孩子而言,都将产生不可逆的情感损伤。因此,不能完全寄希望于法院启动亲子鉴定程序。

综上,为了保障非婚生子女的权益,建议在孕期就开始搜集、整理能够佐证孩子与生父母亲子关系的材料,包括但不限于留存双方对话截图、通话录音、孕检记录、分手协议等。孩子出生后,多搜集孩子与生父母一方玩耍互动的影音视频等资料,并争取在孩子出生后做一次亲子鉴定。

(二)抚养费支付,提前协议有必要

上文提到,非婚生子女要向生父母追索抚养费,第一道难关是证明亲子关系。那么第二道难关,则在于确定抚养费支付金额和方式。现实中,有非常多的非婚生子女,未得到非直接抚养一方生父/母在经济方面的抚养支持。很多人在孩子出生后采取逃避策略,不承认,不承担,甚至故意不找工作,以最大限度地降

低抚养费支付金额。

笔者团队曾经承办过一案例，系非直接抚养方在双方分居期间，恶意挥霍名下资产，并且辞去原工作，造成其无收入的假象，以此请求法院依据当地最低工资标准核定抚养费；而我方则通过整理对方在离职前的收入流水，核实其离职前的实际收入情况，并结合男方的文凭学历，向法院展示对方具备劳动能力及对应的经济收入水平，请求法院依据对方离职前的收入裁定抚养费，并一次性支付分居期间的抚养费。最终，法院支持我方主张。

抚养费的追索，无论对非婚生还是婚生子女而言都是一个潜在难题。就非婚生子女而言，鉴于亲子关系证明的难度，建议母亲一方在孕期就着手与父亲一方沟通抚养费的数额、方式、期限等内容，并签署书面协议，日后一旦发生争议，也可以凭此协议追索抚养费，要求依据协议履行。

需要注意的是，协议约定抚养费金额时，除了考虑孩子的实际支出，也应当考虑对方的经济能力，数额虚高，有可能得不到法院支持。回顾本节案例二，虽父母双方就孩子抚养费问题签署了协议，但最终法院并未依据协议约定，而是参照非抚养方的负担能力，结合当地城镇居民当年人均纯收入标准，重新确定了抚养费支付标准。法院居中裁量的出发点，更多地是从衡平非抚养一方的支付能力以及孩子的实际开支角度考虑，过高的抚养费如果导致支付人无法维持自己的生活，也是违反公平原则的。另一方面，法律也规定，非直接抚养一方有条件时，也可以一次性支付抚养费。若直接抚养方能证明对方确实有足够的支付能力，且有拒不支付的可能性时，可以向法院争取判决对方一次性支付抚养费，尽最大可能保障孩子的生存及经济保障。

（三）恶意藏匿孩子，消极影响一箩筐

实务办理中，笔者常常碰到当事人为了争夺孩子抚养权，拒绝另一方探望子女、争抢甚至藏匿孩子的情况。正如本节案例二中的女方当事人，为了报复男方，拒绝让男方见孩子，还将孩子带回老家藏起来。

这种做法，显然违背了我国对未成年子女利益最大化的法治理念和审判原则，孩子不但不能正常享受父母的关爱和健康稳定的成长环境，还成为“留守儿童”。针对一方藏匿孩子等情况，一方面，作出恶意藏匿孩子等损害未成年子女权益行为的一方，一旦法院认定行为属实，对孩子抚养权争取会产生消极不利影响，如案例三中最后法院将抚养权判归男方所有。另一方面，依据我国《民法典》等相关法律规定,直接抚养的一方,应积极配合协助另一方行使探望权。如不配合,有可能面临法院强制执行,对不配合一方采取拘留、罚款等强制措施。

针对探望权行使的现实难题,另一方可寻求的救济途径有哪些?

1. 报警,要求警察就此事传唤双方到场做笔录,以此了解孩子当前的所在地和情况。

2. 联系当地妇联,请求妇联介入和对方沟通调解,争取见到孩子。

3. 起诉,要求明确孩子探望的方式、时间,据此取得关于子女探望的具有法院强制执行力的裁判文书,并申请法院执行。

4. 诉讼过程中,尝试通过申请行为保全的方式,保障诉中探望权行使。

笔者团队曾办理过一宗诉中探望权行为保全案件,历经申请、被驳回、复议申请等程序,最终赢得了首例"探望权行为保全裁定",法院裁定诉讼期间,对方配合我方每周探望孩子一次。

综上,法律虽赋予了婚生子女与非婚生子女同等权利,但在现实生活中,非婚生子女的维权之路仍然满是荆棘:亲子关系的确认、抚养费的追索,还有最重要的,父母双方的关心爱护……每一个生命都是独一无二的瑰宝,不容儿戏,更不应成为任何人的工具和筹码。一时冲动,最终带来的是多个家庭破碎的结局。

四、法律速递

《中华人民共和国民法典》

第一千零六十七条　父母不履行抚养义务的,未成年子女或者不能独立生活的成年子女,有要求父母给付抚养费的权利。

成年子女不履行赡养义务的,缺乏劳动能力或者生活困难的父母,有要求成年子女给付赡养费的权利。

第一千零六十八条　父母有教育、保护未成年子女的权利和义务。未成年子女造成他人损害的,父母应当依法承担民事责任。

第一千零七十一条　非婚生子女享有与婚生子女同等的权利,任何组织或者个人不得加以危害和歧视。

不直接抚养非婚生子女的生父或者生母,应当负担未成年子女或者不能独立生活的成年子女的抚养费。

第一千零八十六条　离婚后,不直接抚养子女的父或者母,有探望子女的权利,另一方有协助的义务。

行使探望权利的方式、时间由当事人协议;协议不成的,由人民法院判决。

父或者母探望子女,不利于子女身心健康的,由人民法院依法中止探望;中止的事由消失后,应当恢复探望。

《最高人民法院关于适用〈中华人民共和国民法典〉婚姻家庭编的解释(一)》

第四十二条　民法典第一千零六十七条所称“抚养费”,包括子女生活费、教育费、医疗费等费用。

第四十九条　抚养费的数额,可以根据子女的实际需要、父母双方的负担能力和当地的实际生活水平确定。

有固定收入的,抚养费一般可以按其月总收入的百分之二十至三十的比例给付。负担两个以上子女抚养费的,比例可以适当提高,但一般不得超过月总收入的百分之五十。

无固定收入的,抚养费的数额可以依据当年总收入或者同行业平均收入,参照上述比例确定。

有特殊情况的,可以适当提高或者降低上述比例。

第五十条　抚养费应当定期给付,有条件的可以一次性给付。

第五十三条　抚养费的给付期限,一般至子女十八周岁为止。

十六周岁以上不满十八周岁,以其劳动收入为主要生活来源,并能维持当地一般生活水平的,父母可以停止给付抚养费。

《中华人民共和国民事诉讼法》

第一百条第一款　人民法院对于可能因当事人一方的行为或者其他原因,使判决难以执行或者造成当事人其他损害的案件,根据对方当事人的申请,可以裁定对其财产进行保全、责令其作出一定行为或者禁止其作出一定行为;当事人没有提出申请的,人民法院在必要时也可以裁定采取保全措施。

第一百零六条　人民法院对下列案件,根据当事人的申请,可以裁定先予执行:

(一)追索赡养费、扶养费、抚育费、抚恤金、医疗费用的;

……

《最高人民法院关于适用〈中华人民共和国民事诉讼法〉的解释》

第九条　追索赡养费、抚育费、扶养费案件的几个被告住所地不在同一辖区的,可以由原告住所地人民法院管辖。

第三节　婚外子女的尴尬继承

一、案例精选

【案例一】身家过亿的父亲，儿子却连抚养费都没有

经常看到八点档电视剧中的原配子女与私生女争权夺势的情节，也听过不少我国香港特区、台湾地区或者是各行业大王的豪门争产案，这样的故事总是能轻易成为人们茶余饭后的热门话题。在现实生活中，不管是拥有巨额资产的家族“分家产”，还是日常百姓的身后遗产处理，非婚生子女要继承亲生父母的财产，总是存在许许多多的困难。下面这个案例，也是如此，最后的结果更是让人深思。

沈丹今年44岁，端庄优雅但一直未婚，直至6年前，她遇到了杨青。杨青是一家上市公司的总裁，事业有成、稳重幽默的杨青，是沈丹心目中绝对的“理想型”，沈丹释放了自己的全部热情去主动追求杨青。“女追男，隔层纱”，两个人迅速发展成了同居情侣关系。一切，都在向着沈丹所期待的方向发展。直到有一天，沈丹在杨青的手机上发现了备注“老婆”的来电。

在沈丹的追问下，杨青才将事情和盘托出。原来，杨青结婚已经20年了，和妻子张艳梅有一个女儿，妻子正陪着女儿杨萌倩在澳大利亚读书。杨青与妻子结婚之后两个人白手起家，积累了不少的家产，公司经营的有声有色。2年前，因为女儿要去留学，张艳梅干脆就全面退出了公司的经营，安心在澳大利亚给女儿做陪读。

了解到这些情况，沈丹几乎是崩溃的跟杨青提出了分手。但杨青却苦苦哀求，不断求和，甚至提出来想和沈丹有个自己的儿子，以给自己的人生凑成一个“好”字，弥补自己一直没能有个儿子的遗憾。

最终，沈丹妥协了，并且决定和杨青生育一个属于自己的孩子。沈丹在40多岁的高龄，冒着巨大的生命风险，生下了儿子。随着儿子杨明锋的到来，沈丹也越来越坚信，杨青可以成为自己下半生的依靠。

天有不测风云，人有旦夕祸福。杨青在一次出差中发生严重车祸，当场去世！这对沈丹来说，简直就是晴天霹雳。沈丹知道，自己和杨青的关系不被法律所认可，但是孩子还那么小，她希望能为孩子争取他该得的利益。

于是，沈丹以儿子法定代理人的身份，向杨青的妻子张艳梅、女儿杨萌倩提起了诉讼，要求让儿子杨明锋作为继承人之一，依法继承杨青的遗产。沈丹提出，杨青与张艳梅共同所有的23套商品房(含拆迁安置房)、5处厂房、2套别墅、公司股权、存款、债权等，共计约1亿元的财产中，其中有一半是属于杨青的遗产，杨明锋作为杨青第一顺序的法定继承人，有权对此进行继承。诉讼中，为了证明杨明锋与杨青的关系，沈丹提供了《出生医学证明》、医院阴道分娩知情同意书等相关证据。

开庭时，张艳梅和杨萌倩辩称，杨明锋不具有合法的主体资格。因为沈丹和杨青并不是夫妻关系，对于杨明锋和杨青的父子关系，两人并不确认，杨明锋也没有足够的证据证明其有继承权。同时，对于杨明锋所提出来要求继承的财产，杨青生前已经和张艳梅签订了《夫妻财产约定》，约定案中所涉的财产，均归张艳梅个人所有。

在审理的过程中，因为张艳梅和杨萌倩对杨明锋与杨青的亲子关系提出异议，所以杨明锋提出来可以和杨萌倩进行亲缘关系鉴定，但杨萌倩明确表示了不愿意配合做亲缘鉴定。鉴于这个原因，再结合杨明锋已经提交了《出生医学证明》、医院阴道分娩知情同意书等相关资料作为证据，即使张艳梅和杨萌倩不认可杨明锋与杨青之间的父子关系，但二人也没有提出相反的证据，法院最后推定杨明锋与杨青是父子关系，对杨青的遗产有继承权。

确认了杨明锋的继承人身份，下一步就是要判断杨青是否有遗产、具体有多少遗产。关于“杨青是否存有遗产”这个问题，法院认为，被继承人杨青和妻子张艳梅在婚姻关系存续期间，就夫妻财产签订了《夫妻财产约定》，约定中将载明的房屋、公司股权、厂房、别墅、存款、债权等夫妻共同财产确定归张艳梅所有，约定财产涵盖了杨明锋主张继承的杨青的全部遗产。这份约定合法有效。杨明锋主张作为被继承人杨青遗产的财产，根据上述约定已经归张艳梅所有，杨明锋未能提供证据或者线索证明杨青尚存有其他遗产。基于以上的原因，杨明锋要求继承杨青遗产的诉讼请求，法院无法支持。

至此，沈丹才知道：张艳梅早就知道了他们母子俩的存在，甚至当时就提出了要跟杨青离婚并且分割财产，但是杨青并没有同意，而是通过签订《夫妻财产约定》的形式，将所有的财产都约定成归张艳梅所有，以此求得了妻子的原谅。而这一切，杨青并没有告诉沈丹。

对于沈丹而言，接下来只能是自己独自一人抚养孩子长大了。而对于杨明锋而言，自己的亲生父亲生前身家几近过亿，如果父亲还在世或者是他能继承到遗产，他这一生，很可能就生活无忧，可以接受良好的教育，享受更好的生活。但是如今的情况，这一切都不复存在，甚至连自己的抚养费，都只能靠母亲一人承担。这样的结果，在杨明锋出生前，沈丹是绝对没有想到的！

在法院作出生效判决之后，沈丹收到了一笔来自张艳梅的转账，一共是 20 万元。张艳梅跟沈丹说："毕竟是他的孩子，你就带着孩子好好生活吧。"对此，沈丹没有任何回复。自己和孩子的生活该如何继续，沈丹也无从想起。

【案例二】 父亲家外有家，遗产分割显无奈

作为一家热门八卦杂志的王牌编辑，万倩常常会亲笔写下别人家的豪门恩怨，曾几何时，也亲笔写下豪门阔太携子与富豪私生子争斗遗产的狗血剧情。但万倩万万没想到，有一天，自己成了故事的主角。

说起万家，当地人的评价，只有两个字"有钱"。万倩的父亲万楚，是当地非常有名望的富商，经商十几年，创造了非常多的财富。母亲辛苦生下了万倩兄弟姐妹五个后，很早就过世了。父亲万楚后来就娶了万倩的继母陈芳，陈芳先后生下了四个子女。也就是说，万倩同父同母、同父异母的兄弟姐妹共计 9 人。

2015 年春节前的前一天，万楚因车祸去世。万楚去世半年后，万倩的妹妹万玲因孩子上学的问题，想要把父亲生前答应给姐妹三人的深圳的一套房子给过户过来。姐妹仨一合计，就找了个律师想把这事儿办了。但是后来一咨询才知道，办理房产过户手续，还真不是一件简单的事情。

姐妹仨商量之后，一致决定由万倩出面，跟家里的其他兄弟姐妹们商量一下，一起去办理父亲继承的相关手续，以便能尽快把深圳的房子过户过来。但是，家里的其他兄弟姐妹并不愿意配合办理这个手续，甚至深圳的房子，也不愿意直接就由万倩姐妹三人所有。

无奈之下，万倩、万卉、万玲三姐妹只好将其他兄弟姐妹、继母、奶奶一并起诉到了法院，这下就不仅仅是要这套房子了，而是要求对父亲万楚名下的全部财产，都依法继承。诉讼过程中，万倩收到法院寄来的文件，通知说父亲还有另外三个儿子万盛辉、万盛凯、万盛男，他们也要参与继承。万倩突然意识到一个很无奈的事实：这辈子，兄弟姐妹整整有12人。

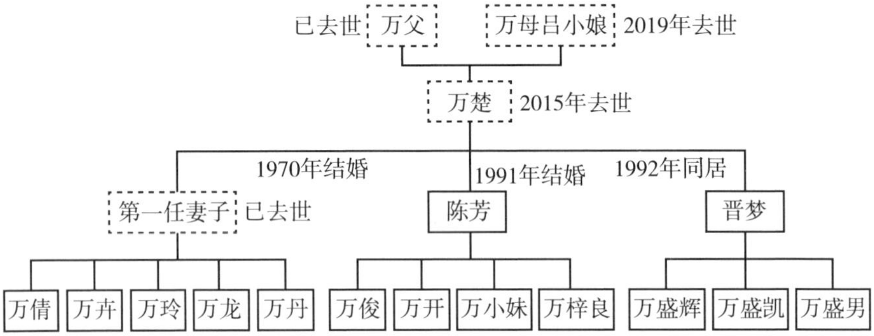

在万盛辉母亲晋梦的陈述中，万倩知道了事情的原委。原来，晋梦是在1992年认识万楚，1992年年末，晋梦怀孕了。就在这个时候，晋梦才知道万楚已经再婚了。在万楚不断的甜言蜜语中，晋梦把孩子生了下来。1993年年底，晋梦再次怀孕，随后万盛凯、万盛男这对双胞胎出生。1996年春天，万楚说是为了方便照顾母子四人，把他们接到了离万家老宅不远的一个小别墅里生活。至此，万楚的这个"家外家"就算是安置起来了。

万楚去世后，晋梦和三个孩子的生活，多多少少还是受到了一些影响。所以，在晋梦得知万家众人因为遗产的事情对簿公堂时，她也想让自己的儿子们争取那份该得的权益。于是，万盛辉兄弟三人也就加入到了这个继承诉讼中来。

在诉讼中，万盛辉兄弟三个，为了证明自己的身份关系，向法院提出了亲缘关系鉴定的申请。起初，万倩兄弟姐妹几个，都是不愿意配合鉴定的。毕竟万盛辉三人对万家众人来说，就像是突然冒出来的一样。最后，在法院的释明下，也在万老太太吕小娘想要确认孙子的强势要求下，万开兄弟几个人，配合做了亲缘关系的"同一父系"鉴定。当鉴定结果出来的时候，万家人再次吃了一惊：万盛辉与万开等人是同一父系，而万盛凯、万盛男不是。这其中的原因，或者只有晋梦自己才真的清楚。

经过确定了身份之后，看起来这个继承诉讼的结果好像已经是板上钉钉的事情了。但是,反转总是来得猝不及防。

在案子第二次开庭的前夕,万开拿出了一份《遗嘱》。这份遗嘱是打印的,落款处有“万楚”的签字和手指红印,在文件的右下角,有“见证人”的标注,但是并没有任何的签名,内容是将老家的两套房产、公司的1/4股权等财产由万开继承。

这份《遗嘱》,除了陈芳、吕小娘外,其他人均表示不予认可。万俊作为在父亲生病期间就已经实际控制了公司的继承人,对此更是持有强烈的反对意见,认为父亲不可能留下这样一份遗嘱,并要求对《遗嘱》进行笔迹鉴定。鉴定的结果显示:《遗嘱》上“万楚”的签名与法院提供的“万楚”样本签名笔迹是同一人所写。

不管是先前的亲缘关系鉴定,还是后面的遗嘱笔迹鉴定,都花费了很长一段时间,对于案件相关的各方来说,都显得有些疲惫了,但是万万没有想到,案子的复杂程度还在扩大。

在拿到鉴定结果第二天,吕小娘去世了。根据相关的法律规定,法院通知万楚的兄弟姐妹们以第三人的身份加入了诉讼。当法院再一次开庭的那一天,万倩姐妹三人并没有亲自出庭,而是由代理律师代为出庭参加诉讼。后来,万倩听律师说,当时乌泱泱的感觉来了好多人。

历经了漫长的诉讼审理,经过多个法律程序,在立案整整4年之后,终于收到了法院的判决,最后的结果是各继承人之间按照法定继承的份额分割现已查明的全部遗产。对于万开提供的《遗嘱》,虽然签字的是万楚,但是因为遗嘱的形式并不符合法定要件,所以认定为无效,《遗嘱》中所涉的财产,依旧是按照法定继承的方式进行分割。

2020年的清明,万倩带着两个妹妹回了老家,将这些事情处理完之后,就收拾行囊,真的离开了“家”。走出万家老宅的大门,姐妹三人再回头去看这个家,心里都显得格外平静。在这场长达几年的“斗争”中,“家里人”把三姐妹的耐心、亲情不断地消耗,对于姐妹三人来说,对于这个家、对于父亲、对于兄弟姐妹们、对于这场乡亲邻里口中的“遗产大战”,心里充满了无奈。

二、维权指引

(一)如何从夫妻共同财产中析出配偶一方的遗产?

遗产的认定,不管是遗嘱继承还是法定继承,都是必须审核清楚的问题之一。如前所述的案例一,杨青明明身家过亿,怎么到头来却没有留下任何遗产呢?

根据《民法典》第1153条第1款的规定,夫妻共同所有的财产,除有约定的以外,分割遗产时,应当先将共同所有的财产的一半分出为配偶所有,其余的为被继承人的遗产。由这个规定可以看到,一般情况下,夫妻一方去世时,夫妻共同财产中的一半份额,属于被继承人的遗产,但也有除外情形。如果夫妻双方婚前或婚姻期间有签订有效财产约定的,在进行被继承人遗产认定的时候,就需按照财产约定先行将夫妻另一方的个人财产进行析出,按照约定属于被继承人个人所有,或者没有进行约定的夫妻共同财产中的一半,才是属于被继承人的遗产。

前述的案例一中,杨青之所以生前百亿身家,身后却没有留下一分遗产的原因,就是杨青在生前,与妻子张艳梅签订了一份有效的《夫妻财产约定》,并在这份约定中,把两人所拥有的全部夫妻共同财产都已经囊括在内,全部都约定为归张艳梅个人所有了,而杨青实际上也并不拥有除了《夫妻财产约定》中所列财产之外的其他财产。基于这个原因以及继承法的相关规定,杨青自然就没有留下遗产,杨明锋即使是杨青的亲生儿子,也没有办法分得任何的遗产。

说到有发生婚外情的被继承人遗产份额的析出,免不了有些人会问:被继承人发生了婚外情,是婚姻关系的过错方,凭什么还能分得一半的夫妻共同财产呢?其实,在继承纠纷中,被继承人既已去世,即使是发生了婚外情,被继承人客观上也已经无法就婚外情一事做出任何的解释或者答辩,更无法对婚姻中谁的过错更大、对家庭财产的贡献大小等做出确认,如果仅就有婚外子女、配偶另一方的陈述就认定被继承人的重大过错,并且因为将夫妻共同财产按照不均等份额进行处分的,显然对于继承人来说是不公平的。因此,在没有财产约定的情况下,被继承人的遗产,应当依法按照夫妻共同财产一人一半的原则进行划分界定。

（二）哪些人是属于有资格分得被继承人遗产的人？

继承纠纷的第二个问题，是关于继承人身份的确定。

根据《民法典》第 1127 条第 1 款、第 2 款的规定，遗产是按照下列的顺序进行继承：第一顺序是指配偶、子女、父母；第二顺序是指兄弟姐妹、祖父母、外祖父母。继承开始后，由第一顺序继承人继承，第二顺序继承人不继承。没有第一顺序继承人继承的，由第二顺序继承人继承。需要提醒特别注意的是，这里所称的"子女"，包括婚生子女、非婚生子女、养子女和有扶养关系的继子女。"父母"也是同理，包括生父母、养父母和有扶养关系的继父母。结合《民法典》第 1071 条第 1 款关于"非婚生子女享有与婚生子女同等的权利"的规定，可以知道，即使是被继承人在婚外生育的子女，也是跟婚内所生子女享有同等的权利的，可以作为第一顺序继承人参与继承，与其他继承人共同依法分得相关的遗产。

除了上述继承人之外，根据《民法典》第 1129 条的规定，丧偶儿媳对公、婆，丧偶女婿对岳父、岳母，尽了主要赡养义务的，作为第一顺序继承人。举个例子，在案例二中，如果万楚去世后，万楚的母亲吕小娘没有其他子女，或者其他的子女并没有赡养吕小娘，而是由万楚的妻子陈芳对吕小娘进了主要的赡养义务，那么在吕小娘去世后，陈芳可以作为吕小娘的第一顺序继承人，参与分配吕小娘的遗产。

除了上述所列的人，还有没有其他人可能分得遗产呢？其实是有的。根据《民法典》第 1131 条的规定，对继承人以外的依靠被继承人扶养的人，或者继承人以外的对被继承人扶养较多的人，可以分给适当的遗产。这个叫作"酌情分得遗产权"。

（三）法定继承时，遗产如何分配？

根据《民法典》第 1130 条第 1 款的规定，同一顺序继承人继承遗产的份额，一般应当均等。根据该规定，以案例二为例，万楚的全部子女、妻子、母亲等人，均是在遗产的范围内，按照同样的比例分得遗产。万盛辉作为非婚生子，也同样是分得了一样份额的遗产。

那是不是无论在任何情况下，遗产都是均等分割的呢？其实不然。根据《民法典》第 1130 条的相关规定，不均等分割的，包括以下几种情况：第一，对生活有特殊困难的缺乏劳动能力的继承人，分配遗产时，应当予以照顾；第二，对被继承人尽了主要扶养义务或者与被继承人共同生活的继承人，分配遗产时，可以多分；第三，有扶养能力和有扶养条件的继承人，不尽扶养义务的，分配遗产时，应当不分或者少分；第四，继承人协商同意的，也可以不均等。

（四）什么样的遗嘱才是有效的？

在前述的案例二中，万楚其实是有留下遗嘱的，但是那份遗嘱最终被法院认定为是无效的，其中涉及的财产也都是按照法定继承的方式进行了分配。现在越来越多的人开始意识到了遗嘱的重要性和必要性，但是，实践中，非常多的遗嘱最后都被认定为了无效。那么，到底什么样的遗嘱才是有效的？

要谈及遗嘱的有效，首先得认识遗嘱的形式。根据《民法典》第1134条、第1135条、第1136条、第1137条、第1138条、第1139条的规定，遗嘱分为六种，分别是自书遗嘱、代书遗嘱、打印遗嘱、录音录像遗嘱、口头遗嘱和公证遗嘱。所有形式的遗嘱效力完全相同，如果同时存在多份不同形式遗嘱，则应以最新设立的遗嘱为准。

认定遗嘱是否有效，其中一个特别重要的因素就是是否符合各类遗嘱的形式要件。无论设立哪种形式的遗嘱，都一样要遵从该类遗嘱的“形式要件”。要深刻认识遗嘱，需要了解以下内容：

1. 自书遗嘱

自书遗嘱是实践中最常用的一种遗嘱形式。它必须由遗嘱人亲笔书写全文、签名，并注明年、月、日。也就是说，只需确保遗嘱人亲笔书写，自书遗嘱就有效，不需要见证人在场进行见证。因此，自书遗嘱保密性强、操作简便、更新方便、节省费用，还能够充分保障遗嘱人自由表达真实想法，好处多多。

实践中，自书遗嘱的效力被挑战，通常焦点在于“如何证明遗嘱是立遗嘱人本人所写？”要证明由谁书写，司法实践中需要寻找比对样本、进行笔迹鉴定。这无疑给继承人带来较大的麻烦和风险。实践中，很多人对“自书遗嘱”有误解，认为打印出遗嘱内容，然后自己签名、写上日期，就是一份自书遗嘱了。却不知自书遗嘱的形式要求是：所有内容都是自己亲笔书写，包括题目、内容、落款、日期。而打印显然不符合这一要求，所以是无效的。很多人都会犯这种错误，所以读者们一定要注意。

比如在案例二中，万楚的《遗嘱》签名可以确认是万楚自己的签字，但是由于《遗嘱》正文的内容是打印的，并不符合“亲笔书写”这一要求，所以法院最终认定了遗嘱无效。

2. 代书遗嘱

代书遗嘱,也是一种较为常见的遗嘱形式。它通常适用于立遗嘱人不会、不方便或者不愿意自行书写,而希望委托他人代书的情况。根据法律规定,“代书遗嘱应当由两个以上见证人在场见证,由其中一人代书,注明年、月、日,并由代书人、其他见证人和遗嘱人签名”。这里的“代书”,可以是代书人亲笔手写,也可以是由代书人代为打印。“代书人”和“见证人”,只要是头脑清醒、不是继承人,并且与继承人无亲属关系和经济利益关系的人就可以。

3. 打印遗嘱

我国《继承法》于1985年颁布,彼时电脑、打印机等电子设备非常稀少,普通人很少考虑以打印形式设立遗嘱。社会发展到现在,电脑已经十分普及,人们的日常生活已经离不开打印,打印文件也远多于手写文件,打印遗嘱也就随之越来越普及了。

但是,需要提醒的是,打印遗嘱绝对不是简单的打印出来签个字就是一份有效的打印遗嘱的,跟其他类型的遗嘱一样,打印遗嘱也有着它具体的形式要求。打印遗嘱是指应当有两个以上见证人在场见证,遗嘱人和见证人应当在遗嘱每一页签名,注明年、月、日。只有符合这些形式要求的,才是一份有效的打印遗嘱。

案例二中,万楚的《遗嘱》正文是打印的,可能有人会有疑问:为什么实践中有些遗嘱打印的是有效的,有些打印的遗嘱又是无效?在《民法典》出台之前,打印遗嘱往往作为代书遗嘱、公证遗嘱的一种呈现形式。《民法典》出台之后,对打印遗嘱所需要的形式,已经作了详细的规定。如果遗嘱内容确实太多,需要打印,那么就必须有两个以上符合前述要求的见证人在场进行见证。对设立打印遗嘱的全程,都要由这两个见证人进行见证。最后千万别忘记:由立遗嘱人、所有的见证人在遗嘱上签名、写日期。

以万楚的《遗嘱》为例,他的遗嘱内容是打印的,立遗嘱人处签名的也是万楚自己,并且在右下角留下了“见证人”签名的位置,如果该份遗嘱确实是由其他没有亲属关系和经济利益关系的人打印的,此人与另外一个在场见证的人也在“见证人”处签了字的,该份《遗嘱》就有可能成为一份有效的打印遗嘱,其中所涉及的财产就会按照遗嘱进行分配,而不需要按照法定继承进行分配了。

4. 录音录像遗嘱

录音录像遗嘱是继承法相关法律规定的遗嘱形式之一。它通常适用于不识字、不会写字、不方便或无法书写的人。对于录音录像遗嘱,有着比较严格的形式要求。那就是,必须有两个以上见证人在场进行见证。这两个见证人必须是头脑清醒的成年人、不能是继承人、也不能是与继承人有亲属和经济利益关系的人。而且要在场全程参与见证。

因此,设立录音录像遗嘱时,立遗嘱人、见证人应该分别说出自己的姓名、性别、年龄、籍贯、职业、身份证号等详细个人信息,然后遗嘱人清晰说明自己设立遗嘱的原因和遗嘱内容,表明设立遗嘱的时间地点,见证人描述自己见证的过程。

5. 口头遗嘱

口头遗嘱是《民法典》规定的遗嘱形式之一。《民法典》中规定,遗嘱人在危急情况下,可以立口头遗嘱。口头遗嘱应当有两个以上见证人在场见证。危急情况解除后,遗嘱人能够用书面或者录音录像形式立遗嘱的,所立的口头遗嘱无效。

也就是说,口头遗嘱发生法律效力,必须符合以下三个条件:第一,遗嘱人设立遗嘱时处于危急状况。这种危急状况通常指:遗嘱人处于生命垂危或遭遇意外事故、意外灾害、战争中突然遇险等。第二,须有两名以上见证人进行见证。这两个见证人必须头脑清醒,是完全民事行为能力人,不是继承人,并且也不能与继承人有亲属和经济利益关系,即无利害关系。而且,要在场全程参与见证。第三,遗嘱人的危急状况一直持续至去世,或者危急情况虽解除但已无法再通过其他方式设立遗嘱。比如,虽然生命延续,但持续昏迷,无法再设立遗嘱等。只有满足以上条件,口头遗嘱才有效。口头遗嘱无效,立遗嘱人应尽快以其他方式重新设立遗嘱。

结合前述案例二,其实万楚生前是有意将深圳的房产给万倩姐妹三人的,但是生前并没有留下遗嘱。如果在万楚生病但是精神状态良好的情况下,假设万楚需要进入手术室做手术,在临手术前,在医生的见证下,口头表明深圳的房产要留给万倩姐妹三人。之后如果万楚因手术失败并没能活着走出手术室的话,万楚进手术室前留下的“口头遗嘱”就是有效的,万倩姐妹三人可以依此继承深圳对应的房产。当然,相对应的,如果万楚手术成功,并且有机会能够设立遗嘱的话，这个“口头遗嘱”自然也就无效了，万楚还是需要设立其他的遗嘱。

6. 公证遗嘱

常常会有人问：遗嘱必须进行公证吗？“遗嘱必须进行公证”其实是一个误区。公证遗嘱只是遗嘱形式的一种，所以遗嘱不是必须进行公证。

公证遗嘱，是在具备相应法律知识的公证员的指导下进行公证和设立的，能够避免非专业人士见证不当造成遗嘱无效的风险。同时，公证遗嘱在办理继承手续时，也会更加容易和便捷。

当然，任何形式的遗嘱，各有使用场合，也各有利弊。公证遗嘱并非适用于所有情形，比如对于代持、权属复杂、没有足够权属证明资料的资产等，再如一些特性化的遗嘱内容安排，实践中都较难设立公证遗嘱。往往还是需要其他遗嘱形式，进行配合。

一份真实有效的遗嘱，会让继承人之间减少争执，尤其是对于有非婚生子女的家庭，遗嘱更是一份不可缺少的人生嘱托。一份有着情真意切嘱托的遗嘱，会融洽继承人之间的关系。所以，设立遗嘱，能够促进家人和谐，是一种责任和爱。

三、律师建议

（一）有非婚生子女的家庭，应当设立遗嘱

遗嘱是实现家庭财产，由上一代传承给下一代，最基本、最重要的兜底的法律工具。无论是配偶的任何一方在外育有非婚生子女，都应当设立遗嘱。对于有非婚生子女的家庭来说，设立遗嘱至少有三个作用：

第一，设立遗嘱，能够实现本人分配遗产的真实意愿。设立有效遗嘱，遗产将按遗嘱内容继承，立遗嘱人可自行决定由谁来继承遗产，也可以衡量各继承人的经济条件、财产管理能力、履行赡养义务等情况，决定财产由谁继承和继承多少，由此可以最大限度地实现立遗嘱人的真实意愿。对于自己的配偶在外育有非婚生子女的人来说，可以通过设立遗嘱的方式，将自己的遗产留给自己的亲生子女继承，由此避免自己的配偶参与法定继承，而后将继承分得的财产，留给非婚生子女；而对于育有非婚生子女的人来说，设立遗嘱，可以按照自己的意愿给非婚生子女分配适当的遗产，以照顾他们的生活。

第二，设立遗嘱，可预防家庭纠纷，减少家庭矛盾。有了遗嘱，就意味着有了明确的遗产分配方案。只要遗嘱本身合法有效，一般不会产生继承纠纷，可以避

免非婚生子女与婚生子女、自己的配偶之间因遗产继承发生重大纠纷。

第三,设立遗嘱,还可以明确遗产范围。随着社会的发展,个人财产不但数量增加,种类也越来越复杂,除传统的存款、房产外,还有股票、公司股权、对外债权等资产。这么复杂的资产形式,与立遗嘱人共同生活的人都不一定能清楚其有多少遗产,更何况是可能并不与立遗嘱人共同生活在一起的非婚生子女,立遗嘱订人最清楚自己的财产状况,在遗嘱中列明自己的全部财产,可以避免继承人在自己离世后难以查清财产,导致财产流失,更可能避免在意外去世情形下,财产失控。对于自己的配偶在外育有非婚生子女的人来说,在遗嘱中列明自己的财产状况,也可以避免自己的配偶因为特殊的原因对其他的继承人隐瞒财产情况。

当然,设立遗嘱涉及方方面面的法律知识,所以建议所有打算设立遗嘱的人,应当在设立遗嘱之前寻求专业人士的帮助,甚至可以选择到专业的遗嘱机构或者遗嘱库去订立遗嘱,以降低遗嘱无效的风险。

(二)为非婚生子女做好传承规划安排

对于育有非婚生子女的人来说,除了遗嘱之外,还可以选择其他各种方式,为孩子做好传承规划。比如合理支付非婚生子女的抚养费,为非婚生子女购置保险、设置信托、规划移民、妥善赠与等。但是,需要特别提醒的是,不管是做任何的规划,都需要考虑是否会有侵害夫妻共同财产的风险。为非婚生子女进行传承规划安排,是一件十分复杂的事情,需要就全局进行统筹安排,建议咨询专业人士,以做出正确、合理、风险更小的安排。

(三)非婚生子女,要留好自己的"身份证明"

在继承纠纷当中,继承人身份的查明,往往存在重重的障碍。对于婚生子女,他们有出生医学证明、户口簿、族谱等证据可以证明自己的身份,但是对于非婚生子女来说,因为身份的特殊性,往往没有前述这些有效的资料可以证明自己的身份。所以,非婚生子女要如何适当地留好自己的"身份证明"证据,非常重要。

一般来说,要证明非婚生子女与被继承人的亲子关系,最直接的证据就是亲子关系鉴定。在实践中,虽然也有各种亲缘鉴定可以对非婚生子的身份进行查明,但是这样的方式确实存在不可控制的风险,毕竟谁也没有办法保证,婚生子女就一定是被继承人的亲生子女。所以,最保险也是最直接的方法,就是非婚生子女可以选择被继承人还在世的时候,与其到医院或者相关的机构去进行亲子关系鉴定,并将该鉴定妥善保管,在必要的时候,这将是证明自己"身份"的有利证据。

其实,是出生医学证明。对于父母来说,即使是非婚生的子女,也可以尽可能在孩子的出生医学证明上写明自己的身份,尤其是父亲。留有出生医学证明,也是一份相对证明力较高的能够证明非婚生子女身份的证据。

最后,还有街道办证明、分娩病历、照片、视频、证人证言或其他能表明自己与被继承人身份关系的证据,均可做好保管和留存。

四、法律速递

《中华人民共和国民法典》

第一千一百二十七条　遗产按照下列顺序继承:

(一)第一顺序:配偶、子女、父母;

(二)第二顺序:兄弟姐妹、祖父母、外祖父母。

继承开始后,由第一顺序继承人继承,第二顺序继承人不继承。没有第一顺序继承人继承的,由第二顺序继承人继承。

本编所称子女,包括婚生子女、非婚生子女、养子女和有扶养关系的继子女。

本编所称父母,包括生父母、养父母和有扶养关系的继父母。

本编所称兄弟姐妹,包括同父母的兄弟姐妹、同父异母或者同母异父的兄弟姐妹、养兄弟姐妹、有扶养关系的继兄弟姐妹。

第一千一百二十九条　丧偶儿媳对公婆,丧偶女婿对岳父母,尽了主要赡养义务的,作为第一顺序继承人。

第一千一百三十条　同一顺序继承人继承遗产的份额,一般应当均等。

对生活有特殊困难又缺乏劳动能力的继承人,分配遗产时,应当予以照顾。

对被继承人尽了主要扶养义务或者与被继承人共同生活的继承人,分配遗产时,可以多分。

有扶养能力和有扶养条件的继承人,不尽扶养义务的,分配遗产时,应当不分或者少分。

继承人协商同意的,也可以不均等。

第一千一百三十一条　对继承人以外的依靠被继承人扶养的人，或者继承人以外的对被继承人扶养较多的人，可以分给适当的遗产。

第一千一百三十三条　自然人可以依照本法规定立遗嘱处分个人财产，并可以指定遗嘱执行人。

自然人可以立遗嘱将个人财产指定由法定继承人中的一人或者数人继承。

自然人可以立遗嘱将个人财产赠与国家、集体或者法定继承人以外的组织、个人。

自然人可以依法设立遗嘱信托。

第一千一百三十四条　自书遗嘱由遗嘱人亲笔书写，签名，注明年、月、日。

第一千一百三十五条　代书遗嘱应当有两个以上见证人在场见证，由其中一人代书，并由遗嘱人、代书人和其他见证人签名，注明年、月、日。

第一千一百三十六条　打印遗嘱应当有两个以上见证人在场见证。遗嘱人和见证人应当在遗嘱每一页签名，注明年、月、日。

第一千一百三十七条　以录音录像形式立的遗嘱，应当有两个以上见证人在场见证。遗嘱人和见证人应当在录音录像中记录其姓名或者肖像，以及年、月、日。

第一千一百三十八条　遗嘱人在危急情况下，可以立口头遗嘱。口头遗嘱应当有两个以上见证人在场见证。危急情况消除后，遗嘱人能够以书面或者录音录像形式立遗嘱的，所立的口头遗嘱无效。

第一千一百三十九条　公证遗嘱由遗嘱人经公证机构办理。

第一千一百四十条　下列人员不能作为遗嘱见证人：

（一）无民事行为能力人、限制民事行为能力人以及其他不具有见证能力的人；

（二）继承人、受遗赠人；

（三）与继承人、受遗赠人有利害关系的人。

第四节　婚外情离婚,如何抚平这个痛?

一、案例精选

【案例一】　隐忍丈夫重婚20年,获赔仅10万元

柏丽和叶辉是经村里长辈介绍认识的。那个年代,没有恋爱,面对面瞧一眼,双方和长辈们觉得合眼缘、合八字,转眼就办理了结婚登记和酒席。刚开始,柏丽和叶辉也相敬如宾,并一起挨过穷困潦倒的日子。叶辉很聪明也很勤奋,迅速抓住了创业的好时机,建立起一间规模不小的电子厂。柏丽作为妻子,则协助丈夫管理工厂内的财务,生活中还包揽大大小小的家庭琐事,上到孝敬老人打点人情关系,下到照顾孩子买菜做饭,无不妥帖。

柏丽以为会一直岁月静好。直到某一天,工厂里开始传播"老板和一个很年轻的女人生了一对双胞胎"的言论,她才意识到问题的不对。哭和闹不是她这个年纪会做的事情,很平静地询问事实,叶辉竟然很大方的承认并提出"创业压力大,希望能有两个家,大家和平相处"的想法。震惊、气愤、委屈……柏丽说出了"不同意"。但叶辉依旧我行我素,将第三者和双胞胎安置在同市的一套房子里,毫不避讳地经常过去居住,甚至将第三者的父母、兄弟从原籍接来,支持他们做生意和经营商业。而这些,工厂的职工、左邻右舍和居住远近的亲戚朋友人尽皆知。柏丽也不是没有想过离婚,但刻在骨子里的传统教育、家乡的风俗、年幼的孩子……让她怎么也下不了决心。

日子这么将就着、隐忍着,也能过下去。直至有一天,柏丽发现,叶辉竟然在20多年来一直不间断地将双方共同打拼挣来的钱,转移给第三者,甚至将房产登记在第三者名下。自己一直以来的容忍,换来的不是愧疚和道歉,竟然是得寸进尺的伤害!为此,她终于敢和叶辉理论,而叶辉竟然动手殴打,导致柏丽胸部骨折及身体多处受伤。家人当场报警,柏丽留存了报警记录及鉴定书。

心灰意冷的柏丽幡然醒悟,加之孩子都已成年,她决定离婚并维权。在收集证据时,向私家侦探支付了21万元的调查费。在律师的指导下,她也开始梳理

家庭资产,收集叶辉的银行账户、财产等线索。

2014年3月,柏丽提起了重婚罪诉讼,要求追究叶辉和第三者的重婚罪责任。法院最终认定叶辉和第三者自1994年开始发生不正当男女关系,后叶辉买下房产开始与第三者以夫妻名义共同生活,并生育双胞胎。一审法院最终判决叶辉犯重婚罪,判处有期徒刑一年;第三者犯重婚罪,判处有期徒刑10个月,缓刑一年六个月。叶辉不服提起上诉,二审法院驳回上诉,维持原判。

同时,柏丽也提起了离婚诉讼,要求:(1)离婚;(2)价值约6000万元的夫妻共同财产全部归柏丽所有;(3)叶辉赔偿精神损失费50万元。离婚诉讼打得很艰辛,叶辉同意离婚,但一开始并不承认家暴和重婚,直至重婚罪终审裁定作出后,才不得不承认。对于财产,双方在确定财产价值、挖掘流水、认定叶辉转移存款等方面也交锋了好几回。直到2018年年底,一审法院作出判决,认为:(1)因叶辉重婚且实施家庭暴力导致双方离婚,柏丽作为无过错方有权请求损害赔偿,但柏丽请求的金额过高,酌定支持20万元。(2)对于柏丽主张夫妻共同财产全部归其所有,本案虽然存在重婚及家暴,但据此要求对过错方不予分割夫妻财产,缺乏法定依据,不予支持。但考虑到叶辉在婚姻期间确实存在转移、隐藏夫妻共同财产的情形,故按照叶辉少分及照顾女方权益原则,确定夫妻财产按柏丽分得70%、叶辉分得30%的比例分割。(3)对于叶辉转移的财产,考虑到叶辉职位较高、经济条件较好的情况,对于叶辉无法解释的30万元以上转账,视为转移财产可重新分割;对于叶辉30万元以下的转账,明确转给第三者的视为转移可重新分割,未明确转出性质或转出对象的,酌定其中的30%为叶辉用于与第三者及小孩的支出,应当作为转移财产并重新分割。(4)对于柏丽转给私家侦探调查叶辉重婚的21万元,因叶辉不认可,柏丽也无法提交相关证据证明,故不予采信,将该21万元也纳入夫妻财产分割范围。

宣判后,叶辉不服一审判决,认为:(1)支付过错赔偿金20万元无法律依据,应于撤销。即使有义务支持,金额也过高。重婚的社会危害性无疑比致人死亡的社会危害性要小得多,而根据司法实践,致人死亡的精神损害赔偿金额才10万元。(2)叶辉不存在转移夫妻共同财产的情形,大额转账属于正常开支。第三者长期有工作,转给第三者的款项并非支付生活费,而是支付给双胞胎的抚养费,这是叶辉的法定义务。

二审法院经过审理后认为:(1)根据《侵权责任法》第4条第1款的规定,侵权人因同一行为应当承担行政责任或者刑事责任的，不影响依法承担侵权责任。因此，叶辉支付过错赔偿金，予以支持。考虑到精神损害赔偿的一般标准以及叶辉的过错程度，原审酌定过错赔偿金 20 万元确有偏高，酌定支持 10 万元。(2)关于本案夫妻共同财产的分割。就叶辉的婚内过错问题已酌定支持过错赔偿金 10 万元，故不支持柏丽再以过错问题为由主张叶辉应不分或少分夫妻共同财产。不过，叶辉确实存在转移夫妻共同财产的行为，但其转移的财产以及为其同居对象及子女在日常生活中的开支，相较于叶辉这十来年的其他账户往来款项，仅占总体账户往来款项总额的小部分。同时，结合双方各自对夫妻共同财产的贡献大小，基于转移财产行为和照顾女方权益原则，酌定本案夫妻共同财产按照叶辉分得 40%、柏丽分得 60% 的比例处理；对于一审认定的以 30 万元作为分割叶辉转移财产界限的计算和处理方式，予以认可。(3)对于柏丽声称转给私家侦探调查叶辉重婚的 21 万元，认可一审的处理方式。

隐忍了 20 多年，两个官司的最终结果，柏丽也说不清是否感受到了保护。这 20 多年的痛苦和对身体的伤害，又岂是一朝一夕和多分点财产，就能轻易抚平的。

【案例二】　丈夫"一夜情"，妻子离婚无赔偿

35 岁的小菲现在挺幸福的，父母健康，工作充实，空闲之时，还能常常和闺蜜休闲逛街，外出旅游。但偶尔，还是会想起 5 年前"抓奸"和离婚时的愤怒与难过。

小菲和大伟在相亲网站相识。彼时小菲刚留学回国，任职于翻译公司。迫于各种压力，小菲在相亲网站注册了账户。后来，就与大伟加了好友。第一次线上聊天时，大伟就主动介绍自己是名校毕业高材生、留学硕士，在当地大型企业担任高级投资经理。渐渐地，小菲被大伟的沉稳风趣所打动，两人从线上走到了线下。几次见面后，确定了恋爱关系。

2014 年 3 月，两人决定结婚。两家人在彩礼、聘礼、婚礼等问题上，默契地达成了一致，小菲感到很庆幸。2014 年 5 月 20 日，小菲和大伟办理结婚登记。

新婚燕尔，两人也曾很甜蜜。但渐渐地，大伟出差越来越多，经常易爆易怒，小菲也感到莫名其妙。直到有一次小菲照顾醉酒回来的大伟时，大伟微信的一

条消息揭开了一切:“今晚最佳合照,可要好好待小美啊”。合照上的女孩笑的很开心,旁边却是大伟温情地亲吻着她的脸颊。小菲忍不住翻看大伟的其他聊天记录,发现大伟不只与这一位女子亲密。原来,大伟是借出差为由,经常与其他异性在酒店开房、玩暧昧。

痛苦了几日后,小菲决定离婚。她知道朋友们和父母分析得都没错,趁着自己还年轻,趁着两人没孩子,她值得更好的。于是,她通过朋友聘请了一位私家侦探。然而,一个月过去了,私家侦探除了给她发送一些模糊不清、连她都辨认不出来是谁的照片外,没有提供任何有效的资料。或许是老天眷顾,某天母亲匆匆打来电话,说在商城看到了大伟和一个女子搂搂抱抱,她现在跟着他们到了一个酒店,让小菲赶紧过去。小菲赶到后,确认母亲所拍摄照片和视频中的男子是大伟,于是果断打电话报警举报嫖娼。警察赶到现场后,她跟着警察进入酒店、乘坐电梯。其实,那时她心脏跳得很快,既希望是大伟,又希望不是。警察打开门后,在床上坐着的果然是大伟和小美。大伟虽然紧张,却仍不顾裸露的上身对着她破口大骂。之后,大伟和小美被带去了派出所调查,小菲也被要求去做笔录。

经历这次事件后,小菲委托律师提起离婚诉讼,要求:(1)离婚;(2)大伟因婚外情过错行为向小菲赔偿20万元精神损害抚慰金;(3)因大伟婚外情过错行为,要求在分割夫妻共同财产时对大伟少分或不分。为了证明大伟的婚外情,小菲提交了大伟和第三者牵手、搂抱的亲密照片和视频、大伟的聊天记录,并申请法院调取“捉奸”事件的报警记录。对此,大伟提出“同意离婚,不同意支付精神损害抚慰金,不同意少分或不分财产”的答辩。

案件审理过程中,调取的报警资料上显示:大伟和第三者只承认两人是朋友间的“一夜情”关系,那天还未发生关系就被带去派出所,之前也未开过房。两人否认是长期稳定的恋爱和同居关系,且第三者称并不知晓大伟已婚。在法庭上,大伟否认了小菲提交的照片和视频,且称照片和视频模糊不清,无法确认其中的人物,加之这些照片和视频为非法手段获得,不具有合法性。对于“被举报嫖娼”一事,大伟的说法和在派出所如出一辙。

几个月后,判决结果让小菲感到很失望:虽然准予两人离婚,但只字未提大伟出轨不忠的过错,更未支持小菲要求精神抚慰金的请求;对于夫妻共同财产也是平均分割。一审法院认为:根据《婚姻法》第46条关于离婚损害赔偿规定,无过错方仅是在因重婚、有配偶者与他人同居、实施家庭暴力、虐待遗弃家庭成员等四种情形下才有权请求损害赔偿。小菲提交的视频、照片无法证明大伟已经与他人存在持续、稳定地共同居住行为，故不予支持精神损害赔偿的请求。

小菲不服，提起了上诉。然而，二审法院依旧未支持小菲的诉求，二审法院的理由：(1)一审法院对于精神损害抚慰金的处理适用法律正确，予以维持；(2)虽然大伟存在婚外出轨行为，违背夫妻间互相忠诚义务，应当对其行为予以谴责，但是本案情节并不足以导致其少分财产。

小菲拿到判决结果的时候，难过、伤心了整整半年。

【案例三】 丈夫多次婚外情，离婚少分财产并赔偿

“愿得一心人，白首不相离。我愿执子之手，与子偕老，谢婉玉，你愿意嫁给我吗?”站在对面的女孩，捧着花、含着泪答应了。2005 年 3 月 1 日，范斯强向谢婉玉求婚成功。2005 年 4 月 13 日，两人办理了结婚登记。

然而，2014 年 4 月 15 日，双方结婚后的第 9 年，谢婉玉却收到了范斯强的离婚起诉书。起诉书上，记载着范斯强(原告)陈述的离婚原因：(1)原被告婚前感情基础薄弱，恋爱 1 年就匆忙结婚，婚后又因性格不合，为家庭琐事不断争吵，逐渐无法沟通，经常冷战。(2)被告(谢婉玉)不孝顺，对待原告父母没有感恩之心。原告父母一直协助照顾孩子，被告不仅不感恩，还经常与原告父母争执，不听从原告父母的建议。(3)被告消费没有节制，经常购买一些没用的东西，但对原告关心极少，甚至在原告生病期间都不愿意照顾。(4)被告经常因为工作不照顾家庭，不管孩子，甚至将孩子带到办公室让孩子一个人玩而忘了让孩子按时吃饭。基于以上原因，范斯强诉请：(1)离婚；(2)要求孩子抚养权；(3)平均分割双方夫妻共同财产。

谢婉玉一点也不意外，内心是苦笑的。范斯强起诉书上的那些原因，不过都是一些瞎拼硬凑、小事化大的说辞。两人结婚 9 年了，日常生活上出现意见不和、争执的时候很正常。跟老人一起生活，难免也会有意见相左、脸红脖子粗的时候。和范斯强结婚后，她不想成为全职太太，所以努力在工作和家庭之间寻求平衡。但不管怎么忙，她对孩子从没有冷落，也尽力在陪伴和教育孩子。

谢婉玉知道，范斯强提起诉讼的最根本原因，是因为他现在的第三者米白怀

孕了。婚姻期间,范斯强就多次与不同的第三者发生婚外情,有时是王某,有时是张某。一开始,谢婉玉也抱着“婚姻不易,且行且珍惜”的想法和范斯强交心沟通,希望他能考虑孩子和老人,约束自己的行为。但范斯强却不知悔改,这次他和米白已经以恋爱关系相处很久,范斯强时不时还以各种借口不回家,却与米白共同居住。有一天,闺蜜在公园里看到了范斯强和米白散步、吃饭,并有牵手、搂腰等亲密举止,而且米白小腹微隆,似有三四个月的身孕,范斯强更是细心呵护着。两人饭后一起返回出租屋,当天再未见到范斯强出来。

其实,范斯强在起诉之前,两人也沟通过协议离婚,但在孩子和财产分配上,始终无法达成一致。所以,谢婉玉也聘请了律师积极应诉,指出范斯强在婚姻上的严重不忠和过错行为,并提交了他过去经常出轨、和不同第三者的亲密合照、微信聊天记录,以及上次和闺蜜一起拍摄下的他和米白亲密吃饭、散步、共同居住以及米白疑似怀孕的高清照片和视频。谢婉玉提出答辩请求为:(1)同意离婚;(2)孩子归谢婉玉抚养,范斯强每月支付1万元抚养费;(3)依法分割双方夫妻共同财产,因范斯强出轨存在过错而由谢婉玉分得60%份额,范斯强分得40%份额;(4)范斯强支付精神损害赔偿金5万元。

庭审中,范斯强否认存在婚外情行为,均称照片、视频中的女子是普通朋友关系。对于米白,坚称两人只是牌友,两人所在公司有合作所以经常来往,并无不正当关系。当天与米白散步、吃饭,是因为米白心情不好,其作为朋友进行倾听和开导,并否认米白已有身孕。不过,当面对法官“普通朋友吃饭会牵手、搂腰,并共同过夜吗?”等问题的严厉质问时,范斯强哑口无言。对于双方孩子,范斯强同意由谢婉玉抚养,但认为抚养费太高。

经审理后,一审法院认为:(1)谢婉玉提交的范斯强与异性暧昧交往的照片、视频可以证明范斯强在婚姻期间有违反夫妻忠诚义务的行为。根据谢婉玉的赔偿请求,依法判令范斯强向谢婉玉支付精神损害抚慰金5万元。(2)确认孩子由谢婉玉抚养,抚养费酌情确定为每月5000元。(3)考虑到范斯强是过错方,为了保护妇女、儿童的利益,本院确定范斯强、谢婉玉的夫妻共同财产分割比例为4:6。

收到判决那一刻,谢婉玉终于松了一口气。

二、维权指引

（一）我国法律对“婚外情”的原则性规定

《民法典》第1043条第2款规定，夫妻应当互相忠实，互相尊重，互相关爱。大多数人认为，这就是法律对出轨方惩治的最主要法律依据。因此，出轨方有婚外情，违反了该条规定，就应该得到相应的惩罚。其实，该条款并非只针对出轨方，而是针对婚姻双方，系对婚姻双方的原则性规定，属于法律原则，它体现了我国法律所提倡的一夫一妻制。法律原则一般适用在以下情形：(1)当相关的社会关系没有具体法律规则调整时；(2)当具体法律规则因模糊、冲突、失效等原因无法适用时；(3)为了实现具有普遍性的个案正义或其他更强理由，只能适用法律原则时。因此，在《民法典》对婚外情现象已有具体条款规定的情况下，一般不适用上述第1043条规定。

不过，现行法律对于婚外情现象的规制，更多是针对“重婚”和“有配偶者与他人同居”这两种严重的婚外情情形。《民法典》“第五编　婚姻家庭”中“第一章一般规定”里亦明确强调了“禁止重婚。禁止有配偶者与他人同居”，在细则中也仅将这两种严重的婚外情情形，列入了可以认定为夫妻感情破裂和无过错方有权请求损害赔偿的具体情形。对于普通的婚外情情形，《民法典》增加了新的条款，即需要达到“重大过错”的标准，才能要求损害赔偿。

（二）“婚外情”构成判决离婚的要件

实践中，笔者常常接到这样的咨询：“对方有出轨，我能据此要求离婚吗？”

根据我国关于离婚的相关法律规定，因婚外情提起离婚，必须满足以下条件方能被认定为“感情确已破裂并判决准予离婚”：(1)重婚（见《民法典》第1079条）；(2)与他人同居（见《民法典》第1079条）；(3)与他人通奸，经教育仍无悔改表现（见《认定夫妻感情确已破裂的意见》第8条）。虽然《民法典》第1079条还有兜底条款“其他导致夫妻感情破裂的情形”，但该条款在实践中较少适用，一般根据个案特殊性来选择适用。

现今社会中，构成重婚的情形相对较少，与他人同居的情形愈加增多。但是，这两种情形通常难以举证证明。重婚，强调以“夫妻名义共同生活”“外人常常认为他们是夫妻”。常见情形有登记结婚、拍摄婚纱照、以夫妻名义对外签署文件等。与他人同居,强调的是“持续性、稳定性地共同居住”,偶尔同住、不定时的小住一两天,均构不成同居。

因此,第一次起诉离婚中,仅以普通婚外情作为离婚理由,比如一夜情、与他人仅有恋爱关系但未达到同居、经常与他人进行暧昧沟通或发生性行为、生育子女但未达到同居等情形,因尚未达到“感情确已破裂”标准,在被诉方坚持不同意离婚,且表示愿意改正过错重新挽回家庭的情况下,起诉方要求离婚的请求,一般难以得到支持。

(三)“婚外情”构成损害赔偿及多分财产的要件

实践中,笔者还常常接到这样的咨询:“对方有出轨,我能要求他赔偿并且净身出户吗?”

根据我国关于离婚的相关法律规定,无过错方有权主张因对方存在婚外情而请求损害赔偿的有三种情形:(1)重婚;(2)有配偶者与他人同居;(3)有其他重大过错。因此,前述提及的普通婚外情现象,一般难以主张损害赔偿。而何种程度为达到“重大过错”,则须待未来的司法实践来给予正式解答。

再来看看财产方面。《民法典》第 1092 条规定:“夫妻一方隐藏、转移、变卖、毁损、挥霍夫妻共同财产,或者伪造夫妻共同债务企图侵占另一方财产的,在离婚分割夫妻共同财产时,对该方可以少分或者不分。离婚后,另一方发现有上述行为的,可以向人民法院提起诉讼,请求再次分割夫妻共同财产。”据此总结“少分或不分夫妻共同财产”的情形,有以下两种:(1)一方隐藏、转移、变卖、毁损、挥霍夫妻共同财产;(2)一方伪造共同债务企图侵占另一方财产。

因此,一方存在婚外情行为,并不会导致夫妻在财产分割上出现倾斜,哪怕是达到了“重婚”“与他人同居”这两种“重度婚外情”的情形。虽然《民法典》第 1087 条提出了一个原则性规定,即“人民法院审理离婚案件对夫妻共同财产的处理,应当按照照顾无过错方权益的原则”。但是,前述亦提及,法律原则的适用不具有普遍性,这也就解释了为何实践中涉及婚外情案件中,有的判决支持无过错方多分财产,有的判决不予支持。

三、律师建议

(一)初遇“婚外情”,巧用《协议》《保证书》

“婚外情”的第一关键词,就是“净身出户”。

“我保证今后全心全意照顾家庭，若出轨，愿意净身出户并放弃孩子抚养权。”这样一个条款，是笔者在办理涉及婚外情咨询和案件时，最经常看到、也是最经常被问到是否有效的条款之一。很多无过错方在第一次发现对方出轨时，都会想到让对方签署一些《协议》或《保证书》，既希望以此警醒过错方不要再犯，也希望以后关系破裂时能以此来保护自己。

然而，笔者常常会很遗憾地告诉当事人，仅有这一条款，在关系破裂时很难保护自己。首先，抚养孩子，既属于父母的权利，也属于父母的义务。法院在判处孩子抚养权时，首要是从“有利于子女身心健康，保证子女的合法权益”的角度出发。因此，孩子抚养权不能被提前约定。其次，“净身出户”的惩罚条款，容易被认为已超过“合情合理”的限度而无效。虽然一方因婚外情而有过错，但惩罚程度也需要结合过错程度、经济能力、对家庭的贡献等因素综合确定。因此，过错赔偿要适度、合情合理。最后，也是最重要的，保证书容易被理解为单方承诺。既然是单方承诺，承诺方可以随时主张撤回，加大了不被支持的风险。

那么，遇到配偶婚外情，如何才能保护自己呢？笔者提出以下建议：(1)尽量签署《夫妻财产约定协议》而非《保证书》。我国实行默认的夫妻共同财产制，同时也允许夫妻对婚前财产和共同财产进行书面重新约定，且该约定是无须附任何理由的。因此，以协议的形式约定某项财产或某些财产归无过错方所有，是符合法律规定的。当然，为了增强协议的合理性，条款中注明过错方所犯错误的事实会更好。实践中，笔者就曾办理过一起夫妻因丈夫出轨而签署了财产协议，最终妻子分得整套房产的案件。(2)如若选择签署《保证书》，开篇须注明过错方所犯错误的事实，惩罚性条款也应合理适度，并尽量改为“财产的重新分配”。此外，无过错方也签个意见和名字，比如同意或者鼓励对方的话，让“单方承诺”尽量被理解为“协议”，由此将大大增加被支持的可能。

(二)“婚外情”取证，慎用私家侦探

“婚外情”的第二个关键词，就是“私家侦探”。

相信这是所有遭遇婚外情的无过错方，首要想到的取证方式，笔者也常常被当事人、律师同行询问相关的内容。本文案例一、案例二中，当事人均聘请了私家侦探调查婚外情情况。从这两个案例中，我们也可窥探私家侦探在诉讼案件中的“尴尬”地位：(1)调查费用不被支持为合理开支；(2)聘用的私家侦探不靠谱，钱花了却未调取出任何有用信息。

在我国，“私家侦探”是不合法的，任何个人和组织未经过授权不能调查他人。根据《刑法》第 253 条之一的规定，违反国家有关规定，向他人出售或者提供公民个人信息的；违反国家有关规定，将在履行职责或者提供服务过程中获得的公民个人信息，出售或者提供给他人的；窃取或者以其他方法非法获取公民个人信息的，违法人实施了以上行为且情节严重的，构成侵犯公民个人信息罪。根据《最高人民法院、最高人民检察院关于办理侵犯公民个人信息刑事案件适用法律若干问题的解释》规定，“公民个人信息”，是指以电子或者其他方式记录的能够单独或者与其他信息结合识别特定自然人身份或者反映特定自然人活动情况的各种信息，包括姓名、身份证件号码、通信通讯联系方式、住址、账号密码、财产状况、行踪轨迹等。因此，“私家侦探”私自跟踪、拍摄、非法调取或购买他人信息，很有可能触犯法律。实践中，已有多位“私家侦探”因经营调查或咨询公司，进行调查“婚外情”、反腐等行为而以涉嫌“侵犯公民个人信息罪”被立案起诉。①

对于付费的无过错方来说，更有可能面临的是“钱打水漂”的结果。有的是已付费却无法取得任何有用信息；有的是已付费取得的却是虚假信息；更有甚者，陷入诈骗和敲诈勒索的陷阱。江苏苏州的林女士就曾轻信“私家侦探”而不断向其转账查询费、追查费、定位费等共计 41 万余元。曾有“私家侦探”说：“大部分案子是可以交差的，但也有调查不到的，比如有个男客户曾委托他们调查孩子是不是自己亲生的，调查员跟踪了近一个月，始终没有弄到孩子的 DNA，为了

---

① 肖菁、西检：《偷拍车震偷拍开房　杭州两个调查婚外情的私家侦探被判刑》，载浙江在线网：http://zjnews.zjol.com.cn/zjnews/hznews/201810/t20181016_8487774.shtml，2020 年 5 月 12 日访问。陈光：《反腐、查“小三”、不择手段取证……私家侦探的灰色生意》，载《Vista 看天下》微信公众号（ID：vistaweek），https://mp.weixin.qq.com/s?__biz=MjM5NDA5NDcyMA==&mid=2651689397&idx=4&sn=8493756727f2c8084f765a2470b28dea&chksm=bd743a5a8a03b34cf427051b0b33a20b8e73832d4adcd50f0916bbd10a7c6061307668325ccc&mpshare=1&scene=1&srcid=0512spks0MWBTOnhRxmdqFPr&sharer_sharetime=1589254443841&sharer_shareid=6f1fef1e35fac65d01981d686fd7f55d&key=3c67a8305eb7f93326a843bf37d1bf1afb1e684eacb99c6cfc553b7329f1db8b2723077994b282454892466ead0db4942d8c6e24ba8c75eff7fc6caa352231175492505e52932b0eefb8f83426bfad74&ascene=1&uin=MTkwMjUwMDcwNA%3D%3D&devicetype=Windows+7&version=62080079&lang=zh_CN&exportkey=A%2BkaTaEzF%2B6VGllR%2Bhd5eTw%3D&pass_ticket=UB3WrM7p2IkvrjDSXswG5mhHqYAxkWcTEwAvF5MoXI551en3ZgBWf1RJs80ZcIUx，2020 年 5 月 12 日访问。

赚钱，他们干脆做了份假的亲子鉴定报告，告诉客户孩子“非亲生”。[①]

《最高人民法院关于适用〈中华人民共和国民事诉讼法〉的解释》第106条规定，对以严重侵害他人合法权益、违反法律禁止性规定或者严重违背公序良俗的方法形成或者获取的证据，不得作为认定案件事实的根据。这就是聘请“私家侦探”调取婚外情证据最大的隐患。哪怕“私家侦探”最终提供了一些有效的开房记录、照片、视频等，因调取的途径和方式不合法，这些证据也很容易被认定为无效证据。

所以，聘用“私家侦探”调查“婚外情”，慎用。

（三）“婚外情”诉讼离婚，两大诉求依然要提出

虽然前述分析得出，遭遇普通程度婚外情的无过错方难以获得索赔和多分财产。但笔者同样也强调了个案不同，案例三就是笔者亲自办理并获得支持的真实案件。此外，《民法典》第1091条关于“无过错方损害赔偿权”已经添加“其他重大过错”条款，给遭遇普通程度婚外情的无过错方主张索赔带来了新的法律依据。民事诉讼遵循“不告不理”的规则，即起诉方起诉时未提出的诉讼请求，法院不会主动进行审理并判决。因此，笔者仍然建议，无过错方在起诉离婚时，务必将索赔和多分财产作为诉讼请求提出，哪怕起诉时暂时还无相关证据，但诉讼过程百转千回，不排除随时取得有效新证据的可能。毕竟，提出了还有一线生机；不提出，则连争取的机会都没有了。

（四）“婚外情”护财产，要求第三者返还财产

出现婚外情的婚姻中，往往会出现过错方向第三者赠送、转移财产的情况，就如案例一中，叶辉购置房产登记在第三者名下，向第三者及两个孩子经常大额转账，甚至支持第三者的父母、兄弟做生意和经营商业。该案的柏丽从另一个角度来看是幸运的，因为在她的离婚诉讼中，直接认定了叶辉恶意赠送、转移财产的事实并将这些财产进行重新分割，且柏丽还能多分份额。实践中，能在离婚诉讼中直接处理过错方向第三者赠送、转移财产的，比例往往很小。

不过，无过错方依然可以以另一种方式进行救济。还记得郎咸平教授与第三者购房款争夺案吗？第一回合，郎教授以自己名义起诉第三者索要赠与的购

① 江苏警方：《疑心老公出轨，花41万找“私家侦探”调查，结果悲剧了！》，载澎湃网：https://www.thepaper.cn/newsDetail_forward_2561847，2020年5月12日访问。

房款,败诉;第二回合,郎教授妻子以郎教授未经同意擅自将购房款无偿赠与第三者为由要求返还,最终胜诉。之所以郎教授败诉而郎教授妻子胜诉,原因在于:过错方将夫妻共同财产支付给第三者时,并未取得无过错方的同意,故该行为属于无权处分。所有权人有权追回被无权处分的财产。无过错方的权利来源于《民法典》第311条第1款规定的"无处分权人将不动产或者动产转让给受让人的,所有权人有权追回"。因此,遭遇"婚外情"的无过错方,有权追回被过错方赠与给第三者的财产。即要求第三者返还过错方所支付的一切不合理财产。

笔者经检索发现,无过错方起诉第三方的诉讼,一般以赠与纠纷、不当得利纠纷、财产损害赔偿纠纷、返还原物纠纷作为案由起诉。第三者的抗辩,多以款项系其他经济往来、赠与已完成不应撤销等作为理由。实践中,因"民事主体从事民事活动,不得违背公序良俗",故第三者关于赠与的抗辩一般不会得到支持。本类型案件的处理结果,基本已形成普遍一致的做法:(1)基于共同共有的一般原理,夫妻对共同财产享有平等的处理权,在共同财产未分割处理前属于不分份额地共同享有所有权。故夫妻一方擅自将共同财产赠与他人的行为应为全部无效,而非部分无效。即,支持第三者将所接收的不合理财产予以全部返还。(2)如果过错方向第三者支付的是钱款,而第三者用该款购房、购车等购置物品且登记在第三者名下的,一般只能要求第三者返还相应的钱款;如果过错方是把原来登记在自己名下的房屋、车辆等变更登记为第三者,才可以要求第三者返还原房屋或车辆等。

关于婚外情赠与第三者财物的问题,更详细的分析与案例,可阅读本书第三章节的内容。

四、法律速递

《中华人民共和国民法典》

第八条　民事主体从事民事活动,不得违反法律,不得违背公序良俗。

第一百三十二条　民事主体不得滥用民事权利损害国家利益、社会公共利益或者他人合法权益。

第三百一十一条　无处分权人将不动产或者动产转让给受让人的,所有权人有权追回;除法律另有规定外,符合下列情形的,受让人取得该不动产或者动产的所有权:

(一)受让人受让该不动产或者动产时是善意;

(二)以合理的价格转让;

(三)转让的不动产或者动产依照法律规定应当登记的已经登记,不需要登记的已经交付给受让人。

受让人依据前款规定取得不动产或者动产的所有权的,原所有权人有权向无处分权人请求损害赔偿。

当事人善意取得其他物权的,参照适用前两款规定。

第一千零四十二条 禁止包办、买卖婚姻和其他干涉婚姻自由的行为。禁止借婚姻索取财物。

禁止重婚。禁止有配偶者与他人同居。

禁止家庭暴力。禁止家庭成员间的虐待和遗弃。

第一千零四十三条 家庭应当树立优良家风,弘扬家庭美德,重视家庭文明建设。

夫妻应当互相忠实,互相尊重,互相关爱;家庭成员应当敬老爱幼,互相帮助,维护平等、和睦、文明的婚姻家庭关系。

第一千零六十二条 夫妻在婚姻关系存续期间所得的下列财产,为夫妻的共同财产,归夫妻共同所有:

(一)工资、奖金、劳务报酬;

(二)生产、经营、投资的收益;

(三)知识产权的收益;

(四)继承或者受赠的财产,但是本法第一千零六十三条第三项规定的除外;

(五)其他应当归共同所有的财产。

夫妻对共同财产,有平等的处理权。

第一千零六十五条 男女双方可以约定婚姻关系存续期间所得的财产以及婚前财产归各自所有、共同所有或者部分各自所有、部分共同所有。约定应当采用书面形式。没有约定或者约定不明确的,适用本法第一千零六十二条、第一千零六十三条的规定。

夫妻对婚姻关系存续期间所得的财产以及婚前财产的约定,对双方具有法律约束力。

夫妻对婚姻关系存续期间所得的财产约定归各自所有,夫或者妻一方对外所负的债务,相对人知道该约定的,以夫或者妻一方的个人财产清偿。

第一千零七十九条　夫妻一方要求离婚的,可以由有关组织进行调解或者直接向人民法院提起离婚诉讼。

人民法院审理离婚案件,应当进行调解;如果感情确已破裂,调解无效的,应当准予离婚。

有下列情形之一,调解无效的,应当准予离婚:

(一)重婚或者与他人同居;

(二)实施家庭暴力或者虐待、遗弃家庭成员;

(三)有赌博、吸毒等恶习屡教不改;

(四)因感情不和分居满二年;

(五)其他导致夫妻感情破裂的情形。

一方被宣告失踪,另一方提起离婚诉讼的,应当准予离婚。

经人民法院判决不准离婚后,双方又分居满一年,一方再次提起离婚诉讼的,应当准予离婚。

第一千零八十七条　离婚时,夫妻的共同财产由双方协议处理;协议不成的,由人民法院根据财产的具体情况,按照照顾子女、女方和无过错方权益的原则判决。

对夫或者妻在家庭土地承包经营中享有的权益等,应当依法予以保护。

第一千零九十一条　有下列情形之一,导致离婚的,无过错方有权请求损害赔偿:

(一)重婚;

(二)与他人同居;

(三)实施家庭暴力;

(四)虐待、遗弃家庭成员;

(五)有其他重大过错。

第一千零九十二条　夫妻一方隐藏、转移、变卖、毁损、挥霍夫妻共同财产,或者伪造夫妻共同债务企图侵占另一方财产的,在离婚分割夫妻共同财产时,对该方可以少分或者不分。离婚后,另一方发现有上述行为的,可以向人民法院提起诉讼,请求再次分割夫妻共同财产。

第五节 离婚后发现婚外情，财产可否重分？

一、案例精选

【案例一】 丈夫编造抑郁症骗离婚，转眼情人生子，妻子起诉重分财产却无果

2000年，田某和刘某开始自由恋爱。两人都是毕业后选择留在大城市打拼，独在异乡让两人惺惺相惜。长跑6年后，终于走进婚姻殿堂。婚后，两人生育了女儿甜甜。甜甜的出生，也让小家庭更加甜蜜幸福。

2016年年底，刚做完单位体检的刘某，突然告知田某自己患上了冠心病和抑郁症。田某联想到刘某最近异常的表现：经常失眠、白天无精打采、工作不上心，老说觉得生活没劲……猜测确实可能是疾病导致。之后，刘某就经常向田某发脾气，对家里和女儿挑三拣四。考虑到刘某的病情，田某也尽力忍让。自2017年1月开始，刘某多次求着田某办理离婚，说怕自己拖累了她和孩子，对这阵子的所作所为深感抱歉，但又控制不住自己。等他治愈后，两人再复婚。考虑到近期孩子也确实受到了很大影响，自己也身心俱疲，田某同意了。照着网上模板随便拟了离婚协议后，双方于2017年2月16日办理了离婚登记。

离婚后，刘某以治病为由主动搬离了共同居所，经常以状态不佳为由拒绝田某和女儿的探望，对复婚之事也只字不提。直至半年后，田某带着女儿探望刘某父母时，才从不小心说漏嘴的亲戚处得知刘某早已与一位高姓女子结婚，且两人还生了儿子。按时间推测，刘某和田某离婚时，高某已有9个月孕龄。田某如遭晴天霹雳，但也迅速冷静下来，通过刘某的亲戚拿到了刘某和高某儿子的出生资料，并去刘某和高某居住地的街道办调取了两人在她和刘某婚姻期间办理的居住登记。当田某找到刘某理论时，刘某却矢口否认以前患病的陈述，坚称两人是因感情不和离婚。

田某感受到莫大的委屈和不甘，对刘某的行为痛恨至极。最终，田某于2017年12月向刘某提起了离婚后损害责任纠纷诉讼，并提交了证明刘某在婚

内出轨,和第三者高某居住生子的证据。法院经审理,支持了田某的主张和诉求,判令刘某赔偿田某8万元。

上述判决生效后,当田某于2018年6月14日以刘某欺骗为由要求变更双方离婚协议中的财产分割条款时,刘某依然严词拒绝,反而提起诉讼要求变更孩子抚养权,并拒付抚养费。

于是,田某再次向法院提起离婚后财产纠纷诉讼,请求撤销离婚协议中除存款分割条款之外的财产条款。法庭上,法院查明了田某与刘某离婚当日,刘某与他人再婚,婚后一个多月育有一子。刘某却称在离婚前已经告知田某这一事实,并称这也是田某要求离婚的理由之一,另一个理由是因其身患重病。双方离婚是田某先提出的,《离婚协议书》也是田某起草的。

一审法院经审理后认为,双方协议离婚后1年内就财产分割问题反悔,请求变更或者撤销财产分割协议的,人民法院应当受理。人民法院审理后,未发现订立财产分割协议时存在欺诈、胁迫等情形的,应当依法驳回当事人的诉讼请求。本案中,田某与刘某于2017年2月16日离婚并签订离婚协议,但直至2018年6月14日田某才申请变更协议中的相关条款,其时间已逾1年。且该期间,田某已通过诉讼获取离婚损害赔偿金8万元,并借助该离婚协议取得了婚生女甜甜的抚养权,且协助甜甜依协议取得约定抚养费用。关于财产分割约定,轿车、存款和租房补助的约定并未明显失衡。现田某又以遭受欺诈为由要求撤销协议第3项除存款归其所有之外的其他事项,其前后行为所体现的意思表示相互矛盾,相关请求亦失据失衡。另田某所述刘某提出离婚的理由似不充足,且刘某在离婚前是否告知过有婚外情的情形现已无从查证。综上,田某要求变更离婚协议书的请求,不予支持。

田某不服,提起上诉。二审法院认为,田某主张刘某以患有抑郁症要求离婚并承诺治愈后复婚的方式骗取离婚并签订《离婚协议书》,但并未就此提供证据予以证明,而刘某是否履行《离婚协议书》确定的给付内容,以及就《离婚协议书》的内容是否提起诉讼,并非认定其签订协议时否存在欺诈行为的依据。关于刘某违反夫妻忠实义务致他人怀孕对离婚存在过错一节,田某提起本案诉讼前,已通过诉讼获取离婚损害赔偿金8万元,并依《离婚协议书》取得婚生子女的抚养权和抚养费用,上述协议对于财产分割的约定亦未明显失衡。田某虽主张刘某在签订《离婚协议书》时存在欺诈行为,但对此并未提供确实充分的证据予以证明,应承担举证不能的不利后果,其要求撤销《离婚协议书》相关条款的主张缺乏事实和法律依据,本院不予支持。

综上,维持一审判决。

【案例二】 离婚后得知前妻婚外情,却因过期限被驳回重分财产

张雷和李毛毛是青梅竹马一同长大的朋友。当知道两人恋爱结婚时,相熟相近的两家父母为能亲上加亲欢喜得不得了。两人在 1998 年 8 月登记结婚时,双方父母在住处附近,为两人出资购买了婚房,方便三个家庭互相照顾。

张雷和李毛毛结婚后,生育了长女张梅梅、次女张兰兰,小日子越过越红火,张雷的公司也经营得一帆风顺。然而,2013 年 7 月 26 日,两人却突然办理了离婚登记,双方的《离婚协议书》写明:两个女儿的抚养权归张雷所有,李毛毛享有探望权;夫妻共有的其中一套房,所有公司股权,归张雷所有;剩下的两套房,归李毛毛所有,张雷向李毛毛补偿人民币 800 万元整。其余各自名下的财产归各自所有。

双方办理完离婚后,两家父母均十分诧异,纷纷询问离婚原因。张雷表示是李毛毛多次、反复提出离婚,称已厌倦家庭生活,抚养小孩太无聊,希望分开冷静一段时间。李毛毛则表示两人近两年经常吵架,已经严重影响两个孩子,为了两个孩子的安宁,不得不离婚。

然而,一年后,张雷父母在送两个孙女上游泳课时,却听说李毛毛早就与两个孙女的游泳教练马某有不正当的关系,两人现在已经同居。张雷向李毛毛求证,李毛毛矢口否认。无奈之下,张雷向法院提起诉讼,主张李毛毛在离婚时隐瞒事实真相(婚内与他人长期保持不正当关系,并且是为了和第三者另组家庭才提出的离婚),在离婚协商过程中以孩子的抚养权为条件胁迫张雷签署离婚协议,李毛毛的行为属于欺诈、胁迫。由于本案涉及财产数额巨大,主要为张雷的劳动所得,李毛毛属于婚姻关系中的过错方,在签订离婚协议时又对张雷有严重的欺诈和胁迫行为,若执行此份协议对张雷显失公平,故诉至法院要求撤销双方离婚协议中的财产分割部分,重新对婚内财产进行分割,诉讼费由李毛毛承担。

为此,张雷提交了相应的证人证言,其中证人李农、刘林到庭作证,证明李毛

毛与其女儿的游泳教练马某有暧昧关系。张雷还提供其与李毛毛母亲及李毛毛美容师的电话录音、航班客票单、电话号码186××××××××的通话记录、证人向红的书面证言、与微信名Sally的微信聊天记录等证据。就签署离婚协议时,李毛毛以孩子抚养权为条件进行胁迫的主张,张雷未向法院提供相关证据。

李毛毛辩称,张雷与其签订的离婚协议是在双方自愿合法的情况下达成的,符合法律规定,双方应依协议约定履行各自义务。张雷所述是其为达到不履行离婚协议的目的而编造的虚假事实,且张雷的起诉已经在双方离婚后1年,依照法律规定已经超过诉讼时效。我不同意张雷的诉讼请求,要求按原有的离婚协议履行。李毛毛对张雷提交的证据均不认可,但承认其使用电话号186××××××××,并曾经使用过该微信号,张雷亦知道密码也使用过此微信,现早已停用。

法院经审理认为,男女双方协议离婚后1年内就财产分割问题反悔,请求撤销财产分割协议的,人民法院应当受理。未发现订立财产分割协议时存在欺诈、胁迫等情形的,人民法院应当依法驳回当事人的诉讼请求。双方于2013年7月26日办理离婚登记,张雷于2014年9月3日才提出本诉讼,已经超过1年的时效,故张雷的诉讼请求不应支持。况且,综合庭审中张雷提供的证据情况,均不能充分证明李毛毛与他人有不正当关系,不能印证张雷主张的欺诈情形存在。因张雷未向本院提供签订离婚协议时李毛毛以孩子抚养权为条件进行胁迫的相关证据,故对张雷的上述主张,本院不予采信。综上,张雷以订立离婚协议时存在欺诈、胁迫等情形,要求撤销《离婚协议书》的主张,本院不予支持,并驳回原告张雷的全部诉讼请求。

张雷收到判决的那一刻,就像哑巴吃黄连,有苦说不出。

【案例三】 离婚后发现儿子非亲生,起诉重分夫妻财产获支持

2019年10月,中级人民法院作出了"驳回上诉,维持原判"的终审判决。这场历时3年的离婚后财产纠纷终于画上了句号。两审法院虽然都支持撤销童民和前妻李梨花签订的《离婚协议》并重分夫妻共同财产,但分割的结果,依然让童民意难平。

童民回想起他和李梨花的爱恨情仇,依旧心绪难平。两人相识于微时,童民

离过婚,李梨花不顾家人反对坚持登记结婚的行为让童民颇为感动。婚后,双方生育了一个可爱的女儿。5 年后,李梨花意外怀孕,诞下一个儿子。童民十分高兴,对两个孩子疼爱有加。但渐渐地,童民和李梨花两人之间,感情却越来越淡薄。家里和孩子的各项事情经常意见不一,话说不到一处去,没两句就争吵;两人对各自的工作和处事方式,也渐渐不能理解和接受。没过多久,李梨花主动提出了离婚,表示给双方一个喘息和思考的空间,离婚后可以不对外公开离婚关系,一家人也可以继续居住,到时候再看两人情况决定是否复婚。

童民一开始并不同意,尝试与李梨花多次沟通和改变,但都无果。想起家里这阵子压抑的气氛,无奈最终同意。双方于 2015 年 12 月 9 日办理了协议离婚,约定女儿和儿子均由李梨花抚养,对双方财产进行了简要分配,并约定离婚不离家,李梨花及子女、父母在原住处继续居住两年。

离婚后,一家人还是像以前一样共同生活。虽然童民和李梨花已经分房而住,但共同财产仍然由李梨花掌管,双方没有实际履行离婚协议。直至 2017 年 3 月,李梨花提出搬离住所,并称儿子其实并非童民亲生。童民震惊不已,虽然听过邻里关于儿子跟他长得不像的传言,但这么多年来他从未真正怀疑。想到李梨花从离婚到掌控财产的一系列异常举动,童民毅然提起了离婚后财产纠纷之诉,主张其在不知儿子非系其亲生儿子的情形下与李梨花签订《离婚协议》并就共同财产分割作出重大让步,双方签订该协议存在欺诈情形,且李梨花存在隐瞒共同财产情形,请求撤销双方签订的《离婚协议》,依法重新平分双方夫妻共同财产及同居期间财产。为证明李梨花隐瞒儿子非亲生,童民提交了一份录音。

而在李梨花的陈述中,故事又是另一个版本。李梨花说:童民对儿子非其亲生早已心知肚明,且他人均能看出其对女儿、儿子态度明显不同,双方为结束这段婚姻经过多次磋商,是童民主动催促她办理的离婚手续,且她就共同财产分割作出较大让步,将共同财产大部分分给了童民。为了暂渡难关,双方在离婚协议里达成了李梨花暂住 2 年的约定,因此该离婚协议是双方多次协商一致的结果,只是未注明儿子非亲生。童民 40 多岁且离过婚,其应是知道离婚协议对其有利才同意离婚的。童民提交的录音是剪辑不全的,也不能证明签署《离婚协议》时李梨花存在欺骗、隐瞒的行为。因此,《离婚协议》是合法有效的,并且已履行,相关财产均已变卖,且童民提起的该诉已经超过诉讼时效,应当驳回童民的诉讼请求。

一审法院认为:李梨花在与童民婚姻关系存续期间与他人发生婚外情且生下一子,属于婚姻中存在重大过错。根据童民提交的录音证据,可以证明李梨花隐瞒了该重大事实,童民于 2017 年 3 月才明确知晓该事实,因此应认定双方在 2015 年 12 月 9 日协议离婚签订《离婚协议》时童民存在重大误解,根据《合同法》第 54 条及《最高人民法院关于适用〈中华人民共和国婚姻法〉若干问题的解释(二)》第 9 条的规定,对童民要求撤销《离婚协议》中财产分割协议的诉讼请求,该院予以支持。李梨花答辩主张童民申请撤销《离婚协议》中财产分割协议已超过 1 年的时效,该院认为,根据《合同法》第 55 条的规定,具有撤销权的当事人自知道或者应当知道撤销事由之日起 1 年内行使撤销权,童民于 2017 年 3 月才明确知晓李梨花在与其婚姻关系存续期间与他人发生婚外情且生下一子的事实,其撤销权的时效应当自 2017 年 3 月开始计算,童民于 2017 年 8 月 3 日提起诉讼,并未超过 1 年的时效,该院对李梨花的答辩主张,不予支持。据此,撤销双方签订的《离婚协议》中财产分割协议并重新分割财产,但对于双方离婚后同居期间购置的财产,因均登记在李梨花名下,且童民未提交证据证明其对上述财产进行了出资或作出贡献,故均判归李梨花所有。

童民、李梨花均不服一审判决,提起了上诉。

二审法院认为,一审法院认定事实清楚,适用法律正确。李梨花主张双方签订《离婚协议》时童民已知儿子非其亲生,但李梨花既未举证证明自己就此事告知过童民,也未举证证明童民获悉了该事实,因此李梨花该上诉理由不能成立,本院不予采纳。最终,二审法院驳回两人的上诉,维持原判。

二、维权指引

(一)撤销离婚协议,必须于法定期限内提出

实践中,签署《离婚协议》后后悔的当事人不在少数。有的因为冲动离婚冲动签署,有的因为被胁迫签署,有的如上文的三个案例,被对方欺骗而轻易签署。对于遭受欺骗和胁迫而签署《离婚协议》的,法律允许当事人就财产分割条款进行变更或撤销。但是,对于离婚条款和子女抚养条款,则不允许撤销和变更。

需要注意的是,变更和撤销财产分割协议,需要在法定期限内提出。

按照《民法典》第 147 条至第 152 条的规定,基于重大误解、或被欺诈而违背真实意思、或被胁迫而违背真实意思的情况下实施的民事法律行为的,基于被对

方利用处于危困状态、缺乏判断能力等致使民事法律行为成立时显失公平的，受害方都有权请求人民法院或者仲裁机构予以撤销。当事人的撤销权，有明确的行使期间：

1. 当事人自知道或者应当知道撤销事由之日起一年内、重大误解的当事人自知道或者应当知道撤销事由之日起九十日内；

2. 当事人受胁迫的，自胁迫行为终止之日起一年内；

3. 当事人自民事法律行为发生之日起五年内没有行使撤销权的，撤销权消灭。

因此，当事人如果需要撤销《离婚协议》中财产分割的相关内容的话，需要区分不同情形，在特定的时间内行使自己的权利。

（二）如无对方故意欺瞒"婚外情"之充分证据，离婚协议一般难以撤销

虽然案例三支持撤销《离婚协议》中的财产分割条款，并重新分割夫妻共同财产。但是，按照笔者在前述进行的检索中，最终支持"撤销"的案例凤毛麟角，占比还不到10%。

实践中大多数的情况，是一方在离婚时都轻信另一方会"复婚"的谎言，或者陷于离婚的悲伤情绪中，而无暇顾及其他。因而，大多数人以对方故意隐瞒婚外情导致离婚而主张撤销离婚协议的，很容易如案例一、案例二中一样，因无"充分证据"而被驳回。

何为"充分证据"呢？至少有两个层次的要求：

第一，需要有足以证明对方"存在"婚外情的证据。比如本节案例一中"田某通过刘某的亲戚拿到了刘某和高某儿子的出生资料，并去刘某和高某居住地的街道办调取了两人在她和刘某婚姻期间办理的居住登记"。实践中除了上述材料外，还有亲密照片、亲密沟通材料、过错方自认、证人证言等。

第二，需要有足以证明双方在"离婚时"，过错方"隐瞒"了婚外情，而无过错方并不知晓的证据。《最高人民法院关于适用〈中华人民共和国民法典〉婚姻家庭编的解释（一）》第70条规定："夫妻双方协议离婚后就财产分割问题反悔，请求撤销财产分割协议的，人民法院应当受理。人民法院审理后，未发现订立财产分割协议时存在欺诈、胁迫等情形的，应当依法驳回当事人的诉讼请求。"由该法条可知，主张因离婚后发现婚外情而撤销离婚协议的一方，需要举证证明"离婚时"存在"欺诈"情形，就是无过错方必须证明自己是在不知晓过错方存在婚

外情的情形下而签署了离婚协议里的财产处分方案。否则,就会如案例一中的妻子一样,即使能证明丈夫在婚内存在婚外情,但无法证明自己在离婚时不知情,从而无法得到支持。

（三）若无过错方权益已得到保护,离婚协议一般难以撤销

根据《民法典》第 1087 条第 1 款的规定,人民法院在处理离婚财产分割时,按照照顾子女、女方和无过错方权益的原则判决。同时,也必须遵循《民法典》第 6 条规定的公平原则。

因此,即使双方离婚时,过错方隐瞒了婚外情的情况,但若无过错方在财产方面已经得到了较好的保护,比如已经分得了大多数的夫妻共同财产,或取得了一定的补偿或赔偿。考虑到公平的基本原则,法院在这种情况下,一般也不会再支持撤销离婚协议并重分财产。就如本节案例一中的妻子一样,因其在离婚后已提起离婚后损害责任纠纷之诉并得到了相应赔偿,故这也是法院不支持其重分财产的理由之一。

（四）离婚时未分割及被隐匿转移的财产,离婚后可主张重分,不以存在“婚外情”为前提

根据《民法典》及婚姻法相关司法解释的规定,离婚时如发现尚有夫妻共同财产未处理的,或者发现一方存在隐藏、转移、变卖、毁损、挥霍夫妻共同财产,或者伪造夫妻共同债务企图侵占另一方财产的,都可以诉请法院重新分割。

1. 离婚后发现尚有夫妻共同财产未处理的。该类诉讼,仅需要证明诉争财产属于夫妻共同财产,且双方离婚时（包括协议离婚和诉讼离婚）未处理和分割该财产即可。实践中,该类诉讼需要注意两点:

（1）对于未处理的财产,目前尚无诉讼时效的限制,一方可以随时起诉主张分割。但时间拖得越久,该财产被掌控方进行转移、变卖或相关财产线索和证据灭失的风险越大。由此,将增加无过错方的举证难度,以及增加最终实际拿到该财产或财产补偿款的难度。

（2）要注意双方离婚时的协议或法院文书,是否包含已经处理了该类财产的兜底条款,比如“各自名下的其他财产归各自所有”。这类条款,很容易被理解为双方名下的全部财产已经进行了处理,从而不支持重新分割。因此,签署离婚文书时,要尤为注意和多留心眼。

2. 发现一方存在隐藏、转移、变卖、毁损、挥霍夫妻共同财产，或者伪造夫妻共同债务企图侵占另一方财产的。该类诉讼，要证明对方存在上述行为，且在双方离婚时（包括协议离婚和诉讼离婚）的财产处理，未包括上述被经过“处理”的财产。实践中，该类诉讼也需要注意三点：

（1）该类诉讼有严格的诉讼时效，仅为2年，从当事人发现之次日起计算。但随着《民法典》对诉讼时效的变更，已变更为3年。

（2）当另一方存在上述情形时，属于过错方。在分割夫妻共同财产时，对该方可以少分或者不分。这是法律非常明确的对过错方少分的情形，因此在诉讼主张时，别忘了一并提出该诉求。

（3）该类诉讼，对当事人的举证要求较高，需要有足够的证据，证明两个层次的内容：①对方存在上述情形，而我方在婚姻期间以及离婚时并不知情。笔者曾经处理过一个类似案例：甲主张前配偶乙离婚时隐瞒了一套房产；但乙却提供了甲经常入住该套房产，以及在该房产生活的一些照片、朋友圈，证明甲在婚内是知悉该套房产属于乙的，该套房产在双方离婚时已经进行了处理。由此，就增加了甲需要进一步证明自己虽入住该房产但并不知晓该房产系在乙名下的难度。②双方在离婚时，对该财产并未处理，或者对该类情形，未约定如何处理。被诉方反驳的主张，往往也包含上述内容，比如“双方在离婚时，该财产已经处理了，详见协议或文书的第×××条”。而该种情形，很有可能如前所述包含在兜底条款中，所以，务必仔细阅读双方离婚时或离婚后签署的法律文书。

（五）离婚后发现“婚外情”，亦可主张损害赔偿

《民法典》第1091条规定，因一方重婚；与他人同居；实施家庭暴力；虐待、遗弃家庭成员、有其他重大过错的，无过错方有权请求损害赔偿。因此，如一方的婚外情行为，已属于前述规定的具体情形，或虽不属于具体情形但已达到重大过错程度的，无过错方均可主张损害赔偿。该损害赔偿，亦可在离婚后提出。该类诉讼，在法院程序中称为“离婚后损害责任纠纷”。

因此，若现有证据确实无法支持撤销《离婚协议》重分财产的，当事人也可以考虑提起离婚损害赔偿之诉，对过错方的行为予以必要惩戒。

三、律师忠告

(一)异常行为多留心眼,签署离婚协议前慎之又慎

我们经常说,婚姻需要经营。这里的“经营”,不仅仅是在婚姻过程中好好经营家庭关系,保持双方和谐共处,更是经营自我,及时发现亲密关系中不对的苗头,在双方感情出现裂缝时及时补救,及时进行自我保护。事实上,当一方出现婚外情时,往往提前就会有异常举动,比如晚归、不归、手机不离身等。此时,另一方就该有所警惕,或真诚沟通重归于好,或留心保留痕迹和证据。

婚姻,亦是一场博弈。法律上,不存在“假离婚”之说。只要夫妻办理了离婚手续,就属于“真离婚”,双方办理离婚手续时签署的《离婚协议》,就属于生效的法律文书。即使双方办理离婚手续后依旧居住一起,外人也仍认为双方是夫妻,但在离婚至复婚的这一段期间,双方就只是同居关系,在这期间的财产关系就不受法律保护。就如案例三中的童民和李梨花一样,童民主张双方离婚后、同居期间购置的财产亦属于夫妻共同财产,但因财产均登记在李梨花一人名下,且童民未提交证据证明其对上述财产进行了出资或作出贡献,故不支持童民主张分割的诉求。

因此,别轻信冷静一段时间就“复婚”的承诺。哪怕是您主动提出的“假离婚”,也要把它当成是“真离婚”来认真对待。只要需要办理离婚手续的,必须对财产分割和子女抚养做十分清醒且清楚的讨论和处理,必要时候咨询专业人士的意见。签署《离婚协议》之前,应当确保协议已经保护了自己的最大化利益。

(二)及时固化证据,以免主张落空

我们都知道,赢证据者赢得诉讼。《最高人民法院关于适用〈中华人民共和国民事诉讼法〉的解释》第 90 条第 1 款规定:“当事人对自己提出的诉讼请求所依据的事实或者反驳对方诉讼请求所依据的事实,应当提供证据加以证明,但法律另有规定的除外。”因此,无过错方主张被“欺诈”离婚而要求重分财产的,必须提供充分的证据证明。如前所述,应当至少提供两个层次的证据,才能充分证明自己在离婚时,因对方的故意隐瞒,导致自己未将对方存在“婚外情”的情况纳入夫妻财产分割方案的考虑因素之中。

实践中,该类证据在事后往往难以调取,除非双方在谈判时,过错方明确予

以承认,就如案例三中的关键性证据"录音",但这毕竟是少数。因此,建议当事人务必保留好双方磋商离婚过程和离婚后谈判的相关证据,比如磋商过程录音、聊天记录、家庭会议记录、证人证言、分居协议、各类书面声明/协议,等等。此外,这些证据,必须用多重载体保存,并多地备份。防止在发生争执时,发生手机摔坏,U 盘损坏等意外情形。

(三)不管是撤销协议、重分财产,还是离婚后损害赔偿,应尽早诉讼免过时效

如前所述,不管是主张撤销协议重分财产,还是新发现前配偶存在隐匿财产等行为,抑或是主张离婚后损害赔偿,都有权利主张的时效。即使是遗漏的财产未分割,尽早处理,才能尽早保障自己的权利得到切实实现。

虽然法律规定的一年、两年、三年时效看似相当充分,但是时间如白驹过隙,一旦错过了诉讼时效,再想进行权利主张就会沦为南柯一梦。因此,只要知道前配偶存在侵害自己权益的情形,不要犹豫,就应当自发现之日起及时咨询或聘请专业的婚姻家事律师,帮助自己进行证据的收集与材料的准备,尽早启动维权,杜绝拖拖拉拉。

四、法律速递

《中华人民共和国民法典》

第六条 民事主体从事民事活动,应当遵循公平原则,合理确定各方的权利和义务。

第一百四十七条 基于重大误解实施的民事法律行为,行为人有权请求人民法院或者仲裁机构予以撤销。

第一百四十八条 一方以欺诈手段,使对方在违背真实意思的情况下实施的民事法律行为,受欺诈方有权请求人民法院或者仲裁机构予以撤销。

第一百四十九条 第三人实施欺诈行为,使一方在违背真实意思的情况下实施的民事法律行为,对方知道或者应当知道该欺诈行为的,受欺诈方有权请求人民法院或者仲裁机构予以撤销。

第一百五十条 一方或者第三人以胁迫手段,使对方在违背真实意思的情况下实施的民事法律行为,受胁迫方有权请求人民法院或者仲裁机构予以撤销。

第一百五十一条 一方利用对方处于危困状态、缺乏判断能力等情形,致使

民事法律行为成立时显失公平的，受损害方有权请求人民法院或者仲裁机构予以撤销。

第一百五十二条　有下列情形之一的，撤销权消灭：

（一）当事人自知道或者应当知道撤销事由之日起一年内、重大误解的当事人自知道或者应当知道撤销事由之日起九十日内没有行使撤销权；

（二）当事人受胁迫，自胁迫行为终止之日起一年内没有行使撤销权；

（三）当事人知道撤销事由后明确表示或者以自己的行为表明放弃撤销权。

当事人自民事法律行为发生之日起五年内没有行使撤销权的，撤销权消灭。

第一千零八十条　完成离婚登记，或者离婚判决书、调解书生效，即解除婚姻关系。

第一千零八十七条　离婚时，夫妻的共同财产由双方协议处理；协议不成的，由人民法院根据财产的具体情况，按照照顾子女、女方和无过错方权益的原则判决。

第一千零九十一条　有下列情形之一，导致离婚的，无过错方有权请求损害赔偿：

（一）重婚；

（二）与他人同居；

（三）实施家庭暴力；

（四）虐待、遗弃家庭成员；

（五）有其他重大过错。

第一千零九十二条　夫妻一方隐藏、转移、变卖、毁损、挥霍夫妻共同财产，或者伪造夫妻共同债务企图侵占另一方财产的，在离婚分割夫妻共同财产时，对该方可以少分或者不分。离婚后，另一方发现有上述行为的，可以向人民法院提起诉讼，请求再次分割夫妻共同财产。

《最高人民法院关于适用〈中华人民共和国民法典〉婚姻家庭编的解释（一）》

第七十条　夫妻双方协议离婚后就财产分割问题反悔，请求撤销财产分割协议的，人民法院应当受理。

人民法院审理后，未发现订立财产分割协议时存在欺诈、胁迫等情形的，应当依法驳回当事人的诉讼请求。

第八十六条　民法典第一千零九十一条规定的"损害赔偿"，包括物质损害赔偿和精神损害赔偿。涉及精神损害赔偿的,适用《最高人民法院关于确定民事侵权精神损害赔偿责任若干问题的解释》的有关规定。

第八十七条 承担民法典第一千零九十一条规定的损害赔偿责任的主体,为离婚诉讼当事人中无过错方的配偶。

人民法院判决不准离婚的案件,对于当事人基于民法典第一千零九十一条提出的损害赔偿请求,不予支持。

在婚姻关系存续期间,当事人不起诉离婚而单独依据民法典第一千零九十一条提起损害赔偿请求的,人民法院不予受理。

第八十八条 人民法院受理离婚案件时,应当将民法典第一千零九十一条等规定中当事人的有关权利义务,书面告知当事人。在适用民法典第一千零九十一条时,应当区分以下不同情况:

(一)符合民法典第一千零九十一条规定的无过错方作为原告基于该条规定向人民法院提起损害赔偿请求的,必须在离婚诉讼的同时提出。

(二)符合民法典第一千零九十一条规定的无过错方作为被告的离婚诉讼案件,如果被告不同意离婚也不基于该条规定提起损害赔偿请求的,可以就此单独提起诉讼。

(三)无过错方作为被告的离婚诉讼案件,一审时被告未基于民法典第一千零九十一条规定提出损害赔偿请求,二审期间提出的,人民法院应当进行调解;调解不成的,告知当事人另行起诉。双方当事人同意由第二审人民法院一并审理的,第二审人民法院可以一并裁判。

第八十九条 当事人在婚姻登记机关办理离婚登记手续后,以民法典第一千零九十一条规定为由向人民法院提出损害赔偿请求的,人民法院应当受理。但当事人在协议离婚时已经明确表示放弃该项请求的,人民法院不予支持。

《最高人民法院关于适用〈中华人民共和国民事诉讼法〉的解释》

第九十条 当事人对自己提出的诉讼请求所依据的事实或者反驳对方诉讼请求所依据的事实,应当提供证据加以证明,但法律另有规定的除外。

在作出判决前,当事人未能提供证据或者证据不足以证明其事实主张的,由负有举证证明责任的当事人承担不利的后果。

第五章　婚外情与行政处罚

第一节　情人的裸照、性爱视频拍不得、更发不得

一、案例精选

【案例一】　夫妻感情淡引第三者插足　婚外情关系终止遭情人威胁

胡杨和朱霞已经结婚10年了，两人从小在一起长大，大学毕业后就结了婚。青梅竹马最终结成神仙眷侣，并有了一个可爱的儿子，着实令人艳羡不已。可随着时间的流逝，两人的感情渐渐变淡。当朱霞从胡杨的聊天记录中发现他早已出轨时，她料到两人的婚姻可能走到了尽头。只是为了年幼的孩子，勉强维持着表面的平和。

胡杨越发不爱归家，让朱霞彻底对其失望。在朱霞心灰意冷的时候，她结识了单身的同事刘铭明。二人刚开始仅是闲聊天，一来二去，时间长了，慢慢聊到了感情上。此后，二人还经常私下约会。或许是出于对丈夫的报复，或许是因为刘铭明的关怀与体贴，朱霞和刘铭明发生了婚外情。在两人相处过程中，刘铭明拍摄了朱霞的裸照。

两人虽经常私下约会，可刘铭明不再甘于总偷偷摸摸，便多次打电话给胡杨，以其与朱霞发生过性行为羞辱胡杨，要求胡杨与朱霞离婚。朱霞知道后，十分气愤，故向刘铭明提出结束情人关系并断绝往来，遭到刘铭明拒绝。

刘铭明多次向朱霞表达希望继续与其保持关系，但朱霞不肯。于是刘铭明心存怨恨并以散布朱霞裸照相威胁。朱霞并未因其威胁有丝毫改变，刘铭明一气之下将朱霞的裸照发到了微信朋友圈，并发给了朱霞的母亲。还发短信、打电话给胡杨，一再要求其与朱霞离婚。

胡杨无法忍受，向公安机关报案。公安局依据《治安管理处罚法》第42条第6项（偷窥、偷拍、窃听、散布他人隐私的）之规定，决定对刘铭明罚款500元整。

【案例二】放纵自己引色狼侵犯，放纵色狼致危害扩大

陈谦明与妻子陈晓凤是大学同学，是彼此的初恋。两人在大学时恋爱，在大学毕业后步入婚姻殿堂，如今孩子已经15岁了。两人都有稳定的工作，小日子过得顺风顺水，一家三口生活的温馨幸福。但是这么一个幸福的家庭，却被陈谦明的好朋友陈浩强给破坏了。

陈晓凤在街上开了一家干果店，与陈浩强的店铺离的很近。因陈浩强与陈谦明的关系，陈晓凤与陈浩强也熟悉，经常一起吃饭、喝酒。之前一直相安无事。直到陈晓凤生日那天晚上。因一整天都没有收到丈夫的生日祝福信息，更没有收到任何惊喜，这让陈晓凤很是失落。恰在收拾东西准备回家的时候，陈浩强邀请陈晓凤到他的店铺喝酒。陈晓凤心想，反正丈夫一点也不在乎自己，于是同意了陈浩强的邀请。当晚，陈晓凤喝了6瓶啤酒，4瓶酒下肚后便边喝边哭，时哭时吐。哭的稀里哗啦，吐的满地狼藉，之后趴在饭桌上睡着了。这时，陈浩强将其抱到二楼并与其发生了关系。等陈晓凤醒来，发现陈浩强正在身边看着全身赤裸的她，其惊恐万分并准备逃离，被陈浩强给拦下。陈浩强对陈晓凤说了两人昨晚所发生的事情，并要求陈晓凤能经常来他这吃晚饭，还拿出所拍的裸照给陈晓凤看。陈晓凤害怕陈浩强将裸照发给丈夫把事情闹大，害怕被他人知道节操不保，但熬不过被陈浩强一次又一次的软磨硬泡……两人的不正常最终还是被沉默寡言的陈谦明获知！陈晓凤担心若再继续，陈谦明会作出过激的事情来，于是痛下决心无论陈浩强再怎么要求都不再顺应他了。陈浩强感觉原来的方法都不灵了，便多次通过微信将其偷拍的裸照发到陈晓凤的微信内，并扬言要将这些图片发至朋友圈、发给陈晓凤的父母及陈浩强和陈谦明共同所在的微信群组等，以此要挟陈晓凤与其保持情人关系，干扰陈晓凤正常生活。

陈浩强的过分行为让陈晓凤忍无可忍，陈晓凤在陈谦明的帮助下报警。最终公安机关依据《治安管理处罚法》第42条第5项（多次发送淫秽、侮辱、恐吓或者其他信息，干扰他人正常生活的）之规定，对陈浩强作出行政拘留十日的行

政处罚。

【案例三】 婚外情结束不畅，不雅照片和视频成别有用心之人撒手锏

孙勇对自己的丈夫一直很不满意。至于如何不满，她想都不用想便可以数出一大堆。这个男人有着根深蒂固的男主外女主内的观念，大男子主义十分严重。他不让孙勇出去上班，只让她做一个家庭主妇，相夫教子。每次他回到家后，从不照顾或陪伴孩子，也从不帮着孙勇做哪怕一点家务。也未曾在任何纪念日送过礼物，还对孙勇的花费控制的非常严格，更从未带她和孩子一起出游……

多少个夜深人静的夜晚，孙勇都默默流泪到天亮，不止一次后悔当初为什么要选择与他结婚。她内心非常渴望丈夫能变成一个温和体贴、懂得呵护女人和孩子的男人，可想改变丈夫简直难如登天。正当孙勇对生活陷入绝望时，曹凯出现了。虽然他已经有了女朋友，但没有影响孙勇对曹凯的示好，曹凯也没有回避孙勇暗送的秋波。时间不久，他们俩就处到一起了。

和丈夫比起来，曹凯给孙明的感觉很绅士、很男人：事事尊重孙勇，认真听取孙勇的意见，对孙勇关怀备至，还经常送她礼物。这让孙勇的生活又鲜活了起来。一时间，孙勇被所谓的爱情冲昏了头脑……曹凯平时喜欢拍照。在两人相处的过程中，他也曾拍了孙勇的多张裸照和性爱视频并保存了起来。

婚外恋情往往如昙花一现，曹凯与孙勇亦是如此。最初的激情过后，孙勇的头脑慢慢清醒了过来。为了孩子，孙勇选择了与曹凯结束关系。令孙勇没有想到的是，曹凯一改往昔的绅士风度，竟拿出了之前拍摄的自己裸照和视频……曹凯见孙勇态度坚决，于是以短信、微信等方式多次给孙勇发送信息，同时多次发送了孙勇的裸照、视频，恐吓、威胁孙勇继续与其保持关系，否则就把孙勇的裸照和视频发到网上。并且曹凯已经把裸照发给了孙勇及其父亲孙刚。曹凯还将裸照制作成宣传图片发送至孙家家园微信群，以此威胁孙勇与其继续保持关系。

魏秋香是曹凯的女朋友，当她知道孙勇与曹凯的关系且曹凯有孙勇的裸照和视频后，便向曹凯索要孙勇的裸照和视频，并通过向孙勇发送多条恐吓、威胁短信的方式报复孙勇夺爱之恨。曹凯和魏秋香的行为给孙勇的正常生活造成恶劣的影响。经孙勇报警，公安机关依据《治安管理处罚法》第 42 条第 5 项（多次发送淫秽、侮辱、恐吓或者其他信息，干扰他人正常生活的）之规定，对曹凯处以

行政拘留十日的行政处罚,对魏秋香处以行政拘留九日的行政处罚。

二、维权指引

(一)《治安管理处罚法》第42条第5项发送信息干扰他人正常生活行为的认定

《治安管理处罚法》第42条第5项的行为表现是多次发送淫秽、侮辱、恐吓或者其他信息,干扰他人正常生活。

近年来,随着我国通讯信息网络的发展,人们之间信息的传播越来越快捷畅通,方便了信息的沟通与交流。但是,有少数违法人员利用现代化的通讯工具给他人传送淫秽、侮辱、恐吓等其他骚扰信息,干扰了他人的正常生活。

本违法行为的主体是年满14周岁,具有责任能力的自然人。本行为侵犯的客体是公民的正常生活秩序和人格权。

本项规定的行为表现为多次通过信件、电话、计算机信息网络等途径传送淫秽、侮辱、恐吓或者其他骚扰信息,干扰他人正常生活。淫秽信息,是指具体描绘性行为或者露骨宣扬色情的信息。侮辱信息,是指含有谩骂、羞辱、恶意攻击等有损他人人格尊严的信息。其他信息,是指频繁地或者在休息时间发送干扰他人正常生活的信息。行为人通过发送前述信息扰乱了他人正常生活,影响到他人的休息、工作或者学习。行为人的动机有的是为了报复,有的是为了寻求刺激等。

案例二中的陈浩强多次通过微信将其偷拍的陈晓凤的裸照发到陈晓凤的微信内,并以将视频及照片散布出去作为要挟陈晓凤与其继续保持情人关系,干扰了陈晓凤正常生活,应当接受治安处罚。同样,案例三中的魏秋香为了报复孙勇、曹凯为了继续与孙勇保持不正当男女关系,均以将裸照发到网上而恐吓、威胁孙勇,并且曹凯还将裸照发给了孙勇的父亲孙刚,也符合发送信息干扰他人正常生活行为的情形,均应受行政处罚。

(二)《治安管理处罚法》第42条第6项侵犯他人隐私行为的认定

《治安管理处罚法》第42条第6项的行为表现是偷窥、偷拍、窃听、散布他人隐私。

隐私,通常指个人的生活秘密,不愿意让他人知悉,如两性关系、身高体重、婚恋情况、生育能力、家庭住址等,一旦被公开,将会给当事人的心理带来压力,给其生活造成影响。

隐私权是公民合法权利的组成部分,是公民享有的对个人隐私领域进行支配的权利,受我国法律保护。任何偷窥、偷拍他人隐私场所,窃听或者散布他人隐私的行为都侵犯了他人的人格权,都会给被侵害人造成不同程度的精神伤害。

本行为的主体是年满 14 周岁以上,具有责任能力的自然人。

本项规定的行为表现为偷窥、偷拍、窃听、散布他人隐私。偷窥,是指行为人在当事人不知情的情况下,秘密偷看他人隐私的行为。有的人是在隐私场所直接用眼睛偷窥,也有人通过安装针孔摄像头等设备来偷窥。偷拍,是指行为人趁当事人不备,利用具有照相、录像功能的器材秘密拍摄他人的隐私,包括他人身体的隐私部位、隐私活动等。窃听,是指行为人秘密偷听他人隐私的行为。散布,指行为人用各种方式将知悉的他人的隐私传播给他人的行为。传播的方式包括用语言、文字、图片、电子信息等,传播的载体既可以是有形墙面,也可以是网络等媒介,还可以散发传单的方式进行传播。传播的他人隐私,既包括合法知悉的,也包括非法知悉的。

案例一中的刘铭明,在两人发生婚外情期间,趁朱霞不注意,偷偷拍摄了朱霞的裸照。在朱霞不同意继续保持婚外情关系时将其裸照发到了微信朋友圈,还发给了朱霞的母亲。甚至向朱霞丈夫胡杨说明二人的情人关系,其行为符合偷拍、散布他人隐私的行为要件,应受行政处罚。

(三)与婚外情人发生性关系时的录像或照片涉及的隐私受法律保护吗

通过前面的分析,不难发现隐私一般指不愿他人知道或他人不便知道的个人信息、不愿他人干涉或他人不便干涉的个人私事及不愿他人侵入或他人不便侵入的个人领域。但需要明确的是,不是所有的隐私均是法律保护的客体。人具有社会属性,个人与社会始终保持联系。因此,当个人隐私与公序良俗、社会公共利益甚至法律规定产生冲突时,就很可能不再属于隐私权的保护范围或其权利受到一定限制。婚外情违背夫妻忠诚义务,违背社会公序良俗,应当受到批评与谴责。当他人将婚外情消息散布时,法院会对该隐私的保护进行限制,针对该行为的受众范围大小、后果严重程度综合判定。也就是说,有婚外情的人应受谴责,但不意味着其与婚外情有关的信息或权利均不受法律保护。法院会对该隐私的保护进行限制,并针对该行为的受众范围大小、后果严重程度综合判定。

另外,需要说明的是,散布婚外情消息不同于散布婚外情人之间的性爱视频或者照片。性爱视频和照片是不愿被他人知悉的最隐蔽的隐私,一旦泄露将会对他人的性羞耻心造成严重伤害,并影响其生活和工作。这些隐私不应被他人非法侵扰、知悉、收集、利用和公开。否则,私自录制视频或拍照、散布的行为会受到不同程度的行政处罚,情节严重的,甚至还可能构成犯罪。

案例一中的刘铭明、案例二中的陈浩强、案例三中的曹凯和魏秋香或为逼迫情人与其继续保持婚外情关系,或为报复已分手的情人,或为报复情敌夺爱发送淫秽、恐吓、侮辱信息或散布他人隐私的行为均严重干扰了他人的正常生活,但尚未达到构成犯罪的程度,违背了《治安管理处罚法》第42条第5项(多次发送淫秽、侮辱、恐吓或者其他信息,干扰他人正常生活)或第6项(偷窥、偷拍、窃听、散布他人隐私)之规定,应当受到行政处罚。

(四)触犯《治安管理处罚法》第42条第5项、第6项,会受到什么样的处罚

根据《治安管理处罚法》第42条规定,多次发送淫秽、侮辱、恐吓或者其他信息,干扰他人正常生活或偷窥、偷拍、窃听、散布他人隐私的,处5日以下拘留或者500元以下罚款;情节较重的,处5日以上10日以下拘留,可以并处500元以下罚款。情节的较重与否,根据被侵害人受到干扰的程度和行为人发送骚扰信息的对象、内容、次数等因素综合进行判定。

公安机关《执行〈中华人民共和国治安管理处罚法〉有关问题的解释(二)》第8条规定,《治安管理处罚法》中规定的“多次”是指三次(含三次)以上。对于多次发送淫秽、侮辱、恐吓或者其他信息,干扰他人正常生活的情形,情节是否较重,根据行为人偷窥、偷拍、窃听、散布他人隐私的对象、次数和手段的恶劣程度以及给被侵害人造成的精神损害、心理创伤、物质损害等因素综合进行判定。偷窥、偷拍、窃听、散布他人隐私的情形,情节是否严重,根据被侵害人受到干扰的程度和行为人发送骚扰信息的对象、内容、次数等因素综合进行判定。

案例一中的刘铭明符合偷窥、偷拍、窃听、散布他人隐私的行为要件,最终被公安机关处以罚款500元整的处罚。案例二中的陈浩强,案例三中的曹凯、魏秋香,他们的行为均符合发送信息干扰他人正常生活的行为要件,最终,三人也分别被处以不同程度的行政处罚。通过这三个案例不难看出,偷拍、偷录他人的隐私照片或视频本身即已违法,如果再加以散布或传播前述内容的信息威胁或报复被侵权人,势必会受到相应行政处罚。

（五）如何区分在看守所拘留和在拘留所拘留

在看守所拘留的是涉嫌刑事犯罪的人员，在拘留所拘留的是行为违法但严重程度未达到刑事犯罪程度的人员。具体区别如下：

1. 羁押的对象不同。拘留所羁押的是被公安机关、国家安全机关依法给予拘留行政处罚的人或者被人民法院依法决定拘留的人。看守所羁押的是依法被刑事拘留、被逮捕的犯罪嫌疑人、被告人。此外，依据《刑事诉讼法》第 264 条第 2 款之规定，对被判处死刑缓期 2 年执行、无期徒刑、有期徒刑的罪犯，由公安机关依法将该罪犯送交监狱执行刑罚。对被判处有期徒刑的罪犯，在被交付执行刑罚前，剩余刑期在 3 个月以下的，由看守所代为执行。

2. 拘留羁押期间不同。被羁押在看守所里的人，既有可能被取保候审或监视居住，也有可能被批准逮捕。从刑事拘留到批准逮捕最长期限是 37 天。而被羁押在拘留所的人，最长拘留期限是 20 天（针对合并执行的情形）。如果不存在合并执行的情形，最长的拘留期限是 15 天。

3. 对会见、通信权限制不同。根据《拘留所条例》第 25 条、第 26 条的规定，被拘留人有会见、通信权利，因此家人可以探视，只要向拘留所提交申请即可。根据《刑事诉讼法》规定，涉嫌犯罪的嫌疑人在看守所羁押期间，其亲属不可以与其见面。只有辩护律师可以与犯罪嫌疑人会见和通信、提供法律帮助和服务。

4. 不得执行的对象不同。根据《拘留所条例》第 19 条之规定，患有精神病或者患有传染病需要隔离治疗的、病情严重可能危及生命安全的，应停止执行拘留的决定。根据《看守所条例》第 10 条规定，以下三类人不予收押：一是精神病或者急性传染病的；二是有其他严重疾病，在羁押中可能发生生命危险或者生活不能自理的，但是罪大恶极不羁押对社会有危险性的除外；三是怀孕或者哺乳自己不满一周岁婴儿的妇女。

案例二中的陈浩强、案例三中的曹凯，向婚外情人发送裸照、性爱视频等隐私信息，并将其予以散布，违反治安管理秩序，属于行政违法，均系被公安机关给予拘留行政处罚的人，应当被关押在拘留所。如果前述两人越过了行政违法的界限，如构成侮辱罪，依法被刑事拘留，或者被逮捕，他们便应被关押在看守所。另外，如果二人被判处有期徒刑，在被交付执行刑罚前，剩余刑期在 3 个月以下的，也会在看守所执行。

三、律师建议

（一）行政处罚会有案底，且会影响政审

我们常说的“案底”即法律上的违法记录。行政处罚在相应的执法机构会有记录，在公安机关的系统中可以查到。

在治安处罚措施中，行政拘留是最严重的一种处罚措施。公安机关会向被处罚人宣告并送达《行政处罚决定书》，还会及时通知被处罚人的家属。对被决定给予行政拘留处罚的人，由作出决定的公安机关送达拘留所执行。

行政拘留的违法记录在处理地公安机关的治安部门存档，且该记录将长期保存。公安机关的信息是联网的，一地公安机关系统内存在该记录，其他地公安机关即可查到，除非因数据不同步不能及时获知。被采取过行政拘留处罚的人，特别是因吸毒而被行政拘留的人，只要其使用了身份证，如入住酒店，公安机关就会很快掌握其行踪。因此，行政拘留会留下违法案底，且不可以被消掉。

被行政拘留处罚过的人，其政审会受到影响。

本节精选案例中的案例二和案例三中的陈浩强、曹凯、魏秋香均被处以行政拘留的处罚。则三人的行政拘留处罚记录会被公安机关的治安部门存档。

（二）慎防因不懂法发生下列违法行为被处罚

根据我国法律规定及相关司法实践，下列行为可归入侵犯隐私权范畴，行为人实施后，达到一定程度会涉嫌违法：

1. 未经公民许可，公开其姓名、肖像、住址、身份证号码和电话号码。

2. 非法侵入、搜查他人住宅，或以其他方式破坏他人居住安宁。

3. 非法跟踪他人，监视他人住所，安装窃听设备，私拍他人私生活镜头，窥探他人室内情况。

4. 非法刺探他人财产状况或未经本人允许公布其财产状况。

5. 私拆他人信件，偷看他人日记，刺探他人私人文件内容，以及将他们公开。

6. 调查、刺探他人社会关系并非法公诸于众。

7. 干扰他人夫妻性生活或对其进行调查、公布。

8. 将他人婚外性生活向社会公布。

9. 泄露公民的个人材料或公诸于众或扩大公开范围。

10. 收集公民不愿向社会公开的纯属个人的情况。

11. 未经他人许可,私自公开他人的秘密。

隐私权属于最基本的人格权利之一,其中详细包括了隐私利用权(权利人有权依法按自己的意志利用其隐私,以从事各种满足自身需要的活动)、通讯秘密权(权利主体有权对个人信件、电报、电话、传真加以保密,禁止他人非法窃听或窃取)、情报保密权(权利人有权禁止他人非法使用个人信息和资料,诸如身高、体重、女性三围、病历、身体缺陷、健康状况、生活经历、财产状况、婚恋、家庭、社会关系、爱好、信仰、心理特征等)以及个人生活自由权(权利人按照自己的意志从事或不从事某种与社会公共利益无关或无害的活动,不受他人干预、破坏或支配)等权利。

本节精选的三个案例中,案例一中的刘铭明、案例二中的陈浩强、案例三中的曹凯,拍摄婚外情人的性爱视频及裸照,并将情人的性生活向社会公布、散布裸照等隐私,并将婚外情信息对外公布,已经侵犯了隐私权中的情报保密权和隐私利用权,违反了《治安管理处罚法》,应给予行政处罚。

(三)强扭的瓜不甜,强扭瓜时还容易触法律红线

抛开本书涉及的因婚外情分手反目成仇的案例不论,打开网络,搜索"婚外情"和"分手"两个关键字,有关婚外情分手不畅导致违法甚至犯罪的故事比比皆是、浩如烟海。随便举两个例子,无须挑选,信手拈来。比如,2012 年左右,重庆市某区一美女护士与一位美发师有了婚外情,一段时间后,女子想分手,男子以拍裸照和视频目的,多次强行与女子发生关系,后男子因强奸罪被判刑有期徒刑 4 年。再如,2015 年 4 月左右,《南方都市报》报道,柯女士与男子吴某发生婚外情,当她提出分手时,吴某提出要 20 万元分手费,柯女士拒绝后吴以裸照威胁。吴某以敲诈勒索罪被判有期徒刑 1 年 8 个月,并处罚金人民币 5000 元……

这一个个扎眼又扎心的故事,难道还不足以让人警醒吗?无论是婚外情,还是正常的男女交往,当一方对另一方没有了爱意,想结束这段感情时,对方不应该抓住不放,更不应该以各种违法甚至犯罪的方式强迫对方,否则,很容易逾越法律的红线。

(四)隐私免费,但却最贵

虽然目前我国尚未制定关于公民个人隐私保护的专项法律,但隐私权作为

一种基本的人格权利,由相关的法律、行政法规等进行保护。我国一系列法律法规等都对隐私权的保护进行了规定,构成了隐私的保护网。

《宪法》第33条、第38条、第39条和第40条规定了对人权、人格尊严、通信和住宅隐私的保护;《民法典》也规定了侵犯隐私的民事救济;《治安管理处罚法》规定了偷窥、偷拍、窃听、散布他人隐私的处罚方法;《刑法》更是规定了侮辱、诽谤、侵犯公民个人信息、侵入公民个人住宅的刑事责任。公民个人的隐私不容他人的侵犯,一旦越过法律的边界侵犯公民个人隐私,就会受到法律的惩罚。轻则对他人民事赔偿、被处以行政拘留及罚款,重则被处以刑罚。

行为人只有尊重他人隐私,不对他人隐私进行偷拍、偷录、窃取、泄露及散布,不干扰他人正常生活,自己也才有可能收获幸福的生活。否则,看似获取他人的隐私免费,一旦涉及违法甚至犯罪,为侵犯他人隐私付出的代价却无比昂贵。违法犯罪者不仅仅是个人失去了自由,其作为家庭生活的一分子,对整个家庭的影响特别是对年迈父母的打击往往是致命的、对孩子一生的影响也是巨大的。与一气之下窃取、散布婚外情人隐私而承担法律责任相比,自由的人生更显得弥足珍贵。

四、法律速递

《中华人民共和国治安管理处罚法》

第四十条　有下列行为之一的,处十日以上十五日以下拘留,并处五百元以上一千元以下罚款;情节较轻的,处五日以上十日以下拘留,并处二百元以上五百元以下罚款:

(一)组织、胁迫、诱骗不满十六周岁的人或者残疾人进行恐怖、残忍表演的;

(二)以暴力、威胁或者其他手段强迫他人劳动的;

(三)非法限制他人人身自由、非法侵入他人住宅或者非法搜查他人身体的。

第四十二条　有下列行为之一的,处五日以下拘留或者五百元以下罚款;情节较重的,处五日以上十日以下拘留,可以并处五百元以下罚款:

(一)写恐吓信或者以其他方法威胁他人人身安全的;

(二)公然侮辱他人或者捏造事实诽谤他人的;

(三)捏造事实诬告陷害他人,企图使他人受到刑事追究或者受到治安管理处罚的;

(四)对证人及其近亲属进行威胁、侮辱、殴打或者打击报复的;

(五)多次发送淫秽、侮辱、恐吓或者其他信息,干扰他人正常生活的;

(六)偷窥、偷拍、窃听、散布他人隐私的。

《拘留所条例》

第二条　对下列人员的拘留在拘留所执行:

(一)被公安机关、国家安全机关依法给予拘留行政处罚的人;

(二)被人民法院依法决定拘留的人。

《中华人民共和国刑事诉讼法》

第二百六十四条　罪犯被交付执行刑罚的时候,应当由交付执行的人民法院在判决生效后十日以内将有关的法律文书送达公安机关、监狱或者其他执行机关。

对被判处死刑缓期二年执行、无期徒刑、有期徒刑的罪犯,由公安机关依法将该罪犯送交监狱执行刑罚。对被判处有期徒刑的罪犯,在被交付执行刑罚前,剩余刑期在三个月以下的,由看守所代为执行。对被判处拘役的罪犯,由公安机关执行。

对未成年犯应当在未成年犯管教所执行刑罚。

执行机关应当将罪犯及时收押,并且通知罪犯家属。

判处有期徒刑、拘役的罪犯,执行期满,应当由执行机关发给释放证明书。

第二节　发短信、打电话内容不当也会遭行政处罚

一、案例精选

【案例一】为情人自己离婚弃财产,离婚后情人提分手引威胁遭处罚

杨保庆经过几年的奋斗,从一个什么都没有的农村穷小子摇身一变成了事业小有成就的高富帅。他在北京拥有自己的公司、三套房、两辆车,妻子高挑俊

秀,孩子聪明伶俐。杨保庆在外打拼,妻子在家相夫教子,小日子过得相当舒坦。

俗话说得好:“饱暖思淫欲”,杨保庆也没有逃过这个魔咒。机缘巧合,杨保庆认识了郁香兰。郁香兰也是个有家庭的女人,成熟且有魅力,杨保庆被迷得神魂颠倒。郁香兰没有经受住杨宝庆强烈的攻势,二人发生了婚外情。杨保庆对妻子越来越提不起兴趣,更是看哪儿都觉得不顺眼,于是其回家的时间越来越晚,对妻儿都越来越冷淡。但终究纸包不住火,杨保庆的妻子很快发现了他出轨的事情。眼里容不得沙子,杨保庆妻子提出离婚。出于对妻子的愧疚,杨保庆同意孩子由妻子抚养,并将全部夫妻共同财产都给了妻子作为对妻儿的补偿,两人很快协议离婚了。离婚之后,杨保庆以为终于能和郁香兰光明正大的在一起之时,郁香兰却以担心二人的关系被丈夫知道为由向杨保庆提出了分手。杨保庆坚决不同意,他心想自己放弃辛苦打拼的财产离婚就是为了跟她在一起,没想到这个时候,她却狠心提出分手。

杨保庆以将与郁香兰的情人关系告诉其家人为由,要求与其继续保持情人关系,后多次发短信、打电话威胁郁香兰,多次用上郁香兰家堵门等方式干扰郁香兰家庭正常生活。郁香兰不堪骚扰便向公安机关报案,最后,公安机关根据《治安管理处罚法》第 42 条第 5 项(多次发送淫秽、侮辱、恐吓或者其他信息,干扰他人正常生活的)之规定,决定对杨保庆处以罚款 500 元整的行政处罚。

【案例二】 向情人放狠话图一时痛快,遭治安处罚受一生影响

蒋怡,一个家底殷实的女人,不可自拔地爱上了吴锋。吴锋为了她抛弃了青梅竹马的林诗诗,成了蒋怡听话的丈夫。二人结婚后,吴锋接管了蒋怡家的公司,生了一对可爱的儿女,事业风生水起,吴锋外表的光鲜令人羡慕不已,但一个穷小子娶了富人家的千金,个中滋味只有吴锋最清楚明了。

自从吴锋与蒋怡结婚之后,吴锋越发怀念起与林诗诗相处的每一寸美好时光。经过不懈努力,吴锋找到了林诗诗,好话几乎说尽希望林诗诗能与其重修旧好。林诗诗也不能确定自己是出于爱还是出于报复,最后,她答应了吴锋,并开始了二人的婚外情。很快,这事就传到了蒋怡耳中。为保全自己在蒋家公司中的地位,加上两个年幼的孩子,吴锋不得已只得听从蒋怡的发落并断绝了和林诗诗的联系。

吴锋还是那个吴锋,可林诗诗已经不再是当年的林诗诗了。两度遭吴锋陡然抛弃后,她对吴锋更加恨之入骨,咬牙切齿之时通过微信向吴锋发送“我对你已经痛恨到不但要捅死你,而且肉一块一块刮下来”等威胁信息,其中不乏有对吴锋儿女人身安全的威胁。其后,蒋怡报警,公安机关根据《治安管理处罚法》第 42 条第 1 项(写恐吓信或者以其他方法威胁他人人身安全的)之规定,决定给予林诗诗行政拘留 3 日的行政处罚。

二、维权指引

(一)威胁他人人身安全行为的认定

1. 本行为的主体是年满 14 周岁,具有责任能力的自然人。本行为侵犯的客体是公民的人身安全。侵犯的对象是公民个人。

2. 本行为表现为行为人写恐吓信或者以其他方式威胁他人人身安全。威胁的方式通常包括向被侵权人及其家人发恐吓信息、在被侵权人家门口贴恐吓信,向被侵权人或被侵权人家人投寄恐吓物等。既可以是行为人自己实施威胁行为,也可以通过第三人的转告进行威胁。但无论通过什么样方式,威胁的对象都是针对特定的个人。行为人目的直接指向他人的生命健康安全。

3. 威胁的动机有的是为了个人的私欲,有的是为发泄不满而报复。不管用什么手段来威胁,后果有没有发生,均不影响本行为的成立,方法和手段以及后果只作为处罚时考虑的酌定情节。

案例二中的林诗诗,因婚外情人吴锋两次与其陡然断绝关系,而一气之下对吴锋发送“我对你已经痛恨到不但要捅死你,而且要将你的肉一块一块刮下来”等消息进行威胁,违反了《治安管理处罚法》第 42 条第 1 项写恐吓信或者以其他方法胁迫他人人身安全的要件,因此受到行政处罚。

(二)《治安管理处罚法》第 42 条第 1 项与第 5 项中威胁的不同

《治安管理处罚法》第 42 条规定:有下列行为之一的,处 5 日以下拘留或者 500 元以下罚款;情节较重的,处 5 日以上 10 日以下拘留,可以并处 500 元以下罚款:(1)写恐吓信或者以其他方法威胁他人人身安全的……(5)多次发送淫秽、侮辱、恐吓或者其他信息,干扰他人正常生活的……

通过该法律规定,不难看出,二者有以下主要区别:

1. 威胁的方式和手段不同。第 42 条第 1 项中的威胁方式,可以是写恐吓信,也可以是投寄恐吓物等;可以是直接的威胁,也可以通过暗示的方法威胁;可以是行为人自己威胁,也可以通过第三人的转告来威胁。而第 5 项中的威胁方式限于发送威胁信息的方式。

2. 侵犯的客体不同。第 1 项中的威胁针对的是他人的人身安全;第 5 项中的威胁是干扰他人正常的生活。

3. 是否产生实际的危害后果要求不同。实施了第 1 项中的威胁,即使后果没有发生,也不影响违法行为的成立;但第 5 项中的威胁需要产生干扰到他人正常生活的后果。

案例一中,杨保庆多次发送淫秽、侮辱、恐吓或者其他信息,仅仅是为了让婚外情人与其继续保持婚外情关系,从而干扰他人正常生活。而案例二中的林诗诗,她生气之下便通过微信发送"我对你已经痛恨到不但要捅死你,而且肉一块一块刮下来"等信息威胁吴锋,对吴锋等人的人身安全构成威胁。二人均符合各自的行为要件,因此,都受到了行政处罚。

(三)威胁他人人身安全行为和发送威胁信息干扰他人正常生活的处罚

依据《治安管理处罚法》第 42 条之规定,写恐吓信或者以其他方法威胁他人人身安全的,或多次发送淫秽、侮辱、恐吓或者其他信息,干扰他人正常生活的处 5 日以下拘留或者 500 元以下罚款;情节较重的,处 5 日以上 10 日以下拘留,可以并处 500 元以下罚款。情节较重,是指威胁的行为给受害人造成了较大的危害,如因受到过度的恐吓而生病或者不能正常上班、休息。

案例一的杨保庆多次发短信、打电话威胁郁香兰,多次用上郁香兰家堵门等方式干扰郁香兰家庭正常生活,被公安机关认定为多次发送恐吓或者其他信息,干扰他人正常生活的情形,最终被处于罚款 500 元的行政处罚。而案例二的林诗诗,被公安机关认定为写恐吓信威胁他人人身安全,对林诗诗处以行政拘留 3 日的行政处罚。

三、律师建议

(一)遭到婚外情人威胁,应该如何固定证据?

婚外情是不值得提倡的,笔者呼吁尽量减少婚外情的可能,因为从某种意义上说,减少婚外情的发生能大幅度降低违法甚至犯罪的数量。但不可忽视,社会上已有的婚外情关系已经发生了太多导致社会不和谐的因素。虽然婚外情不值得提倡,但不意味着婚外情中人的法律权益不受法律保护并任意遭受践踏。

《治安管理处罚法》第 42 条规定:"有下列行为之一的,处五日以下拘留或者五百元以下罚款;情节较重的,处五日以上十日以下拘留,可以并处五百元以下罚款:(一)写恐吓信或者以其他方法威胁他人人身安全的;(二)公然侮辱他人或者捏造事实诽谤他人的;(三)捏造事实诬告陷害他人,企图使他人受到刑事追究或者受到治安管理处罚的;(四)对证人及其近亲属进行威胁、侮辱、殴打或者打击报复的;(五)多次发送淫秽、侮辱、恐吓或者其他信息,干扰他人正常生活的;(六)偷窥、偷拍、窃听、散布他人隐私的。"

通过该条规定可知,婚外情中人存在前述所列的六项行为之一即已经违法,除了多次发送淫秽、侮辱、恐吓或者其他信息,需要达到干扰他人正常生活的程度外,其他几项列明的行为发生或多次发生即违法。所以,但凡婚外情中的一方有前述所列行为,或有实施前述所列行为的倾向时,另一方要理智地固定证据,以期在更大的危险还没有发生之前就向公安机关控告并达到用国家公权力制止对方违法行为的目的。

1. 如果对方有威胁的行为,若是用口头表达的,请在对方实施威胁行为时进行录音。

2. 如果对方是用短信或微信的方式实施的威胁,请在保留好这些证据原始载体的同时,将对话截屏复制下来保存在另外的设备上,防止万一一个设备出现问题或丢失,重要证据丢失的情况发生。

3. 如果对方是往家里丢的恐吓物品,如匕首、恐吓信、恐吓图片等,要先对其录像、拍照,然后用夹子夹到干净的袋子里,或者直接报警,让警察提取。

4. 如果对方是把恐吓信息偷偷写在了情人家门外的墙上或门上,不要因怕别人笑话着急清洗掉或擦掉,要先拍照并录像,最好是报警后再做处理。

5. 最好和家人坦白自己的不端行为,真诚道歉,并取得家人的谅解,希望家人能先一致对外解决当下的问题,然后再慢慢梳理家庭内部的矛盾。

笔者前段时间办结的一个案件就是情人发布信息威胁委托人本人和孩子的人身安全,委托人担心事情败露被家人发现,所以委托人手机里没有保存任何对方发来的威胁信息。笔者接受委托后,用委托人的口气通过和对方协商的方式,还原了对方此前的威胁行为，并固定对方的身份信息，且明确了对方还有可能继续实施威胁，在这种情况下，委托人持笔者写好的控告信和现有证据，向公安机关报案，对方未来得及进行更大程度威胁即被公安机关绳之以法。治安拘留结束后，委托人收到了对方真诚道歉的信息，那场婚外情风波最终画上了句号。

（二）受到他人威胁后，及时报案并学会报案

受到他人威胁或自己人身和财产受到其他损害或有受到危害的可能时，请及时报案。及时报案一来便于及时固定第一手证据，二来防止纵容对方，引发更大的受害后果。有些人会认为报警用处不大。其实，很多时候，不是报案没有用，而是报案人不知道如何报案。为高效维权，笔者提示以下报案注意事项：

1. 报案人最好就整个案件事实的来龙去脉写一份书面控告材料，该书面材料不需要太长，但通常需要具备“5W + 1H”要素，即 When（什么时候）、Where（什么地方）、Who（参与人是谁）、What（什么事情）、Why（发生当下事情的原因）和 How（希望公安机关如何做）。

2. 向公安机关提供尽量多的证据，包括证明对方身份的材料、聊天记录、音视频文件等。

3. 找对有管辖权的公安机关，通常是违法行为发生地的公安机关或者派出所。

4. 如实反映事件的实际情况，不夸大，不歪曲。

5. 在与民警沟通时，尽量克服焦躁情绪，吐字清楚、叙述事情来龙去脉以时间脉络为顺序。

6. “110”答复出警后，要在事发现场等候，主动与赶到的民警联系，详细介绍情况。

7. 积极协助警方开展调查工作等。

（三）放狠话易，违法尺度不易，这样的狠话不能随便说

案例二中的林诗诗因吴锋两度陡然断绝关系，一气之下便通过微信发送“我对你已经痛恨到不但要捅死你，而且肉一块一块刮下来”等信息威胁吴锋。虽然她并未采取实际行为，仅欲以这样的方式逼迫吴锋继续与其保持婚外情关系。笔者相信，现实生活中放狠话的情形林林总总，只是很多时候，众人都没有认为这也是违法行为而已。但如此狠话确实容易让人产生恐惧感，这种恐惧感

是在真实或想象的危险中,个人深刻感受到的一种强烈而压抑的情感状态。表现为神经高度紧张,内心充满害怕,注意力无法集中,脑子里一片空白,不能正确判断或控制自己的举止。这种恐惧感的产生是与国家治理的效果和人民的安居乐业背道而驰的。因此,当行为人用威胁的方式危及他人或近亲属的人身安全时,该行为人一定会成为法律规制的对象。因此,每个人都应当恪守法律的底线,谨防自己的言行不当,以免因为一时意气而让自己违背法律,像林诗诗一样遭致行政拘留3日的行政处罚。

四、法律速递

《中华人民共和国治安管理处罚法》

第二条　扰乱公共秩序,妨害公共安全,侵犯人身权利、财产权利,妨害社会管理,具有社会危害性,依照《中华人民共和国刑法》的规定构成犯罪的,依法追究刑事责任;尚不够刑事处罚的,由公安机关依照本法给予治安管理处罚。

第四十二条　有下列行为之一的,处五日以下拘留或者五百元以下罚款;情节较重的,处五日以上十日以下拘留,可以并处五百元以下罚款:

(一)写恐吓信或者以其他方法威胁他人人身安全的;

(二)公然侮辱他人或者捏造事实诽谤他人的;

(三)捏造事实诬告陷害他人,企图使他人受到刑事追究或者受到治安管理处罚的;

(四)对证人及其近亲属进行威胁、侮辱、殴打或者打击报复的;

(五)多次发送淫秽、侮辱、恐吓或者其他信息,干扰他人正常生活的;

(六)偷窥、偷拍、窃听、散布他人隐私的。

《公安机关执行〈中华人民共和国治安管理处罚法〉有关问题的解释》

一、关于治安案件的调解问题。根据《治安管理处罚法》第9条的规定,对因民间纠纷引起的打架斗殴或者损毁他人财物以及其他违反治安管理行为,情节较轻的,公安机关应当本着化解矛盾纠纷、维护社会稳定、构建和谐社会的要求,依法尽量予以调解处理。特别是对因家庭、邻里、同事之间纠纷引起的违反治安管理行为,情节较轻,双方当事人愿意和解的,如制造噪声、发送信息、饲养动物干扰他人正常生活,放任动物恐吓他人、侮辱、诽谤、诬告陷害、侵犯隐私、偷开机动车等治安案件,公安机关都可以调解处理。同时,为确保调解取得良好效果，调解前应当及时依法做深入细致的调查取证工作，以查明事实、收集证据、分清责任。调解达成协议的，应当制作调解书，交双方当事人签字。

第三节 故意伤害他人不构成犯罪不代表不违法

一、案例精选

【案例一】 家内因第三者插足成受害人，家外殴打第三者等人遭治安处罚

王学明是一家大型超市的老板，已有家室，女儿王斯正读高三。王春华是王学明所在超市的一名员工，没有什么学历，但人年轻，脑子也灵活，王学明见王春华聪明伶俐，便在工作上对她多了些关照，这让王春华理解为王学明向他示好。王学明的行为打动了王春华的芳心，王春华明知道他有家室仍不顾一切的爱上了他。王春华完全沦陷在王学明的温情里，甚至觉得他不离婚也没有关系。这样的关系一处就是 10 年，并且两人有了一个女儿王玲，已经 9 岁。

一天，王学明的妻子邵彩霞带其母亲、兄弟邵刚、邵强及女儿王斯等人在某市万达广场的日本料理店消费时遇到王学明陪同王春华及其女儿王玲也到该店吃饭。气急之下，趁王春华低头解鞋带之际，上前用光脚丫踢了王春华一下。之后，在王斯的劝告下，王学明、王春华及其女儿王玲离开该店。但邵彩霞及其母亲、兄弟邵刚、邵强等人追打出去，致双方在该店附近互殴，导致王学明、王春华、王玲受伤，事后三人均被鉴定为轻微伤。公安机关依据《治安管理处罚法》第 43 条第 1 款（殴打他人的，或者故意伤害他人身体的，处……）对邵彩霞处以行政拘留 5 日的行政处罚。

邵彩霞不服该行政处罚，向公安局提起行政复议申请，经复议，公安机关维持了《行政处罚决定书》。但邵彩霞仍旧不服，便提起了行政诉讼。法院在通知第三人王春华到庭审理后认为，公安机关认定邵彩霞违法事实清楚，证据确实、充分。邵彩霞在公众场合动手殴打王春华，于法不和，对其进行行政处罚合乎法律规定，最终驳回了邵彩霞的诉讼请求。

【案例二】 婆媳不睦害处大,引来殴打导致离婚还遭受处罚

张悦和王畅是小学同学,大学毕业回老家后的一次同学聚会上,两人取得联系。不久,王畅开始热烈地追求张悦。因两人知根知底,张悦很快便同意了王畅的追求,两人顺利步入了婚姻殿堂。婚后最初,两人感情还不错,直到王畅将外地孤身一人生活的母亲李秀兰接回家中。令两人都没有想到的是,李秀兰的到来打破了小家原有的温馨与平静。生活习惯迥异的婆媳共同生活在一起,难免会有些磕磕碰碰。张悦有时会向王畅抱怨婆婆的不卫生、爱唠叨等事情。每当此时,王畅总是维护母亲李秀兰,而对张悦多加斥责。李秀兰也是,当小两口略有不睦时,便对张悦挑三拣四,以家长的身份给张悦立一些规矩……这让张悦两头受气,感觉生活得十分憋屈。时间久了,张悦与王畅的冲突时有发生,家庭难得安宁。

家庭的争吵、婆媳的矛盾让王畅宁愿在办公室闲待着,也不愿意回家。这时候,漂亮且单身的同事贾佳进入了他的视野。贾佳善解人意、温柔体贴,让王畅暂时忘却了家里的烦恼并享受到了难得的柔情。时间不长,两人即发生了婚外情。于是,王畅更晚也更少回家了。

王畅的显著变化让张悦很快发现了王畅与贾佳的不轨事情,新一轮的家庭大战再度爆发。李秀兰看着儿子在家过的如此不快,言行中都表露出期盼两人赶快离婚,这导致两人的关系进一步恶化。

一次,张悦和其母亲回家,因忘记带钥匙,敲门后等了好久李秀兰才把门打开,眼都不看张悦之母一眼,双方更没有打招呼。双方因此产生误会,并发生肢体冲突,张悦对李秀兰有脚踢的行为。李秀兰向派出所报警,之后便去看病就医,医院出具胸腹部闭合性损伤、左膝软组织损伤的诊断证明,后经鉴定为轻微伤。派出所对张悦出具了《家庭暴力告诫书》。李秀兰申请行政复议,派出所作出的《家庭暴力告诫书》被撤销,并重新对张悦处以行政拘留 5 日的行政处罚。张悦不服,诉至法院,请求法院判决撤销被诉处罚决定,并主张自己患抑郁症,健康状况不适合被拘留。

法院经不公开审理后认为公安机关根据《治安管理处罚法》第 43 条第 1 款(殴打他人的,或者故意伤害他人身体的,处……)的规定,决定对张悦予以行政拘留 5 日处罚,适用法律并无不当,行政程序合法。张悦认为其患抑郁症,健康

状况不适合被拘留,属于行政拘留是否执行问题,不是案件的审理范围。张悦请求撤销被诉处罚决定的理由均不能成立,故判决驳回了张悦的诉讼请求。

【案例三】 婚外情导致夫离子散,探视孩子不当引来行政处罚

周刚与范兰是同事,并且周刚一直对范兰有爱慕意思,可碍于范兰有家庭,所以一直对范兰都十分克制,没有做出什么过分的行为。

一次两人一起出差,深夜周刚来敲了范兰的房门,问范兰是否带了感冒药,范兰没有多想便打开了房门。周刚进门之后就不停地找话题与范兰聊天,尽管范兰多次提醒周刚该回去休息了,但周刚都好像没听到一样。趁范兰取水杯的机会,周刚突然过来从后面将其抱住,范兰一开始还有反抗,但担心被别人听到便顺从了……此后,周刚一直向范兰表白,并保证只要范兰同意与其私下交往,一定不会影响范兰的生活。就这样,范兰与周刚秘密开始了婚外情生活。

常在河边走,怎能不湿鞋!范兰不安的神情早就引起了丈夫李伟的注意。在李伟的再三追问下,范兰道出了和周刚的事。李伟无法容忍妻子背叛自己,并向法院提起了离婚诉讼。经法院判决,李伟与范兰离婚,婚生子判归李伟抚养,但判决书中未约定范兰探视孩子的时间。

某周五下午,范兰未事先与李伟沟通,将儿子李鑫从学校接回自己家中居住。第二天,李伟确定孩子被范兰接走后便伙同他人来到范兰住处接孩子,正好周刚也在。周刚不由分说,先动手打了李伟,后双方打在了一起,周刚、李伟及李伟的弟弟李明均为轻微伤。公安局依据《治安管理处罚法》第 43 条第 2 款第 3 项(多次殴打、伤害他人或者一次殴打、伤害多人的)作出对周刚拘留 10 日,对李伟拘留 4 日的行政处罚。李伟主张自己是正当防卫,是非过错方,认为处罚太重,于是提起行政诉讼,但经过行政诉讼一审、二审和再审,均被法院驳回诉讼请求或再审申请。

二、维权指引

(一)殴打他人或者故意伤害他人行为的认定

对殴打或者以其他方式故意伤害他人身体的行为,都规定了应给予治安管理处罚。此外,本法规定的故意伤害他人的行为是行为犯,只要有故意伤害他人身体的行为,就有受行政处罚的可能,后果的严重程度只作为处罚的酌定情节。

1. 本行为的主体是年满 14 周岁,具有责任能力的自然人。本行为侵犯的客体是他人的身体权和健康权。殴打既是侵害身体权的行为,也是侵害健康权的行为。当殴打致被侵害人的身体组织功能不能正常发挥的时候,就是侵害健康权;当殴打已经进行,但尚未造成上述后果的时候,就是侵害身体权。

2. 本行为在客观上表现为殴打他人或者故意伤害他人身体。殴打他人,是指行为人公然实施的损害他人身体健康的打人行为。行为方式一般采用拳打脚踢,或者使用棍棒等器具殴打他人。依据本条规定,殴打他人属行为犯,即只要有证据证明行为人实施了殴打他人行为,不论其是否造成被侵害人受伤,即应当予以治安管理处罚。殴打的行为方式、行为地点和伤情轻重等,应当作为从轻或者从重处罚的情节予以考虑。

故意伤害他人身体,是指以殴打以外的其他方式故意伤害他人的行为,如使用机械撞击等方法实施伤害。不论采用什么样的手段,都必须是以外力直接作用于他人的身体组织和器官,致使他人身体组织的完整和器官的正常功能受到破坏。

3. 行为人在主观方面是故意,过失伤害他人身体的行为不构成违反治安管理行为,不应予以治安管理处罚。

(二)殴打他人或者故意伤害他人行为的处罚

依据《治安管理处罚法》第 43 条第 1 款之规定,殴打他人的,或者故意伤害他人身体的,处 5 日以上 10 日以下拘留,并处 200 元以上 500 元以下罚款;情节较轻的,处 5 日以下拘留或者 500 元以下罚款。情节较轻的,一般是指没有构成轻微伤或者主观过错比较小等情形。但行为人动机、手段恶劣的,即使没有构成轻微伤,也可以适用前述处罚。

《治安管理处罚法》第 43 条第 2 款规定,有下列情形之一的,处 10 日以上 15 日以下拘留,并处 500 元以上 1000 元以下罚款:(1)结伙殴打、伤害他人的;(2)殴打、伤害残疾人、孕妇、不满 14 周岁的人或者 60 周岁以上的人的;(3)多次殴打、伤害他人或者一次殴打、伤害多人的。结伙殴打、伤害他人,是指多人结成团伙同时殴打、伤害他人,被殴打、伤害的对象是无辜受害者。残疾人、孕妇、不满 14 周岁的人或者 60 周岁以上的人是社会的弱势群体,需要特殊的保护,因此本法规定殴打残疾人、孕妇、不满 14 周岁的人或者 60 周岁以上的人的,应当给予较重的处罚。多次殴打、伤害他人或者一次殴打、伤害多人,属于故意伤害他人情节严重的行为,本法也规定了给予较重的处罚。

案例一的邵彩霞一气之下殴打王春华,造成王春华等人轻微伤,侵犯了王春华等人的身体权和健康权,其行为已经构成"殴打他人或故意伤害他人身体的"行为要件,违背了《治安管理处罚法》第 43 条第 1 款之规定,应受治安处罚。

(三)结合案例三谈对行政处罚决定不服的救济途径

根据《治安管理处罚法》第 102 条及《公安机关执行〈中华人民共和国治安管理处罚法〉有关问题的解释》之规定,被处罚人对治安管理处罚决定不服的,可以依法申请行政复议或者提起行政诉讼。如果先申请复议,申请人对复议结果仍不服,还可以再提起诉讼。被处罚人对治安管理处罚决定不服的,既可以申请行政复议,也可以直接提起行政诉讼。对未经行政复议和经行政复议决定维持原处罚决定的行政诉讼案件,由作出处罚决定的公安机关负责人和原办案部门的承办民警出庭应诉;对经行政复议决定撤销、变更原处罚决定或者责令被申请人重新作出具体行政行为的行政诉讼案件,由行政复议机关负责人和行政复议机构的承办民警出庭应诉。

案例三的周刚对行政处罚决定不服,没有经过行政复议直接向法院提起行政诉讼即说明当事人对救济途径须有选择性,不需要先经过复议再诉讼。如果最初周刚选择复议,根据《行政复议法》第 12 条第 1 款的规定,对县级以上地方各级人民政府工作部门的具体行政行为不服的,由申请人选择,可以向该部门的本级人民政府申请行政复议,也可以向上一级主管部门申请行政复议。当周刚仍对行政复议结果不服时,还可以再向人民法院提起行政诉讼。

(四)结合案例一谈行政诉讼中的第三人与民事诉讼中第三人的区别

根据《行政诉讼法》第 29 条的规定,所谓行政诉讼第三人,是指同被诉行政行为有利害关系但没有提起诉讼,或者同案件处理结果有利害关系,通过申请或法院通知形式,参加到诉讼中来的其他公民、法人或者其他组织。根据《民事诉讼法》第 56 条的规定,第三人是指对他人争议的诉讼标的有独立请求权,或者虽无独立的请求权,但案件的处理结果与其有法律上的利害关系,而参加到原告、被告已经开始的诉讼中进行诉讼的人。据此,二者的主要区别如下:

1. 参加诉讼的法律关系不同。行政诉讼第三人必须和被告行政机关之间存在管理与被管理的行政法律关系，双方处于管理者和被管理者的不平等地位。而民事诉讼第三人属于平等民事主体。

2. 行政诉讼中不存在有独立请求权的第三人。民事诉讼中有独立请求权的第三人，在这种情况下，第三人处于原告的地位，而原诉原告、被告均处于被告的地位。而行政诉讼中，被告始终是固定的，始终是行政机关，因此第三人不可能把原告、被告双方都作为行政诉讼被告而提出自己的独立请求。如果第三人要提出独立的诉讼请求，被告也只能是国家行政机关，已经进行的诉讼中的原告不可能处于被告地位。

3. 是否能够单独提起诉讼不同。行政诉讼第三人与被提起行政诉讼的具体行政行为有利害关系，具有原告资格，因对具体行政行为未起诉而未成为原告。而在民事诉讼中无独立请求权的第三人没有原告资格。

4. 行政诉讼第三人如果未参加诉讼，以致合法权益未得到保护，不可能另行起诉，只有通过申诉和再审程序改变原判决才能解决。民事诉讼中无独立请求权的第三人如果未参加诉讼，其合法权益问题可以另行起诉请求解决，而不是一定要对原案进行再审。

案例一中的邵彩霞殴打王春华，违反治安管理，妨害社会管理秩序，属于被处罚人，被给予行政拘留的处罚。原告邵彩霞不服处罚，向法院提起诉讼，请求撤销《行政处罚决定书》，而第三人王春华并未提起诉讼，但她与被诉的具体行政行为具有利害关系，与被告之间也具有行政管理关系，并非平等的民事主体。第三人参与到已经进行的诉讼中来，有利于法院查明案件事实。

(五)结合案例二谈治安管理处罚中涉及的重新鉴定问题

根据《治安管理处罚法》第 90 条的规定，为了查明案情，需要解决案件中有争议的专门性问题的，应当指派或者聘请具有专门知识的人员进行鉴定；鉴定人鉴定后，应当写出鉴定意见，并且签名。

另外，《公安机关办理行政案件程序规定》第 98 条规定："具有下列情形之一的，应当进行重新鉴定：(一)鉴定程序违法或者违反相关专业技术要求，可能影响鉴定意见正确性的；(二)鉴定机构、鉴定人不具备鉴定资质和条件的；(三)鉴定意见明显依据不足的；(四)鉴定人故意作虚假鉴定的；(五)鉴定人应当回避而没有回避的；(六)检材虚假或者被损坏的；(七)其他应当重新鉴定的。不符合前款规定情形的，经县级以上公安机关负责人批准，作出不准予重新鉴定的决定,并在作出决定之日起的三日以内书面通知申请人。”

根据本条规定,鉴定的目的是查明案情,解决案件中有争议的专门性问题。

案例二中张悦与其婆婆李秀兰有肢体冲突,经鉴定李秀兰的伤为轻微伤。如果李秀兰认为其伤情应该鉴定为轻伤,对现有鉴定结果不服,有权申请重新鉴定。如果李秀兰不符合前述《公安机关办理行政案件程序规定》规定的重新鉴定的条件,公安机关即不会启动重新鉴定程序。《公安机关办理行政案件程序规定》对重新鉴定的情形进行明确规定是很有必要的,因为当事人往往“趋利避害”,如果法官“有请必鉴”,势必影响了诉讼效率的提高,而且,同样的材料,不同的鉴定机构产生不同的鉴定结果,容易引发当事人、司法部门和群众对于科学检验的不信任,并可能由此造成法律意识、法律信仰的缺失和恐慌。还有,矛盾的鉴定意见一旦作出,如何处理的苦果必将由法官来无奈的承受,给法院和承办法官带来了极大的压力,不利于社会稳定与和谐发展。所以,无论是在行政诉讼中,还是民事或刑事诉讼中,对重新鉴定进行限制,都是很有必要的。

(六)结合案例二谈民事、行政、刑事三类案件不公开审理的区别

根据《刑事诉讼法》第188条第1款规定,有关国家秘密或者个人隐私的案件,不公开审理;涉及商业秘密的案件,当事人申请不公开审理的,可以不公开审理。另外,根据《刑事诉讼法》第285条规定,审判的时候被告人不满18周岁的案件,不公开审理。

根据《民事诉讼法》第134条的规定,人民法院审理民事案件,除涉及国家秘密、个人隐私或者法律另有规定的以外,应当公开进行。离婚案件,涉及商业秘密的案件,当事人申请不公开审理的,可以不公开审理。

根据《行政诉讼法》第54条规定,人民法院公开审理行政案件,但涉及国家秘密、个人隐私和法律另有规定的除外。涉及商业秘密的案件,当事人申请不公开审理的,可以不公开审理。

表 5-1 民事、行政、刑事三类案件不公开审理的区别

	民事诉讼	行政诉讼	刑事诉讼
应当不公开审理	1. 国家秘密案件 2. 个人隐私案件 3. 法律另有规定	1. 国家秘密案件 2. 个人隐私案件 3. 法律另有规定	1. 国家秘密案件 2. 个人隐私案件 3. 审判的时候被告人不满 18 周岁的案件
申请不公开审理	离婚案件,涉及商业秘密的案件	涉及商业秘密的案件	涉及商业秘密的案件
注:三类申请不公开审理的案件,均由申请人申请,由法院决定是否不公开审理			

因案例二涉及张悦及其丈夫王畅的夫妻关系,也涉及王畅与情人贾佳的婚外情关系,均涉及个人隐私,因此法院不公开审理此案。这也是为避免给当事人造成更大损害的一种制度。

当然,判断案件是否属于个人隐私案件的决定权在法官。比如案例二中提起的行政诉讼,原告为张悦,被告为行政机关,法院审查的是被告具体行政行为的合法性等问题,只是具体行政行为的相对方之间存在涉及个人隐私的信息。故存在法院不将此类案件列为属于涉及个人隐私案件的可能。此时,作为行政诉讼案件的原告或第三人,为避免公开审理带来的损害,可以提出不公开审理的书面申请。对于有当事人书面提出不公开审理的案件,法院一般会慎重对待,通常会不公开审理。

(七)结合案例二谈《反家庭暴力法》与《治安管理处罚法》的适用

2016 年 3 月 1 日起施行的《反家庭暴力法》第 2 条规定,本法所称家庭暴力,是指家庭成员之间以殴打、捆绑、残害、限制人身自由以及经常性谩骂、恐吓等方式实施的身体、精神等侵害行为。该法第 37 条规定,家庭成员以外共同生活的人之间实施的暴力行为,参照本法规定执行。案例二中,因张悦和其婆婆李秀兰共同生活,张悦对李秀兰实施了暴力,则属于本法规制的对象。但最终是否依据本法追究张悦的责任,要看张悦对李秀兰伤害的程度。如果家庭暴力情节较轻,依据本法第 16 条之规定,依法不给予治安管理处罚的,由公安机关对加害人给予批评教育或者出具告诫书即可。但李秀兰经检查后,医院出具胸腹部闭合性损伤、左膝软组织损伤的诊断证明,并经鉴定认为属于轻微伤。可见,已经

超出了情节轻微的范畴。依据本法第 33 条之规定,加害人实施家庭暴力,构成违反治安管理行为的,依法给予治安管理处罚;构成犯罪的,依法追究刑事责任。因李秀兰的伤情虽有些重,并没有达到轻伤的程度,故应当对张悦采取行政处罚措施。所以,李秀兰对派出所向张悦出具的《家庭暴力告诫书》不服,申请了行政复议,复议机关将派出所作出的《家庭暴力告诫书》撤销。后派出所重新对张悦作出行政拘留 5 日的行政处罚。

通过这个案例,我们不难发现,《家庭暴力告诫书》适用于行为人的行为由合法向违反治安管理处罚法中间过渡的阶段。由此看出,国家对家庭暴力进行全方位、多层次、无死角的防护。也借此案例呼吁遭遇家庭暴力的人们,勇敢地拿起法律的武器捍卫本该属于自己的权利!

(八)结合案例二谈行政拘留的暂缓执行与不予执行

根据《治安管理处罚法》第 107 条的规定,被处罚人不服行政拘留处罚决定,申请行政复议、提起行政诉讼的,可以向公安机关提出暂缓执行行政拘留的申请。公安机关认为暂缓执行行政拘留不致发生社会危险的,由被处罚人或者其近亲属提出符合本法第 108 条规定条件的担保人,或者按每日行政拘留 200 元的标准交纳保证金,行政拘留的处罚决定暂缓执行。

因此,根据法条规定,要暂缓行政拘留,必须满足以下条件:(1)被处罚人对行政拘留处罚决定不服,依法申请了行政复议或者提起了行政诉讼。(2)被处罚人向公安机关提出了暂缓执行行政拘留的申请。申请的提出,并未规定具体提出的时间,既可以在申请行政复议或者提起行政诉讼的同时提出,也可以在行政复议或者行政诉讼期间提出。(3)公安机关认为对被处罚人暂缓执行行政拘留不致发生社会危险。这是适用行政拘留暂缓执行的关键。不符合此条件,不可以适用暂缓执行。(4)被处罚人或者其近亲属依法提出了符合条件的担保人,或者按照法定标准交纳保证金。

行政拘留处罚决定的暂缓执行,是指行政拘留暂时不予执行,但并不是不再执行。如果被处罚人在提起行政诉讼或者申请行政复议之后,行政拘留处罚决定经行政复议后维持,或者行政拘留处罚决定经行政诉讼后维持的,该行政拘留处罚决定便应当交付执行。如果行政拘留处罚决定经行政复议或者行政诉讼被撤销的,行政机关也不得再对被处罚人执行行政拘留。

不执行行政拘留处罚,是指公安机关依法对违反治安管理行为人作出行政拘留决定,但考虑到行为人具有法定的特殊情况,而实际上不执行行政拘留。根据《治安管理处罚法》第21条之规定,如果被处罚人已满14周岁不满16周岁;或者已满16周岁不满18周岁,初次违反治安管理;或者70周岁以上;或者怀孕或者哺乳自己不满1周岁婴儿的,不执行行政拘留处罚。

案例二中的张悦以其患抑郁症,健康状况不适合被拘留要求公安机关撤销行政处罚决定书,显然是没有法律依据的。其行为被处以行政拘留并无不当,而是否适合拘留及身体是否允许等,是拘留的执行问题,不属于法院审理的范围。故法院最终判决驳回了张悦的诉讼请求。

三、律师建议

(一)谈故意伤害案件受害人应如何保护自身权益

故意伤害事件有很大程度上是双方当事人因矛盾、纠纷、积怨引发的斗殴而导致伤害。作为故意伤害案件的受害人,应注意以下问题以便更好地保护自身权益:

1. 先确定伤害是在什么情况下造成的,由谁造成的。这是根本,否则其他的事宜都是无源之水、无本之木。

2. 受伤后一定要及时就医,受伤几天后才就医往往不符合生活常理。而且,事隔几天后再就医,往往会引起对方质疑受伤原因及与行为人行为的因果关系,让对方有合理理由怀疑伤情不是其造成的。看病就医,需保留好住院医疗的费用。

3. 要关注是否有证人在场。在某些案件中,证人很可能也会成为认定案件事实的关键。但如果是对方提供两个或两个以上的证人作证,就要详细审查两个证人对细节事实是否存在矛盾,证人之间的矛盾是否能合理排除,以其之矛攻其之盾。

4. 及时报警,事发时间和报警时间尽量一致,以便对方的违法犯罪事实及证据及时得以搜集和固定。依据《治安管理处罚法》第22条第1款之规定,违反治安管理行为在6个月内没有被公安机关发现的,不再处罚。因此,及时报警也防止过了追究加害了责任的时效。

5. 及时要求对所受伤害进行鉴定。根据《公安机关办理行政案件程序规定》第90条第2项规定,被侵害人要求作伤情鉴定的应当进行人身伤害伤情鉴定,该鉴定可以作为公安机关认定人身伤害程度的依据。

6. 经过鉴定之后,如果认定被害人构成轻伤,此时涉嫌构成犯罪,公安机关应当按照刑事案件办理,公安机关应当立案侦查,追究加害人的刑事责任。若公安机关不予立案,可以向人民法院提起刑事自诉,要求追究加害者的刑事责任。不管是公诉还是自诉,都可以同时提起附带民事诉讼,要求对方赔偿医疗等费用。如果是轻微伤,公安机关便会按照行政案件办理对加害人处以行政拘留罚款等处罚。

7. 对公安派出所的调解需要慎重,因为一旦调解成功,若想反悔,基本没有可能。

8. 如果公安机关对加害人作出了行政处罚,但对行政处罚不满,便可以提起行政复议或者行政诉讼。

最终确定综合用哪些方式才能确保自身权益最大化,要结合在案事实及证据综合进行确定或咨询专业办理此类案件的律师。

案例一中,王春华被邵彩霞殴打之后及时报警,请求警方介入帮助,被鉴定为轻微伤之后,如果警察可以从中调解,双方之间达成调解协议,邵彩霞积极履行协议中的赔偿协议,公安机关就可以不予处罚。如果邵彩霞不积极履行,则王春华可以向人民法院提起民事诉讼,请求邵彩霞赔偿医疗费、误工费、护理费、交通费、住宿费、住院伙食补助费、必要的营养费。如果邵彩霞造成王春华轻伤以上,则公安机关应当立案侦查,王春华可以同时提起刑事附带民事诉讼,请求一并处理,也可以就赔偿部分单独提起民事诉讼。婚姻中的受害方切记要用合法的方式维护自己的权益,避免双重受害。

(二)发生侵犯自己人身权利或财产权利的事情,应该如何报案

1. 第一时间拨打"110"

电话都会拨,但是怎么说有讲究。通常情况下,警察同志都非常忙,出警是否迅速取决于案情的重要和紧急程度。接线员会将您说的每一句话,边听边记录在电脑上,然后对将情况转给相应辖区派出所,由派出所处理。

由此,对"110"言简意赅说明被打情况,并且明确告知:自己受伤情况、现状情势、所感受到的强烈威胁和恐惧。实践证明,这是非常必要的!

2. 接听派出所警察电话

只要公安派出所接到报警,警察同志无论如何都会处理,但不一定会留下详

细的报警材料。到案发现场来之前,警察同志通常会打电话给报警人,询问最新进展,也会劝慰报警人几句。如果报警人此时动摇是否该让警察上门,那么警察同志会先去处理其他更紧急的警情。最后的结局就是本次报警撤销。

所以说,当报警人报警后,必须坚持让警察到现场,警察通常都会来的。

3. 与出警警察进行沟通

与出警警察进行沟通时要做的,首先是冷静陈述刚刚发生的侵害事实,再主动提出要求出具报警回执、要求给双方做调查笔录,要求做伤情鉴定!

警察同志一听,内行啊,往往就不啰唆了。通知相关各方到派出所做笔录的具体时间!

当然,如果报警人一定坚持马上做笔录,警察同志也是会考虑的! 通常现场做笔录的情况较少,因为需要两名以上的警察在场,立即回派出所做笔录是比较好的选择。

4. 到派出所开报警回执、做笔录、开委托鉴定书

派出所做笔录,还是有点费时间,需要点耐性。记得一定要讲述清楚事发过程,对方如何对自己的人身或者财产进行伤害,要求警察秉公处理。笔录是需要报警人本人确认签字的,报警人要先仔细查阅内容,无误后再签字确认。

出具报警回执、进行伤情鉴定,警察都会依法办理,无须担心。当然,警察同志适当的规劝必然也是有的,报警人要做的,就是坚持自己的要求。

5. 根据鉴定结果,进行处理

鉴定结果出来了,如果是轻微伤,致害者可能需要承担 10 天左右的行政拘留;如果是轻伤,打人者将面临“故意伤害罪”的刑事责任,当然,追究打人者责任的前提都是报警人不原谅对方!

依据《治安管理处罚法》第 9 条之规定,对于因民间纠纷引起的打架斗殴或者损毁他人财物等违反治安管理行为,情节较轻的,公安机关可以调解处理。经公安机关调解,当事人达成协议的,不予处罚。如果报警人最初选择原谅对方并签订了调解书,或放弃主张权利书,事后再请求派出所对加害者进行处罚,往往难以实现。所以,需对是否调解及如何调解等事项的处理非常审慎。

(三)结合案例二及《治安管理处罚法》第 2 条了解治安管理处罚的适用边界

根据《治安管理处罚法》第 2 条的规定,扰乱公共秩序,妨害公共安全,侵犯

人身权利、财产权利,妨害社会管理,具有社会危害性,依照《刑法》的规定构成犯罪的,依法追究刑事责任;尚不构成刑事处罚的,由公安机关依照本法给予治安管理处罚。

从本条可以看出,违反治安管理的行为具有以下几个特征:

1. 具有一定的社会危害性,即行为具有威胁和侵害我国社会主义社会关系和社会秩序的性质。行为人的行为对社会造成了一定程度的危害。

2. 具有违法性。即行为人不遵守治安管理法律规范的要求,实施了治安管理法律规范禁止的行为,或者拒不实施治安管理法律规范命令实施的行为,违反了治安管理法律义务。

3. 尚不构成刑事处罚。本法规定的一些违反治安管理行为,在表现形态上与刑法规定的某些犯罪相同或者相似,只是有情节或者程度的差别。对此,应当特别注意透过相同的行为特征,区分不同的行为性质,防止将违反治安管理行为不进行相应处罚,也防止混淆违法和犯罪从而造成执法偏差。

4. 应受治安管理处罚。

5. 治安管理处罚的实施机关是公安机关。依据《治安管理处罚法》第 10 条之规定,公安机关可以实施的治安管理处罚为警告、罚款、行政拘留、吊销公安机关发放的许可证。对违反治安管理的外国人,可以附加适用限期出境或者驱逐出境。依据本法第 91 条之规定,警告、500 元以下的罚款这两种处罚措施可以由公安派出所决定。

案例二中,儿媳张悦与婆婆李秀兰发生冲突,张悦对李秀兰有脚踢的行为。李秀兰向派出所报警,之后便去看病就医,医院出具胸腹部闭合性损伤、左膝软组织损伤的诊断证明,后经鉴定属于轻微伤。派出所对张悦出具了《家庭暴力告诫书》。李秀兰申请行政复议。派出所作出的《家庭暴力告诫书》被撤销,并重新对张悦处以行政拘留 5 日的行政处罚。该案反映出的就是普通侵权行为与违反治安管理行为的界限问题。《反家庭暴力法》第 16 条第 1 款规定,家庭暴力情节较轻,依法不给予治安管理处罚的,由公安机关对加害人给予批评教育或者出具告诫书。可见,适用告诫书的对象为家暴行为尚不构成治安管理处罚的行为。而本案张悦已造成李秀兰胸腹部闭合性损伤、左膝软组织损伤,且已构成轻微伤,该行为具有一定的社会危害性,超出了社会的容忍度,应当属于治安管理处罚法规制的对象。假如李秀兰经鉴定为轻伤,则张悦的行为者构成违反刑法规定,会受到刑事处罚。所以,从一般行为到一般侵权行为到违反治安管理处罚的行为,最后到违反刑法规定的行为是一个危害程度逐渐严重,逐步超出社会容忍度的行为。

(四)与殴打或伤害他人受处罚轻重相关的因素

1. 实施殴打或伤害的行为人是否醉酒及年龄。依据《治安管理处罚法》第12条之规定,已满14周岁不满18周岁的人违反治安管理的,从轻或者减轻处罚;不满14周岁的人违反治安管理的,不予处罚,但是应当责令其监护人严加管教。

2. 殴打或伤害事件发生的原因。如是基于家庭纠纷、邻里纠纷还是婚外情关系等引起的。

3. 对方是否有明显的过错。如对方是否明知他人有家庭而第三者插足,对他人或他人的家庭造成影响。对方是否醉酒,是否有教唆、胁迫、诱骗他人实施违反治安管理的行为等。

4. 参与的人数、殴打(或伤害)的直接起因及殴打(或伤害)方式。双方参与人数的多少、殴打是由哪一方先引起、是空手打斗还是持工具打斗等。依据《治安管理处罚法》第17条之规定,共同违反治安管理的,根据违反治安管理行为人在违反治安管理行为中所起的作用,分别处罚。

5. 伤害的部位,伤害的轻重、事发的地点及造成的社会影响等也会对处罚产生影响。

6. 是否情节特别轻微、是否存在主动消除或减轻违法后果、是否是主动投案或立功表现等情节。《治安管理处罚法》第19条规定:“违反治安管理有下列情形之一的,减轻处罚或者不予处罚:(一)情节特别轻微的;(二)主动消除或者减轻违法后果,并取得被侵害人谅解的;(三)出于他人胁迫或者诱骗的;(四)主动投案,向公安机关如实陈述自己的违法行为的;(五)有立功表现的。”

7. 是否造成了较严重的后果、是否有教唆、胁迫、诱骗他人违反治安管理的行为、是否在6个月内曾受治安管理处罚等。《治安管理处罚法》第20条规定:“违反治安管理有下列情形之一的,从重处罚:(一)有较严重后果的;(二)教唆、胁迫、诱骗他人违反治安管理的;(三)对报案人、控告人、举报人、证人打击报复的;(四)六个月内曾受过治安管理处罚的。”

8. 对方是否积极赔偿损失,是否获得另一方的谅解等。如果积极赔偿并获得谅解，很大程度上不会在被处罚。

无论是加害人还是受害人，在发生侵害事件后，如果在派出所人员到场后进行详尽陈述，或在笔录中把反映客观情况的上述各点列明，对公安派出机关客观处理本案会起到积极作用，且能在一定程度上提高公安机关的办案效率。

（五）行政处罚过程中形成的相关材料对民事案件结果有直接影响

公安机关在办理行政处罚案件中，往往会形成以下材料：

1. 报警登记材料。公安机关各办案部门、警种对下列任何一种来源的案件都应当立即接受，不得推诿，除案件性质和事实涉及国家秘密的以外，都必须进行案件登记。

2. 制作《询问笔录》。

(1)对扭送、报案、控告、举报或者违法犯罪嫌疑人自动投案的，都应当立即接受，问明情况，并制作笔录。必要时，应当拍照、录音或者录像。

(2)《询问笔录》应当包括下列内容：

①告知控告人、举报人应当如实提供情况，不得诬告、陷害，以及诬告、陷害应负的法律责任。②案件的详细情况。③违法犯罪嫌疑人的详细情况。④被害人、证人的详细情况。⑤涉案物品、工具的详细情况。

3.《接受证据材料清单》。

4.《受案登记表》以及《受案回执》。

5. 鉴定聘请书，鉴定、检测机构及鉴定人员资质证明，鉴定意见，告知或者送达鉴定意见的凭证。

6. 行政处罚告知笔录及拟被处罚人的陈述、申辩记录。

7. 行政处罚告知后复核的相关文书材料。

8. 听证申请书、举行听证通知书、不予受理听证通知书。

9. 听证笔录、听证报告书。

10. 调解记录。

11. 获取视听资料或电子证据的情况说明及反映视听资料或电子证据证明内容的文字说明材料。

12. 证人证言。

13. 民警对查获情况、现场情况等的证明。

14.《行政处罚决定书》。

在以上行政机关办理行政处罚的案件当中，其中《询问笔录》、《接受证据材料清单》及证据、《鉴定意见》、证人证言、《行政处罚决定书》等材料最为重要。行政案件的受害人请求加害人民事损害赔偿，需要证明违法行为、损害后果、违法行为与损害后果的因果关系以及加害人的主观过错。而前述材料，尤其是能够全面说明违法行为发生的起因经过和结果，鉴定意见能够鉴定出受害人因加害人的违法行为而造成的后果，不论是人身损害后果还是财产损害后果，都能在民事诉讼中直接使用。

2020 年 5 月 1 日实施的《最高人民法院关于民事诉讼证据的若干规定》第 91 条规定，公文书证的制作者根据文书原件制作的载有部分或者全部内容的副本，与正本具有相同的证明力。在国家机关存档的文件，其复制件、副本、节录本经档案部门或者制作原本的机关证明其内容与原本一致的，该复制件、副本、节录本具有与原本相同的证明力。通过和私人书证的对比可知，从公安派出机关获取的公文书证真实性及证明力更容易得到认定。从这个意义上来讲，行政处罚过程中形成的相关材料对民事案件的处理结果往往会产生直接影响。所以当事各方要重视由自己参与的在行政处罚过程中形成的每一份材料。

四、法律速递

《中华人民共和国治安管理处罚法》

第十二条　已满十四周岁不满十八周岁的人违反治安管理的，从轻或者减轻处罚；不满十四周岁的人违反治安管理的，不予处罚，但是应当责令其监护人严加管教。

第十六条　有两种以上违反治安管理行为的，分别决定，合并执行。行政拘留处罚合并执行的，最长不超过二十日。

第十七条　共同违反治安管理的，根据违反治安管理行为人在违反治安管理行为中所起的作用，分别处罚。

教唆、胁迫、诱骗他人违反治安管理的，按照其教唆、胁迫、诱骗的行为处罚。

第四十二条　有下列行为之一的，处五日以下拘留或者五百元以下罚款；情节较重的，处五日以上十日以下拘留，可以并处五百元以下罚款：

（一）写恐吓信或者以其他方法威胁他人人身安全的；

（二）公然侮辱他人或者捏造事实诽谤他人的；

（三）捏造事实诬告陷害他人，企图使他人受到刑事追究或者受到治安管理处罚的；

（四）对证人及其近亲属进行威胁、侮辱、殴打或者打击报复的；

（五）多次发送淫秽、侮辱、恐吓或者其他信息，干扰他人正常生活的；

（六）偷窥、偷拍、窃听、散布他人隐私的。

第四十三条 殴打他人的，或者故意伤害他人身体的，处五日以上十日以下拘留，并处二百元以上五百元以下罚款；情节较轻的，处五日以下拘留或者五百元以下罚款。

有下列情形之一的，处十日以上十五日以下拘留，并处五百元以上一千元以下罚款：

（一）结伙殴打、伤害他人的；

（二）殴打、伤害残疾人、孕妇、不满十四周岁的人或者六十周岁以上的人的；

（三）多次殴打、伤害他人或者一次殴打、伤害多人的。

第一百零七条 被处罚人不服行政拘留处罚决定，申请行政复议、提起行政诉讼的，可以向公安机关提出暂缓执行行政拘留的申请。公安机关认为暂缓执行行政拘留不致发生社会危险的，由被处罚人或者其近亲属提出符合本法第一百零八条规定条件的担保人，或者按每日行政拘留二百元的标准交纳保证金，行政拘留的处罚决定暂缓执行。

《公安机关办理行政案件程序规定》

第九十条 人身伤害案件具有下列情形之一的，公安机关应当进行伤情鉴定：

（一）受伤程度较重，可能构成轻伤以上伤害程度的；

（二）被侵害人要求作伤情鉴定的；

（三）违法嫌疑人、被侵害人对伤害程度有争议的。

《中华人民共和国行政复议法》

第九条 公民、法人或者其他组织认为具体行政行为侵犯其合法权益的，可以自知道该具体行政行为之日起六十日内提出行政复议申请；但是法律规定的申请期限超过六十日的除外。

因不可抗力或者其他正当理由耽误法定申请期限的，申请期限自障碍消除之日起继续计算。

第十六条　公民、法人或者其他组织申请行政复议,行政复议机关已经依法受理的,或者法律、法规规定应当先向行政复议机关申请行政复议、对行政复议决定不服再向人民法院提起行政诉讼的,在法定行政复议期限内不得向人民法院提起行政诉讼。

公民、法人或者其他组织向人民法院提起行政诉讼,人民法院已经依法受理的,不得申请行政复议。

《公安部关于改革完善受案立案制度的意见》

二、主要内容

(一)规范工作流程

1. 健全接报案登记。各省级公安机关依托警务信息综合应用平台,建立完善全省区市统一的接报案、受案立案功能模块。对于群众报案、控告、举报、扭送,违法犯罪嫌疑人投案,以及上级机关交办案件或者其他机关移送的案件,属于公安机关管辖的,各办案警种、部门都必须接受并依照有关规定办理,不得推诿。对于上述接受的案件以及工作中发现的案件,除性质和事实涉及国家秘密的以外,都必须进行网上登记。涉嫌犯罪的,按照刑事案件进行立案审查;涉嫌行政违法的,按照行政案件进行受案审查。群众上门报案的,应当当场进行接报案登记,当场接受证据材料,当场出具接报案回执并告知查询案件进展情况的方式和途径。对明显不属于公安机关职责范围的报案事项,应当立即告知报案人向其他有关主管机关报案。对重复报案、案件正在办理或者已经办结的,应当向报案人作出解释,不再重复接报案登记。

2. 及时审查办理。接报案件后,应当立即进行受案立案审查。对于违法犯罪事实清楚的案件,公安机关各办案警种、部门应当即受即立即办,不得推诿拖延。行政案件受案审查期限原则上不超过24小时,疑难复杂案件受案审查期限不超过3日。刑事案件立案审查期限原则上不超过3日;涉嫌犯罪线索需要查证的,立案审查期限不超过7日;重大疑难复杂案件,经县级以上公安机关负责人批准,立案审查期限可以延长至30日。法律、法规、规章等对受案立案审查期限另有规定的,从其规定。决定不予受案立案后又发现新的事实证据,或者发现原认定事实错误,需要追究行政、刑事责任的,应当及时受案立案处理。

3. 紧急情况处置。对于违法犯罪活动正在进行以及其他情况紧急的案件,接到报案后应当先进行紧急处置,第一时间制止违法犯罪,控制嫌疑人,救治伤员,保护现场,及时开展现场调查取证等工作。紧急处置完毕后,应当在24小时内完成接报案登记;符合受案立案条件的,依法及时受案立案。

《中华人民共和国反家庭暴力法》

第二条　本法所称家庭暴力,是指家庭成员之间以殴打、捆绑、残害、限制人身自由以及经常性谩骂、恐吓等方式实施的身体、精神等侵害行为。

第十五条第一款　公安机关接到家庭暴力报案后应当及时出警,制止家庭暴力,按照有关规定调查取证,协助受害人就医、鉴定伤情。

第十六条　家庭暴力情节较轻,依法不给予治安管理处罚的,由公安机关对加害人给予批评教育或者出具告诫书。

告诫书应当包括加害人的身份信息、家庭暴力的事实陈述、禁止加害人实施家庭暴力等内容。

第十七条　公安机关应当将告诫书送交加害人、受害人,并通知居民委员会、村民委员会。

居民委员会、村民委员会、公安派出所应当对收到告诫书的加害人、受害人进行查访,监督加害人不再实施家庭暴力。

第二十条　人民法院审理涉及家庭暴力的案件,可以根据公安机关出警记录、告诫书、伤情鉴定意见等证据,认定家庭暴力事实。

第二十九条　人身安全保护令可以包括下列措施:

(一)禁止被申请人实施家庭暴力;

(二)禁止被申请人骚扰、跟踪、接触申请人及其相关近亲属;

(三)责令被申请人迁出申请人住所;

(四)保护申请人人身安全的其他措施。

第三十七条　家庭成员以外共同生活的人之间实施的暴力行为,参照本法规定执行。

第四节 丈夫婚外情有过错受道德评判，妻子维权不当侮辱诽谤遭行政处罚

一、案例精选

【案例一】 第三者插足害处多，被情人妻子殴打加侮辱苦不堪言

田嘉的丈夫韩牧是她的初恋，性格温和从来不向田嘉发脾气，工作能力也非常强，独自经营一个公司，事业蒸蒸日上。两人从恋爱到结婚后一直非常相爱，田嘉沉浸于韩牧带给她从未有过的安全感，韩牧徜徉在田嘉的知书达理、温柔贤惠中。田嘉从小父母离异，随母亲生活，一直缺乏安全感，所以田嘉对韩牧给予的安全感非常珍惜，以至于时常担心会不会被别人抢走……

事情往往就是这样，越想得到什么就越会失去什么，越害怕什么越来什么。韩牧高大帅气、成熟稳重，自然会吸引很多女人的目光，即使韩牧已有家室，也并不影响她们向韩牧表达爱意。但韩牧一直做到"百花丛中过，片叶不沾身"，始终对田嘉和家庭负责。田嘉便对韩牧渐渐放心下来，直到田嘉知道了卢璐的事情。

卢璐是韩牧公司新招聘的某名校应届毕业生，一脸青春，纯良无害。卢璐热情善谈、工作能力强，很快就成为韩牧非常得力的助手。其总能在韩牧最一筹莫展的时候给韩牧提供得当的解决方案，韩牧对卢璐很欣赏。在生活上，卢璐也总能对韩牧进行力所能及的照顾。渐渐地，卢璐占据了韩牧的心田，两人很快坠入爱河。

女人的直觉往往是正确的，再加上也耳闻卢璐与韩牧的事情。因此，田嘉决心要好好教训卢璐一下。一天，田嘉约上最要好的朋友陈晓和樊珊，三人将卢璐骗上车。在车上，田嘉、樊珊先后对卢璐进行殴打，造成卢璐脸部等处受伤。后二人又强行将卢璐衣服脱光，并让陈晓用手机拍摄她的裸照，陈晓拿其手机对准卢璐，但并未实际拍摄。在卢璐承认其与韩牧存在不正当男女关系后，田嘉等人让其穿衣服下车离开。

卢璐离开之后，不堪受辱，立刻报警求助。警察赶到后根据《治安管理处罚法》第43条第1款（殴打他人的，或者故意伤害他人身体的，处……）之规定，以田嘉殴打他人给予其行政拘留7日并处罚款300元的行政处罚；根据《治安管理处罚法》第42条第2项（公然侮辱他人或者捏造事实诽谤他人的）、第17条第1款（共同违反治安管理的，根据违反治安管理行为人在违反治安管理行为中所起的作用，分别处罚）之规定，以田嘉侮辱他人给予其行政拘留7日的行政处罚；两项行政处罚合并执行，决定给予田嘉行政拘留14日并处罚款300元的处罚。其他两人另案处理。

【案例二】 夫妻信任很重要，信任缺失易伤配偶害他人苦自己

爱情其实很简单，需要双方彼此信任，也需要双方共同坚守忠诚这一底线。但很多人却过不了这一关，往往对配偶无端的猜测和怀疑，丝毫不给对方任何自由空间。再好的感情也没有办法一直忍受长期的不信任。而且如果胡乱猜忌，不仅自己的婚姻会陷入危险，还会给他人带来伤害……

东方刚刚露出鱼肚白，郑燕就气喘吁吁地来到所在地派出所，对着值班警察说道："警察同志，我的照片被别人打印在纸上，照片旁边被写上了我的姓名、住址以及电话号码，还有一篇辱骂我是婊子，勾引人家丈夫，破坏人家家庭的文章。照片和文章都被张贴在居民区内的信息公告栏、光荣榜、围墙等地方，还被发到微信朋友圈和微博上，这对我的影响太大了。一时不知道如何解决，就直接来了派出所了……"

民警听完郑燕的陈述，立刻做了接案登记。警察当场询问郑燕事情可能的原因及可能的行为人，随着郑燕的叙述，她道出了和蒋林的故事，说出了事情的真相。

半年前，郑燕丈夫去世后，她只身一人来到外地工厂打工。刚好与有妇之夫蒋林同在一个工厂。因是同乡，平时两人互相多有关照，一来二去便成了很好的朋友。虽然蒋林十分关心郑燕的日常生活，但仅仅出于对同乡的关心以及一个女人独自在外打拼的同情。两人未有非分之想，更无过分之举。过年回家之后，蒋林偶尔叫郑燕去家里吃饭，还偶尔过去帮郑燕处理水管或线路的故障等。蒋林的妻子王红见蒋林对郑燕如此关心，心生醋意，即使蒋林已经对王红解释过多

次，两人仅仅是好朋友，可王红置若罔闻。

她见蒋林仍旧对郑燕关心，心有不甘。便打印了郑燕的照片，旁边写上郑燕的姓名、地址及联系方式。更写了一篇辱骂郑燕破坏他人家庭的文章，一起张贴在郑燕家门上，附近的信息公告栏、光荣榜、围墙等地方也贴了同样内容的照片和文章。郑燕早起开门发现后才出现了早晨去派出所报警的一幕。

得知这些情况后，民警直接传唤了王红。一进派出所，王红就主动承认了她因为怀疑郑燕与蒋林有婚外情，才做出了这样的事。于是警察根据《治安管理处罚法》第42条第1项（公然侮辱他人或者捏造事实诽谤他人的）之规定，决定给予王红行政拘留4日的行政处罚。但由于王红正在哺乳自己不满1周岁婴儿，对其并没有被送往拘留所执行。经历了这次事件的王红，知道自己误会了丈夫，也伤害了郑燕，愧疚不已。

【案例三】 私情生怨恨，报假案遭行拘

古往今来，爱情被多少文学大师颂赞。爱情是光明正大的、是行走在阳光下的，人世间这样至真至纯的感情不应被任何人亵渎，可是这样的纯粹却总被人玷污。一些人打着爱情的幌子，游走在家庭与婚外情人之间，自以为游刃有余，却不知自踏进婚外情的那一刻起，便从此与危险形影不离。

2016年8月，方平和侯芳在一次聚会时认识，随后发展为情人关系，方平为此离婚，侯芳因其丈夫不同意离婚而未离成。2018年7月10日晚上，方平、侯芳和朋友一起在“某某火锅”吃饭。在吃饭时侯芳喝醉酒，方平将侯芳带至某酒店306房休息。当晚22时左右，侯芳丈夫打侯芳手机，因侯芳处于醉酒状态，方平接听了电话，并把侯芳喊醒告诉了她。侯芳责怪方平擅自接听其电话，与方平发生争吵，并将方平上身抓伤，声称方平对其强奸、抢劫并已告发。当晚23时许，方平报警称有人告他抢劫、强奸。公安局刑侦大队接警后立即出警，在酒店306房间找到了报警人方平和侯芳。民警将二人带至人民医院，提取生物检材并送往公安局物证鉴定所进行鉴定。侯芳的阴道拭子检验结果为阴性，未检出精子，在侯芳阴道拭子上未检出DNA-STR分型。经调查取证，公安局依法做出不予立案决定，并依据《治安管理处罚法》第42条第3项（捏造事实诬告陷害他人，企图使他人受到刑事追究或者受到治安管理处罚）对侯芳的诬告陷害行为予以

行政处罚。

二、维权指引

（一）侮辱他人行为的认定及处罚

1. 本行为的主体是年满 14 周岁，具有责任能力的自然人。本行为侵犯的客体是公民的人格权（姓名权、肖像权、名誉权）。侵犯的对象是特定的自然人。我国《宪法》第 38 条规定，中华人民共和国公民的人格尊严不受侵犯。禁止用任何方法对公民进行侮辱、诽谤和诬告陷害。

2. 本行为在客观上表现为公然侮辱他人，但情节和后果尚不够成刑事处罚。公然，是指当着第三人或众人的面，或者是利用可以使不特定的多人看到或听到的方式，对他人进行侮辱。至于被侵害人是否在场，不影响本行为的成立。侮辱既可以是暴力倾向的，如强迫他人做有损人格的动作等；也可以是文字的，如以大字报、小字报、漫画等形式攻击被侵害人人格；还可以是口头的，如以言语对被侵害人进行嘲笑、辱骂等；对肖像的侮辱也可以构成本行为，如涂划、玷污、践踏、损毁他人肖像。

3. 根据《治安管理处罚法》第 42 条第 2 项之规定，公然侮辱他人的，处 5 日以下拘留或者 500 元以下罚款；情节较重的，处 5 日以上 10 日以下拘留，可以并处 500 元以下罚款。情节较重，一般可以从手段、行为对象、行为次数、行为后果等方面来判定。

案例一中，田嘉为了报复卢璐的夺夫之恨，将卢璐的脸部打伤，并当着两位好朋友的面，将卢璐的衣服脱光，对其进行侮辱。田嘉的行为符合侮辱他人的行为要件，且情节较为严重，违反了《治安管理处罚法》，最终公安机关以其公然侮辱他人，给予其行政拘留 7 日的行政处罚。

（二）诽谤他人行为的认定及处罚

1. 本行为的主体是年满 14 周岁，具有责任能力的自然人。本行为侵犯的客体是公民的人格尊严和名誉权。行为侵犯的对象是自然人。

2. 本行为在客观方面表现为行为人实施捏造并散布某种虚构的事实，损害他人人格、名誉的行为。行为人诽谤他人的行为必须以捏造事实为前提，如果散布的不是凭空捏造的，而是客观存在的事实，即使有损于他人的人格、名誉，也不构成本行为,而是侮辱行为。这是侮辱行为与诽谤行为的本质区别。散布,就是在社会上公开的扩散。散布的方式往往是通过言语散布或利用文字或网络进行散步,即用大字报、小字报、图画、报刊、图书、书信、微博、博客、微信朋友圈等方法散布。损害,是指捏造并散布的虚假事实,完全可能损害他人的人格、名誉,或者事实上已经给被侵害人的人格、名誉造成了损害。

本行为是针对特定的人进行的行为。针对特定的人,不一定要指名道姓,只要从诽谤的内容上知道被侵害人是谁,就可以构成本行为。如果行为人散布的事实没有特定的对象,不可能损害某人的人格、名誉,则不构成本行为。

3. 根据《治安管理处罚法》第 42 条第 3 项之规定,捏造事实诽谤他人的,处 5 日以下拘留或者 500 元以下罚款;情节较重的,处 5 日以上 10 日以下拘留,可以并处 500 元以下罚款。

王红系蒋林的妻子,因为蒋林对郑燕关心而怀疑两人有不正当男女关系,从而实施捏造郑燕破坏人家家庭的事实并将其进行散布,将郑燕的照片以及描写郑燕破坏人家家庭的文章张贴在家门口、公告栏上,让社会不特定多数人对郑燕产生不好的评价,从而损害了郑燕的名誉,但尚未达到情节较重程度。故王红的行为符合捏造事实诽谤他人的行为要件,最终公安机关以其捏造事实诽谤他人,给予其行政拘留 4 日的行政处罚。

(三)诬告陷害他人行为的认定及处罚

1. 本行为的主体是年满 14 周岁,具有责任能力的自然人。本行为侵犯的客体是复杂客体,即公民的人身权利和行政、司法机关的正常活动。侵犯的对象可以是不特定的任何自然人。行为人捏造的事实可以是他人的犯罪事实,也可以是他人的违反治安管理的事实,并向国家机关和有关单位告发,企图利用行政、司法机关实现其诬告陷害他人的目的,侵犯了公民的人身权利和民主权利,使无辜者的名誉受到损害,也可能出现冤假错案,造成错误给予治安管理处罚甚至错捕、错判的严重后果,干扰行政、司法机关的正常活动,破坏行政、司法机关的威信。

2. 本行为在客观方面表现为捏造事实诬告陷害他人,企图使他人受到刑事追究或者受到治安管理处罚。捏造事实,是指捏造他人违反治安管理的事实或者犯罪事实,即以不存在的、可能引起公安机关和司法机关给予治安管理处罚和可能受到刑事处罚的事实,强加给被诬陷者,以使被诬陷者有可能受到治安管理处罚和刑事处罚。

诬告,是指向国家机关和有关单位作虚假告发。诬告只是手段,陷害他人才是目的。因此,向国家机关和有关单位告发是构成本行为的前提。诬告必须有特定的对象,必须是自然人,诬告的对象不能是法人或者其他组织。诬告的形式多种多样,可以是口头的,有可以是书面的;可以直接向司法、公安机关告发,也可以向有关单位告发。无论采取什么形式,只要可能导致司法、公安机关追究刑事责任、治安违法责任的,就是实施了诬告行为。行为人具有陷害的目的,即使他人受到刑事追究或受到治安管理处罚。只要行为人实施了这种行为,不论被诬告人是否受到刑事处罚和治安管理处罚,都成立本罪。

3. 根据《治安管理处罚法》第 42 条第 3 项之规定,捏造事实诬告陷害他人,企图使他人受到刑事追究或者受到治安管理处罚的,处 5 日以下拘留或者 500 元以下罚款;情节较重的,处 5 日以上 10 日以下拘留,可以并处 500 元以下罚款。

案例三中的侯芳,在未与方平发生性关系的情况下,故意伪造方平身上的伤痕,捏造方平强奸的事实,企图使公安机关、司法机关追究方平刑事责任。其行为已经符合诬告陷害的行为要件,但因尚未达到情节较重的情形,最终公安机关以其诬告陷害他人行为,给予其行政拘留 5 日的行政处罚。

(四)诬告陷害与诽谤的区别

1. 诽谤的目的是损害他人的人格和名誉,而诬告陷害的目的是使被诬陷人受刑事追究。

2. 诽谤捏造的事实不一定是他人犯罪的事实,而诬告陷害捏造的必须是他人违法或犯罪的事实。

3. 诽谤行为人的手段是散布其捏造的事实,诬告陷害罪行为人的手段是向有关机关告发其捏造的他人的违法或犯罪事实。

4. 诽谤罪属于亲告罪,即告诉的才处理,但是严重危害社会秩序和国家利益的除外。而诬告陷害罪不是亲告罪,属于国家公诉案件。

案例三中,侯芳出于泄愤,捏造方平强奸自己的事实而非普通事实,意图使方平受到刑事追究,其行为涉嫌诬告陷害他人,鉴于公安机关并未对方平立案侦查,社会影响不大,其情节显著轻微,尚不构成刑事犯罪,给予其行政处罚。

(五)结合案例一谈违法行为的合并执行

在行政执法过程中,经常会出现一个违法行为人有数个违法行为的现象,与刑法中的"数罪并罚"有异曲同工之妙。《治安管理处罚法》第16条规定,有两种以上违反治安管理行为的,分别决定,合并执行。行政拘留处罚合并执行的,最长不超过20日。另外,其他具体的行政法律、法规及相关规定中也对合并执行有所涉及。例如,《公安机关办理行政案件程序规定》第161条第1款规定,一人有两种以上违法行为的,分别决定,合并执行,可以制作一份决定书,分别写明对每种违法行为的处理内容和合并执行的内容。

通过以上条款可以看出,一个违法行为人存在两种以上应当受到行政处罚的违法行为时,行政机关应当分别对其违法行为进行裁量,最后合并执行。

田嘉因卢璐与其丈夫有婚外情,伙同陈晓、樊珊将卢璐骗上车,在车上对卢璐进行殴打,造成卢璐脸部等处受伤。后该二人又强行将卢璐衣服脱光,并让陈晓用手机拍摄卢璐裸照,虽陈晓并未实际拍摄。但田嘉的行为系殴打他人、侮辱他人的违法行为。根据《治安管理处罚法》第43条第1款之规定,田嘉因殴打他人而被给予其行政拘留7日并处罚款300元的行政处罚;因侮辱他人被给予其行政拘留7日的行政处罚。最终合并执行,田嘉被行政拘留14日并处罚款300元的处罚。

三、律师建议

(一)正确理解公然侮辱中的"公然"

治安管理中的公然侮辱他人,"公然"应当包括行为的公然和结果的公然。行为的公然,是指侮辱行为当着众人或者第三人的面实施。结果的公然,是指尽管侮辱行为在秘密的场所发生,但其行为的结果在一定公开范围内为人知悉,此时被侵害人是否在场,便不影响侮辱行为的成立。公然侮辱他人时,只有情节严重的才能构成侮辱罪。手段恶劣引起被害人精神失常、自杀等严重后果的或者其他严重影响的,才会触犯刑法。没有达到情节严重的一般性的侮辱行为会受到治安处罚。

案例一中,田嘉了解卢璐与其丈夫搞婚外情,伙同陈晓、樊珊将卢璐骗上车,在车上,田嘉、樊珊二人强行将卢璐衣服脱光,并让陈晓用手机拍摄卢璐裸照,该行为发生在三人以上的场合，属于“公然”。

（二）报案后，公安机关不予处理如何办

根据《公安机关办理刑事案件程序规定》第 169 条规定，公安机关对于公民扭送、报案、控告、举报或者犯罪嫌疑人自动投案的，都应当立即接受，问明情况，并制作笔录，经核对无误后，由扭送人、报案人、控告人、举报人、投案人签名、捺指印。必要时，应当对接受过程录音录像。

因此，公安机关对于报案、控告、举报的材料，应进行网上登记，向报案人出具报案回执，同时在 3 日内审查，认为有犯罪事实需要追究刑事责任的时候，应当立案。认为没有犯罪事实，或犯罪事实显著轻微，不需要追究刑事责任时，不予立案，并将不立案的原因通知报案人，向报案人出具不予立案通知书。

报案人如果不服，可以向作出决定的公安机关申请复议，如果报案人对不予立案的复议决定仍然不服的，可以向上一级公安机关申请复核，上一级公安机关应当作出决定。

同时，如果认为行政机关行政不作为，也可以向纪委部门或者监察机关或者信访部门反应，将警察的行政不作为向上反映。

总之，当遇到人身与财产侵害时，应当及时寻求警方的帮助，即使警方不一定会处理，但也要为了自己的权利争取。

案例一中，如果王春华在被邵彩霞殴打之后，报警但警察不予理会，在公安机关给出回执后，便可针对此决定进行行政复议或者向信访等部门反映。

（三）报案、控告和举报的区别

报案，是指有关单位或个人发现违法或犯罪事实发生而向公安机关、人民检察院、人民法院揭露和报告的行为。

举报，是指有关单位或个人将其发现的违法事实及行为及犯罪和犯罪嫌疑人向公安机关、人民检察院或者人民法院揭发、报告的行为。

控告，是指被害人（包括被害单位）将其发现的违法事实及行为及犯罪事实和犯罪嫌疑人向公安机关、人民检察院或者人民法院揭发、报告的行为。

报案和举报的区别：报案一般是针对犯罪事实的发生，报案材料提供的案件事实、证据材料较为简单笼统，往往不能明确指出违法行为人或犯罪嫌疑人；而举报内容则不仅有违法或犯罪事实的发生，通常还具体指明了违法行为人或犯罪嫌疑人,提供的犯罪事实和证据材料相对具体和详细。

控告和举报两者的区别在于主体不同,即控告是由遭受违法或犯罪行为直接侵害的被害人提出,而举报则一般是由与案件直接无利害关系的单位或者个人提出。

案例三中的方平是遭受违法或犯罪行为直接侵害的人,其直接向公安机关揭发、报告,因此属于控告。

(四)一份完整的控告书,会让控告更有效果

通常,人在面临突发事件时,特别是针对突发事件向公安机关陈述,往往都会紧张,并因紧张而思路错乱,无法顺畅而完整地表达一件事情,更难以抓住重点。因此,手写一份书面材料作为控告材料就显得非常必要。

控告书的样式如下:

控　告　书

控告人:×××,身份证号×××,电话:×××

犯罪嫌疑人:×××,身份证号×××,电话:×××

报案请求:

依法立案追究犯罪嫌疑人诬告陷害的刑事责任。

事实与理由:

介绍控告人和犯罪嫌疑人的关系及发展情况。

控告的事实及由来,具备"5W+1H"【When(什么时候)、Where(什么地方)、Who(参与人是谁)、What(什么事情)、Why(发生当下事情的原因)和How(希望公安机关如何处理)】要素。

综上所述,犯罪嫌疑人有诬告陷害的行为,其行为已经触犯《中华人民共和国刑法》第243条的规定,报案人请求予以立案侦查,依法查明真相并追究犯罪嫌疑人的刑事责任,维护报案人的合法权益、维护社会的安定与和谐。

报案人:

年　　月　　日

附:相关证据共××页。

四、法律速递

《中华人民共和国治安管理处罚法》

第十六条 有两种以上违反治安管理行为的，分别决定，合并执行。行政拘留处罚合并执行的，最长不超过二十日。

第四十二条 有下列行为之一的，处五日以下拘留或者五百元以下罚款；情节较重的，处五日以上十日以下拘留，可以并处五百元以下罚款：

（一）写恐吓信或者以其他方法威胁他人人身安全的；

（二）公然侮辱他人或者捏造事实诽谤他人的；

（三）捏造事实诬告陷害他人，企图使他人受到刑事追究或者受到治安管理处罚的；

（四）对证人及其近亲属进行威胁、侮辱、殴打或者打击报复的；

（五）多次发送淫秽、侮辱、恐吓或者其他信息，干扰他人正常生活的；

（六）偷窥、偷拍、窃听、散布他人隐私的。

《中华人民共和国刑法》

第二百四十三条 捏造事实诬告陷害他人，意图使他人受刑事追究，情节严重的，处三年以下有期徒刑、拘役或者管制；造成严重后果的，处三年以上十年以下有期徒刑。

国家机关工作人员犯前款罪的，从重处罚。

不是有意诬陷，而是错告，或者检举失实的，不适用前两款的规定。

第二百四十六条 以暴力或者其他方法公然侮辱他人或者捏造事实诽谤他人，情节严重的，处三年以下有期徒刑、拘役、管制或者剥夺政治权利。

前款罪，告诉的才处理，但是严重危害社会秩序和国家利益的除外。

通过信息网络实施第一款规定的行为，被害人向人民法院告诉，但提供证据确有困难的，人民法院可以要求公安机关提供协助。

《公安机关办理刑事案件程序规定》

第一百六十九条 公安机关对于公民扭送、报案、控告、举报或者犯罪嫌疑人自动投案的，都应当立即接受，问明情况，并制作笔录，经核对无误后，由扭送人、报案人、控告人、举报人、投案人签名、捺指印。必要时，应当对接受过程录音录像。

第一百七十条　公安机关对扭送人、报案人、控告人、举报人、投案人提供的有关证据材料等应当登记，制作接受证据材料清单，由扭送人、报案人、控告人、举报人、投案人签名，并妥善保管。必要时，应当拍照或者录音录像。

《中华人民共和国刑事诉讼法》

第一百一十二条　人民法院、人民检察院或者公安机关对于报案、控告、举报和自首的材料，应当按照管辖范围，迅速进行审查，认为有犯罪事实需要追究刑事责任的时候，应当立案；认为没有犯罪事实，或者犯罪事实显著轻微，不需要追究刑事责任的时候，不予立案，并且将不立案的原因通知控告人。控告人如果不服，可以申请复议。

第五节　站住！别人的住宅岂能轻易迈进

一、案例精选

【案例一】　妻子入他人之户捉奸遭处罚，丈夫被离婚孤苦终生悔不当初

婚姻中的爱情，通常都会随着结婚时间的延长而渐渐演变为亲情。有些男人会以出轨的方式追求婚外的爱情，可最终他们不仅没有追求到真正的爱情，还葬送了亲情……

刘晨今年50岁了，现在已经独居6年了，多年的孤身一人让他倍感孤苦凄凉。每当此时，母亲的话总会回旋在耳边。“有好的生活时不知道珍惜，现在的生活是你想要的吗？当初如果听妈的话，尽早离开那个女人，对自己的老婆和孩子好点，也不至于成现在这个样子。当初就告诉你千万不要为了那个女人离婚，结果呢，你为了她不顾老婆孩子，可她呢，看你工作状况不好就丢下你走人……”

6年前，他也有一个幸福的家庭，妻子汤红虽然长相一般，但十分能干，将家里、家外的事情料理的井井有条。可他却不知足，找了个年轻的女孩做情人。当时的他，觉得自己非常幸运，已经人到中年还能再重新找回恋爱的感觉。

汤红是位老实本分的女人，她可以忍受丈夫的指责，却不能忍受丈夫家外有家。他耳闻丈夫出轨的消息后，便对刘晨的行踪和交往对象密切注意。2016年

12月3日晚上6点多，在惠民县怡水龙城小区二期37号楼楼下，汤红发现了刘晨驾驶车辆与疑似第三者朱亭的车辆一起停放，确认他们在2单元402室发生不正当关系后，趁刘晨外出开门之际，汤红和亲友将偷情男女现场抓住，遂报警寻求帮助。不料，公安局认定汤红等人因琐事擅自进入朱亭租住的房屋内，依据《治安管理处罚法》第40条第3项（非法限制他人人身自由、非法侵入他人住宅或者非法搜查他人身体的）之规定，决定给予汤红行政拘留5日并处罚款300元的行政处罚（其他部分人也分别受到治安拘留处罚）。汤红不服该处罚决定，申请行政复议，但复议机关仍旧维持行政处罚决定书。汤红遂向法院提起诉讼，要求撤销该行政处罚决定和复议决定。法院依照《行政诉讼法》第69条的规定，判决驳回汤红的诉讼请求。

汤红于拘留执行完之后，因对刘晨心灰意冷，于是提出了离婚，并带着孩子毅然决然地离开了他。

【案例二】 过于迁就配偶心里失衡心找寄托，错识人误给钥匙引祸端

王琦和张宇是相亲认识的。那时王琦刚硕士研究生毕业，早已到了结婚生子的年龄了，于是亲戚便给她介绍了张宇。张宇温文儒雅，清秀俊朗。两人第一次见面时，张宇身上独特的气质让王琦无法自拔地爱上了他，她未等着张宇主动，反而是对张宇展开了热烈地追求。俗话说“男追女隔坐山，女追男隔层纱”，于是两人很快结婚了。

两人结婚后，王琦仍旧全心全意的去爱张宇，认真做好家务，不让张宇在家里有一丝的压力。有时，人越自甘卑微可能便不被尊重，太容易得到的容易不被人珍视。王琦每天在家里尽力讨好张宇，可是日子久了，越来越明显的感觉身心俱疲。

李阳的出现让王琦有了受尊重、被珍视的感觉。他记得王琦的每一个生日，会精心为王琦准备礼物，会带王琦去过属于他们两人的纪念日。王琦体会到了被爱的感觉，也渐渐在不见光的爱中迷失了自我。为张宇不在家时李阳进自己家方便，于是王琦给了李阳一把家门的钥匙……

王琦与李阳的相处并没有想象中的那么顺利和长久。接连几次争吵后两人闹起分手并好久未曾联系。大概2个月后的一天上午，李阳在未经房屋实际居

住人张宇、王琦许可的情况下,用王琦给的钥匙打开房门,见张宇在家后,迅速离开。后张宇追到七楼与六楼步行梯拐角处,将李阳打伤。公安局接到报警后,经过调查,依据《治安管理处罚法》第 40 条第 3 项(非法限制他人人身自由、非法侵入他人住宅或者非法搜查他人身体的)对李阳处以拘留 15 日并罚款 1000 元的行政处罚。李阳不服,申请行政复议,但复议机关维持了行政处罚决定。李阳仍然不服,诉至法院,法院依法驳回了李阳的诉讼请求。张宇也触犯故意伤害罪,但最终被免予刑事处罚。

二、维权指引

(一)非法侵入他人住宅行为的认定及处罚

本行为的主体是年满 14 周岁,具有责任能力的自然人。本行为侵犯的客体是公民的居住自由权。我国《宪法》第 39 条规定,中华人民共和国公民的住宅不受侵犯。禁止非法侵入公民的住宅。本行为侵犯的对象是他人住宅。他人住宅,是指行为人以外的其他人居住的住宅。他人,既可以是住宅的所有权人,也可以是住宅的承租人、借用人、使用人。

本行为在客观上表现为非法侵入他人住宅。非法侵入,是指行为人未经住宅所有权人或使用权人允许,没有法律依据或其他正当理由,或者虽有法律依据,但不依照法定程序而强行进入。非法侵入他人住宅的行为分为两类:一类是不经住宅所有权人或使用权人同意,不顾他人阻止,非法强行进入他人住宅;另一类表现为进入时虽经住宅所有权人或使用权人同意,但当住宅所有权人或使用权人要求其退出时无理拒不退出。不管哪种形式,都违背了住宅所有权人或使用权人的意愿,侵犯了公民的人身权利和住宅自由,都可以构成本行为。

根据《治安管理处罚法》第 40 条第 3 项之规定,非法侵入他人住宅的,处 10 日以上 15 日以下拘留,并处 500 元以上 1000 元以下罚款;情节较轻的,处 5 日以上 10 日以下拘留,并处 200 元以上 500 元以下罚款。案例一中的汤红进入他人住宅只为捉奸,不能理解为正当理由。最终被认定非法侵入他人住宅,被处以行政拘留 5 日并处罚款 300 元的行政处罚。

(二)谈非法侵入住宅罪与治安管理中的非法侵入住宅的界限

根据《治安管理处罚法》第 40 条第 3 项规定,非法限制他人人身自由、非法侵入他人住宅或者非法搜查他人身体的，处10日以上15日以下拘留，并处500元以上1000元以下罚款。其中情节较轻的，处5日以上10日以下拘留，并处200元以上500元以下罚款。

同时，《刑法》第245条也规定了非法侵入住宅罪，虽然第1款对非法侵入住宅罪的罪状表述没有犯罪情节方面的规定，但这并不意味着行为人只要实施了非法侵入他人住宅的行为就一定构成该罪，触犯《刑法》与触犯《治安管理处罚法》的最主要区别在于情节严重程度以及社会危害性大小。在实践中，对某一具体的非法侵入行为是适用《刑法》第245条的规定，还是适用《治安管理处罚法》第40条的规定，由于缺乏明确的标准而难以把握。

实践中，不构成非法侵入他人住宅，有以下几个方面：

1. 法律授权行为。对于法律授权的合法进入者，如公安、检察机关为了收集犯罪证据、查获犯罪嫌疑人，需要进入公民住宅对有关人员的身体、物品进行搜查和抓捕人犯时，不构成非法侵入住宅罪。

2. 紧急避险行为。紧急避险，是指为了使国家、公共利益、本人或者他人的人身、财产和其他权利免受正在发生的危险，不得已而采取的损害另一较小的合法权益，以保护较大的合法权益的行为。

3. 在得到住宅内成员自愿同意后进入住宅的，也不构成违法。但是，行为人在经过允许之后进入他人住宅，也不得超过相应界限。

汤红进入他人住宅的目的是确认丈夫刘晨对婚姻感情不忠的事实，且在刘晨自主开门后进入的，没有用恶劣的手段强行闯入或者其他不正当方式进入。同时在进入住宅之后，没有出现要求退出住宅而拒不退出的情形。甚至还主动报警，等待警察处理刘晨的婚外情，虽说侵扰了他人的居住安宁，但并未造成足以招致刑法处罚的严重后果，不构成犯罪。

（三）公安机关处理治安处罚案件的流程

1. 公安机关对单位或个人报告、申诉、检举、揭发、扭送、自首及自行发现的违法行为，应当立即接受，问明情况并制作笔录，认真填写《治安案件受理案件登记表》。

2. 对于受理的案件，经审查符合治安案件标准的，经办案部门领导批准后，立案查处。

3. 对违反治安管理的人处警告或者200元以下罚款的，被处罚人没有异议的,可以由公安人员当场处罚。

4. 对违反治安管理的人的其他处罚,适用下列程序:

(1)传唤,使用传唤证。对于当场发现的违反治安管理的人,可以口头传唤。对于无正当理由不接受传唤或者逃避传唤的公安机关可以强制传唤,使用传唤证。受害人、证人不能使用传唤。

(2)对违反治安管理的人,公安机关传唤后应当及时询问查证,询问时间8小时。对情况复杂,依照《治安管理处罚法》的有关规定,适用拘留处罚的,询问查证的时间不得超过24小时。

(3)询问。违反治安管理的人,应当如实回答公安机关的询问。询问应当作出笔录;被询问人经核对认为无误后,应当在笔录逐页签名或者盖章。询问人也应当在笔录上签名。

(4)取证。公安机关收集证据材料时,有关单位和公民应当积极予以支持和协助。询问证人时,证人应当如实反映情况,询问应当作出笔录。证人经核对无误后,应当在笔录上逐页签名或者盖章。

(5)告知。公安机关作出处罚决定前,应当告知违反治安管理行为人作出违反治安管理处罚的事实、理由及依据,并告知违反治安管理行为人依法享有的权利(陈述申辩权、听证权)。

(6)处罚。经询问查证,违反治安管理行为事实清楚。证据确凿的,依照《治安管理处罚法》的有关条款裁决。处罚应当填写处罚决定书,并应向本人宣布。警告、500元以下罚款的处罚由公安派出所决定。

(7)执行。受行政拘留处罚的人由作出决定的公安机关送达拘留所执行,被处罚人不服行政拘留处罚决定,申请行政复议、提起行政诉讼的,可以向公安机关提出暂缓执行行政拘留的申请。公安机关认为暂缓执行行政拘留不致发生社会危险的,由被处罚人或者其近亲属提出符合条件的担保人,或者按每日行政拘留200元的标准交纳保证金,行政拘留的处罚决定暂缓执行。

三、律师建议

(一)正确理解非法侵入他人住宅中的“住宅”

非法侵入住宅,是指无法律依据或者未经住宅所有权人或使用权人同意,非法进入公民住宅,或者进入公民住宅后经住宅所有权人或使用权人要求退出而拒不退出的行为。

在司法实务中，由于我国尚没有法律和相关司法解释对住宅的范围进行明确界定，所以在定性非法侵入住宅罪时，对“住宅”范围一般是参照入户盗窃、入户抢劫中的“户”来理解。根据最高人民法院通过的《关于审理抢劫案件具体应用法律若干问题的解释》对《刑法》第263条第1项对“入户抢劫”中的“户”的解释，是指他人生活的与外界相对隔离的住所，包括封闭的院落、牧民的帐篷、渔民作为家庭生活场所的渔船、为生活租用的房屋等。2005年6月8日最高人民法院发布的《关于审理抢劫、抢夺刑事案件适用法律若干问题的意见》再次对“户”的特征进行了明确的界定：入户抢劫的“户”是指住所，其特征表现为供他人家庭生活和与外界相隔离两个方面，前者是功能特征，后者是场所特征。

综上，笔者认为，住宅应当理解为供人居住使用，能够满足基本日常生活功能，并与外界相对隔离的空间或场所。据此，应从以下三个方面对住宅进行理解：(1)是具有供人饮食、起居等基本日常生活功能的场所；(2)具有一定的人身专属性，处于他人实际占有或使用中，是为特定人在一定时期内专属的空间；(3)具有相对的独立性或者隔离性。

具有以上特征的“住宅”在未经住宅主人同意的情况下，一定要谨慎进入，进入前述特征的住宅后，经住宅所有权人或使用权人要求退出时请配合退出，否则，有可能涉嫌违法，重则构成犯罪。

(二)配偶出轨证据的法律价值

配偶出轨往往会导致夫妻离婚，那么在离婚案件中，一方提供配偶出轨的证据，对离婚案件能产生什么样的法律影响要具体情况具体分析：

1. 对财产分割的影响。依据《民法典》第1087条第1款之规定，离婚时，夫妻的共同财产由双方协议处理；协议不成的，由人民法院根据财产的具体情况，按照照顾子女、女方和无过错方权益的原则判决。故在该法典实施后，过错方在财产分割上会受到影响。但该法典实施前，出轨行为不会影响法官对夫妻共同财产分割的处理。除非出轨方与第三者之间产生了较多的财产交集，对夫妻共同财产产生了损害，可能会考虑分割的方式及比例来平衡这种损害。这样的情况比较少，能取得相应的证据更好。笔者有幸办理了一个这样的案件：我方举证证明出轨方遵照第三者的意思买的路虎车，这辆车花了近百万元夫妻共同财产。法院即判我方分得该车80%的折价款。

2. 对离婚的影响。如果出轨方无挽回婚姻的想法和行为，且出轨行为和情节对受害方造成的伤害比较大的情况下，尽管出轨行为不是法定的离婚理由，但对法官判断双方夫妻感情是否确已破裂会有重大影响。在一方有出轨行为，违反了夫妻间的忠实义务的情形下，出轨方无挽回行为，受害方坚决离婚的情况下，多数法官会考虑判决双方离婚。

3. 对确定婚生子女抚养权的影响。一般的出轨行为，不会从根本上影响法官对婚生子女抚养权的确定，法官处理婚生子女抚养权事宜时，唯一重点考虑的是怎样处理抚养权最有利于未成年子女的身心健康成长。其实，如果出轨行为较长期、经常且公开，本身就孩子的身心健康成长就不利，自然会在很大程度上让法官确信对出轨方不适宜抚养婚生子女的判断。

4. 对损害赔偿的影响。《民法典》第 1091 条规定，有下列情形之一，导致离婚的，无过错方有权请求损害赔偿：（一）重婚；（二）与他人同居；（三）实施家庭暴力；（四）虐待、遗弃家庭成员；（五）有其他重大过错。该条规定了无过错方有权请求损害赔偿的情形，如果一方的出轨行为恶劣，并产生了严重后果，另一方可以适用该条第 5 项之规定，提出损害赔偿的主张。

可见，证明对方出轨的证据对离婚、财产分割及孩子抚养是有一定法律上的影响的，这导致一些婚外情的受害方为取证八仙过海、各显神通。但无论用什么样的办法取证，都要首先确保自身安全无风险。

（三）害人之心不可有，防人之心不可无

“人之初，性本善”，很多人都只记住了这句话，却忘了后面还有一句话“苟不教，性乃迁”，而这句话才是重点。“苟不教，性乃迁”指如果孩子从小不好好教育，善良的本性就会因此而改变。特别是在众多婚外情案件给了我们血泪教训的当下，在铭记“人之初，性本善”名言的同时，更要牢记“害人之心不可有，防人之心不可无”的古训。

1. 信任他人是没有错的，但同时也要提防别人，尤其是对于主动帮你忙的异性“热心人”，不可轻易完全相信。

2. 心事不要随意向人坦露。随便向人倾吐自己的心事，就是向别人展示自己的弱点，授人以把柄，日会还可能会成为别人利用、威胁自己的工具。

3. 不要被表面现象迷惑双眼。总是看重外表，看不见表面平静下内心的波涛汹涌，看不见善良背后的虚伪，往往容易判断失误。案例一中的刘晨未能冷眼看表象,在自己顺风顺水时结交了情人,导致自己妻离子散！结果自己工作上失利后,情人很快逃之夭夭,唯留刘晨独自悲伤。

4.交友需谨慎,行为更需三思。做人要谨言慎行,与婚外情人相处尤甚。案例二中的王琦与李阳发生婚外情后,竟然把自己家的钥匙给了李阳,导致配偶获知,情人被罚,自己后悔不迭。从这个案例中,更要吸取教训,和婚外情人少说自己家和家人的事情,少与情人分享秘密,不要把自己和家人的住址及工作地点或学校告诉情人,更不要把钥匙给他们。

笔者表明以上观点,毫无鼓励婚外情的意思,只是对已经陷入婚外情中人提出如何把婚外情危害尽量降低的建议。

四、法律速递

《中华人民共和国治安管理处罚法》

第四十条　有下列行为之一的,处十日以上十五日以下拘留,并处五百元以上一千元以下罚款;情节较轻的,处五日以上十日以下拘留,并处二百元以上五百元以下罚款:

(一)组织、胁迫、诱骗不满十六周岁的人或者残疾人进行恐怖、残忍表演的;

(二)以暴力、威胁或者其他手段强迫他人劳动的;

(三)非法限制他人人身自由、非法侵入他人住宅或者非法搜查他人身体的。

第七十七条　公安机关对报案、控告、举报或者违反治安管理行为人主动投案,以及其他行政主管部门、司法机关移送的违反治安管理案件,应当及时受理,并进行登记。

第七十八条　公安机关受理报案、控告、举报、投案后,认为属于违反治安管理行为的,应当立即进行调查;认为不属于违反治安管理行为的,应当告知报案人、控告人、举报人、投案人,并说明理由。

第八十四条第一款　询问笔录应当交被询问人核对;对没有阅读能力的,应当向其宣读。记载有遗漏或者差错的,被询问人可以提出补充或者更正。被询问人确认笔录无误后,应当签名或者盖章,询问的人民警察也应当在笔录上签名。

第六节 过错方婚外情寻花问柳，受害方不当维权成寻衅滋事

一、案例精选

【案例一】 为报复妻子情人寻衅滋事，婚外情里受害者表愤怒被处罚

许强与林霞于2009年结婚，结婚时，许强家境困难，体面而盛大的婚礼所需花费均由林霞及林霞父母出资。结婚后，许强好学上进、聪明能干，3年后，他便和朋友开起了自己的公司。后又连续创办了多家公司，其中有个人单独成立的，也有合作成立的。这些公司中有三家公司的经济效益非常好。每月算下来许强都能拿到少则二三十万元，多则四五十万元的收入。

林霞也一直在一集团公司做人力资源部总监，收入也不菲，且人长的也漂亮，打扮入时，穿戴得体。两人于婚后第二年和第四年分别生了一儿一女。一家四口温馨和睦，幸福美满。许强一家无论参加什么活动，哪怕到路边散步，都会成为别人羡慕的对象。

很多人都会认为，这样的家庭应与婚外情绝缘，可偏偏匪夷所思的事情发生了。因工作关系，吴玲与许强接触较多。吴玲虽也已结婚并有了孩子，但依旧魅力十足、气质绝佳。两人彼此吸引并发展成为婚外情人关系。

只是，令二人都没有意料到的，他们的婚外情刚开始不久，即被吴玲的丈夫潘为发现了。愤怒不已的潘为要吴玲与许强断绝联系，否则便与吴玲离婚。想到自己的妻子可能是被许强勾引所致，潘为决心要好好教训许强一顿。于是一天晚上，潘为在家喝了些酒后以许强与其妻子有婚外情为由，到许强家闹事，将许强家玻璃和花盆砸坏。没有找到许强，便持刀追赶许强妻子林霞，将林霞衣服划破，并致其摔倒后将屁股和左手摔伤。后，公安机关根据《治安管理处罚法》第26条（结伙斗殴的；追逐、拦截他人的；强拿硬要或者任意损毁、占用公私财物的；其他寻衅滋事行为）之规定，对潘为处以行政拘留10日的行政处罚。

【案例二】妻子对情人已移情别恋，丈夫结伙教训他人遭拘留并罚款处罚

近日顾强遇到了一件尴尬的事情。大半夜衣衫不整的接受警察的询问，他吞吞吐吐说着，并在警察的逼问下说出了实情。

原来他晚上在小路边的车里幽会情人王燕，不料却被周红的丈夫孙兵及他的朋友把他揍了一顿，衣服被撕毁、手机被摔坏，导致他头部多处为浅表损伤，面部擦伤，胸部挫伤，左髋部软组织挫伤，最后还被孙兵几人扒走了外衣，仅剩能蔽体的秋衣秋裤。没有办法只能向警察求助。

事情还得从头说起。顾强和周红两人在同一单位上班，日久生情便发生了婚外情。可是两人的婚外情持续的并不久，半年后，周红另寻新欢，与顾强断绝了情人关系。报警的这个夜晚，是顾强与其他情人在路边的车里约会。正当两人在车里偷欢之时，突然被人敲打车窗。两人便急急忙忙穿衣服。正欲开车离开，不料却被车拦住。顾强下车正欲发火，才发现在车外的人竟是周红的丈夫孙兵和他带的几个朋友。

顾强急忙解释其和周红已经没有了来往，但孙兵不听这些。顾强被孙兵和他的朋友抓住，上来就是一顿拳打脚踢。然后要顾强提供与周红聊天的内容通话记录，顾强说没有了。孙兵便对顾强再次进行殴打，致使顾强头部多处为浅表损伤，面部擦伤，胸部挫伤，左髋部软组织挫伤；殴打过程中将顾强的衣服撕扯坏，并将顾强的手表摔坏。经北镇市价格认定中心鉴定：被损毁的衣物及手表价值人民币 890 元整。

幸好一位路过的好心人士见状，赶紧打电话报警，才有了前面出现的一幕。事后，警察将孙兵及其同伙传唤到案，孙兵表示只是因为周红太晚没有回家，他怀疑其出轨才出来寻找，没想到刚好撞见了周红的前情人和他人在车里约会，便气不打一处来，叫上朋友过来打人。

公安机关经审理后认定，孙兵的行为已经构成了结伙斗殴、任意毁损公私财物等寻衅滋事行为，并根据《治安管理处罚法》第 26 条第 1 项（结伙斗殴）、第 3 项（强拿硬要或者任意损毁、占用公私财物的）、第 4 项（其他寻衅滋事行为）之规定，决定给予孙兵拘留 15 日并处罚款 100 元的行政处罚。

二、维权指引

(一)结伙斗殴行为的认定及处罚

1. 本行为的主体是年满14周岁,具有责任能力的自然人。本行为侵犯的客体既包括社会的公共秩序,又包括他人的人身权利。

2. 本行为在客观上主要表现为多人打架。结伙斗殴,一般是指出于私仇旧怨或者其他动机而结成团伙打架斗殴。行为人在主观上表现为故意,其动机是出于寻私仇或者谋求某种非法的利益。

3. 根据《治安管理处罚法》第26条第1项之规定,有结伙斗殴行为的,处5日以上10日以下拘留,可以并处500元以下罚款;情节较重的,处10日以上15日以下拘留,可以并处1000元以下罚款。情节较重,一般是指多次参加结伙斗殴的,或者造成较大影响的等情形。

案例二中,孙兵伙同其朋友在撞见其妻子的前情人顾强在车内与他人约会时,以为是和其妻子在一起,便共同对顾强进行殴打,导致顾强头部多处为浅表损伤,面部擦伤,胸部挫伤,左髋部软组织挫伤,不仅侵犯了顾强的人身权利,还对社会管理秩序造成破坏。结伙斗殴行为情节较为严重,最终孙兵被处以行政拘留15日并处罚款1000元的行政处罚。

(二)寻衅滋事行为的认定及处罚

寻衅滋事,是指一人或者多人在公共场所或者其他场所无事生非、无理取闹、无故殴打他人、任意损坏他人财物、肆意挑衅、破坏公共秩序的行为。

1. 本行为的主体是年满14周岁,具有责任能力的自然人。本行为侵犯的客体同样既包括社会的公共秩序,又包括他人的人身权利。

2. 本行为在客观上主要表现为:追逐、拦截或辱骂、殴打他人;强拿硬要或者任意损毁公私财物,即以蛮不讲理的手段,强行拿走、强行索要市场、店铺的商品以及他人的财物,没有目的和理由地损毁、占用公私财物等。

3. 根据《治安管理处罚法》第26条之规定,有寻衅滋事行为的,处5日以上10日以下拘留,可以并处500元以下罚款;情节较重的,处10日以上15日以下拘留,可以并处1000元以下罚款。情节较重,一般是指情节比较恶劣的,造成的后果比较严重等情形。

案例一中的潘为,在发现妻子与许强的婚外情关系后,到许强家闹事,将许强家玻璃和花盆砸坏,并持刀追赶许强的妻子林霞,将林霞衣服划破,并致其摔倒后将屁股和左手摔伤,随意伤害他人。符合任意损毁、随意殴打他人的行为要件,最终潘为被处以行政拘留 10 日的行政处罚。

(三)如何区分寻衅滋事行为与寻衅滋事罪

《刑法》第 293 条规定:"寻衅滋事罪指有下列行为之一,破坏社会秩序的,处五年以下有期徒刑、拘役或者管制:

(一)随意殴打他人,情节恶劣的;

(二)追逐、拦截、辱骂、恐吓他人,情节恶劣的;

(三)强拿硬要或者任意损毁、占用公私财物,情节严重的;

(四)在公共场所起哄闹事,造成公共场所秩序严重混乱的。

纠集他人多次实施前款行为,严重破坏社会秩序的,处五年以上十年以下有期徒刑,可以并处罚金。"

《治安管理处罚法》第 26 条规定:"有下列行为之一的,处五日以上十日以下拘留,可以并处五百元以下罚款;情节较重的,处十日以上十五日以下拘留,可以并处一千元以下罚款:

(一)结伙斗殴的;

(二)追逐、拦截他人的;

(三)强拿硬要或者任意损毁、占用公私财物的;

(四)其他寻衅滋事行为。"

刑法分则对具体犯罪的规定,通常以"造成严重后果"或"致使国家利益遭受重大损失"为条件。是否造成严重后果、损失是否重大是区分行政违法与刑事犯罪的主要标准。通过比较前述两个条文,不难发现,寻衅滋事罪与寻衅滋事行为二者区别的关键在于情节严重程度。寻衅滋事行为的情节较轻,对社会危害不大,便受行政处罚;构成寻衅滋事罪必须是情节恶劣、后果严重,如多次殴打他人取乐,引起公愤;多次殴打他人致人轻伤等,结伙、持械追逐、拦截他人,追逐、拦截妇女造成恶劣影响或者后果严重,造成公共场所秩序严重混乱等。

案例二中的孙兵怀疑顾强与其妻子在车里约会便气不打一处来,叫上朋友过来打人。过程中不听顾强解释已经和其妻子分手,即殴打顾强,且将顾强衣服撕扯坏,并将顾强的手表摔坏。顾强虽然与其妻子有过婚外情,但当下已经不再来往,且当天顾强也非与孙兵妻子在车内约会。虽然顾强的行为没有造成严重后果,不构成犯罪。但公安机关经审查后认定,孙兵的行为已经构成了结伙斗殴、任意毁损公私财物等寻衅滋事行为,并根据《治安管理处罚法》第26条之规定,给予孙兵拘留15日并处罚款1000元的行政处罚。

(四)因婚外情引发的治安管理处罚案件,常涉及哪些条文

因婚外情引发的治安管理处罚案件,常涉及《治安管理处罚法》以下条款:

第二条 扰乱公共秩序,妨害公共安全,侵犯人身权利、财产权利,妨害社会管理,具有社会危害性,依照《中华人民共和国刑法》的规定构成犯罪的,依法追究刑事责任;尚不构成刑事处罚的,由公安机关依照本法给予治安管理处罚。

第二十六条 有下列行为之一的,处五日以上十日以下拘留,可以并处五百元以下罚款;情节较重的,处十日以上十五日以下拘留,可以并处一千元以下罚款:

(一)结伙斗殴的;

(二)追逐、拦截他人的;

(三)强拿硬要或者任意损毁、占用公私财物的;

(四)其他寻衅滋事行为。

第四十条 有下列行为之一的,处十日以上十五日以下拘留,并处五百元以上一千元以下罚款;情节较轻的,处五日以上十日以下拘留,并处二百元以上五百元以下罚款:

(一)组织、胁迫、诱骗不满十六周岁的人或者残疾人进行恐怖、残忍表演的;

(二)以暴力、威胁或者其他手段强迫他人劳动的;

(三)非法限制他人人身自由、非法侵入他人住宅或者非法搜查他人身体的。

第四十二条 有下列行为之一的,处五日以下拘留或者五百元以下罚款;情节较重的,处五日以上十日以下拘留,可以并处五百元以下罚款:

(一)写恐吓信或者以其他方法威胁他人人身安全的;

(二)公然侮辱他人或者捏造事实诽谤他人的;

(三)捏造事实诬告陷害他人,企图使他人受到刑事追究或者受到治安管理处罚的;

（四）对证人及其近亲属进行威胁、侮辱、殴打或者打击报复的；

（五）多次发送淫秽、侮辱、恐吓或者其他信息，干扰他人正常生活的；

（六）偷窥、偷拍、窃听、散布他人隐私的。

第四十三条　殴打他人的，或者故意伤害他人身体的，处五日以上十日以下拘留，并处二百元以上五百元以下罚款；情节较轻的，处五日以下拘留或者五百元以下罚款。

有下列情形之一的，处十日以上十五日以下拘留，并处五百元以上一千元以下罚款：

（一）结伙殴打、伤害他人的；

（二）殴打、伤害残疾人、孕妇、不满十四周岁的人或者六十周岁以上的人的；

（三）多次殴打、伤害他人或者一次殴打、伤害多人的。

三、律师建议

（一）在发现配偶婚外情后，如何用民事协议的方式保护自身财产权益

在发现配偶婚外情后，气愤是必然的，但气愤之余，更应冷静下来，既然对方已经不顾及家庭成员的感受与他人发生婚外情，受害方应如何做以维护自身合法权益。

婚外情的过错方往往并不想放弃原生家庭，所以，当被配偶发现婚外情之初，通常会感觉愧疚，并希望获得配偶的谅解。此时，婚外情的受害方可以考虑签订或要求对方出具以下文书：

1. 要求对方出具悔过书，以载明其出轨的事实和下不为例的承诺。

2. 双方签订夫妻财产约定，对家庭财产明确作出有利于婚外情受害方的约定。万一将来家庭解体，对方即要对其曾经犯下的错误埋单。

3. 自行订立遗嘱，以便身后财产按照自己的意愿来安排，防止自己的财产有可能花在配偶的情人或情人的孩子等人身上。根据具体情况及需要，该遗嘱中还可以配置指定监护条款或信托条款等内容。

4. 意定监护协议，提前对自己万一失能失智的阶段的人身照护和财产安全进行安排，让自己的人身健康和安全、自己名下的财产、医疗安排等能够按照自己的意愿由自己信得过的人进行管理和照护。

5. 医疗预嘱，提前对自己的医疗方案进行安排和确定。

总之，婚外情的受害方已经是夫妻感情上的受害者，不要再学习案例一中的潘为和案例二中的孙兵，成为治安案件的被处罚人。而应通过本书的学习或咨询专业人士，通过多种法律工具来捍卫属于自己的权益。

（二）慎防反抗民警执法构成妨碍公务

《刑法》第277条规定，以暴力、威胁方法阻碍国家机关工作人员依法执行职务的，处3年以下有期徒刑、拘役、管制或者罚金……故意阻碍国家安全机关、公安机关依法执行国家安全工作任务，未使用暴力、威胁方法，造成严重后果的，依照第1款的规定处罚。暴力袭击正在依法执行职务的人民警察的，处3年以下有期徒刑、拘役或者管制。依据该条规定，以暴力、威胁方法阻碍民警等国家工作人员执行公务的，处3年以下有期徒刑、拘役、管制或者罚金。

婚外情关系中的受害方往往因为对方出轨而气愤，基于气愤而找配偶的情人理论，或找人一起教训配偶的情人，过程中难免会发生冲突。而此时，如果配偶的情人报警，婚外情的过错方往往受到民警的管控，这对于本来就因配偶出轨而气愤的受害方来说，可能会出现情绪激动而反抗的情况，此时如果对民警动手，抗拒抓捕、殴打民警、抢夺执法记录仪、阻碍取证等，有可能构成寻衅滋事或其他违法行为的同时，还可能构成妨害公务罪，这会更加得不偿失。

（三）不要拿自己的人身自由当儿戏

《治安管理处罚法》第16条规定，有两种以上违反治安管理行为的，分别决定，合并执行。行政拘留处罚合并执行的，最长不超过20日。可见，因违反治安管理处罚，丧失人身自由的时间最长为20天，但如果违反刑法规定，丧失人身自由的时间就少则几个月，多则几年甚至十几年！

一个人成为犯罪嫌疑人，从被警方传唤，到最终法院审判定罪收监执行前，这个时间段内都是被关押在看守所的。刑事案件分为侦查阶段、审查起诉阶段和审判阶段，犯罪嫌疑人（审查起诉之后称为被告人）在看守所的关押时间就是以上三个阶段所需时间的总和。那么，一个人可以在看守所关押多久，笔者带着大家了解一下：

1. 侦查阶段（合计15个月）

传唤：1天（《刑事诉讼法》第119条）。

拘留:37 天(《刑事诉讼法》第 91 条)。

逮捕后侦查:2 个月(《刑事诉讼法》第 156 条)。

案情复杂延长:1 个月(《刑事诉讼法》第 156 条)。

重大复杂延长:2 个月(《刑事诉讼法》第 158 条)。

可能判 10 年以上延长:2 个月(《刑事诉讼法》第 159 条)。

发现另有罪行一次重新计算:7 个月(《刑事诉讼法》第 160 条)。

2. 审查起诉阶段(合计 8 个月)

审查起诉:1.5 个月(《刑事诉讼法》第 172 条)。

改变管辖一次重新计算:1.5 个月(《刑事诉讼法》第 172 条)。

第一次补侦:1 个月(《刑事诉讼法》第 175 条)。

审查起诉:1.5 个月(《刑事诉讼法》第 172 条)。

第二次补侦:1 个月(《刑事诉讼法》第 175 条)。

审查起诉:1.5 个月(《刑事诉讼法》第 172 条)。

3. 审判阶段(合计 134 个月)

(1)一审阶段(43 个月)

一审一般:3 个月(《刑事诉讼法》第 208 条)。

重大复杂延长:3 个月(《刑事诉讼法》第 208 条)。

第一次补充侦查:1 个月(《刑事诉讼法》第 175 条)。

补侦后期限重新计算:6 个月(《刑事诉讼法》第 208 条)。

第二次补充侦查:1 个月(《刑事诉讼法》第 175 条)。

补侦后期限重新计算:6 个月(《刑事诉讼法》第 208 条)。

改变管辖重新计算:20 个月(《刑事诉讼法》第 208 条)。

特殊情况最高人民法院批准一次:3 个月(《刑事诉讼法》第 208 条、《最高人民法院关于适用〈中华人民共和国刑事诉讼法〉的解释》第 173 条)。

(2)二审阶段(24 个月)

一审二审衔接:3 个月。

二审检察院阅卷:1 个月(《刑事诉讼法》第 235 条)。

商请二审法院延长阅卷时间:3 个月(《刑事诉讼法》第 235 条、《人民检察院刑事诉讼规则》第 447 条)。

二审一般:2 个月(《刑事诉讼法》第 243 条)。

重大复杂延长:2 个月(《刑事诉讼法》第 243 条)。

第一次补充侦查:1 个月(《刑事诉讼法》第 175 条)。

补侦后期限重新计算:4 个月(《刑事诉讼法》第 243 条)。

第二次补充侦查:1 个月(《刑事诉讼法》第 175 条)。

补侦后期限重新计算:4 个月(《刑事诉讼法》第 243 条)。

特殊情况最高人民法院批准一次:3 个月(《刑事诉讼法》第 243 条、《最高人民法院关于适用〈中华人民共和国刑事诉讼法〉的解释》第 173 条)。

(3)发回重审(67 个月)

发回重审一审重新计算:43 个月(《刑事诉讼法》第 175 条、第 208 条)。

发回二审重审:24 个月(《刑事诉讼法》第 175 条、第 243 条)。

全部合计:157 个月,折合 13 年 1 个月。

姑且不论最终会判多长时间的刑期,仅裁判前的阶段,刑事诉讼流程就会有如此漫长的过程都在看守所度过,了解了这些,我们是否能更谨言慎行些了呢?

四、法律速递

《中华人民共和国治安管理处罚法》

第二十六条　有下列行为之一的,处五日以上十日以下拘留,可以并处五百元以下罚款;情节较重的,处十日以上十五日以下拘留,可以并处一千元以下罚款:

(一)结伙斗殴的;

(二)追逐、拦截他人的;

(三)强拿硬要或者任意损毁、占用公私财物的;

(四)其他寻衅滋事行为。

《公安机关执行〈中华人民共和国治安管理处罚法〉有关问题的解释(二)》

八、关于"结伙""多次""多人"的认定问题

《中华人民共和国治安管理处罚法》中规定的"结伙"是指两人(含两人)以上;"多次"是指三次(含三次)以上;"多人"是指三人(含三人)以上。

《中华人民共和国刑法》

第二百四十二条　以暴力、威胁方法阻碍国家机关工作人员解救被收买的妇女、儿童的,依照本法第二百七十七条的规定定罪处罚。

聚众阻碍国家机关工作人员解救被收买的妇女、儿童的首要分子，处五年以下有期徒刑或者拘役；其他参与者使用暴力、威胁方法的，依照前款的规定处罚。

第二百七十七条 以暴力、威胁方法阻碍国家机关工作人员依法执行职务的，处三年以下有期徒刑、拘役、管制或者罚金。

以暴力、威胁方法阻碍全国人民代表大会和地方各级人民代表大会代表依法执行代表职务的，依照前款的规定处罚。

在自然灾害和突发事件中，以暴力、威胁方法阻碍红十字会工作人员依法履行职责的，依照第一款的规定处罚。

故意阻碍国家安全机关、公安机关依法执行国家安全工作任务，未使用暴力、威胁方法，造成严重后果的，依照第一款的规定处罚。

暴力袭击正在依法执行职务的人民警察的，处三年以下有期徒刑、拘役或者管制；使用枪支、管制刀具，或者以驾驶机动车撞击等手段，严重危及其人身安全的，处三年以上七年以下有期徒刑。

第一百二十七条 盗窃、抢夺枪支、弹药、爆炸物的，或者盗窃、抢夺毒害性、放射性、传染病病原体等物质，危害公共安全的，处三年以上十年以下有期徒刑；情节严重的，处十年以上有期徒刑、无期徒刑或者死刑。

抢劫枪支、弹药、爆炸物的，或者抢劫毒害性、放射性、传染病病原体等物质，危害公共安全的，或者盗窃、抢夺国家机关、军警人员、民兵的枪支、弹药、爆炸物的，处十年以上有期徒刑、无期徒刑或者死刑。

《人民警察使用警械和武器条例》

第九条 人民警察判明有下列暴力犯罪行为的紧急情形之一，经警告无效的，可以使用武器：……（三）抢夺、抢劫枪支弹药、爆炸、剧毒等危险物品，严重危害公共安全的。

第六章　婚外情与危害公共安全类犯罪

第一节　一着不慎,婚外情亦会危害公共安全

一、案例精选

【案例一】　第三者为与情人同归于尽,殃及多名无辜!

随着婚外情现象频发,由第三者插足他人婚姻直接导致的情杀等严重暴力性刑事案件也相应增多。司法实践表明,情杀等刑事犯罪案件已不仅仅涉及婚外情当事人双方,危害公共安全的案件也快速增多。接下来的案例,即因婚外情引发以危险方法危害公共安全的典型案例。

吴坤与段雯是大学同学,毕业后即办理了婚礼,婚后生有一对聪明可爱的儿女,小日子过的人人羡慕。几年后,吴坤随着个人职位的晋升,工作越来越忙,还经常出差,在家和妻子儿女相处的时间越来越少。一个偶然的机会,段雯与本单位的同事共同出差,途中,两人聊起了家事,段雯把自己的家庭情况告诉了李贺,也从李贺处了解到其2年前刚与妻子离婚。李贺对段雯的情况深表同情,并一路对段雯倍加关照和呵护,让段雯心生暖意。不久,二人便由同事发展为婚外情人关系。可时间不长,段雯即了解到李贺有网络赌博的恶习。李贺曾两次向段雯借钱,段雯第二次借钱给李贺后,遂提出分手,遭李贺拒绝。李贺将婚外情之事告诉了段雯的丈夫吴坤。吴坤一直深爱着段雯,这件事对他的打击很大。本想与段雯离婚了事,但考虑到自己对妻子是有亏欠的,还有一对年幼的儿女,加上妻子的真诚道歉、悔过和苦苦哀求,吴坤选择给段雯一次机会,并答应和段雯一起处理与李贺分手的事情。

2014年3月17日16时,李贺与段雯、吴坤在电话中发生争吵,双方约定在

某公园商谈。李贺挂断电话后产生了与段雯同归于尽的想法,遂携带购买的一把菜刀和一把匕首,驾驶一辆吉利牌轿车前往公园。

同日18时20分,李贺驾车行驶至某超市附近,见段雯与吴坤站在超市附近的路口,在明知路口车辆、行人密集的情况下,加大油门用车头撞向段雯,将段雯撞倒后,车辆继续前冲将正在待客的摩的司机廖俊连车带人以及路人肖龙撞倒。后李贺持匕首下车,迅速冲向段雯,吴坤见状遂上前阻拦李贺,李贺用匕首捅了吴坤胸部一刀后将其甩开,又冲至段雯面前,朝段雯胸部、手臂等处连捅数刀。吴坤赶来用购物车将李贺撞倒在地,夺走匕首,并用身体压住李贺,至公安民警赶到。经伤情鉴定,段雯为重伤二级,吴坤、廖俊、肖龙均为轻伤二级。

李贺在闹市区以驾车撞人的方法杀人,致多人受伤,足以危害公共安全,其行为构成以危险方法危害公共安全罪;李贺下车后为剥夺他人生命而持刀杀害段雯,又构成故意杀人罪,但未遂;李贺在杀人过程中,因遇人阻拦,临时起意,持刀伤害吴坤,还构成故意伤害罪。最终李贺因犯故意杀人罪未遂被判处有期徒刑11年;因犯以危险方法危害公共安全罪,被判处有期徒刑5年;因犯故意伤害罪,被判处有期徒刑10个月,最后法院决定执行有期徒刑16年。同时,由李贺赔偿段雯经济损失共计人民币733,907.37元,赔偿廖俊经济损失共计人民币27,721.57元,赔偿肖龙经济损失共计人民币11,404.39元。

【案例二】 为报复婚外情人,醉酒干扰行驶中的客运车辆

看完上一个案例,相信大家也跟笔者一样,对李贺的行为感到震惊,因婚外情发生纠纷,第三者竟心生杀意,企图与婚外情人同归于尽,明知在闹市区还开车对被害人进行撞击,置公共安全于不顾,并连伤4人,最终被判处有期徒刑16年,且须支付损害赔偿金高达80万元,这实在是让人唏嘘不已。而接下来的案例讲的是第三者干扰驾驶员驾驶客运汽车最后被定罪量刑的事。

付青与朴阳系夫妻,彭昊系付青的婚外情人。彭昊因与付青有婚外情感纠纷,心生怨恨,产生报复付青与朴阳夫妇的想法。

2019年6月10日12时40分许,彭昊在汽车站见到付青夫妇经营的中型客运班车(付青为售票员,其丈夫朴阳为驾驶员)准备出发前往肇庆市,便携带2罐啤酒乘坐该车辆。

上车后,彭昊坐在驾驶员朴阳旁边的台子上,一边喝啤酒,一边通过语言和肢体动作干扰朴阳驾驶车辆。在车辆行经加油站一段距离后,彭昊要求下车买酒,朴阳没有同意,彭昊便通过辱骂朴阳、抢夺方向盘的方式逼迫朴阳停车。

朴阳被迫停车后,彭昊从路边小卖部买了 2 瓶劲酒,尔后继续坐在驾驶员旁边的台子上,一边喝酒,一边通过辱骂朴阳、拍打驾驶室仪表盘的方式发泄情绪,干扰朴阳驾驶车辆。车上乘客见状便悄悄报警。

在车辆行驶至银行附近时,彭昊去抢夺汽车的方向盘,朴阳紧紧抓住方向盘,用一只手将彭昊推开。车辆继续行驶了一段距离后,彭昊再次抢夺方向盘,朴阳虽紧抓方向盘,但依然造成正在行驶的车辆偏移了一下,车上的乘客吓得大叫。坐在后排的两名乘客要求靠边停车,彭昊听后便冲到后排要打该两名乘客,被售票员付青拦住。

朴阳将车辆靠边停下,车上十余名乘客陆续下车。民警到达现场后将彭昊传唤到案,彭昊于当日到案后如实供述了上述事实。彭昊为发泄情绪,醉酒后干扰客运班车驾驶员驾驶车辆,危害公共安全,尚未造成严重后果,但其行为已构成以危险方法危害公共安全罪,最终被法院判处有期徒刑 3 年 6 个月。宣判后,彭昊不服,提出上诉。最终被驳回上诉,维持原判。

二、维权指引

(一)什么样的行为构成以危险方法危害公共安全罪

以危险方法危害公共安全罪是指使用与放火、决水、爆炸、投放危险物质等危险性相当的其他危险方法,危害公共安全。它与放火罪、爆炸罪、决水罪、投放危险物质罪罪名相并列,是危害公共安全类这一类犯罪的兜底性的罪名。构成该罪,首先该罪行为所侵害的对象或者危害后果必须具有不特定性。再者,以危险方法危害公共安全的行为必须能够给不特定多数人的生命、健康和重大公私财产安全造成严重侵害的威胁状态。案例一中,李贺驾车行驶至某超市附近,明知路口车辆、行人密集,仍加大油门用车头撞向段雯,将段雯撞倒后,车辆继续前冲将正在待客的摩的司机廖俊连车带人以及路人肖龙撞倒,造成两人受伤,并严重危及公共安全。案例二中,在客运车辆载着多人行驶至银行附近时,彭昊两次抢夺客运汽车的方向盘,造成正在行驶的车辆偏移了正轨,险些发生事故,车上的乘客惊心动魄并被吓得大声喊叫,虽没有造成人员伤亡,但已危及公共安全,所以,李贺和彭昊均构成本罪。

另外,2003 年“非典”时期实施的《关于办理妨害预防、控制突发传染病疫情等灾害的刑事案件具体应用法律若干问题的解释》第 1 条规定,故意传播突发传染病病原体,危害公共安全的,依照《刑法》第 114 条、第 115 条第 1 款的规定,按照以危险方法危害公共安全罪定罪处罚。患有突发传染病或者疑似突发传染病而拒绝接受检疫、强制隔离或者治疗,过失造成传染病传播,情节严重,危害公共安全的,依照《刑法》第 115 条第 2 款的规定,按照过失以危险方法危害公共安全罪定罪处罚。2020 年 2 月 6 日,最高人民法院、最高人民检察院、公安部、司法部联合制定了《关于依法惩治妨害新型冠状病毒感染肺炎疫情防控违法犯罪的意见》,该意见规定,故意传播新型冠状病毒感染肺炎病原体,具有下列情形之一,危害公共安全的,依照《刑法》第 114 条、第 115 条第 1 款的规定,以以危险方法危害公共安全罪定罪处罚:(1)已经确诊的新型冠状病毒感染肺炎病人、病原携带者,拒绝隔离治疗或者隔离期未满擅自脱离隔离治疗,并进入公共场所或者公共交通工具的;(2)新型冠状病毒感染肺炎疑似病人拒绝隔离治疗或者隔离期未满擅自脱离隔离治疗,并进入公共场所或者公共交通工具,造成新型冠状病毒传播的。根据前述两文件的规定,故意传播突发传染病病原体、有突发传染病或者疑似突发传染病而拒绝接受检疫、强制隔离或者治疗的都能成立本罪。

(二)触犯以危险方法危害公共安全罪的处罚

《刑法》第 114 条、第 115 条规定,放火、决水、爆炸以及投放毒害性、放射性、传染病病原体等物质或者以其他危险方法危害公共安全,尚未造成严重后果的,处 3 年以上 10 年以下有期徒刑;致人重伤、死亡或者使公私财产遭受重大损失的,处 10 年以上有期徒刑、无期徒刑或者死刑。根据前述规定可知,构成以危险方法危害公共安全罪,并不以实际发生危害后果为要件。犯罪行为造成人员重伤、死亡或公私财产重大损失的,起刑点才是 10 年以上有期徒刑、无期徒刑或者死刑。案例二中的危险行为未造成人员伤亡和财产损失,案例一中的危险行为造成吴坤、廖俊、肖龙三人均为轻伤二级(虽段雯为重伤二级,但是故意杀人导致,非本罪行为导致),故都没有突破十年的刑期。

(三)区分以危险方法危害公共安全罪与自杀

二者区分标准关键在于是否足以危害公共安全。对于用危险方法自杀又不足以危害公共安全的,不构成以危险方法危害公共安全罪。但是如果行为人采用危险方法自杀,足以危害到公共安全的,便构成以危险方法危害公共安全罪。例如,邪教组织人员以自焚、自爆方法危害公共安全,构成本罪。依据是《关于办理组织、利用邪教组织破坏法律实施等刑事案件适用法律若干问题的解释》第12条之规定,邪教组织人员以自焚、自爆或者其他危险方法危害公共安全的,依照《刑法》第114条、第115条的规定,以放火罪、爆炸罪、以危险方法危害公共安全罪等定罪处罚。

(四)区分以危险方法危害公共安全罪与危险驾驶罪

根据《刑法》第133条之一第1款、第3款规定,在道路上驾驶机动车,有下列情形之一的,构成危险驾驶罪,处拘役,并处罚金:(1)追逐竞驶,情节恶劣的;(2)醉酒驾驶机动车的;(3)从事校车业务或者旅客运输,严重超过额定乘员载客,或者严重超过规定时速行驶的;(4)违反危险化学品安全管理规定运输危险化学品,危及公共安全的。有前两款行为,同时构成其他犯罪的,依照处罚较重的规定定罪处罚。

危险驾驶罪与以危险方法危害公共安全罪存在以下区别:

1.发生的领域不同。危险驾驶罪仅仅发生在公共交通领域,而以危险方法危害公共安全罪没有对其发生的领域作任何限制,包括公共交通领域和其他可能发生以危险方法危害公共安全的领域。

2.行为人主观恶性的大小不同。危险驾驶罪中的追逐竞驶行为的实施人主观恶性要小,因为其没有要加害他人或者社会的目的;而以危险方法危害公共安全罪中的行为人主观上存在加害的意图,行为人自身的主观恶性通过实施方式表现出来。所以,同样未造成实害结果发生时,追逐竞驶行为人仅仅被判处拘役并处罚金的刑罚,而以危险方法危害公共安全行为人要受三年至十年的有期徒刑刑事处罚。

3.行为的加害性程度不同。危险驾驶行为本身具有相当的危险性的特点,这种危险性主要通过驾驶行为违反法律、法规的规定来表现,而驾驶行为本身并不存在明显的加害性。而以危险方法危害公共安全的行为,如放火、决水等行为自身就是在加害公众的生命财产安全和社会公共安全,行为人是积极主动的实施该类行为,其主观恶性更大。

案例一中的李贺,如果其仅仅是醉酒驾驶机动车,构成危险驾驶罪;如果其醉酒后又实施案例一中的行为，即构成以危险的方法危害公共安全罪。

（五）以危险方法危害公共安全罪与故意杀人罪的区别

故意杀人罪是指故意非法剥夺他人生命的行为。依据《刑法》第232条之规定，故意杀人的，处死刑、无期徒刑或者10年以上有期徒刑；情节较轻的，处3年以上10年以下有期徒刑。

区分故意杀人罪与以危险方法危害公共安全罪的标准是使用危险方法实施犯罪是否足以危害公共安全。如果行为人使用杀人、伤人、或者毁坏公私财务的危险方法，其行为足以危害公共安全的就构成本罪；如果其行为不足以危害公共安全的，应当依照《刑法》第232条、第234条、第275条的规定，分别以故意杀人罪、故意伤害罪、故意毁坏财物罪论处。

案例一中，李贺在闹市区试图仅以驾车撞人的方式撞死段雯，同时致多人受伤，足以危害公共安全，构成以危险方法危害公共安全罪；如果李贺是在偏僻的、人迹稀少的道路上驾车撞向段雯，那么李贺的行为对其他人的生命和财产安全不足以造成危害，未危害公共安全，则以故意杀人罪论处。

三、律师建议

（一）选择正确的方式与婚外情人分手

生活中，大量的案件表明，婚外情持续的时长及周期往往是在1～3年，也就是说，婚外情在1～3年内发生、发展并结束，有的甚至半年不到即画上了句号加叹号。婚外情开始往往很容易，两情相悦、激情迸发，你情我愿，婚外情即发生。短暂激情过后的分手，却往往因多种原因变得不是那么简单。本书大量案例是基于分手不畅而引发。故现在或将来，分手环节处理都会成为婚外情中人需要面对并解决的问题。

首先，当与情人关系不睦或面临分手时，最好双方能多进行深入沟通，即便是此前双方曾有过欺骗或伤害，如果有欺骗或伤害行为的一方真诚向对方道歉，很大程度上也能获得对方的宽恕和理解，冰释前嫌。

其次，在婚外情人相处过程中，如果一方确实因另一方遭受了某些经济上或身体上的损失，最好在分手前能对遭受损失的一方予以补偿。

再次，如果分手不畅，在沟通过程中对方曾流露出报复等想法时，希望能用变通的方式把实施报复行为相关危害后果告知对方，如果能找第三方从中做下工作，让第三方给欲实施报复行为的一方以告知或警示，或许能打消其实施违法或犯罪行为的念头。

最后，要留意对方的心态和神色的变化，要有时刻警惕对方犯罪的意识，并尽量提前做好防范。既要防范伤到自己，又要避免伤及无辜。

另外，只要分手出现了不畅，就要做好打硬仗的准备，并注意搜集和固定好相关证据，以备不时之需。笔者常告诉委托人的一句话是"证据提前搜集、固定好后可以不用，否则，到想用时，可能再无搜集、固定证据的机会和可能"。

当然，因具体事情不同，笔者不好给出更具体的方案，如果读者朋友万一遇到类似风险，可通过本书载明的方式联系笔者，也可以与身边其他专门办理此类业务的人士联系。

（二）请不要和容易冲动并失去理性的人发生婚外情

笔者不支持更不鼓励婚外情。但如果个别人非要选择婚外情人的话，笔者建议在确定婚外情关系前，请与对方多经历一些事情，对对方多做些考察，在关键处和细节处考查对方是否是理性且有素养之人。如果在前期相处中，因为某些事情就能看出其容易暴怒、心胸狭隘、偏激、自私、占有欲强等，如果不想让个人名誉扫地、妻离子散、家破人亡，甚至伤及无辜，请君一定要止步！

如果经历了一些事情，虽容易暴怒、心胸狭隘、偏激、自私、占有欲强等性格特征暴露了一些，但又不怎么严重，也请君止步，因为这才是婚外情还未正式开始，更因为还没有更多的利益和感情纠葛在里面。

如果经历了一段时间后，和对方相处心里总有不踏实的感觉，还是请君止步。有多少个故事是如此的触目惊心，有多少个故事是那样惨不忍睹，又有多少个血淋淋的鲜活事实还不能让大家望而却步？

总之，请不要和容易冲动并失去理性等人发生婚外情。当然，最好是和任何人都不发生婚外情。

任何一个读过本书的人，笔者希望并相信都能在婚外情前止步。果能如此，我们国家的犯罪率会下降一点，行政治安案件和民事案件的数量都会降低很多！更重要的是，能挽救无数个家庭，能保护无辜的孩子，能让一些人避免身体或名誉受到伤害，还能让一些人避免牢狱之灾！

(三)要认真审视婚外情开始和结束的原因,从开始即做好如何分手的准备

笔者通过研判大量的案例发现,开始婚外情往往有以下原因:

(1)动了感情;(2)满足欲望或需求;(3)填补一时空虚;(4)图对方钱财;(5)跟风,图一时新鲜。除了第1种外,其他四种开始的原因注定婚外情就不会长久。而动了感情的婚外情能维持多久,除了看两个人的感情维持的时间外,这段婚外情被发现时间的早晚也是决定持续时间长短的一个很重要的因素。

很多人开始一段婚外情是没有想过离婚的,是不会放弃孩子和妻子、放弃一个平和的家庭的。所以一旦有一方的伴侣发现了婚外情,当事人往往会选择断开联系,回归家庭。但也不排除个别为了婚外情而离婚的人。婚外情的过错方提出离婚,通常会为离婚付出了较大的代价。现实生活中也不乏这样的事情,离婚后本以为可以和爱的人永远生活在一起,万没想到等来的却是对方的冷漠,甚至消失、失去音讯。

从某种意义上说,婚外情往往犹如昙花一现,持续的时间非常短,且不能见光,一旦见光,即意味着花的生命很快终止。

(四)把握伤情鉴定对定罪量刑的影响

《刑法》第234条规定,故意伤害他人身体的,处3年以下有期徒刑、拘役或者管制。犯前款罪,致人重伤的,处3年以上10年以下有期徒刑;致人死亡或者以特别残忍手段致人重伤造成严重残疾的,处10年以上有期徒刑、无期徒刑或者死刑。《刑法》第114条、第115条规定,放火、决水、爆炸以及投放毒害性、放射性、传染病病原体等物质或者以其他危险方法危害公共安全,尚未造成严重后果的,处3年以上10年以下有期徒刑;致人重伤、死亡或者使公私财产遭受重大损失的,处10年以上有期徒刑、无期徒刑或者死刑。从上述两个条文不难看出,伤情鉴定结果的不同直接影响是否构成犯罪及刑罚的轻重。

根据2014年1月1日实施的《人体损伤程度鉴定标准》第3条规定,重伤使人肢体残废、毁人容貌、丧失听觉、丧失视觉、丧失其他器官功能或者其他对于人身健康有重大伤害的损伤,包括重伤一级和重伤二级。轻伤使人肢体或者容貌损害,听觉、视觉或者其他器官功能部分障碍或者其他对于人身健康有中度伤害的损伤,包括轻伤一级和轻伤二级。轻微伤各种致伤因素所致的原发性损伤,造成组织器官结构轻微损害或者轻微功能障碍。

故意伤害案件中,伤情鉴定为轻伤以上程度,才构成犯罪,重伤是加重刑罚的情况,轻微伤不构成犯罪。

无论是日常生活中,发生的打斗致人受伤,还是像案例一中的两名无辜受害者受伤,受伤后都要第一时间拨打"110"电话报警,由警察开出介绍信到某鉴定中心进行伤情鉴定后,鉴定结果是确定加害方是否构成犯罪的重要依据。当然,如果伤的不严重,最好能及时拍下含有受伤部位的远、中、近三个不同距离的照片。"远"是为了固定打斗发生的位置和周边环境;"中"是为了固定受伤部位是在谁的身上,受伤部位和人的面部需同时出现在照片中;"近"是为了固定受伤部位细节情况。

(五)区分刑事附带民事诉讼与普通民事诉讼

案例一中法院除了判处李贺有期徒刑16年外,还同时由李贺赔偿附带民事诉讼原告人段雯经济损失共计人民币733,907.37元,赔偿附带民事诉讼原告人廖俊经济损失共计人民币27,721.57元,赔偿附带民事诉讼原告人肖龙经济损失共计人民币11,404.39元。那么,案件中如涉及人身损害民事赔偿的部分,受害人家属可选择单独进行民事诉讼,亦可提起刑事附带民事诉讼。但是,不同的诉讼方式对于权益的保障有所不同。现就上述两种诉讼方式比较如下:

1.诉讼费收取不同。单独民事诉讼法院按起诉索赔的金额作为诉讼标的计收诉讼费,由原告先预交,最终由败诉方承担。刑事附带民事诉讼,法院不收诉讼费。案例一中损害赔偿案件涉案标的70万余元,诉讼费交纳也是一笔不小的数目,因此需要当事人权衡考虑。

2.精神损害抚慰金支付不同。单独民事诉讼中可主张精神损害抚慰金,一般情况下法院考虑被告履行能力、法院地经济发展水平,对受害人伤害程度等支持其一定数额的精神损害抚慰金。而刑事附带民事诉讼不能主张精神抚慰金。但司法实践中,不乏被告人选择支付较高的精神损害抚慰金以获得被害人家属谅解从而减轻刑事责任的案例。

3.对被告人量刑的影响不同。单独民事诉讼与刑事案件审判是相互独立的程序,难以直接对被告人的量刑施加影响。而刑事附带民事诉讼被告人实际赔偿的情况是量刑情节之一。被告人为了达到减轻或者从轻处罚的目的,通常会积极主动与受害人家属协商赔偿,也就是说民事赔偿具体情况会在一定程度上成为被告人判刑多少的筹码。

4. 提起诉讼时间不同。单独民事诉讼在伤害事故发生后随时可提起，但最长不能超过人身损害赔偿案件的诉讼时效。而刑事附带民事诉讼在刑事案件立案以后第一审判决宣告之前提起。

5. 赔偿的履行方式不同。单独民事诉讼的，赔偿取决于被告人赔偿能力。若被告人不主动履行，需申请法院强制执行。而刑事附带民事诉讼中，若被告人想减轻或者从轻刑事处罚，一般会在刑事判决之前主动支付赔款，以获得被害人或被害人近亲属的谅解。

通过以上比较不难发现，两个诉讼程序有较大区别、每个具体案件的情况不同，应具体案件具体分析，区别对待。

四、法律速递

《中华人民共和国刑法》

第一百一十四条　放火、决水、爆炸以及投放毒害性、放射性、传染病病原体等物质或者以其他危险方法危害公共安全，尚未造成严重后果的，处三年以上十年以下有期徒刑。

第一百一十五条　放火、决水、爆炸以及投放毒害性、放射性、传染病病原体等物质或者以其他危险方法致人重伤、死亡或者使公私财产遭受重大损失的，处十年以上有期徒刑、无期徒刑或者死刑。

过失犯前款罪的，处三年以上七年以下有期徒刑；情节较轻的，处三年以下有期徒刑或者拘役。

《关于审理破坏野生动物资源刑事案件具体应用法律若干问题的解释》

第七条　使用爆炸、投毒、设置电网等危险方法破坏野生动物资源，构成非法猎捕、杀害珍贵、濒危野生动物罪或者非法狩猎罪，同时构成刑法第一百一十四条或者第一百一十五条规定之罪的，依照处罚较重的规定定罪处罚。

《关于办理组织、利用邪教组织破坏法律实施等刑事案件适用法律若干问题的解释》

第十二条　邪教组织人员以自焚、自爆或者其他危险方法危害公共安全的，依照刑法第一百一十四条、第一百一十五条的规定，以放火罪、爆炸罪、以危险方法危害公共安全罪等定罪处罚。

《关于办理妨害预防、控制突发传染病疫情等灾害的刑事案件具体应用法律若干问题的解释》

第一条　故意传播突发传染病病原体，危害公共安全的，依照刑法第一百一十四条、第一百一十五条第一款的规定，按照以危险方法危害公共安全罪定罪处罚。

患有突发传染病或者疑似突发传染病而拒绝接受检疫、强制隔离或者治疗，过失造成传染病传播，情节严重，危害公共安全的，依照刑法第一百一十五条第二款的规定，按照过失以危险方法危害公共安全罪定罪处罚。

最高人民法院、最高人民检察院、公安部、司法部联合制定了《关于依法惩治妨害新型冠状病毒感染肺炎疫情防控违法犯罪的意见》

二、准确适用法律，依法严惩妨害疫情防控的各类违法犯罪

（一）依法严惩抗拒疫情防控措施犯罪。故意传播新型冠状病毒感染肺炎病原体，具有下列情形之一，危害公共安全的，依照刑法第一百一十四条、第一百一十五条第一款的规定，以以危险方法危害公共安全罪定罪处罚：

1. 已经确诊的新型冠状病毒感染肺炎病人、病原携带者，拒绝隔离治疗或者隔离期未满擅自脱离隔离治疗，并进入公共场所或者公共交通工具的；

2. 新型冠状病毒感染肺炎疑似病人拒绝隔离治疗或者隔离期未满擅自脱离隔离治疗，并进入公共场所或者公共交通工具，造成新型冠状病毒传播的。

其他拒绝执行卫生防疫机构依照传染病防治法提出的防控措施，引起新型冠状病毒传播或者有传播严重危险的，依照刑法第三百三十条的规定，以妨害传染病防治罪定罪处罚。

以暴力、威胁方法阻碍国家机关工作人员（含在依照法律、法规规定行使国家有关疫情防控行政管理职权的组织中从事公务的人员，在受国家机关委托代表国家机关行使疫情防控职权的组织中从事公务的人员，虽未列入国家机关人员编制但在国家机关中从事疫情防控公务的人员）依法履行为防控疫情而采取的防疫、检疫、强制隔离、隔离治疗等措施的，依照刑法第二百七十七条第一款、第三款的规定，以妨害公务罪定罪处罚。暴力袭击正在依法执行职务的人民警察的，以妨害公务罪定罪，从重处罚。

第二节　入围城为情所困　求解脱火烧无辜

一、案例精选

【案例一】　苦情女痴等真爱无果，玉石俱焚酿下大祸

痴情女遭遇孽缘，为爱她三次堕胎，苦等情人离婚无果，一怒之下放火烧了情人的家，最终酿成一死一重伤的严重后果。

黄湘兰此前有过一段4年的婚姻，但是因为前夫家暴，她实在忍受不了，逃出了家。这么多年，除了回去办离婚手续，就再也没有回过老家。这些年漂泊在外，没少吃苦头，后来总算在这个海滨小城安顿了下来，有了一份比较安稳的工作。黄湘兰在当地一家宾馆的足浴部上班，因为嘴巴比较甜，很受同事们的喜欢。

李东来是小城一建筑公司的老板，因为业务的原因，他是这家足浴店的常客。每次来消费他都要点黄湘兰的钟，一来二去两人就变得熟悉起来，再后来黄湘兰就成为李东来的情人。经过婚姻的不幸，黄湘兰十分珍惜这段感情，虽然李东来已有家室，但是她愿意等他离婚，李东来也多次和她提出来要离婚将来和她结婚，但是要她耐心等他2年。

2年的时间虽然有点长，但是为了能有个家，黄湘兰也愿意去等。这2年她时常憧憬两人在一起生活的幸福场景，2年来她为李东来流产过两次，直到第三次，她想把孩子生下来，但是经不住李东来的劝说，最后还是做手术流掉了。医生告诉她，将来她可能会很难再有做母亲的机会，这让她十分难过。

2年的时间很快就过去了，黄湘兰等来的不是李东来离婚的消息，而是他夫妻两人和好的消息。李东来对自己的态度也越来越冷淡，这让她十分的寒心。为了他自己可能已经失去了做母亲的机会，而这个负心的男人竟然没有一丝的愧疚。眼看着这个男人不能指望，黄湘兰下定决心准备走出这段本就不应该发生的感情。在朋友的介绍下，她开始相亲，刚开始和男孩子们谈的都很顺利，但是没过多久他们就开始疏远她，有的甚至将她微信拉黑，这让她十分不解。后来

通过朋友打听才知道,原来是李东来在从中做梗。黄湘兰悲愤至极,李东来毁了自己的过去,还要毁掉自己的将来,现在自己这样的状况都是因为他！越想越愤怒,一个罪恶的计划在她脑海里孕育。

一天下午,她以摩托车没有油为理由,请朋友帮忙准备了五升汽油。她知道李东来家隔壁的宾馆和李东来的家是相通的,当天晚上她就住到了这家宾馆。趁着夜色,她悄悄地打开了楼顶通往李东来家的小门。第二天凌晨一点左右,黄湘兰带着汽油、一瓶农药和一个打火机再次来到楼顶平台。通过此前打开的小门,很顺利的来到了李东来家的二楼。她先是翻了二楼衣橱里李东来的衣服,自己给他买的衣服竟然一件也没有！这个绝情的男人,你让我生不如死,我也要让你死！她果断地打开农药,把整瓶全部喝了下去。随后又倒了半瓶汽油在二楼衣橱上。然后再来到一楼,推开卧室看到地上的席子上躺着李东来,床上躺着李东来的妻子,她围着李东来倒了一圈汽油。这时李东来突然惊醒,大喊救命,但是为时已晚,黄湘兰打着了火,火苗瞬间就窜了起来。李东来的妻子看到丈夫着了火,马上用被子去扑火,无奈火势太大根本无济于事。黄湘兰随后折返到二楼,顺手又点燃了衣橱,然后她走到卫生间,关上门,静静地等着药效发作。醒来的时候,她已经躺在医院的床上,房间里和门口各有两个警察。

法院经审理查明:2010 年 9 月,黄湘兰与李东来相识并发生婚外情,期间黄湘兰曾做了三次人工流产手术,李东来后与妻子关系缓和并与黄湘兰关系疏远,黄湘兰此后与其他人开始交往,自认为受到李东来的阻挠,遂产生放火报复的想法。2013 年 7 月 8 日凌晨,黄湘兰携带汽油、农药、打火机等在李东来的住处纵火,导致李东来死亡,李东来的妻子重伤,若干物品损坏的后果。法院认为,黄湘兰因感情纠纷故意放火报复他人,致一人死亡一人重伤,并造成部分财产损失,其行为已经构成放火罪。被害人李东来作为有妇之夫,还与黄湘兰发生婚外情并造成黄湘兰多次怀孕打胎,对本案的发生负有一定责任。针对黄湘兰辩护人提出的被告人服下农药导致其控制能力下降的辩解。法院认为虽然黄湘兰在放火前喝了农药,但并没有影响到其犯罪行为的实施。综合全案,法院依法判决黄湘兰犯放火罪,判处无期徒刑,剥夺政治权利终身。

【案例二】报复丈夫出轨，火烧亲生儿子泄愤

如果把婚姻比作契约，婚外情中受伤害往往最大的就是那个守约方和他们的孩子。当毁约方绝情的转身离去，留给守约方的往往是失落、孤独、愤怒甚至是仇恨。下面这个案例，婚外情引起的大火不仅烧毁了家庭，而且还亲手夺去了亲生儿子的生命。

张国栋是个典型的凤凰男，从农村来到大城市，凭着自己的努力，一步步从业务员做起，现在已经是某集团公司的副总经理。黄金萍认识张国栋的时候，他还是一个部门主管，两人一起互相支持，终于有了现在稳定的生活。儿子现在已经3岁了，自从儿子出生后，黄金萍就辞去了工作，在家里做全职妈妈。3年来黄金萍的世界就是丈夫和儿子，虽然日子有些单调，但是她觉得安逸幸福。

自从张国栋升职成集团公司的副总经理，工作就越来越忙，经常是各种出差。但是女人天生的敏感让他觉得丈夫对她越来越没耐心，有时为了一点小事也会发脾气。一天无意间她在张国栋的包里发现了几个避孕套和男性用品，这让她更加坚信丈夫已经变心了。自从得知丈夫有外遇后她就经常失眠，整个人也变的恍恍惚惚。在朋友的建议下，她到医院看了医生，医生给她开了"复方枣仁胶囊"的药，主要功能是辅助睡眠。但是丈夫有外遇的这个事情她一直藏在心里，实在难受。终于有一天黄金萍试探的想和张国栋谈一谈，没想到还没等黄金萍说完，张国栋就拦住了她的话。张国栋根本就不打算隐瞒，直接就把有外遇的前事情和盘托出。张国栋还说，如果现在这样过他没有意见，但是如果黄金萍觉得无法忍受，可以离婚，但是儿子和财产不能带走。黄金萍伤心欲绝，这么无情的男人，让她觉得天都要塌下来了。

自张国栋摊牌之后，他更是经常不回家，空留黄金萍一个人在家照顾孩子。她非常苦闷，精神状态也一天不如一天。一天晚上儿子吵着要和爸爸聊天，于是她用自己的手机和张国栋视频聊天，看到张国栋穿着睡衣就在情妇家里，她一下子崩溃了。

当天夜里，黄金萍翻来覆去睡不着，越想越觉得生活失去了希望，索性鱼死网破！她起床翻出家里的酒精和打火机，不让我活下去我就和你张国栋的儿子一起同归于尽。考虑到孩子太小怕痛苦，她先是晃醒孩子，给他吃了一粒"复方枣仁胶囊"，看着孩子沉沉的睡去。黄金萍一个人坐在客厅里，脑子里混乱如

麻，要不要点火？但是一想到张国栋对自己的绝情，她就痛苦！狠了狠心，她用手机给张国栋发了一条短信：张国栋，人在做，天在看，你好自为之。扔掉手机，她打开了瓶子在床上、客厅、书房里都撒上了酒精，然后决然地拿起了打火机。

看着熊熊燃起的大火，黄金萍没有一丝留恋，奔进厨房拿起了刀。钻心的疼痛让她稍微的清醒了点，但是十几刀下去，除了疼痛还是疼痛。于是她上了楼顶，一跃而下。也许命不该死，她落在了三楼的防护网上了。这时她清醒多了，这对孩子是不公平的，他不该死，但是房间里的火已经冲出了窗户。她挣扎着站起来，拨通了报警电话。

法院经审理后认为，被告人黄金萍故意在深夜于住户密集的小区住宅内放火，造成一人死亡，财产直接损失共计人民币91,838元，其行为已构成放火罪。鉴于其系在婚姻关系存续期间情感纠纷，长时间的情绪积压之下而为，且在犯罪以后能自首，依法予以从轻处罚。据此，法院根据黄金萍犯罪的事实、性质、情节和社会危害程度，以放火罪判处黄金萍无期徒刑，剥夺政治权利终身。

一段本不该有的恋情，断送了自己儿子的性命，是悲？是苦？都是各位当局者所必须承受的。但是无辜的孩子，才是这场恋情中最大的受害者！

【案例三】 为脱围城之困，狭隘男火烧原配

俗话说"虎毒不食子"，但是本案的当事人为了能够脱离原来的婚姻，不惜杀妻害子，以达到与婚外情人长厢厮守的目的。

陈忠辉自小家境贫困，作为家里的长子，很早就担起了家里的重担。2007年，年届30的他经亲戚介绍与李朝霞认识。李朝霞家境条件优越，家里就这一个女儿，父母十分疼爱，所以想招个上门女婿。陈忠辉虽然不是特别情愿，但是考虑到自己家境情况，结婚后还可以补贴一下家里，还是答应了入赘的要求。

婚后陈忠辉和岳父岳母一起居住。李朝霞性格内向软弱，岳父经常在外做活，平时家里大事小事都是岳母做主。陈忠辉本身就是入赘女婿，他自觉当初办婚事的钱都是岳母家出的，所以在家里也没有太多的发言权。2008年12月，两人的孩子出生了，虽然是个男孩，但是陈忠辉却开心不起来，按照当初的约定，孩子生下来就应该姓李，孩子的一切也都是岳母和妻子做主，作为父亲他却无权决定，陈忠辉觉得在这个家里自己完全没有地位。

2010 年年底,陈忠辉想做电路板加工生意,就向岳母借了 20 万元。工厂开起来了,刚开始的时候业务还算正常,因为人手不够,他喊来了原来打工期间认识的女工友姚红燕来帮忙,后来两人产生了婚外情,陈忠辉萌生了要离婚和姚红燕结婚的想法。自从与姚红燕有了婚外情,陈忠辉越来越觉得妻子不顺眼了,每次回到家里,他都会觉得浑身不自在。他觉得姚红燕是最了解他的,在姚红燕这里他找到了自信和尊严。随着两人交往的深入,要离婚和姚红燕结婚的念头越来越强烈,他觉得妻子一家对他不薄,离婚的事开不了口。他也曾假设过车祸或意外事故致其妻子死亡等场景解决这个问题,但是还是觉得于心不忍。

好景不长,因为订单减少,加工厂经营陷入困境,借来的钱也全部亏光,亏损了几十万元,岳母的钱没办法还,陈忠辉觉得在家里更抬不起头了。2013 年年初姚红燕因家里有事离开了加工厂,为此陈忠辉十分自责,他认为是因为自己没有及时离婚,才导致姚红燕的离开。

2013 年年底,陈忠辉辗转与姚红燕取得联系,姚红燕告诉他,家里在催她相亲赶快结婚,如果陈忠辉想要和她结合,就要抓紧时间离婚。这让陈忠辉感到压力巨大。刚过完元旦,加工厂房东又打来电话来催讨房租。陈忠辉觉得自己已经走投无路了,于是他决定铤而走险。

2014 年 1 月 10 日晚上,陈忠辉带着一瓶安眠药回到家中,因为家人有喝凉茶的习惯,陈忠辉趁妻子不注意把碾成粉末的安眠药放在了凉茶中。李朝霞喝完凉茶后没多久就觉得头重脚轻,就带着儿子到隔壁卧室睡觉了。当天夜里 12 点,他看到家里人都已经睡熟了,便悄悄的将家中存放的部分衣物从睡床边一路散落放置到客厅及厨房的地板上,浇洒上家中用于"拜老爷"添灯的煤油,又将一根点燃的线香平插在儿子的一只棉拖鞋边,并将火柴架在香上用来延时引火。完成这些设置后他便反锁房门骑摩托车回到了工厂。凌晨 5 点多的时候,他接到邻居的电话说自己家里着火了,妻子和儿子正在医院抢救。当陈忠辉赶到医院时,妻子和儿子已经死亡。

法院经审理后认为,被告人陈忠辉出于个人狭隘目的,经事先预谋,罔顾家人生命安全及邻里公共安全,实施放火罪行,制造火灾致两人死亡,情节特别恶劣,后果极其严重,其行为已构成放火罪,依法当处死刑。鉴于本案的证据尚未达到判处死刑立即执行的证据标准,故法院以陈忠辉犯放火罪,判处死刑,缓期 2 年执行,剥夺政治权利终身。

二、指引维权

(一)什么是放火罪?

放火罪是指故意放火焚烧公私财物,危害公共安全的行为。根据我国《刑法》第114条的相关规定,放火罪是危害公共安全罪的具体罪名之一。与其并列于一条的还有决水、爆炸等严重的罪名,由此可见,放火是严重的危害公共安全的行为。

俗话说水火无情,一旦火势无法控制就可能造成不特定的多数人的伤亡或者使不特定的公私财产遭受难以预料的重大损失。这种犯罪后果的严重性和广泛性往往是难以控制和预料的。这是放火罪同以放火方法实施的故意杀人、故意毁坏公私财物罪、故意伤害罪等的本质区别。如果火势有效控制在一定范围之内,且不存在对周围不特定多人生命财产等造成威胁的,这种情况就不构成放火罪,具体需要根据犯罪的具体情节定故意杀人、故意伤害等具体的罪名。前述案例中,各位被告人虽然是在被害人家中放火,但是因为放火之处均位于居民小区,人口密度比较大,一旦火势难以控制,将会给周边造成巨大的损失。三个案例均有被害人死亡,但是鉴于三被告人作案的后果不仅造成了被害人的死亡,同时也给被害人带来了经济损失,同时对不特定人的生命和财产安全也产生了威胁,故此,法院均依照放火罪进行定罪。

放火罪客观上为行为人使用各种导火材料,点燃目的物,或者利用既存的火种即可以引起火灾的危险因素,引起公私财物的燃烧,制造火灾。前述案例中黄湘兰事先准备汽油,用汽油作为助燃剂,黄金萍利用了家用酒精,陈中辉事先周密准备,利用家里现存的灯油、香设置延迟引燃设备。在这里法律上判断放火罪是否已经完成一般要考虑:是否有火种,是否有被焚烧的对象,火种需要与被焚烧的对象接触这几个因素。一旦行为人将火种与被焚烧对象接触,则放火行为就属于已经完成。至于火是否燃起、过火面积等是该罪的处罚情节考量因素。

本罪主观上是故意,即行为人明知道其行为会引起火灾,而仍然要实行。如果是过失则不构成放火罪,可能会涉及失火罪、渎职罪、重大安全事故罪等。行为人放火的动机可以有许多种,比如上述案例都是源于婚外情,但是每个当事人的动机又有所区别。比如黄湘兰、黄金萍是出于报复的心态。陈忠辉是想通过制造失火杀死妻子,从而能和情人结合。其他的还比如因个人的某种利益得不到满足而放火，因对批评、处分不满而放火，为湮灭罪证、嫁祸于人而放火，因恋爱关系破裂而放火等。不论出于何种动机，均是属于故意为之，不影响放火罪的成立。但是，查明放火的动机，可以了解行为人的心理历程，同时有利于合理的量刑。比如对黄湘兰、黄金萍的量刑就考虑到是因为婚外情引起的，被告人在整个婚外情中受到了伤害，情绪压抑，可以酌情给予一定的从轻。而对陈忠辉法院认为其处于狭隘目的，情节特别恶劣，后果极其严重，故此判处死刑。

（二）放火罪如何处罚？

犯放火罪的，尚未造成严重后果的，处 3 年以上 10 年以下有期徒刑；致人重伤、死亡或使公私财产遭受重大损失的，处 10 年以上有期徒刑、无期徒刑或死刑。损害极端严重的，处死刑或无期徒刑。“尚未造成严重后果”一般是指没有造成任何实际损害后果或者虽然造成了一定的后果但并不严重。只有当放火行为造成他人重伤、死亡或者使公私财产遭受重大损失时，才能判处处 10 年以上有期徒刑、无期徒刑或死刑。至于“重大损失”的标准，一般为损失 5 万元以上。

（三）放火罪与一般放火行为的区别

一般放火行为，是指情节显著轻微危害不大并且不会对公共安全产生威胁的放火行为。放火罪与一般放火行为，在客观上都可能造成轻微的危害结果。因此，它们的根本区别，不在于是否造成轻微的危害结果，而在于前者危害公共安全，后者不危害公共安全，至于是否危害公共安全还要考虑具体的情况。比如当事人的犯罪动机、放火的场所，周围的环境，甚至还会涉及当时的天气状况等。从法律规定来看，其界限并不难区分，但是现实生活中情况千差万别，涉及具体案件的处理时还是有可能会发生分歧的。

三、律师建议

正所谓爱之深切，恨之入骨，放火是严重危害公共安全的行为，无论是婚姻中受伤害的配偶还是不小心误入歧途的婚外情人，请一定要理性对待。一时的冲动带来的不仅仅是两个人之间的恩恩怨怨，可能伤害的是两个家庭甚至是多个家庭的人身财产安全。冷静地想一想，为了一段不该有的恋情甚至是一个不值得的人，自己深陷牢狱之灾有意义吗？

作为婚外情的当事人，在婚外情发生之初，一定要仔细观察了解对方，一旦发现两人不可能继续走下去，一定要当机立断，避免两人的感情越陷越深，从而无法自拔。一旦遇到分手不畅或者对方可能会有过激行为，要时刻保持警惕，尽量避免单独碰面，即使避免不了碰面，也尽量邀请自己的好友作陪或者在公共场所碰面。此外还要提醒自己的亲人要加强防范，注意安全。一旦遭遇对方可能的不法侵害，不要激化矛盾，尽量稳住对方的情绪，待对方情绪缓和之后再商议沟通。一旦不幸遭遇到不法侵害，第一时间选择报警，尽量完整详细的提供利害关系人信息有利于破案。

四、法律速递

《中华人民共和国刑法》

第一百一十四条　放火、决水、爆炸以及投放毒害性、放射性、传染病病原体等物质或者以其他危险方法危害公共安全，尚未造成严重后果的，处三年以上十年以下有期徒刑。

第一百一十五条　放火、决水、爆炸以及投放毒害性、放射性、传染病病原体等物质或者以其他危险方法致人重伤、死亡或者使公私财产遭受重大损失的，处十年以上有期徒刑、无期徒刑或者死刑。

第三节　交通肇事岂容婚外情人在公共道路上泄愤

一、案例精选

【案例一】　婚外情人暗起杀心，路边群众无辜受连

谈起世间婚姻，往往是围城外的人想进去，而围城内的人想出来。夫妻之间相处，乐得一个“缘”字。“有缘千里来相会，无缘对面手难牵”，世上的姻缘，大多都是如此，因为缘份相聚在一起，又因为缘份的破灭而分离。在婚姻中，爱情并非永久保鲜，一段婚外情便可让缘份破裂，让家庭分崩离析。

婚外情会带给人短暂的愉悦、幸福，但更多的是会给人带来痛苦和折磨。一旦与婚外情人分手的处理方式不对,便会一着不慎、满盘皆输。陷入婚外情的人,分手不畅,很容易用极端的方法做出毁掉自己和他人的事。下面的这个案例,便是婚外情人因爱生恨开车撞击对方、企图剥夺他人生命未成又招致无辜者惨死的事。

凌晨1点多,张红依然毫无睡意,泪水止不住的往下流。耳边一次又一次回荡起昨天晚上蒙昊决绝的话语:我们缘分已尽,分手吧,我的那辆白色宝骏车给你作为补偿……可是张红不甘心啊,她一心一意陪伴了蒙昊3年,为了这段感情她背弃父母家人、牺牲了自己宝贵的青春年华,甚至忍受他人的指指点点,为的是能和他长相厮守,但最后换来的是他无情地分手、拉黑与删除。她由爱生恨,恨他如此绝情,把她召之即来挥之即去,将她满腔的爱意随意践踏在脚底下!她咬紧牙关、握紧拳头,暗暗发誓一定要让他付出代价!

第二天一大早,张红身穿寿衣,驾驶着蒙昊的白色宝骏牌轿车,来到了蒙昊经营的云吞店门口,将车辆斜停在云吞店门口的道路上。蒙昊见状急忙走出店门口与张红好生商量补偿问题,然而不仅没有谈成,却引发了两人激烈的争吵,引来众人的围观。

见争吵不过,张红一气之下上车启动车辆,前后挪动二次车身对准蒙昊,从机动车道上迅速加速冲上人行道撞向他。蒙昊见状急忙躲避,车辆直直撞到门柱的墙体,造成车辆前方左侧护杠及门柱损坏。见张红企图再撞,蒙昊躲闪后随即靠近驾驶室拉扯张红的左手以制止事态的发展。张红为了摆脱蒙昊,在没有顾及后方路况的情况下用右手挂倒车档将车辆倒入人流较多的街道,在碰撞到停放在路边的小车后继续撞倒驾驶摩托车途经该处的陈俊,造成陈俊受伤、两车损坏的交通事故。后,陈俊经送医院抢救无效于当日死亡。公安机关赶到后,将张红抓捕归案。

法院经审理后认为,张红因婚外情纠葛,驾驶汽车企图故意非法剥夺他人生命,且违反交通运输管理法规,在实施倒车的过程中未顾及后方情况而发生重大事故,致一人死亡,其行为构成故意杀人罪和交通肇事罪,应数罪并罚。由于张红故意杀人,因意志以外的原因未能得逞,属未遂,可比照既遂犯从轻或减轻处罚。鉴于其归案后能如实供述交通肇事的事实,对交通肇事罪可从轻处罚。最终张红因犯故意杀人罪,被判处有期徒刑4年;因犯交通肇事罪,被判处有期徒刑2年。最后决定合并执行有期徒刑5年6个月!

张红与蒙昊3年的婚外情，让她三度流产，最后换来的是5年6个月的有期徒刑！扼腕叹息之余，难道还不能让世人警醒吗？

【案例二】 第三者遭跟踪慌神，心乱驾车致情人溺亡

《包法利夫人》中的女主角爱玛，是一个聪慧、美丽但却心灵浅陋的人。她幻想爱情，不满于丈夫的愚昧、笨拙，结婚后相继结交了两个情人。并不顾一切地跟情人私奔……在经历了情人的欺诈、隐瞒、戏弄后，最后以吃砒霜的方式结束了自己的生命……爱玛的故事让人痛惜，可爱玛的故事又在现实生活中频现！从某种意义上说，婚外情就是致命毒药。不是每段婚外情都如想象的那般美好，结局像爱玛般悲惨的不在少数。仅仅因为一时的激情和冲动，丢掉自己宝贵生命的例子比比皆是。下面给大家介绍的故事，婚外情中的女方虽不是如爱玛般选择自我结束生命，但却阴错阳差因婚外情人的一时疏忽而命丧黄泉。

婚外情是罂粟，有着致命的吸引力，却也有着致命的杀伤力。陈兰便是因为经不起婚外情的诱惑而失去了自己宝贵的生命。刘想、陈兰和陈兰的丈夫李鹏都是大学同学，刘想和陈兰在毕业5年后的一次同学聚会中擦出了火花。和刘想相比，李鹏过于古板、不解风情，陈兰逐渐沉迷于刘想的成熟魅力中。两人关系逐渐升温，很快就发生了性关系。每次陈兰都趁李鹏出差的时候与刘想幽会，这样的关系一直保持了17个月未被发现。但终归纸包不住火。有一天，刘想驾驶着自己的车辆载着陈兰外出约会，车沿着一条河边的公路行驶着。行驶了一段路程，刘想突然发现陈兰的丈夫李鹏正驾车尾随！自从和陈兰建立婚外情关系后，刘想还未曾面对过李鹏。他怕李鹏发现他们的事后让自己在老同学面前抬不起头来，所以此时的刘想慌神了。在驾驶车辆时没有保持安全车速，并且疏于观察旁边的情况导致车辆直接冲入河里，陈兰因此溺水死亡。事故发生后，刘想第一时间并未想着救人，而是弃车逃逸。后经公安局交通警察大队认定，刘想承担交通事故的全部责任。

事故发生后第一时间逃逸的刘想，十分愧疚，经过了几天强烈的内心挣扎，最终他还是选择主动去到了公安局投案，如实供述了自己肇事及逃逸的事实。

法院经审理后认为，刘想违反交通运输管理法规，发生重大交通事故，致一人死亡，承担事故全部责任，其行为已构成交通肇事罪，且肇事后逃逸，依法应当

判处3年以上7年以下有期徒刑。但是在案发后，刘想主动到公安机关投案，并如实供述犯罪事实，属自首，依法可以从轻或者减轻处罚。最终刘想被判处有期徒刑3年。

一场婚外情，刘想被判处有期徒刑3年，而陈兰却丢掉了宝贵的生命，两人要是早知道如此，最初被激情左右的他们是否还会选择这条艰难且注定没有好结果的路呢？《论语·微子》云："往者不可谏，来者犹可追。"过去的就让它过去吧，扼腕叹息也于事无补。希望世人能从中吸取教训，避免重蹈覆辙！

二、维权指引

（一）什么样的行为构成交通肇事罪

交通运输，是指与一定的交通工具与交通设备相联系的铁路、公路、水上及空中运输。依据我国《刑法》第133条之规定，交通肇事罪，是指违反道路交通管理法规，发生重大交通事故，致人重伤、死亡或者使公私财产遭受重大损失，依法被追究刑事责任的犯罪行为。考察相关行为是否构成我国刑法上的交通肇事罪，应从以下四个方面具体分析：

主体上，凡年满16周岁、具有刑事责任能力、一切从事交通运输人员和非交通运输人员均可成立本罪。

本罪侵犯的客体是交通运输安全。这类交通运输的特点是与广大人民群众的生命财产安全紧相连，一旦发生事故，就会危害到不特定多数人的生命安全，造成公私财产的广泛破坏，所以，其行为本质上是危害公共安全类犯罪。

本罪的主观方面表现为过失，这种过失是指行为人对自己的违章行为可能造成的严重后果的心理态度而言。行为人在违反规章制度上可能是明知故犯，如酒后驾车、强行超车、超速行驶等，但对自己的违章行为可能发生重大事故，造成严重后果，应当预见而因疏忽大意，没有预见；或者虽已预见，但轻信能够避免，以致造成了严重后果，属于过失。

本罪的客观方面表现为，在交通运输活动中违反交通运输管理法规，因而发生重大事故，致人重伤、死亡或者使公私财产遭受重大损失的行为。

案例一中，张红作为机动车的驾驶员，因疏忽大意的过失，在倒车的过程中未顾及后方情况，违反《道路交通安全法》的规定而发生了重大事故，造成陈俊受重伤以及车辆损坏的后果，符合交通肇事罪的构成要件。案例二的情形与案例一类似，刘想驾驶机动车过程中因过失未保持安全车速，并且疏于观察道路前方的情形，同样违反了《道路交通安全法》的规定而发生车辆坠河的交通事故，从而造成陈兰死亡的严重后果，亦符合交通肇事罪的构成要件。

（二）触犯交通肇事罪会受到怎么样的刑法处罚

根据我国《刑法》第 133 条的规定，交通肇事罪规定了三个不同的量刑等级：犯交通肇事罪的，处 3 年以下有期徒刑或者拘役；交通运输肇事后逃逸或者有其他特别恶劣情节的，处 3 年以上 7 年以下有期徒刑；因逃逸致人死亡的，处 7 年以上有期徒刑。为便于大家了解，笔者举例进行说明。

1. 假如案例一中的张红在实施倒车的过程中未顾及后方情况，造成死亡一人或者重伤三人以上，负事故全部或者主要责任的；或死亡三人以上，负事故同等责任的；或造成公共财产或者他人财产直接损失，负事故全部或者主要责任，无能力赔偿数额在 30 万元以上。出现前述任何一种情况，且符合交通肇事罪其他构成要件，那么张红将被处 3 年以下有期徒刑或者拘役。

2. 假如案例一中的张红在实施倒车的过程中未顾及后方情况，造成死亡二人以上或者重伤五人以上，负事故全部或者主要责任的；或死亡六人以上，负事故同等责任的；或造成公共财产或者他人财产直接损失，负事故全部或者主要责任，无能力赔偿数额在 60 万元以上的。出现前述任何一种情况，属于“有其他特别恶劣情节”，将被判处 3 年以上 7 年以下有期徒刑。

3. 假如案例二中刘想违反交通运输管理法规，发生重大交通事故，致一人死亡，承担事故全部责任，其行为已构成交通肇事罪。为逃避法律追究而逃跑，如果不考虑其他量刑因素，那么刘想依法应被判处 3 年以上 7 年以下有期徒刑。如果发生交通事故后，刘想积极救治，陈兰能免于一死，但因为逃避法律追究而逃逸，陈兰未及时得到救治而死亡，那么，刘想依法应被判处 7 年以上有期徒刑。

（三）犯罪未遂与犯罪中止及二者对量刑的影响

《刑法》第 23 条第 1 款规定，已经着手实行犯罪，由于犯罪分子意志以外的原因而未得逞的，是犯罪未遂。犯罪未遂系“欲达目的而不能”。构成犯罪未遂，需要满足三个要件：（1）行为人已经着手实行犯罪；（2）犯罪未得逞；（3）犯罪未得逞是由于犯罪分子意志以外的原因。该条第 2 款规定，对于未遂犯，可以比照既遂犯从轻或者减轻处罚。在案例一中，张红因婚外情纠葛而驾驶汽车企图故意非法剥夺他人生命,因客观原因未能将蒙昊杀死,其行为构成故意杀人罪,但由于意志以外的原因未能得逞,属未遂,可比照既遂犯从轻或减轻处罚。而根据《刑法》第232条之规定,故意杀人的,处死刑、无期徒刑或者10年以上有期徒刑;情节较轻的,处3年以上10年以下有期徒刑。不难看出,张红因故意杀人罪未遂被判处4年有期徒刑是考虑了未遂犯的情节。

《刑法》第24条第1款规定,在犯罪过程中,自动放弃犯罪或者自动有效地防止犯罪结果发生的,是犯罪中止。构成犯罪中止,需要同时满足以下四个条件:

1. 行为人主观上具有"自动放弃犯罪或者自动放弃犯罪结果发生"的意思。犯罪行为人客观上有能够继续犯罪或者能够造成犯罪结果发生的条件,但主观上不想继续犯罪或者犯罪结果发生,即"能达目的而不欲"。

2. 行为人客观上实施了中止犯罪的行为,即行为人在犯罪行为实行之后自动停止,又或者犯罪行为实行完毕之后主动防止结果发生。

3. 犯罪中止必须发生在犯罪过程中。即只能发生在行为人已经着手实行犯罪至犯罪结束前这段时间。

4. 犯罪中止必须是有效地停止了犯罪行为或者有效地避免了犯罪结果的发生。

犯罪中止的行为人主观恶性较低于犯罪未遂,故而对其处罚也相对较轻。对于中止犯,没有造成损害的,应当免除处罚;造成损害的,应当减轻处罚。假如案例一中的张红,虽想杀死蒙昊并且一气之下上车启动了车辆,挪动车身对准蒙昊,本可以加速开车撞向蒙昊,但因为害怕坐牢而自动放弃了撞击,蒙昊没有受伤,也没有造成其他后果,所以依照法律应当免除处罚,张红便不会因故意杀人罪而被判处有期徒刑。

(四)交通肇事罪"逃逸"的理解及逃逸对量刑的影响

根据《最高人民法院关于审理交通肇事刑事案件具体应用法律若干问题的解释》第3条之规定,"交通运输肇事后逃逸"指行为人在交通运输肇事中具有以下八个方面的情形并因逃避法律追究而逃跑的行为:(1)死亡一人或者重伤三人以上,负事故全部或者主要责任的;(2)死亡三人以上,负事故同等责任的;(3)造成公共财产或者他人财产直接损失,负事故全部或者主要责任,无能力赔偿数额在30万元以上的;(4)酒后、吸食毒品后驾驶机动车辆致一人以上重伤,负事故全部或者主要责任的;(5)无驾驶资格驾驶机动车辆致一人以上重伤,负事故全部或者主要责任的;(6)明知是安全装置不全或者安全机件失灵的机动车辆而驾驶致一人以上重伤,负事故全部或者主要责任的;(7)明知是无牌证或者已报废的机动车辆而驾驶致一人以上重伤,负事故全部或者主要责任的;(8)严重超载驾驶致一人以上重伤,负事故全部或者主要责任的。

案例二中,假如刘想违反交通运输管理法规,发生了重大交通事故,致一人死亡,承担事故全部责任,其行为已构成交通肇事罪,但若其并没有逃逸,而是积极地救助陈兰,那么刘想仅触犯了交通肇事罪,依法仅会被处3年以下有期徒刑或者拘役。但因其肇事后逃逸,属法定的加重情节,故依法应被判处3年以上7年以下有期徒刑。又因其有自首情节,故最终被判处3年有期徒刑。

需提醒大家的是,此处的逃逸是为了逃避法律追究而逃逸,如果是积极救治伤者离开现场则不属于逃逸(但要在移动人或车前从远、中、近三个角度拍照固定并在动车离开现场前报警);如果是为了躲避后面跟踪人离开现场,但是离开现场后投案自首也不属于逃逸。

(五)交通肇事逃逸致人死亡的法律后果

《刑法》第133条规定,违反交通运输管理法规,因而发生重大事故,致人重伤、死亡或者使公私财产遭受重大损失的,处3年以下有期徒刑或者拘役;交通运输肇事后逃逸或者有其他特别恶劣情节的,处3年以上7年以下有期徒刑;因逃逸致人死亡的,处7年以上有期徒刑。此条出现了两个逃逸,分别针对不同的法定刑。出现的第一个"逃逸",是指行为人在发生了符合交通肇事罪的构成要件的交通事故之后,行为人为了逃避法律追究而逃跑的行为。第二个"逃逸"即"因逃逸致人死亡"中的逃逸,是指行为人在交通肇事后为逃避法律追究而逃跑,致使被害人因无法及时得到救助而死亡的情形。在适用"因逃逸致人死亡"的法定刑时,不需要行为人的行为符合交通肇事罪的构成要件的事实。

"因逃逸致人死亡"属于交通肇事罪的加重情节,该行为必须以行为人发生交通事故造成被害人受伤或生命面临危险为前提,仅仅是因为逃逸这一行为造成被害人死亡。逃逸致人死亡的法定刑比交通事故直接造成被害人死亡高,因为行为人的肇事行为致使被害人的生命安全处于危险状态,行为人对被害人有救助义务。行为人肇事后逃逸,致使被害人处于无人救助的状态,具有更高的主观恶性。

在案例一中,假如张红在造成陈俊受伤、两车损坏的交通事故后,驾驶车辆逃逸,没有将陈俊及时送往医院救助,陈俊因没有及时得到救助而死亡,此时张红的行为便符合"因逃逸致人死亡",依法应当判处7年以上有期徒刑。同样,在案例二中,假如刘想在违反交通法规、造成交通事故之后并没有当场造成陈兰溺亡,而是基于恐惧逃逸之后致使陈兰无人救助而最终死亡,其行为便是"因逃逸致人死亡",依法应当判处7年以上有期徒刑。

(六)交通肇事罪与危险驾驶罪的区分

根据《刑法》第133条之一第1款的规定,危险驾驶罪是指在道路上驾驶机动车,追逐竞驶,情节恶劣的;醉酒驾驶机动车的;从事校车业务或者旅客运输,严重超过定额乘员载客,或者严重超过规定时速行驶的;违反危险化学品安全管理规定运输危险化学品,危害公共安全的行为。交通肇事罪与危险驾驶罪区别如下:

1. 犯罪主观方面不同。危险驾驶罪在主观上持希望或放任的故意;而交通肇事罪是典型意义上的过失犯罪,交通肇事罪主观上只能是过失,包括过于自信的过失和疏忽大意的过失。从主观性的角度看,危险驾驶罪行为人的主观恶性要重于交通肇事罪行为人的主观恶性。

2. 在犯罪行为方式上不同。危险驾驶罪包括醉酒驾驶、追逐竞驶、严重超载或超速、禁止运输危险物四种行为;交通肇事的范围相对广泛,包括一些违反交通安全管理法律法规的行为。交通肇事罪包括了危险驾驶的行为方式,构成危险驾驶罪的行为,也可能构成交通肇事罪的行为。但构成交通肇事罪的行为,就不一定是危险驾驶罪的行为。如闯红灯造成人员伤亡,构成交通肇事犯罪,但闯红灯本身并不是危险驾驶的内容。

3. 犯罪行为对危害结果的要求不同。危险驾驶罪是行为犯、情节犯,不要求造成实际的危害结果;而交通肇事罪则要求造成重大事故,致人重伤、死亡或者使公私财产造成重大损失的后果。

4. 定罪量刑不同。交通肇事罪要求造成严重后果,相对于交通肇事罪而言危险驾驶罪是一种较轻的犯罪。交通肇事罪的量刑为三个等级:犯交通肇事罪的,处3年以下有期徒刑或者拘役;交通肇事后逃逸或者有其他特别恶劣情节的,处3年以上7年以下有期徒刑;因逃逸致人死亡的,处7年以上有期徒刑、无期徒刑。而危险驾驶罪的量刑只规定了判处拘役,并处罚金。

案例一中的张红和案例二中的刘想并不存在追逐竞驶、醉驾、严重超载或超速、禁止运输危险货物的行为，而是因二人的违法行为造成了严重的事故后果，因此仅构成交通肇事罪，不符合危险驾驶罪的构成要件。

三、律师建议

（一）学会平和与婚外情人分手

太多的事实证明婚外情引发的案件往往出现在分手环节，而“冰冻三尺非一日之寒”，只有注意平时与婚外情人的相处模式并谨慎处理分手环节，才能确保分手的平和。

1. 平时生活中，双方无论是经济的付出还是感情的付出，最好能均衡，一方不要对另一方过度依赖。

2. 导致婚外情分手的原因很多，提出分手时，要选择最容易让对方接受，对彼此伤害也最小的方式。

3. 一方提出分手前后，要多与对方沟通，多了解对方的想法和可能的解决方案，动之以情、晓之以理，最后能以双方认同的方案分开。实在沟通不畅了再寻求朋友协助等其他途径。

4. 分手最好循序渐退进行，给对方一定思考时间和过渡空间。过程中，多安抚、劝说对方，让对方接受现状并彼此理解。司法实践证明，突然决绝提出分手，容易引发冲突甚至血案。案例一中，张红就是因对方仅仅一个电话决绝提出分手而引发惨案的惨痛教训。

5. 如果双方平时经济付出或感情付出不均衡，少付出的一方最好能给对方适当的补偿，不要因经济问题引发不必要的麻烦。

（二）婚外情引发刑事案件后，行为人最好能投案自首

2017 年修订后的《关于常见犯罪的量刑指导意见》第 3 条第 4 款规定，对于自首情节，综合考虑自首的动机、时间、方式、罪行轻重、如实供述罪行的程度以及悔罪表现等情况，可以减少基准刑的 40% 以下；犯罪较轻的，可以减少基准刑的 40% 以上或者依法免除处罚。因婚外情引发的形式案件，往往会留下很多的蛛丝马迹，加上现在发达的科学技术，公安机关破获案件的能力和效率都是非常高的。与其惊心动魄、寝食难安外逃一小段时间，不如向公安机关自首如实供述

自己的行为，取得依法从轻处罚的机会。案例二中的刘想因有自首情节，依法获得从轻处罚的机会，最终仅被判处有期徒刑 3 年就是一个很好的说明。

（三）婚外情引发刑事案件后，行为人到案后要如实供述自己的罪行

2017 年修订后的《关于常见犯罪的量刑指导意见》第 3 条第 5 款规定，对于坦白情节，综合考虑如实供述罪行的阶段、程度、罪行轻重以及悔罪程度等情况，确定从宽的幅度。（1）如实供述自己罪行的，可以减少基准刑的 20% 以下；（2）如实供述司法机关尚未掌握的同种较重罪行的，可以减少基准刑的 10% ~ 30%；（3）因如实供述自己罪行，避免特别严重后果发生的，可以减少基准刑的 30% ~50%。案例一中的张红就是一个很好的例证。虽其是在案发现场被公安机关抓捕归案。但法院鉴于其归案后能如实供述交通肇事的事实，对交通肇事罪可适用坦白的从轻处罚情节，对交通肇事罪，仅被判处有期徒刑 2 年。

（四）处于婚外情分手阶段的男女，请注意行车安全

处于婚外情分手阶段的男女，注意对方行车安全或减少共同用车，确保自身安全。车是一种代步工具，但在特定情形下，会摇身一变转为犯罪工具。除了本节中阐述的犯罪与车辆有关外，本书其他多个章节因婚外情引发的犯罪中与车有关的也不少，如本书第六章第一节案例一中行为人企图用车撞死婚外情人、本书第八章第一节案例二中行为人在车内强奸、第九章第二节案例一中行为人在车内绑架婚外情人的孩子等。可见，车在某种情形下会成为危险的物件。处于婚外情分手阶段的男女，要了解这一情况，时刻保有风险意识，确保自身安全。

（五）交通肇事后不要逃逸

《刑法》第 133 条规定，违反交通运输管理法规，因而发生重大事故，致人重伤、死亡或者使公私财产遭受损失的，处 3 年以下有期徒刑或者拘役；交通运输肇事后逃逸或者有其他特别恶劣情节的，处 3 年以上 7 年以下有期徒刑；因逃逸致人死亡的，处 7 年以上有期徒刑。可见，交通肇事和肇事后逃逸、因逃逸致人死亡三者的量刑幅度分别为 3 年以下或拘役、3 年至 7 年有期徒刑、7 年以上有期徒刑。一念之差，会导致刑期大幅度变化。案例二中的刘想即因肇事后逃逸，依法应当判处 3 年以上 7 年以下有期徒刑。只是法院因其有自首情节，依法可以从轻或者减轻处罚。最终刘想才被判处有期徒刑 3 年。试想，如果没有自首情节，一念不同导致的逃匿行为，将会让他付出多大的代价！

四、法律速递

《中华人民共和国刑法》

第一百三十三条　违反交通运输管理法规，因而发生重大事故，致人重伤、死亡或者使公私财产遭受损失的，处三年以下有期徒刑或者拘役；交通运输肇事后逃逸或者有其他特别恶劣情节的，处三年以上七年以下有期徒刑；因逃逸致人死亡的，处七年以上有期徒刑。

《最高人民法院关于审理交通肇事刑事案件具体应用法律若干问题的解释》

第一条　从事交通运输人员或者非交通运输人员，违反交通运输管理法规发生重大的交通事故，在分清事故责任的基础上，对于构成犯罪的，依照刑法第一百三十三条规定定罪处罚。

第二条　交通肇事具有下列情形之一的，处三年以下有期徒刑或者拘役：

（一）死亡一人或者重伤三人以上，负事故全部或者主要责任的；

（二）死亡三人以上，负事故同等责任的；

（三）造成公共财产或者他人财产直接损失，负事故全部或者主要责任，无能力赔偿数额在三十万元以上的。

交通肇事致一人以上重伤，负事故全部或者主要责任，并具有下列情形之一的，以交通肇事罪定罪处罚：

（一）酒后、吸食毒品后驾驶机动车辆的；

（二）无驾驶资格驾驶机动车辆的；

（三）明知是安全装置不全或者安全机件失灵的机动车辆而驾驶的；

（四）明知是无牌证或者已报废的机动车辆而驾驶的；

（五）严重超载驾驶的；

（六）为逃避法律追究逃离事故现场的。

第三条　“交通肇事逃逸”，是指行为人具有本解释第二条第一款规定和第二款第（一）至（五）项规定的情形之一，在发生交通事故后，为逃避法律追究而逃跑的行为。

第四条　交通肇事具有下列情形之一的，属于“有其他特别恶劣情节”，处三年以上七年以下有期徒刑：

（一）死亡二人以上或者重伤五人以上，负事故全部或者主要责任的；

（二）死亡六人以上，负事故同等责任的；

（三）造成公共财产或者他人财产直接损失，负事故全部或者主要责任，无能力赔偿数额在六十万元以上的。

第五条 “因逃逸致人死亡”，是指行为人在交通肇事后为逃避法律追究而逃跑，致使被害人因得不到救助而死亡的情形。

交通肇事后，单位主管人员、机动车辆所有人、承包人或乘车人指使肇事人逃逸、致使被害人因得不到救助而死亡的，以交通肇事罪的共犯论处。

第六条 行为人在交通肇事后为逃避法律追究，将被害人带离事故现场后隐藏或者遗弃，致使被害人无法得到救助而死亡或者严重残疾的，应当分别依照刑法第二百三十二条、第二百三十四条第二款的规定，以故意杀人罪或者故意伤害罪定罪处罚。

《最高人民法院关于实施修订后的〈关于常见犯罪的量刑指导意见〉的通知（2017）》

一、量刑的指导原则

2. 对于未遂犯，综合考虑犯罪行为的实行程度、造成损害的大小、犯罪未得逞的原因等情况，可以比照既遂犯减少基准刑的50%以下。

4. 对于自首情节，综合考虑自首的动机、时间、方式、罪行轻重、如实供述罪行的程度以及悔罪表现等情况，可以减少基准刑的40%以下；犯罪较轻的，可以减少基准刑的40%以上或者依法免除处罚。恶意利用自首规避法律制裁等不足以从宽处罚的除外。

5. 对于坦白情节，综合考虑如实供述罪行的阶段、程度、罪行轻重以及悔罪程度等情况，确定从宽的幅度。

（1）如实供述自己罪行的，可以减少基准刑的20%以下；

（2）如实供述司法机关尚未掌握的同种较重罪行的，可以减少基准刑的10%～30%；

（3）因如实供述自己罪行，避免特别严重后果发生的，可以减少基准刑的30%～50%。

第七章　婚外情与侵犯生命、健康类犯罪

第一节　围城内外的暴力伤害
——婚外情与故意伤害罪、故意杀人罪

一、案例精选

【案例一】　冲动施暴成被告，事业家庭双受创

幸福的婚姻需要夫妻双方共同的经营和维护，当有一方出现婚外情的时候，也预示着他们的婚姻将会逐渐走向末路。婚外情就像沉迷游戏一样，陷得越深越无法自拔，虽然也有修成正果的，但是概率太低。更多的婚外情是得不到人们的祝福的，他们每天的生活战战兢兢、背负巨大的精神压力。

雷可鸣从部队转业回来，在亲戚的帮助下进到北京某区的电信局工作，这样一份铁饭碗，雷可鸣挺满意，日子过得也很惬意。雷可鸣父母就这么一个儿子，从小到大，雷可鸣基本都是在父母的安排下生活，他也习惯了这种日子。3 年前在父母的张罗下他和赵艾敬结婚。赵艾敬也是北京人，人长的漂亮，也很有气质，雷可鸣一见到赵艾敬就被迷上了。谈恋爱时赵艾敬也曾几次提出过要分手，无奈雷可鸣紧追不舍，这让赵艾敬有些感动，再加上雷可鸣家境还不错，能找个有经济实力并且爱自己的人结婚也不错。

一个周末的下午，赵艾敬正在洗澡，雷可鸣看到妻子的手机收到一条短信，忍不住扫了一眼。这一看让他大吃一惊，原来是有个男人在和赵艾敬偷偷的约会。趁着妻子还没出来雷可鸣赶紧往下翻，原来妻子和一个叫曹一帆的男人已经有了婚外情，刚才的消息就是曹一帆通知赵艾敬约会时间的。这一下差点没让雷可鸣昏了过去，他努力定了定神，把手机放回了原处。

果不其然,一会赵艾敬以要加班为由出去了,雷可鸣也没闲着,赵艾敬前脚一出门,后脚他也出了门,悄悄地来到了他们约会的地方附近。经过2小时的煎熬,赵艾敬和曹一帆前后脚出来了,曹一帆招手为赵艾敬喊了一辆出租车,然后向停车场走去。雷可鸣满脑子都在想象妻子和那个男人在一起的情形,只觉得一股热血冲上了脑门,他随手捡了一根木棍跟了上去。正在曹一帆弯腰准备开车门的时候,雷可鸣一棍子打在了曹一帆的右脸上,曹一帆应声倒下。看着曹一帆倒下了,雷可鸣恨恨的在他身上揣了几脚,又拎起棍子在他车上砸了几棍,然后迅速离开了。当天很晚赵艾敬才回到家里,雷可鸣故意装作很关心的样子问她怎么回来这么晚,赵艾敬告诉他一个朋友被人袭击受伤已经报警了,所以回来晚了。这时雷可鸣开始紧张起来,虽然曹一帆没有大问题,但是既然报警了,这件事情早晚要查出来。看来这件事情是藏不住了,只好一五一十的把自己为什么要袭击曹一帆原原本本地说了出来。第二天一大早,雷可鸣在父母的陪同下走进了派出所的大门。

法院经审理后认为,被告人雷可鸣未能冷静处理婚姻问题,持木棍将被害人曹一帆打伤,故意伤害他人身体致人轻伤一级,应当以故意伤害罪追究其刑事责任。被告人雷可鸣具有自首情节,且赔偿了被害人曹一帆的全部损失,取得了被害人曹一帆的谅解。最后法院以故意伤害罪判处雷可鸣拘役3个月,并适用缓刑。

雷可鸣因为自己冲动的行为受到法律的惩罚,万幸的是伤情并不严重,雷可鸣只被判处了拘役并且缓刑。但是他的行为已经构成了犯罪,其所在的单位与其解除了劳动关系。因为自己婚内不忠诚的行为,赵艾敬已经无法得到雷可鸣和其父母的原谅,半年后,雷可鸣和赵艾敬在民政局办理了离婚手续。

【案例二】 缺失的信任,悔不该的冲动

心理学家罗特尔认为:信任是个体对他人的言词,承诺以及口头或书面的陈述之可靠性的一般性的期望。信任是我们与人交往的基础,更是夫妻关系和谐的基石。信任就像一张纸,皱了,即使抚平,再也恢复不了原样!爱有多深,恨就有多痛彻。当信任一旦被打破,爱将会转化为痛心和愤恨,一旦这种愤恨积压到一定程度就有可能爆发出来,伤人伤己。

“你们赶快派警察来,这里杀人了!”满手鲜血的于小芳手握电话,正在用颤抖的声音报警。门口张瑞山侧躺在地上,双手捂着肚子,血从指缝中流了出来,他痛苦的脸扭成了一团。不一会警察来到了现场,在于小芳家的地板上坐着一位年轻的女性,衣衫不整,身上血迹斑斑,苍白的嘴唇喃喃自语:“我把老张给杀了!”

5 年前,张瑞山和刘小玲经朋友介绍认识,两人恋爱谈了不到 3 个月就携手走进了婚姻的殿堂。但是婚后没多久张瑞山就有点后悔,谈恋爱时刘小玲对他看的就比较紧,那时他觉得刘小玲是爱他,不仅没有反感反而觉得是一种享受。但是婚姻毕竟不同于恋爱,随着激情的逐渐消退,刘小玲的这种爱对他来说越来越觉得是一种负担。刘小玲规定他每天九点之前必须回到家,出去逛街不允许看别的女人,哪怕是和女同事之间也不能有过多的话语。

于小芳是他们的邻居,因为公司架构调整,于小芳被调到和张瑞山一个公司,更巧的是两人被安排在同一间办公室工作。朝夕相处使两人有了更多的沟通机会,有时也难免会一起下班回家。这可打翻了家里的醋坛子,刘小玲为此和张瑞山没少吵架。每次张瑞山都解释说两人就是普通同事,并没有刘小玲想象中的那种关系。刘小玲大哭大闹,抄起水果刀就威胁张瑞山。张瑞山想刘小玲也就是吓唬吓唬他,也没防备,正当他准备去夺刀的时候刘小玲冲着他就直接捅了过来。刘小玲这时情绪已经失控,她拔出水果刀看也没看张瑞山,掉头就冲进了于小芳的家。开门的是于小芳的老公闫四,刘小玲拿着水果刀就要扎闫四,闫四眼疾手快单手抓住了刘小玲持刀的手腕,这时于小芳连忙上去抢刀,慌乱之中右手手掌被刀划伤了。正当三人在客厅里撕扯的时候,张瑞山满身是血从家晃晃悠悠的走了出来。见状于小芳赶紧将从刘小玲手里夺下的水果刀扔到旁边的垃圾桶里。闫四看到张瑞山已经快支持不住了,一边过去准备搀扶,一边让于小芳赶紧打“120”并报警。最终张瑞山还是因为伤势过重死亡,刘小玲也因为涉嫌故意伤害罪被公安机关刑事拘留。

法院经审理后认为,被告人刘小玲不能正确处理因婚姻家庭矛盾引发的纠纷,在与其丈夫发生争执时持水果刀扎刺对方腹部,并致其死亡,刘小玲的行为已经构成构成故意伤害罪。鉴于刘小玲作案后主动报警且在现场等待警察,到案后能够如实供述主要犯罪事实,系自首。综合以上,法院以刘小玲犯故意伤害罪,判处有期徒刑 14 年,剥夺政治权利 3 年。

在夫妻的相处中,信任是家庭和谐和相伴一生的基础。也许在有些人的眼里所谓的不信任是一种爱的表现,但是这种不信任的爱是令人窒息的,不仅会压得对方喘不过气,有时也会让自己产生各种不符合现实的联想从而陷入不能自拔的泥潭。长期的不信任,哪怕是一件小事都有可能会成为压垮婚姻的最后一根稻草。所以婚姻的和谐不仅要有爱,还要有相互的信任、相互的理解、相互的尊重,给予对方足够的空间和安全感。

【案例三】 为自由,反误了卿卿性命

据全国妇联的一项调查表明,在全国2.7亿个家庭中,有0.81亿个家庭存在不同程度的家庭暴力,约占全国家庭总数的30%,且施暴者有90%是男性。据报道,全世界至少有1/3的妇女在她的一生中遭受过暴力、性暴力或虐待。婚姻中的他可以百般体贴,也可以满目狰狞,当那双曾经温柔过的手,握成拳头时,你在他面前渺小得如同一只能被轻易捏死的蚂蚁。

张芳17岁的时候就认识了刘兴,为了刘兴张芳放弃了高中的学业,遭到了自己家里所有人的反对,但是她义无反顾,这段爱情是那么的轰轰烈烈。18岁的时候她就和刘兴同居了,因为没到年龄也办不了结婚证,他们就按照农村的风俗办了酒席,在当地也就算是正式的结婚了。婚后张芳就从城里搬到镇上和公公婆婆一家住在了一起。

婆媳关系大概是这个世界上最难处理的一种关系了,张芳也不例外。婚后过了一段甜蜜的日子,但是因为生活习惯、观念的不同,张芳也和婆婆闹了点不愉快,每次都在刘兴面前抱怨。终于因为一件小事,她和婆婆爆发了激烈的冲突。刘兴接到电话后立即赶了回来,见到两个互不相让的女人,刘兴二话没说拉着张芳的头发就把她摔在了地上,拳脚像雨点般落在她的身上。张芳一下子蒙了,那一刻她发现了一个不一样的刘兴。婆婆看到媳妇被打,也不再计较刚才发生的不愉快,连忙拉开刘兴。伤心的张芳在床上躺了3天不吃不喝,最后在刘兴痛哭流涕的道歉下才原谅了他。

人的经验和行为是一个有惯性的东西,日子一天天的过去,刘兴对她动手的次数越来越多,最厉害的一次她在医院住了一个星期。事后刘兴都是痛哭流涕的向她道歉,但是过了一段时间又开始对她动手殴打,循环往复陷入了一个怪

圈。张芳本想等孩子长大一些再考虑离婚,但是现在不行了,恐怕哪一天会被打死在家里。张芳选择了逃离,她趁着刘兴不在家以回娘家为借口离开了家。

离家后的张芳来到省城,在一家电脑公司谋到一份工作,虽然有时也很想回家看看孩子,但是一想到刘兴狰狞的面孔,她就浑身哆嗦。期间张芳曾经和刘兴电话沟通过离婚的事情,刘兴就是拖延。反正现在自由了,离不离婚也没有多大关系。爱情再次降临,张芳和李天宇走到了一起,李天宇听了她的遭遇十分同情,李天宇无微不至的体贴照顾,让她重新找回了真爱的感觉,很快两人就到了谈婚论嫁的地步。但是现在还没有离婚,她没办法给李天宇一个正常的家。再三考虑之后,她觉得要回去一次,哪怕放弃所有的东西也要离婚。

张芳回到家里直接向刘兴提出愿意放弃所有的财产和孩子的抚养权来离婚,刘兴就是不同意。张芳于是和刘兴大吵起来。刘兴脾气一下子就上来了,他抄起一个酒瓶子就朝张芳头顶上砸了一下,酒瓶子碎了,张芳一下子就倒在了床上。张芳害怕了,生怕刘兴把自己给打死了,于是开始大声呼救。刘兴一边用左手捂着她的嘴,一边用右手掐她的脖子,还威胁她不许叫。张芳挣扎着用脚把刘兴踹开,夺路而逃。刘兴眼看着张芳就要跑出去了,就从柜子上拿了一条晒衣服的绳子,一下子就套住了张芳的脖子,顺势还在她脖子上绕了一圈,张芳体力不支倒在了地上。刚开始她的手脚还在乱舞,渐渐的开始停止了挣扎,过了两三分钟后就再也不动弹了。担心张芳还要挣扎,刘兴就把暖气片拽到张芳的面前,把绳子一头拴在暖气片横梁上了,另一头绕在了张芳的脖子上。做完这一切刘兴的脑子好像清醒了一点,他点上一支香烟呆呆的坐在床上任凭火一直燃烧到自己的手指。刺痛的感觉让他清醒了,他连忙拨打了母亲的电话,不一会惊慌失措的母亲和警察出现在了他的面前。

法院经审理后认为,被告人刘兴不能正确处理感情纠纷,故意非法剥夺他人生命,致人死亡,其行为已构成故意杀人罪,考虑到本案系婚姻家庭矛盾引发,被告人刘兴在家属带领侦查人员前来抓捕时无拒捕行为,到案后如实供述所犯罪行,判决刘兴犯故意杀人罪,判处无期徒刑,剥夺政治权利终身。

这是一个因为长期家暴引发的惨案。刘兴的家暴行为把张芳从自己的身边推开,张芳在家庭和爱情受挫之后寻找到了自己的真爱。这更加激发了刘兴的愤怒,他盛怒之下亲手葬送了张芳的性命。一瞬间可怜的孩子失去了母亲,父亲又因此失去自由,一个家庭因此变得支离破碎。

二、维权指引

故意伤害罪和故意杀人罪好像和婚外情没有关系，但是婚姻家庭中涉及家庭暴力的不在少数，当家庭暴力升级到一定的程度，就有可能会涉及故意伤害或者故意杀人。正所谓爱之多深，恨之深切。特别是涉及婚外情的婚姻，故意伤害或故意杀人的对象可以是婚外情人、夫妻中的出轨方，同时也有可能是夫妻关系中的忠诚方。婚外情中的所涉及的故意伤害或者故意杀人往往初期不能引起注意，待到发生实际后果过之后，悔之晚矣。

（一）什么是故意伤害罪

故意伤害罪，是指故意非法伤害他人身体并达成一定的严重程度、应受刑法处罚的犯罪行为，这个也是我们经常遇到的一个罪名。

故意伤害罪侵犯的客体是他人的身体健康权，所谓身体权是指自然人以保持其肢体、器官和其他组织的完整性为内容的人格权。这里要注意的是侵害的是他人的身体权，而不是自己的身体权。故意伤害自己的身体，法律上不认为是犯罪。

客观方面这个罪名表现为非法损害他人身体并达到一定的程度。这里首先要有损害他人身体的行为，这里需要为积极的行为，比如拳打脚踢、刀砍枪击、棒打石砸、火烧水烫等；除了自己实施伤害行为，也可以指使其他人实施。无论是直接由本人实施还是间接实施，亦无论是针对何种部位，采取什么样的方式，只要出于故意，能造成他人的人身健康伤害，就有可能构成故意伤害罪。其次，这种损害行为必须是非法的，比如正当防卫、医生手术截肢、体育赛事的合理冲撞、警察在合理限度内的强制执法造成的伤害不构成犯罪。最后，损害必须达到一定的程度。我国伤情一般分为轻微伤、轻伤和重伤三类，其中轻微伤不构成本罪。所谓轻伤，是指由于物理、化学及生物等各种外界因素作用于人体，造成组织、器官结构的一定程度的损害或部分功能障碍，尚未构成重伤又不属于轻微伤害的损伤。所谓重伤，是指使人肢体残废或者毁人容貌，丧失听、视觉或者其他器官功能以及其他对于人身健康有重大损害的伤害。轻伤和重伤有着明确的鉴定标准，法院需要以具有资质鉴定机构出具的合法鉴定报告才能定罪量刑。案例一中雷可鸣给曹一帆造成的是轻伤，如果鉴定下来曹一帆的伤势仅仅是轻微伤，那么雷可鸣的行为就不构成犯罪。曹一帆就只能通过民事途径来要求雷可鸣进行赔偿。

本罪主观方面必须是故意。即行为人明知自己的行为会造成损害他人身体健康的结果,而希望或放任这种结果的发生。这里需要明确的一点是故意伤害的犯罪故意中,加害人追求的是伤害的结果发生,至于是轻伤、重伤还是导致了死亡不影响罪名的成立。至于被害人最后是否死亡是作为量刑的一个加重情节。刘小玲在用刀刺张瑞山时,其追求的并不是张瑞山死亡的后果,所以法院最终是按照故意伤害定罪。至于张瑞山最后因抢救无效而死亡,这是法院在量刑时需要考虑的一个加重情节。

根据我国《刑法》第 234 条的规定,故意伤害致人轻伤的处 3 年以下有期徒刑、拘役或者管制,致人重伤的,处 3 年以上 10 年以下有期徒刑;致人死亡或者以特别残忍手段致人重伤造成严重残疾的,处 10 年以上有期徒刑、无期徒刑或者死刑。

(二)什么是故意杀人罪

故意杀人,是指故意非法剥夺他人生命的行为。属于侵犯公民人身民主权利罪的一种,这也是中国刑法中少数性质最恶劣的犯罪行为之一。

故意杀人罪,侵犯的是他人的生命权。人的生命始于出生、终于死亡。刑法中生命起始的标志能说为胎儿脱离母体后,开始独立呼吸。生命的终止我国实践中以心脏不可逆转的停止跳动为标志。因此,母体中的胎儿与尸体都不能作为故意杀人的罪的客体,但侵犯其可能构成故意伤害罪或侮辱尸体罪。

客观上必须有剥夺他人生命的行为,在这里积极的作为或者消极的不作为均可构成。以不作为行为实施的杀人罪,只有那些对防止他人死亡结果发生负有特定义务的人才能构成。剥夺他人生命的行为必须是非法的,正当防卫均不构成故意杀人罪。经受害人同意而剥夺其生命的行为,也构成故意杀人罪。饱受争议的“安乐死”在我国是不被认可的,仍应以故意杀人罪论处,但是量刑时是可以考虑从轻或者减轻的。

本罪是故意犯罪,主观上须有非法剥夺他人生命的故意,包括直接故意和间接故意。即明知自己的行为会发生他人死亡的危害后果,并且希望或者放任这种结果的发生。故意杀人的动机是多种多样和错综复杂的。常见的如报复、图财、拒捕、义愤、气愤、失恋、流氓动机等。案例三中刘兴是因为与张芳的家庭矛盾而引起,张芳有了婚外情提出离婚从而激发了刘兴的愤怒,最终酿成惨祸。

我国《刑法》第232条规定，故意杀人的，处死刑、无期徒刑或者10年以上有期徒刑；情节较轻的，处3年以上10年以下有期徒刑。这里犯故意杀人罪量刑是从重到轻的顺序排列，即首先考虑的是重的量刑情节，然后再根据案情进行综合考量，由此也可以看出我国刑法对故意杀人罪是作为重罪进行处罚的。

（三）什么是家庭暴力

家庭暴力简称家暴，是指发生在家庭成员之间的，以殴打、捆绑、禁闭、残害或者其他手段对家庭成员从身体、心理、性等方面进行伤害和摧残的行为。家庭暴力会造成死亡、重伤、轻伤、身体疼痛或精神痛苦。家庭暴力是一种社会和生物因素共同作用的现象，而暴力本身更趋向生物性。家庭暴力具有普遍性，据全国妇联和国家统计局2018年发布的数据显示，22.9%的女性和19.9%的男性曾遭受家暴。家庭暴力具有反复性，施暴者一方面表现出良心的谴责，另一方面又反复施暴，特别是在受害者一次次选择原谅之后。精选案例中刘兴在得到张芳一次次原谅之后，多次伤害她，最终导致张芳的出逃。家庭暴力具有隐蔽性。毕竟家庭暴力发生在家庭中间，特别是中国人有的家丑不可外扬的心理，当家庭暴力逐步外显的时候，实际上已经发生过多次，甚至是已经造成了严重后果。

家庭暴力侵害了受害者的人格尊严和身心健康，严重的甚至威胁到生命，是社会的一个不稳定因素。家庭暴力严重破坏了社会的组成细胞——家庭，更是直接影响到孩子的正常生活和成长，孩子在家庭暴力的环境中成长，轻者孩子会自卑、孤独，影响学习和生活；严重者时，孩子们会离家出走、荒废学业，甚至还会走上犯罪的道路。

2015年3月，最高人民法院、最高人民检察院、公安部、司法部印发《关于依法办理家庭暴力犯罪案件的意见》的通知，以积极预防和有效惩治家庭暴力犯罪，加强对家庭暴力被害人的刑事司法保护。2015年12月27日，第十二届全国人大常委会第十八次会议表决通过了《反家庭暴力法》，作为中国第一部反家暴法，于2016年3月1日起施行。该法确立了预防为主、教育与惩处相结合原则，并根据情节轻重对加害人出具告诫书、给予治安管理处罚或追究刑事责任等，明确了政府、社会组织、自治组织和学校、医疗机构等各方职责，并设立人身安全保护令制度，切实保障家庭成员特别是妇女儿童权益。

三、律师建议

因爱生情,爱情是婚姻的前奏,婚姻是爱情的最终归宿。爱情最大的特点就是自私与占有,无论精神还是肉体,爱情是肉体占有和牢笼精神的双重锁链,心甘情愿。万事都有个度,如果占有欲太强会生出不幸,如果占有欲不强,爱情会解体。放与不放之间,需要把握好尺度。婚外情是对婚姻最大的挑战,没有哪一个人能轻松地对待自己爱人的出轨。因爱生恨,就会伴生出家庭暴力、故意伤害甚至是故意杀人。

(一)遭遇家暴或者故意伤害时确保生命健康安全

笔者曾经看到一段某公安局《如何防范故意伤害》的宣传片,当遇到持刀歹徒,最有效的方法就是大喊救命并且逃跑。生命只有一次,无论是婚内的出轨方还是插足了别人的婚姻,即使这样的行为受到全社会的谴责,但是代价也不应该是生命或者身体的健康。所以对于正处于婚外情的当事人一定要有安全意识,如果不幸正在遭遇家暴或者故意伤害请不要激化矛盾,要相机而动脱离危险的环境。当确保已经安全的前提下寻求公安机关的帮助。精选案例中的张瑞山在刘小玲盛怒之下不是选择缓和矛盾,而是将本不存在的不忠贞行为承认为婚外情,直接导致刘小玲情绪失控,失手杀夫。

(二)摒弃家丑不可外扬的想法

家庭暴力已经上升为一种严重的社会问题,所以在遭遇家庭暴力时,一定要大声地说出来。在恋爱时多了解对方原生家庭的情况,对于原生家庭存在家庭暴力的,一定要慎重选择。要重视第一次的暴力,绝不示弱,明确让对方知道家庭暴力是爱情和婚姻的最底线。一定要大胆地说出来,让亲戚朋友从心理上、行动上支持你。精选案例中张芳因为婚前与自己原生家庭产生矛盾,遭遇家庭暴力羞于向自己娘家求救,实际上错过了一个缓和家庭暴力的机会。如果张芳能向自己的朋友倾诉自己家庭暴力的遭遇,并请朋友陪同与刘兴协商,可能也不会发生本案严重的后果。

(三)自立、自强远离家庭暴力

遭受家庭暴力的女人很多都是不能自立和自强的,她们在性格上软弱,在经济上依附,行动上缺乏魄力,精神上缺少自立。长期处于婚姻的弱势之中,家庭暴力的男人断定她不敢反抗或者没有勇气反抗。所以一定要自立、自强,让家庭暴力的男人知道离开了他一样也能生活,甚至生活的更好。

(四)注意搜集证据

家庭暴力比较隐蔽,许多证据搜集工作就需要受害者自己留意搜集。如果身体受到伤害,要在第一时间去医院,并保留下验伤报告、医生诊断证明等。如果在遭遇家庭暴力时,可能的话可以用手机录音或者录像;如果家人和邻居对自己遭受家庭暴力有所了解,也可以请他们来作证;假如家庭暴力者恳求自己的原谅,合适的时机让他亲笔书写保证书、忏悔书等也是个重要的证据。

(五)寻求帮助

在紧急情况下,遭遇家庭暴力,一定要报警。实施家庭暴力或虐待家庭成员,受害人有权提出请求,居民委员会、村民委员会以及所在单位应当予以劝阻调解。受害人提出请求的,公安机关可以依照治安管理处罚的法律予以行政处罚。必要时也可以寻求律师予以指导帮助。

(六)必要时选择离婚

当家庭暴力的施暴者出现了多次往复不见悔改,离婚就应该被提上议事日程了,是摆脱家庭暴力最彻底的一种方法。如果决定要离婚,在向对方提出之前切记要离开对方,避免因为提出离婚而计划矛盾。精选案例中的张芳提出离婚并与刘兴当面沟通,进一步激化了两人的矛盾,给自己带来了人身风险。

(七)拒绝婚外情

婚外情是一剂毒药,能修成正果的毕竟少数。婚外情伤害的不仅是双方的家庭,还有可能是多个家庭,而且更重要的是还会伤害到孩子。当一段婚姻已死,最明智的选择就是离开它。当在追求真爱的过程中插足到别人的婚姻,请一定不要伤害任何人。精选案例中的赵艾敬不能珍惜眼前人,为了寻求自己的激情生活,不仅毁了自己的家庭同时也毁了雷可鸣的前程。刘兴虽然应当要为自己的行为承担刑事惩罚,张芳在前一段婚姻尚未结束时就开始了下一段爱情,这也对刘兴不理智的行为起到了火上浇油的作用,最终误了性命。

四、法律速递

《中华人民共和国刑法》

第二百三十二条　故意杀人的,处死刑、无期徒刑或者十年以上有期徒刑;情节较轻的,处三年以上十年以下有期徒刑。

第二百三十四条　故意伤害他人身体的,处三年以下有期徒刑、拘役或者管制。

犯前款罪,致人重伤的,处三年以上十年以下有期徒刑;致人死亡或者以特别残忍手段致人重伤造成严重残疾的,处十年以上有期徒刑、无期徒刑或者死刑。本法另有规定的,依照规定。

《中华人民共和国反家庭暴力法》

第十五条　公安机关接到家庭暴力报案后应当及时出警,制止家庭暴力,按照有关规定调查取证,协助受害人就医、鉴定伤情。

无民事行为能力人、限制民事行为能力人因家庭暴力身体受到严重伤害、面临人身安全威胁或者处于无人照料等危险状态的,公安机关应当通知并协助民政部门将其安置到临时庇护场所、救助管理机构或者福利机构。

第二十三条　当事人因遭受家庭暴力或者面临家庭暴力的现实危险,向人民法院申请人身安全保护令的,人民法院应当受理。

当事人是无民事行为能力人、限制民事行为能力人,或者因受到强制、威吓等原因无法申请人身安全保护令的,其近亲属、公安机关、妇女联合会、居民委员会、村民委员会、救助管理机构可以代为申请。

第二节　因过失葬送的生命
——过失致人死亡罪[①]

一、案例精选

【案例一】　暴毙床头的情人

面对花花绿绿的世界，抵挡不住诱惑的男女陷入了婚外情的困境。有些婚外情就像裹着蜜糖的毒药，初尝甜蜜却内含危险，有人甚至不幸为之失去生命。2014年3月，曾华因收购鸡蛋认识了同样有家庭的吕丽丽，后二人发展成为情人关系。2015年6月的一天，曾华打电话问吕丽丽有没有时间，得到肯定的答复后，曾华在丰乐天宾馆开好钟点房等吕丽丽到来，之后二人在宾馆房间发生了性关系。然而，没过一会儿，吕丽丽便觉得自己头晕，身上流了好多汗。曾华见吕丽丽身体不适，便帮她按了一会儿太阳穴。但吕丽丽并未好转，仍觉得头晕且想吐，曾华便扶着她走到卫生间，但没呕吐。回到床上后，吕丽丽开始口吐白沫，呼吸急促。曾华看到这种情况，心想可能要出事儿，但又觉得很快就会有人发现她，于是带上吕丽丽的手机及随身物品匆匆离开，以免有人发现二人的关系。当天晚上吕丽丽被朋友发现死亡。经法医鉴定，死者吕丽丽系脑桥、小脑及第四脑室出血(病理性)死亡。

法院经审理后认为，被告人曾华与被害人吕丽丽发生关系后明知被害人身体严重不适，却未采取救助措施，对被害人的死亡存在过失，其行为已构成过失致人死亡罪。鉴于被告人曾华自愿认罪，且赔偿了被害人家属的损失，取得了被害人家属的谅解，没有前科劣迹。根据被告人犯罪的事实、性质、情节、认罪态度及对社会的危害程度，法院最终判决被告人曾华犯过失致人死亡罪，判处有期徒

---

① 笔者以"婚外情""出轨""情人""不正当"为关键词，案由为"过失致人死亡罪"，在Alpha案例库进行检索，以2011年1月1日至2020年8月1日为时间段，共检索出134个案件。相关案件的数量在近几年内，总体上比较平稳。现有数据说明因婚外情而引发的过失致人死亡案件也是存在的，且此类过失性犯罪案件受社会环境因素的影响不大。

刑3年,缓刑4年。

【案例二】 穷途末路的爱

婚外情的男女,有些就像投食人与猫的关系,你以为你只会是他的路过,而他却把你视作全部。钱雨是有夫之妇罗芳的婚外情人,两人在网上认识,交往一段时间后,罗芳多次提出分手,但钱雨坚决反对,扬言如果分手就将两人的事告诉罗芳的丈夫和父母,并威胁会将罗芳的不雅视频和照片、暧昧聊天记录一并发布。害怕自己的奸情暴露,罗芳只好妥协,继续与钱雨保持不正当关系。

2017年3月4日,罗芳向其丈夫杨信坦白了自己和钱雨的情人关系,并祈求原谅。杨信让罗芳先卖掉老家的房子,再带着小孩到北京找他。钱雨得知罗芳已向丈夫坦白,便约罗芳面谈。晚上8时许,钱雨驾车接上罗芳后一直沿国道行驶,在车上问罗芳以后准备怎么过。罗芳说:“大不了两边都不要了,我自己的命也不要了。”罗芳见车外就是江水,扬言钱雨如果再缠着她,她就跳进江中一了百了。罗芳的话逗笑了钱雨,钱雨立即把车停在了桥上,指着桥下的江水对罗芳说:“你要跳就赶紧跳,不要再啰唆。”钱雨心想,罗芳恐高又胆小,绝对没有胆子跳江自杀,就算真的跳下去,凭自己的好水性也能把罗芳救上来。见钱雨如此刁难自己,罗芳硬着头皮下了车,慢慢走到了桥边。钱雨见状,不但没有劝阻,反而对她说:“要死赶紧去死,就算杨信原谅你了,你也不能去找他,你永远是我的,不然我就把你的裸照贴满整个村子。”钱雨说完坐回车里,抽起了烟。罗芳心内一凉,纵身一跃,跳入江中。还在车里抽烟的钱雨这才慌了神,马上报了警。第二天中午,警方在下游江岸的灌木丛里发现罗芳的尸体。钱雨最终因犯过失致人死亡罪,被法院判处有期徒刑1年10个月,缓刑2年执行。

二、维权指引

(一)过失致人死亡罪的构成要件

根据《刑法》第233条的规定,过失致人死亡罪是指过失造成他人死亡的行为,其构成要件如下:

就犯罪客体而言,本罪的犯罪客体为公民的生命权。生命权即公民依法享有的生命不受非法剥夺的权利,属于公民人身权利的一种,是最根本的人身权。

就犯罪客观要件而言,本罪表现为行为人在客观上实施了致人死亡的行为,且已经造成了他人死亡的结果,行为和死亡结果之间还必须具有刑法上的因果关系。应当注意的是,与其他过失犯罪相同,过失致人死亡罪属于结果犯,过失犯罪的行为人在主观恶性程度上与故意犯罪具有本质的差异,所以刑法规定,对于过失行为,只有造成法定的严重后果才构成犯罪。

就犯罪主体而言,本罪的犯罪主体为年满 16 周岁具有辨认控制能力的自然人。

就犯罪主观要件而言,成立本罪要求行为人主观上持过失的心理态度,可以分为两种情形,即疏忽大意的过失和过于自信的过失。在过失致人死亡罪中,疏忽大意的过失表现为行为人应当预见自己的行为会引发他人死亡的结果,因疏忽大意没有预见。即要求行为人具有预见义务且具备预见能力,这种预见义务来自于一般的生活规则或者习惯。例如,一般人应当预见酒后开车可能发生交通事故致人伤亡的结果。过于自信的过失则表现为行为人已经预见到自己的行为可能发生他人死亡的结果,但轻信能够避免。所谓"轻信能够避免",是指一方面行为人希望避免他人死亡结果发生,另一方面又没有确实可靠的客观根据而轻率相信可以避免,譬如过高估计了自己的能力或者不当估计了有利条件。在本节案例一中,见吕丽丽口吐白沫,呼吸困难,曾华已经预见到吕丽丽可能会有生命危险,但觉得很快会有人发现吕丽丽,便匆匆抛下她离开,最终酿成了吕丽丽死亡的危害后果。在本节案例二中,钱雨已经预见到罗芳有跳江的可能,仍以言语刺激,钱雨轻信罗芳不会跳江,并且轻信即便罗芳跳江,自己也能把她救上岸,最终导致罗芳死亡。

(二)过失致人死亡罪与故意杀人罪的区别

过失致人死亡罪与故意杀人罪不同,区分二者的关键在于辨析"过于自信而过失致人死亡"与"间接故意杀人"的不同。就相似之处而言,二者的行为主体都预见到了被害人死亡结果可能发生,且都不积极追求该死亡结果的发生。二者的区别:其一,"过于自信的过失致人死亡",行为人并不希望也不放任死亡结果的发生,死亡结果的发生违背了行为人的意愿,但"间接故意杀人"的行为人对死亡结果的发生持放任态度,发生死亡结果并不违背其意愿;其二,前者的行为人在预见到死亡结果可能发生的情况下,仍然实施其行为,是因为有避免危害结果的主客观条件,而后者的行为人是在明知死亡结果可能发生的情形下,为了实现其他目的仍然实施其行为，并没有考虑凭借一定的主客观条件来避免死亡结果的发生。值得一提的是，“过于自信的过失致人死亡”与“间接故意杀人”并非对立关系，在行为人对死亡结果有预见可能性的情况下，如果不能证明行为人是放任死亡结果的发生，通常只能认定为过失致人死亡罪。①

（三）过失致人死亡罪与意外事件的界限

过失致人死亡罪是我国刑法上规定的罪名，意外事件则不需要承担刑事责任。实践中，二者常常难以区分。二者的区别关键在于，行为人对死亡结果的发生是否应当预见。在意外事件中，行为人不可能预见死亡结果。相反，因疏忽大意的过失而致人死亡，行为人能够预见、且应当预见可能发生的死亡结果，只是由于马虎大意没有预见。这也就决定了前者不可能构成犯罪，而后者构成过失犯罪。应当注意的是，判断死亡结果的发生是否属于“应当预见”，应结合行为人的认识能力、行为本身的危险程度以及客观环境等因素综合分析，方能得出正确的结论。

在本节案例一中，如果曾华在发现吕丽丽口吐白沫、呼吸困难时立即拨打“120”求救，即便曾华在救护车到达前离开宾馆，或是吕丽丽在救护车到达前死亡，曾华可能都会被认定为没有过失，吕丽丽的死亡属于意外事件。在本节案例二中，如果钱雨在罗芳走到桥边的时候加以劝阻，而不是用言语进一步刺激罗芳，钱雨可能就没有过失，罗芳的死亡就属于意外事件。

（四）过失致人死亡罪的量刑标准

根据《刑法》第 233 条的规定，过失致人死亡罪有两个量刑档次：一是对于具有通常社会危害程度的过失致人死亡行为，处 3 年以上 7 年以下有期徒刑；二是对于情节较轻的行为，处 3 年以下有期徒刑。

根据笔者检索的相关案例，因婚外情引发的过失致人死亡案件，被告人被判处缓刑的较多。此类案件的被告人多有自首、坦白、积极赔偿等情节，其犯罪的社会危害性和人身危险性较小，因此法院在判处 3 年或 3 年以下有期徒刑时，若符合缓刑条件的，通常会适用缓刑。

① 参见张明楷：《刑法学》（第 5 版），法律出版社 2016 年版，第 853 页。

三、律师建议

（一）恋爱时应了解对方的健康状况

在恋爱中，是否应当将自身的健康状况告诉对方，不同的人有不同的看法。随着人们生活水平的提高，各种慢性疾病已然成为现代人健康的潜在杀手，一旦这些慢性疾病发展到一定程度，会对病人的生命产生重大威胁，同时成为恋爱关系甚至婚姻关系长久稳定的威胁。一般来说，如果是以结婚为目的的恋爱，人们常常会关注对方经济状况，有车吗？有房吗？家中几口人？有没有经济负担？但较少关注对方是否存在健康问题。无论是谈恋爱还是结婚，两个人多了解彼此，方能在病情危急时刻互相救助及彼此照顾。如果自身有隐疾的，也应当如实告知对方，这既是为对方负责，也是对自己负责。

（二）遇人险境莫大意，倾力救助利彼此

现代社会，我们可能会遇到很多在外突发疾病的人。而亲密关系的双方是最容易发现对方身体异常的人，也是最能够尽快给予对方帮助的人。面对突发疾病的亲密对象，我们应当保持必要的谨慎，尤其是在与外界相对隔绝的环境中，不应对病人的情况抱有侥幸心理。因此，亲密恋人或伴侣之间，当发现一方的身体出现异常时，另一方应当引起重视并采取急救措施，若不懂急救知识，也应当立即拨打“120”或向他人求助，切莫抱有侥幸心理，错失最佳救助时机。

（三）感情威胁应理智，名誉不比生命重

婚外恋总是伴随着伤害发生，心理压力、社会舆论以及不确定的未来，本身就是一种伤害。婚外情发生容易，但激情过后，想要摆脱这一段危险关系却总是困难重重，有时还会遭到来自婚外恋人的威胁。面对威胁，有的人不堪心理压力走投无路，甚至选择结束自己的生命来逃避。实际上，每个人都会犯错，犯错之后真诚悔改，仍然可以重新开始新的生活。而放弃自己的生命，不仅断送了自己，也给爱自己的人带来更多的伤痛。名誉、钱财在任何时候都不比生命宝贵。在因婚外恋而遭到威胁恐吓时，受害者一定要保持冷静，如果已对正常生活造成影响，甚至威胁生命安全，应及时向公安机关报案以顺利得到帮助。

（四）即便不爱，请别伤害

婚外情的男女多是飞蛾扑火，明知可能等待自己的是毁灭，仍执意追求那一瞬的光芒。无论是在婚姻关系还是婚外情关系中,一方可能陷入一种创伤性联结,即因地位、权力的不平等导致的一方对另一方的情感依赖。这种情感依赖很容易让人觉得自己遇到了真爱,而一旦这种情感依赖受到冲击,对依恋者的打击是巨大的,他们容易为了维护这段关系做出伤害自己或他人的极端之事。避免极端最好的方式是及时寻求亲朋好友的帮助,不要隔绝自己脱离社会,建议通过工作、旅行或参与社会公益等方式,尽可能转移自己的注意力,避免情绪失控的情况下以报复的方式进一步伤害他人及自己。

四、法律速递[①]

《中华人民共和国刑法》

第二百三十三条　过失致人死亡的,处三年以上七年以下有期徒刑;情节较轻的,处三年以下有期徒刑。本法另有规定的,依照规定。

第七十二条　对于被判处拘役、三年以下有期徒刑的犯罪分子,同时符合下列条件的,可以宣告缓刑,对其中不满十八周岁的人、怀孕的妇女和已满七十五周岁的人,应当宣告缓刑:

(一)犯罪情节较轻;

(二)有悔罪表现;

(三)没有再犯罪的危险;

(四)宣告缓刑对所居住社区没有重大不良影响。

宣告缓刑,可以根据犯罪情况,同时禁止犯罪分子在缓刑考验期限内从事特定活动,进入特定区域、场所,接触特定的人。

被宣告缓刑的犯罪分子,如果被判处附加刑,附加刑仍须执行。

---

① 《最高人民法院关于审理交通肇事刑事案件具体应用法律若干问题的解释》第8条规定:"在实行公共交通管理的范围内发生重大交通事故的,依照刑法第一百三十三条和本解释的有关规定办理。在公共交通管理的范围外,驾驶机动车辆或者使用其他交通工具致人伤亡或者致使公共财产或者他人财产遭受重大损失,构成犯罪的,分别依照刑法第一百三十四条、第一百三十五条、第二百三十三条等规定定罪处罚。"

第三节 遗弃罪迷失自己也践踏生命
——遗弃罪[①]

一、案例精选

【案例一】 生而不养,孰之过?

并不是所有生命的到来,都能够获得祝福。已婚男女在享受婚外激情的同时,有时还会孕育新的生命。这个孩子从出生那一天起也许就备受道德的谴责,本该被细心呵护的幼小生命,甚至可能被父母狠心抛弃。小萍的丈夫大山常年在外地打工,夫妻两人聚少离多,感情也日益转淡。留守在A市的小萍不甘寂寞,2016年通过手机聊天软件认识了网友广坤。广坤擅长甜言蜜语,很会讨人欢心。几次约会后,两人迅速发展为彼此的婚外情人。2017年3月,小萍意外发现自己怀孕,而她知道,这个孩子是广坤的。眼看自己的肚子越来越大,纸包不住火,小萍便独自回到娘家B市,试图通过引产手术掩盖自己婚内出轨的事情。但因胎儿已经足月,引产有风险,小萍最终在B市产下一名男婴。

2018年1月,小萍将出生刚满10天的孩子带回A市,对外宣称男婴是好友所生,没有经济能力,便把孩子托付给她照看。小萍因为养孩子增加了很多花费,产后抑郁十分严重。她打电话告诉广坤,说孩子是他的,希望广坤负起责任,但广坤说自己也有家庭,实在没有多余的钱养这个孩子。事到如今,他们终于明白,两人看似美好的爱情终究只是激情,已经出生的这个男婴,顿时成为他们恢复正常生活的"绊脚石"。眼看丈夫大山就要回A市过年,小萍和广坤一拍即合:既然谁都不想养,那就把孩子偷偷丢掉。2018年2月10日上午,广坤、小萍抱着熟睡的男婴搭乘一辆出租车来到A市郊区,两人下车后抱着男婴走了几百米,最终走到一个垃圾站旁。小萍将孩子用棉被包好,放在垃圾站,留下写着孩

① 笔者以"婚外情""出轨""情人""第三者""不正当"为关键词,案由为"遗弃罪",在Alpha案例库进行检索,以2014年1月1日至2020年8月1日为时间段,共检索出12个案件。相关案件的数量虽然较少,但也说明因婚外情而引发的遗弃案件也是存在的。

子生日的纸条,便和广坤匆匆离开。当天中午,在垃圾站捡废品的丁大娘听见哭声,发现男婴并报警。通过查看垃圾站的监控,警方锁定了嫌疑人小萍。经鉴定,被遗弃男婴的母亲是小萍,小萍供认孩子的父亲是广坤,但两人均表示自己已有家庭,不愿意抚养这个孩子。

法院认为,小萍作为母亲,对年幼子女负有抚养义务,但她却拒绝抚养,将孩子遗弃,而作为父亲的广坤出谋划策,寻找作案场所并与小萍共同实施了遗弃行为。两人的行为侵犯了被害人在家庭成员中的平等权利,构成我国《刑法》上的遗弃罪。最终,小萍和广坤均被判处有期徒刑1年,缓刑1年执行。这对婚外恋人对亲生骨肉“生而不养”的行为,不仅受到了道德的谴责,更受到了法律的惩处。

【案例二】 夫不养妻,构成遗弃罪吗?

还记得婚礼上新郎新娘至死不渝的誓言吗:“无论贫穷、富贵、生老、病死,我愿与你终生厮守,永不分离。”但现实中,并非所有夫妻都能相互扶持、携手走完一生。小芳和大海是一对结婚快10年的夫妻,两人白手起家,日子过得红红火火。大海开了一家出口贸易公司,小芳生完孩子后便做了全职太太,在家照顾一双儿女和四位老人。2014年年初,小芳发现丈夫与其下属小玉保持着婚外不正当关系,但为了家庭,小芳一直容忍。2016年年末,大海向小芳提出离婚,小芳想到自己辛苦经营的家庭即将破碎,坚决不同意。为了让小芳死心,大海采用了多种手段,如十天半月不回家,故意和小玉在小芳面前秀恩爱,用物质诱惑把两个孩子从小芳身边接走等。

终于,小芳因压力太大精神失常,于2017年8月被其父母送往医院治疗,经治疗,小芳的病情有所好转。小芳的父母认为,大海自2017年4月10日开始就将妻子小芳遗弃在家,不管不问,更不给予任何医学上的治疗,大海数次到法院起诉离婚,是小芳精神失常的主要原因。无奈之下,小芳的父母向法院起诉大海犯遗弃罪,请求依法追究大海的刑事责任。

一审法院认为,自诉人小芳仅能提供自己的自诉状,并未向法庭提供证据证实大海存在遗弃行为,法院遂裁定不予受理。小芳不服,提起上诉。二审法院认为,小芳控诉大海犯遗弃罪提供的证据不充分,不足以证明其犯罪事实,上诉理由不能成立,法院不予支持。本案中,小芳痛斥大海没有尽到扶养义务,将自己遗弃在家不管不顾,但两审法院都认为自诉人提供的证据,不足以证明大海构成遗弃罪。

二、维权指引

(一)家庭成员间的法定扶养义务

《民法典》规定了家庭成员之间有相互扶养的义务。所谓"扶养",有广义和狭义之分。狭义的扶养,仅指家庭成员平辈之间的相互扶养,比如说夫妻之间或兄弟姐妹之间。广义的扶养,还包括晚辈对长辈的赡养,及长辈对晚辈的抚养。扶养义务是法定义务,家庭成员应当依法履行。具体而言,可以分为以下三类:

1. 父母对未成年子女或不能独立生活的成年子女的抚养义务

《民法典》第 1067 条第 1 款规定,父母不履行抚养义务的,未成年子女或不能独立生活的成年子女,有要求父母付给抚养费的权利。《民法典》也进一步规定,有负担能力的祖父母、外祖父母,对于父母已经死亡或者父母无力抚养的未成年的孙子女、外孙子女,有抚养的义务。值得一提的是,《民法典》还对非婚生子女、继子女、养子女的抚养问题作了明确规定:(1)非婚生子女享有与婚生子女同等的权利,任何组织和个人不得加以危害和歧视。不直接抚养非婚生子女的生父或生母,应当负担未成年子女或者不能独立生活的成年子女的抚养费;(2)合法收养关系存续期间,养父母应履行对养子女的抚养义务,并适用《民法典》对父母子女关系的有关规定;(3)继父或继母和受其抚养教育的继子女间的权利和义务,适用《民法典》对父母子女关系的有关规定。

在本节案例一中,虽然小萍生下的男婴是她和广坤的非婚生子,但非婚生子也和婚生子享同等权利,作为孩子的生父生母,小萍和广坤都应履行对其的法定抚养义务。

2. 成年子女对父母有赡养的义务

所谓赡养,是指子女对父母,以及在一定条件下孙子女、外孙子女对祖父母、外祖父母在生活上的供养及精神等方面的照顾和帮助。《民法典》第 1067 条第 2 款规定,成年子女不履行赡养义务的,缺乏劳动能力的或生活困难的父母,有要求成年子女给付赡养费的权利;第 1074 条进一步规定,有负担能力的孙子女、外孙子女,对于子女已经死亡或子女无力赡养的祖父母、外祖父母,有赡养的义务。并且,子女对父母的赡养义务不因为父母的婚姻关系(离婚或者再婚)变化而终止。

3. 夫妻之间或同辈之间的扶养义务

就夫妻之间的扶养义务而言,《民法典》第 1059 条规定,夫妻有相互扶养的义务,需要扶养的一方,在另一方不履行扶养义务时,有要求对方给付扶养费的权利。第 1079 条规定,夫妻之间出现遗弃家庭成员的,人民法院调解无效的,应当准予离婚。第 1090 条规定,离婚时,如果一方生活困难,另一方应从其住房等个人财产中给予适当帮助。具体办法由双方协议;协议不成时,由人民法院判决。第 1091 条规定,出现遗弃家庭成员时,无过错方在离婚时有权要求损害赔偿。由上述规定可知,夫妻间的扶养义务系法定义务,无论夫妻就家庭支出、财产归属作出过何种约定,都不能因此改变或免除。《民法典》第 1075 条还规定,有负担能力的兄、姐,对于父母已经死亡或者父母无力抚养的未成年弟、妹,有扶养的义务。由兄、姐扶养长大的有负担能力的弟、妹,对于缺乏劳动能力又缺乏生活来源的兄、姐,有扶养的义务。

除了《民法典》外,《老年人权益保障法》《未成年人保护法》《残疾人保障法》等法律也对家庭成员之间的扶养义务作了详细规定。违反法定扶养义务,遗弃被扶养人的不仅可能面临行政处罚,甚至可能承担刑事责任。

(二)遗弃罪的构成要件

根据《刑法》第 261 条之规定,“生而不养”或“夫不养妻”等行为是否构成遗弃罪,应从犯罪客体、犯罪客观要件、犯罪主体、犯罪主观要件这四个方面进行分析。

就犯罪客体而言,本罪的犯罪客体是公民的人身权利,具体来说,遗弃罪的保护法益是公民在家庭关系中的平等地位。

就犯罪客观要件而言,本罪的行为方式表现为拒绝履行扶养义务,即对上述家庭成员“应扶养而不扶养”。其一,行为人必须负有法定的扶养义务;其二,行为人应当具有一定的经济能力,能够满足本人及家庭成员当时当地的最低生活标准;其三,行为人具备扶养能力而拒绝扶养;其四,遗弃行为达到情节恶劣的程度。

司法实践中,构成遗弃罪的“情节恶劣”,主要包括以下几种情形:(1)遗弃行为致被害人重伤、死亡的;(2)被害人因被遗弃生活无着落,流离失所的;

(3)被害人走投无路而被迫自杀的;(4)行为人屡经教育,拒绝改正而使被害人的生活陷入危难境地的;(5)遗弃手段十分恶劣的。如果父母出于教育"熊孩子"的目的偶尔饿他一两顿饭,达不到情节恶劣的程度,不能认定为犯罪。

就犯罪主体而言,本罪的犯罪主体为特殊主体,只有年满 16 周岁具备刑事责任能力,且对被遗弃人负有法定抚养义务的主体才能构成本罪。

就犯罪主观要件而言,遗弃罪要求行为人主观上具有故意,即明知自己应当履行扶养义务而拒绝扶养。

在本节案例一中,小萍和广坤明知作为父母对子女有抚养义务,但拒不履行抚养义务,将被害人遗弃至偏僻村庄的垃圾站,如果不是有人及时发现,孩子很有可能死亡,该遗弃行为给被害人的生命造成了严重威胁,可以认定为情节恶劣,故构成遗弃罪。在本节案例二中,小芳未能举证证明丈夫的遗弃行为达到了情节恶劣的程度,法院也就难以认定大海构成遗弃罪。

(三)遗弃罪与故意杀人罪的区别

特别强调的是,有些遗弃家庭成员的行为,表面上是遗弃,实则触犯故意杀人罪。例如,将无行动能力的被扶养人遗弃在深山老林、荒郊野外等少有人出没的地方,在这些地点实施遗弃行为,被害人几乎不可能得到他人救助,由此可以推断行为人主观上对被害人的死亡至少持放任态度。在这种情形下,行为人很有可能被认定为犯故意杀人罪。

(四)遗弃罪作为自诉案件被直接受理的条件

《刑事诉讼法》第 114 条规定,刑事自诉案件由被害人或其法定代理人、近亲属直接向法院提起诉讼,由法院直接受理。原则上,遗弃罪属于公诉案件,只有在被害人有证据证明被告人犯有遗弃罪,且检察机关没有提起公诉时,法院才能将相关案件作为自诉案件受理。在本节案例二中,小芳起诉时仅提交了自己的自诉状,没有提出充分的证据证明大海存在遗弃行为,也未能证明大海的遗弃行为给自己造成了严重后果。因此,法院最终裁定对这一自诉案件不予受理。

(五)遗弃罪的量刑标准

根据《刑法》第 261 条的规定,构成遗弃罪的,可对行为人判处 5 年以下有期徒刑、拘役或管制。因此,遗弃行为可不是家庭成员之间的"家务事",一旦构成犯罪,行为人将受到法律的严厉惩处。

三、律师建议

(一)非婚生子要三思,生而不养恐定罪

如前所述,非婚生子女与婚生子女享有同等的权利,不直接抚养非婚生子女的生父或生母,应当负担子女的抚养费。因此,没有充分做好准备成为父母的人们,应当采取积极、健康的避孕措施。如果意外怀孕,但又不想生下这个孩子,应当去正规医疗机构采用科学的方式中止妊娠。如果一方已经生下了孩子,但又没有能力抚养的,可以通过合法途径要求孩子的生父支付抚养费,或由他人合法收养。切莫将孩子视为物品,随意丢弃或买卖,这都将涉嫌犯罪。

(二)送养孩子应通过合法途径

根据《民法典》第1094条、第1095条的规定,有特殊困难无力抚养子女的生父母,可以将未成年子女送养。未成年人的父母均不具备完全民事行为能力人且可能严重危害该未成年人的,该未成年人的监护人可以将其送养。生父母送养子女,应当双方共同送养。生父母一方不明或者查找不到的,可以单方送养。除此之外,我国《民法典》还对收养人的条件及收养程序作了严格规定。因此,私下送养(收养)是违法行为,送养、收养若不符合法定条件和法定程序的,可能无效或会被撤销,甚至可能构成拐卖儿童等犯罪。

(三)被遗弃方的合法维权路径

遗弃会给被遗弃人造成巨大的伤害,被遗弃方可以通过合法途径维护自身权益。未成年人、老人、残疾人、患病的女性等弱势群体被遗弃的,可以向包括居民委员会、村民委员会等基层群众性自治组织、未成年人保护协会、老年人协会、妇女联合会、民政部门等寻求帮助,由这些组织对遗弃人进行说服教育,化解矛盾。被遗弃方也可以向人民法院提起民事诉讼或刑事自诉,要求遗弃人支付抚养费及追究遗弃人的刑事责任。在提起刑事自诉时,被遗弃方应提交以下证据:(1)被告人负有抚养义务和抚养能力的证明,即原被告的关系证明和被告的经济来源证明;(2)遗弃方长时间没有尽到抚养义务的证据,即被遗弃方开始被遗弃和持续的时间,能够证明相关事实的证人;(3)造成严重后果的证据,如造成被遗弃方生病、残疾或者死亡的证据。必须强调的是,被遗弃方应当采用合法手段搜集上述证据。

四、法律速递

《中华人民共和国刑法》[①]

第二百六十一条 对于年老、年幼、患病或者其他没有独立生活能力的人，负有扶养义务而拒绝扶养，情节恶劣的，处五年以下有期徒刑、拘役或者管制。

---

① 最高人民法院、最高人民检察院、公安部、司法部印发的《关于依法办理家庭暴力犯罪案件的意见》的通知第17条规定："依法惩处遗弃犯罪。负有扶养义务且有扶养能力的人，拒绝扶养年幼、年老、患病或者其他没有独立生活能力的家庭成员，是危害严重的遗弃性质的家庭暴力。根据司法实践，具有对被害人长期不予照顾、不提供生活来源；驱赶、逼迫被害人离家，致使被害人流离失所或者生存困难；遗弃患严重疾病或者生活不能自理的被害人；遗弃致使被害人身体严重损害或者造成其他严重后果等情形，属于刑法第二百六十一条规定的遗弃'情节恶劣'，应当依法以遗弃罪定罪处罚。准确区分遗弃罪与故意杀人罪的界限，要根据被告人的主观故意、所实施行为的时间与地点、是否立即造成被害人死亡，以及被害人对被告人的依赖程度等进行综合判断。对于只是为了逃避扶养义务，并不希望或者放任被害人死亡，将生活不能自理的被害人弃置在福利院、医院、派出所等单位或者广场、车站等行人较多的场所，希望被害人得到他人救助的，一般以遗弃罪定罪处罚。对于希望或者放任被害人死亡，不履行必要的扶养义务，致使被害人因缺乏生活照料而死亡，或者将生活不能自理的被害人带至荒山野岭等人迹罕至的场所扔弃，使被害人难以得到他人救助的，应当以故意杀人罪定罪处罚。"

第八章　婚外情与侵犯性的自主决定权及妨害婚姻类犯罪

第一节　一朝婚外多情缘，他日不慎惹性侵
——强奸罪与婚外情

一、案例精选

【案例一】　地下情一朝暴露，为掩盖被迫就范

婚外情虽然在现实生活中屡见不鲜，但是毕竟中国是一个受千年传统文化影响深远的国家，婚外情为社会一般人所不认可。特别是对婚内无辜受害的一方，一般她(他)都是最后一个知道事实真相的那个人。本案被害人为了隐瞒自己的婚外情，竟然错上加错，最后被心怀鬼胎的房东两次性侵。幡然醒悟，为了卸下婚外情这个沉重的包袱，她决定拿起法律武器对房东予以惩罚，同时也是在对自己不堪回首的往事说道别。

卢美英与刘建超结婚后即离开了老家在外打工，但是因为学历不高，她虽打工多年仍然没有存下多少积蓄。丈夫刘建超为人老实，干活全凭着一膀子力气，收入也不是很高。一天刘建超兴致冲冲地和她说，有个老乡在湖南做棉花生意，他也想去试试。虽然有点不舍，但是考虑到家里的经济状况，卢美英还是同意了。

刘建超去了湖南之后，卢美英就一个人居住在原来两人租住的地方。一个人的生活难免有些孤寂。万家俊是卢美英的同事，2 年前离婚了，工作中两人虽有交集，但是交往不多。一个中秋节的晚上，卢美英一个人正在办公室加班，寂

寥寥的办公室让她油然而生一种失落感。中秋节本应是一个阖家团圆的日子，自己竟然一个人行影落寞。正在伤感之中，一个中年男人敲了敲她的隔断玻璃，抬头一看是万家俊。万家俊看着眼睛红红的卢美英，关切地问起了缘由。今天卢美英特别想找一个人说说话，虽然她和万家俊不是很熟，但是那天万家俊关切地询问和贴心的安慰让她的心温暖了不少。

从那以后，万家俊对卢美英的工作格外地关照。随着交往的逐渐深入，两人也变得熟悉起来，卢美英无论是工作上还是生活上，遇到事情她经常会找万家俊帮忙，两颗孤独的心逐渐靠在了一起，终于有一天两人突破了最后的底线。虽然卢美英与万家俊有了婚外情关系，但是卢美英从来没有想到过要离婚。和万家俊在一起也仅仅是因为心理上的慰藉和生理上的需要，这辈子真正能一起生活白头偕老的还是自己的丈夫刘建超。

一天晚上，万家俊送卢美英回家，迎面碰上了房东崔世友，卢美英本想打个招呼就走，但是崔世友却一把拦住了她，问这是不是她的亲戚。卢美英回答这是自己的同事，下班晚了帮着来拿一下东西。崔世友也不说话，眼睛紧盯着卢美英点了点头，那一瞬间，卢美英从他的眼睛里看到了一丝寒意。

一个周六的下午，卢美英正在房间里看电视，崔世友敲门而入。一看房间里没有其他人，崔世友就问她和万家俊是什么关系。卢美英心里一怔，告诉他只是单位同事。崔世友一口咬定是卢美英心的男朋友，卢美英赶忙摇手辩解。崔世友不再追问，他拿出手机播放了一段录音，这让卢美英魂飞魄散。原来这是卢美英和万家俊在家里发生关系的录音，里面两人的对话听的清清楚楚。这时卢美英想起来，有一次他们在发生关系的时候，仿佛听到窗外有动静，万家俊还说是不是有人在偷听，当时她也没在意就顺嘴说是猫。崔世友见卢美英脸上红一阵白一阵的不再说话，顺势提出来要和卢美英发生关系，卢美英坚决拒绝。崔世友便恶狠狠地威胁，要把这个录音发给刘建超，等刘建超来收拾她。卢美英害怕极了，如果这件事情让刘建超知道，自己这辈子就完了！于是她连忙哀求，甚至跪了下来。眼看崔世友不为所动，卢美英只好答应了崔世友的要求，但是她提出来要把录音彻底删掉。崔世友一见卢美英答应了，马上改变了态度，他当着卢美英的面直接把录音删掉了，还给卢美英检查了一遍。随后，他们就在卢美英的房间里发生了关系。

事后，卢美英呆呆地坐在房间里。他真的删掉录音了吗？万一哪一天再有一份怎么办？她越想越害怕，越想越觉得崔世友就是个定时炸弹，自己这辈子总不能一直生活在恐惧之中吧。丈夫是否能原谅自己不知道，但是如果报警让这个披着人皮的狼得到惩罚，她这个事情也就能彻底解决了，自己也可以重新做人了。一夜无眠，第二天一大早，卢美英勇敢地走进了派出所的大门。

法院经审理后认为，崔世友违背被害人的意志，采用揭露被害人隐私的手段相威胁，迫使被害人不敢反抗，从而与被害人发生性关系的事实有被害人陈述、证人证言、手机信息截屏、现场勘验检查记录、DNA 个体识别鉴定书等证据证实，且崔世友本人亦供认不讳，崔世友的行为构成强奸罪。故此，法院以强奸罪判处崔世友有期徒刑 4 年 6 个月。

【案例二】 断不了的情人

婚外情常常会使一方或者双方的家庭分崩离析，当一方深思熟虑准备回头破茧重生时，另一方往往会因为投入了巨大的感情而无法舍弃。这就会给各类刑事犯罪甚至是严重的刑事犯罪的发生埋下了导火索。本案被害人虽然向被告人提出了分手，但是被告人却因婚外情付出了离婚的代价。在被告人持续的威胁和骚扰下，两人保持着藕断丝连、若即若离的关系。这使得被告人并有意识到自己过激的行为已经涉嫌犯罪，最终失去了自由。

唐军旺从小就不爱读书，初中毕业之后当地供电局内部举行招考，凭着家里的关系，他轻轻松松成为供电局的一名职工。供电局的收入在这个小城市算是高的，所以他生活并没有什么压力，平时的生活除了上班就是和朋友喝酒聚会。听从父母亲的安排，他在合适的时间结了婚，又在合适的时间有了孩子，父母帮着他带孩子，大事小事也不需要他操心。日子这么平淡的过着，他不觉得好但也不觉得有什么不好。

在一次朋友聚会上唐军旺认识了辛雪梅。她的出现让唐军旺为之一动，心里仿佛像是平静的水面溅起了层层水花。后来两人就开始约会，直到辛雪梅成为唐军旺的女朋友。自从认识了辛雪梅，唐军旺的生活恢复了生气，人也感觉年轻了许多。但是毕竟自己是有家室的人，这种地下的日子也不能一直这样过，于是唐军旺向妻子提出了离婚。妻子当然不同意。唐军旺就开始不再回家，甚至一个月也不回家一次，也不回家看望孩子。妻子见唐军旺如此的坚决，不得已也只好答应了。唐军旺为此付出的代价就是除了自己的一部车和随身物品,其他的全部给了妻子。

唐军旺拿着离婚证兴致冲冲地找到辛雪梅,未曾想辛雪梅的反应很平静。原来辛雪梅虽然和唐军旺有了男女朋友关系,但是她并不确定将来是否要和唐军旺结婚,看到唐军旺因为自己离婚了,辛雪梅心里也是五味杂陈,不知道是该喜还是该忧。见辛雪梅反应平静,唐军旺觉得这可能是女人的矜持,所以也就没有再继续往下讨论。

自从唐军旺离婚以后,他把所有的心思都用在了辛雪梅的身上,但是辛雪梅的反应却是不冷不热。突然有一天,辛雪梅向他提出要分手,这让唐军旺十分震惊!为此两人大吵了一架,盛怒之下,他还动手打了辛雪梅。从那以后辛雪梅就时常躲着唐军旺,还把他的手机拉黑,这让唐军旺十分震怒,唐军旺逐一给辛雪梅的父母和她比较要好的朋友打电话,并且要挟他们。不得已辛雪梅只得答应唐军旺不再躲着他,但是唐军旺每次见面都要提出发生关系,这让辛雪梅觉得有些不太情愿。于是两人口头达成一个协议,每发生一次关系唐军旺付给辛雪梅1000元钱。

一个周末,唐军旺又约辛雪梅见面,辛雪梅烦透了不愿赴约。唐军旺提出如果见面就把此前拖欠的钱给补上,辛雪梅这才勉强同意。当晚唐军旺开着车接上了辛雪梅,辛雪梅一上车就要唐军旺还钱,唐军旺告诉她不要着急一会下车就还。当车子开上一条小马路的时候,唐军旺停下了车,辛雪梅知道他的想法,于是又提出还钱。唐军旺也不说话,就把车门锁死,直接跨过中控台,身体趴在辛雪梅的身上。唐军旺从座位后面拉出一根绳子,捆住了辛雪梅的双手,并把副驾座椅挪到最后端放倒。辛雪梅被他这么一折腾浑身没了力气,只好求饶,要他把绳子解开,可以配合。于是唐军旺解开了绳子,辛雪梅爬到后排座位,他们就在座位上发生了关系。之后他们继续驾车前行,在车上两人发生了激烈的争吵。唐军旺怕路人听见,就把车子停在了路边。车子刚停下来,辛雪梅立即就跳了下来,跑到马路对面拦了一辆出租车并向司机求助,司机一听马上报警并直接把车子开到了派出所。

很快唐军旺就被警察抓获,唐军旺对警察的到来十分意外,这毕竟是男女谈朋友的事情,怎么还要抓人呢?庭审中唐军旺辩称,其和辛雪梅是男女朋友关系,在案发前一直保持来往,他们这次见面也是事先商定好的。两人曾经有过口头协议,每发生一次关系,都要付给她1000元钱,他并没有威胁强迫被害人发生关系。这次他们见面前已经就发生关系要支付多少钱商议好了。他捆绑、扇耳光的目的不是强迫要和她发生关系,而是在发泄不满情绪,因为自己为了被害人离婚了,被害人反而和他提出分手并躲着他。被害人不是因为不同意发生关系而报警,是因为两人发生了争吵。

法院认为,被告人唐军旺违背妇女意志,使用暴力手段,强行与妇女发生性关系,其行为已构成强奸罪。对于被告人唐军旺的辩解意见,法院认为:首先,唐军旺对自己在车内想和被害人发生关系而使用捆手、扇耳光等暴力手段阻止被害人离开的事实均有供述,与被害人的陈述及被害人身上的伤情等证据相吻合,由此可知案发时被害人并不愿意和他发生关系。其次,被害人在脱离被告人控制后第一时间寻求帮助,向公安机关报警其被人强奸,进一步证实了发生关系违背了其意志。最后,尽管案发前两人关系特殊,并且在微信中对发生关系有过商定,但案发时的这次唐军旺违背被害人的意志而强行发生性关系,其行为构成强奸罪。鉴于本案两人案发前的特殊关系,唐军旺的犯罪主观恶性及社会危害性相对较小,可对唐军旺从轻处罚。据此,法院以唐军旺犯有强奸罪,判处有期徒刑3年。

二、指引维权

(一)强奸罪是什么

根据我国《刑法》的规定,强奸罪是指违背妇女的意志,以暴力、胁迫或者其他手段强行与妇女发生性关系的行为。强奸罪的客观行为表现为违背妇女意志强行与妇女发生性关系。

1. 首先必须是违背了妇女的真实意愿。

是否违背了妇女的真实意愿,实践中最经常发生分歧。这需要大量的证据来证明,而不能仅凭被害人的单方说辞或者将被害人是否反抗作为唯一的判断标准。前述案例中卢美英在被侵犯时并不存在反抗的行为,甚至是同意与崔世友发生关系,但是这种同意的本质是不符合被害人本人意愿的,是一种被威胁、害怕之下的同意。判断否违背妇女的意志,要结合性关系发生的时间、周围环境、妇女的性格、体质等各种因素进行综合分析。

2. 必须以暴力、胁迫或者其他手段,强行妇女发生性关系。

这里的"暴力"手段,一般是直接对被害人施以殴打或人身强制等危害妇女的人身安全和人身自由,使妇女不能抗拒的手段。比如前述被害人辛雪梅的案件,案件发生在狭窄的车厢内,遇到辛雪梅反抗时,唐军旺采取了扇耳光、捆绑手脚等方式迫使辛雪梅不能反抗或者不敢反抗。“胁迫”手段,是指被害妇女施以威胁、恫吓,进行精神上的强制,以迫使妇女就范,不敢抗拒的手段。前述被害人卢美英的案例,被害人害怕自己的婚外情被丈夫发现,为了销毁婚外情证据,才与崔世友发生关系。崔世友就是利用了卢美英的隐私胁迫被害人就范。此外,胁迫的情形还包括以杀害被害人、加害被害人的亲属、利用职权、利用抚养关系、利用从属关系及妇女孤立无援的环境进行胁迫等。这里的“其他手段”,是法律上的一种立法策略,是一个兜底条款。是指犯罪分子使用暴力、胁迫以外的手段使得被害人不能反抗、不敢反抗、不知反抗。比如麻醉强奸、灌醉酒强奸,甚至是利用妇女熟睡或昏迷之际强奸等。

3. 强奸罪的主体一般是年满十四周岁以上的男子。

强奸罪的主体一般是年满十四周岁以上的男子。但是该罪的主体在特殊情况下也可以是女子。笔者此前曾经办理过的一个案件,母亲为了能让儿子和女朋友圆房,从而达到生米煮成熟饭的目的。在儿子实施强奸时,母亲帮助按住被害人的手脚,致使被害人最终被强奸。在这里就因为女性教唆、帮助男子强奸妇女,从法律上其属于强奸罪的共犯,所以要以强奸罪来定性处罚。

(二)强奸罪怎么处罚

根据我国《刑法》的规定,犯强奸罪的,处3年以上10年以下有期徒刑;情节严重的,处10年以上有期徒刑、无期徒刑或者死刑。对于奸淫幼女的,以强奸罪定罪并从重处罚。哪些是属于法律上的“情节严重”呢?

1. 强奸妇女、奸淫幼女情节恶劣的;
2. 强奸妇女、奸淫幼女多人的;
3. 在公共场所当众强奸妇女的;
4. 二人以上轮奸的;
5. 强奸致使被害人重伤、死亡或者造成其他严重后果的。

只要具有上述所列五种情节之一的,就属于情节严重的情况,应当依法处以10年以上有期徒刑、无期徒刑或者死刑。

(三)关于强奸罪与猥亵罪的区别

猥亵是指以刺激或满足性欲为目的,用性交以外的方法实施的淫秽行为。

这里性交以外的方法是指对被害人进行抠摸、舌舔、吸吮、亲吻、搂抱、手淫、脱衣服等行为。猥亵行为既可以发生在男女之间，也可以发生在同性之间，无论猥亵对象是妇女、儿童还是男性，都可以构成猥亵罪。

强奸罪与猥亵罪虽然有时同样都包括了暴力或者胁迫等行为，但是根本的不同就是猥亵不包括性交的行为。性交行为在学术界存在"插入说""接触说"等争议，但是实践中司法机关一般都比较谨慎，一般都是采取插入说的观点。此外两者的针对对象不同，强奸罪的被害人只能是女性，猥亵罪的侵犯对象可以包括男性。

(四)关于恋爱期间男女朋友之间是否可能存在强奸的问题

正在谈恋爱的男女朋友之间是否有可能会存在强奸的问题，从法律上来说并没有异议。只要是违背妇女的意志，以暴力、胁迫或者其他手段强行与妇女发生性关系，都应该是构成强奸犯罪。但是男女朋友之间比较亲密的关系，并且此前也曾经多次有过自愿的性行为，有时确实很难区分是否违背了妇女的意志。这就需要根据案件发生的时间、现场情况、两人之间的关系变化等综合进行判断。前述案例中唐军旺与辛雪梅之间存在婚外情关系，后辛雪梅与唐军旺关系虽然变淡，但是两人一直存在性关系，如果唐军旺仅仅是轻微的胁迫或者辛雪梅也只是半推半就，从证据上来说很难认定唐军旺构成犯罪。之所以本案唐军旺构成犯罪，是因为本次其使用了明显的暴力行为迫使被害人就范，被害人身上明显的伤痕是本案定性为强奸罪的重要依据。在我们检索的案例中，婚外情分手不畅，被害人在提出分手之后被侵犯的案例占了绝大多数，法院判断的依据主要就是被害人身上的伤情或者存在明显被胁迫的情况。

(五)夫妻之间能否构成强奸的问题

夫妻之间是否能构成强奸罪的问题理论界一直存在巨大的争议。性的服从应当是婚姻权利义务的重要内容。但是刑法规定的强奸罪并没有把婚姻中的妻子作为除外。实践中也有法院对婚内的丈夫以强奸罪判决的。比如 1999 年上海市青浦区人民法院对王某明的强奸判决。法院认为王某明主动提出的离婚，虽然予以离婚的判决书还没有送达之前，双方仍然是夫妻关系，但是王某明用暴力手段迫使妻子发生性关系，符合强奸罪的犯罪构成。婚内是否构成强奸，是一个比较敏感的问题，实践中需要结合双方的婚姻关系变化，暴力或者胁迫的程度综合审慎的确定。但是无论婚内是否构成强奸,均可以构成家庭暴力,可以作为双方夫妻关系是否破裂甚至是是否存在过错的一个重要参考依据。

三、律师建议

爱情、婚姻是本人生的书,但是婚外恋者往往抱着满腔的激情去"误读"。婚外却难情的结果往往是一声叹息,激情过后剩下的是一地鸡毛。从我们查询的婚外情与强奸相关的案件来看,大部分都是发生在婚外情分手过程中。当激情散去,一方想要寻求新的生活,但是另一方仍然没有走出泥潭,心里的不平衡、人类最原始的性需求再加上薄弱的法律意识,往往会酿成此类犯罪。律师建议处于围城迷局中的当事人:

一是尽量避免婚外情。当对婚外的她(他)有了一丝涟漪,请冷静地考虑一下,自己的配偶,曾经的山盟海誓是否还依然能打动自己。婚外的她(他)也要考虑一下这段感情有没有可能会有自己想要的结果。

二是理性处理婚外情。当发生了婚外情,可能是真爱,当然更大的可能是一时的孤独或者冲动。这时就要考虑到底是要"鱼"还是要"熊掌"了,同时追两只兔子的猎人,迟早是一只兔子也追不到。如决定要终止这种婚外情,就要立即下决心一刀两断,不再见面,也不要向对方做过多的解释。如果对方仍然是不依不饶,必要时可以取得配偶的支持。如果需要必要的见面也要选在公共的场所,一方面是为了人身安全,另一方面也是为了避免感情的失控。但是无论采取哪种处理方式,两人之间的性关系一定要杜绝。如果深思熟虑之后还是觉得围城之外的那个她(他)更合适,也应和平的解决现有的婚姻关系,毕竟婚内的配偶和孩子是受伤害最大的那一个。

三是万一不幸遇到了婚外情的暴力事件,请一定确保自己的人身安全,在确保自己不会受到伤害或者生命不会受到威胁的情况下,注意搜集证据,比如录音、录像、保存好通讯记录,保留好现场的擦拭纸,保留好被破坏的随身物品,必要时大声呼救或者报警等。

四、法律速递

《中华人民共和国刑法》

第二百三十六条　以暴力、胁迫或者其他手段强奸妇女的,处三年以上十年以下有期徒刑。

奸淫不满十四周岁的幼女的,以强奸论,从重处罚。

强奸妇女、奸淫幼女,有下列情形之一的,处十年以上有期徒刑、无期徒刑或者死刑:

(一)强奸妇女、奸淫幼女情节恶劣的;

(二)强奸妇女、奸淫幼女多人的;

(三)在公共场所当众强奸妇女的;

(四)二人以上轮奸的;

(五)奸淫不满十周岁的幼女或者造成幼女伤害的;

(六)致使被害人重伤、死亡或者造成其他严重后果的。

《关于常见犯罪的量刑指导意见》

四、常见犯罪的量刑

(三)强奸罪

1. 构成强奸罪的,可以根据下列不同情形在相应的幅度内确定量刑起点:

(1)强奸妇女一人的,可以在三年至六年有期徒刑幅度内确定量刑起点。奸淫幼女一人的,可以在四年至七年有期徒刑幅度内确定量刑起点。

(2)有下列情形之一的,可以在十年至十三年有期徒刑幅度内确定量刑起点:强奸妇女、奸淫幼女情节恶劣的;强奸妇女、奸淫幼女三人的;在公共场所当众强奸妇女的;二人以上轮奸妇女的;强奸致被害人重伤或者造成其他严重后果的。依法应当判处无期徒刑以上刑罚的除外。

2. 在量刑起点的基础上,可以根据强奸妇女、奸淫幼女情节恶劣程度、强奸人数、致人伤害后果等其他影响犯罪构成的犯罪事实增加刑罚量,确定基准刑。

强奸多人多次的,以强奸人数作为增加刑罚量的事实,强奸次数作为调节基准刑的量刑情节。

第二节　婚外情里藏猥亵，悔不当初叫苦连天

一、案例精选

【案例一】　婚外情人遇渣男，挨打受骂遭猥亵

相爱容易相处难，对于婚外情中的两人也是如此。婚外情轰轰烈烈的开始之后，当发现对方并未像想象的那样美好，便会急匆匆的想要分手。可婚外情开始容易，想要结束却没有那么简单。当分手方式不对，便很容易铸成大错。如果有一天，当因为婚外情分手不成而面临人身危险的时候，是否会为开展一段婚外情而感到后悔？如果重新来过，是否会重新作出不一样的选择？接下来的案例，为大家介绍的就是因婚外情分手不畅而发生的殴打、强制猥亵并侮辱的案例。

冬天的晚上格外寒冷，宋凡躺在温暖的被窝里却怎么也睡不着。感觉内心很压抑。于是起身打开窗户，任凭冷风吹进来，想让这风将她的思绪捋顺。她想不明白为什么自己的这段感情会以如此惨淡的形式收场，那一天成了她的噩梦，她想忘记却怎么也无法将记忆从脑海中抹去。

李振，一个有家室的男人，带着她迈入了婚外情的深渊，却又死命拽住她不让她抽离。如果不是因为和李振互相承诺双方各自离婚后结婚，她也不会抛家弃子，和丈夫离婚，将孩子的抚养权给丈夫。可当她满心欢喜期待着李振也离婚与她在一起时，却被告知他无法抛弃家庭。哀莫大于心死，离婚、欺骗、被抛弃让她对李振彻底死了心，鼓起勇气提出分手，想开始新的生活。然而，让她没想到的是，分手给自己带来了如此危机。

两人是在宾馆中谈的分手。两人刚进房间，李振便阴阳怪气地向她发问“今天晚上干什么去了”，“跟一个朋友吃饭去了……”还没有等她说完，李振就朝她脸上扇了 3 个耳光，顿时，宋凡的嘴角即流出了血。李振又问“前几天干什么去了，为什么不接我的电话”，宋凡一会说去河北看亲戚，一会说找工作。李振一听宋凡遮遮掩掩，又朝她的脸上扇了几个耳光，并趁宋凡躲闪之机抢过宋凡的手机翻看她的通话记录、聊天记录、照片和一个加密文件。李振并没有发现关

于宋凡男朋友的信息,就将手机扔到床上了。之后便是掐着宋凡的脖子,直到宋凡快要窒息的时候,李振才松开手,并且连续掐了宋凡两次。无论宋凡如何哀求,李振都无法解气,李振甚至一度抓着宋凡的头发按着她的头往床上撞。更是疯魔地起身脱掉宋凡裤子、内裤、鞋,并且企图抚摸、亲吻宋凡。过程中李振还给宋凡拍了3张半裸照。宋凡拼命阻挡遮掩,又遭来李振几个耳光。随后,李振拿起自己的手机头也不回的离去。李振回去之后,将这3张半裸照片发给了宋凡,威胁宋凡继续跟他在一起,不然就将照片发给其家人。但宋凡并没有回复李振的信息。后宋凡报警,李振被拘捕归案。

法院经审理后认为,李振与宋凡曾有不正当两性关系,后宋凡提出分手。李振将宋凡带入宾馆房间,对宋凡进行殴打、强行亲吻后又给宋凡拍摄半裸照、发短信予以侮辱、恐吓。李振以暴力方式强制猥亵妇女,其行为已构成强制猥亵罪,最终被法院判处有期徒刑4年。

【案例二】 被婚外情人猥亵,情人难逃刑事处罚

每个步入婚姻的人都对爱情有着幻想,可总被现实打破。婚姻跟预期相左,使部分人想从婚外情中获得安慰。可哪知婚外情似深渊,掉进去了容易让人遍体鳞伤。人生就是考场,每个在你人生中出场过的人都可能会给你上一课,婚外情人更是如此。接下来的案例,也是婚外情人因怀疑对方另寻新欢而予以猥亵侮辱的案例。

何娜娜是个很乐观漂亮的女孩,兴趣广泛,爱交朋友,人缘很好。她也跟一个性格、爱好、家境等都不错的男人结了婚,婚后生活幸福,且有一个可爱、漂亮的女儿。她怎么也没有想到她的人生会因为另一个男人的出现而脱离正常的轨道。

那是2013年一个春暖花开的日子,她在一次朋友的聚会中认识了陈肖。何娜娜被陈肖的相貌和举止吸引了,高大帅气又体贴,是她的理想男神。可是此时的她已经有了家庭,她便按住了那颗蠢蠢欲动的心。

无巧不成书,陈肖对何娜娜也一见钟情。在陈肖的眼里,何娜娜是一个热情、开朗又成熟的女人,即使知道何娜娜已经有了家庭,仍然对她展开了猛烈的追求。俗话说的好:“烈女怕郎缠”,何娜娜在陈肖的攻势下,终于没能守住底

线。从2013年8月至2018年11月，两人一直保持着婚外情关系。然而，婚外的热情终于经不起时间的推敲，当两人伪装慢慢卸下，露出本来的面貌后即不断发生争吵。偶尔，陈肖还对何娜娜大打出手、拳打脚踢。最后双方在派出所民警的说服教育下，二人之间的关系画上了句号。可陈肖不甘于就这么结束，于是打起了坏主意。

在二人经警察说服教育分开的一周后，陈肖利用其偷配的钥匙进入了何娜娜的家中，然后躲藏在卧室内，等着何娜娜回来。两个小时之后，何娜娜和她的女儿相继到家。回到家，何娜娜就开始跟一个男士视频聊天，正好被陈肖听到。陈肖以为何娜娜与他人暧昧，一气之下冲出来踢了何娜娜大腿两下，又从厨房拿出菜刀威胁何娜娜和她的女儿。陈肖以何娜娜及其女儿的性命相要挟，让何娜娜跟着他去了宾馆。在该宾馆内，陈肖变得肆无忌惮，他强行脱光了何娜娜的衣物，并不顾何娜娜的反抗，强行亲吻、抚摸何娜娜，更用手机拍摄了何娜娜的裸照。并且还用语言威胁何娜娜，要何娜娜继续与其保持婚外情关系。后来警察赶到，将陈肖抓捕归案。

法院经审理后认为，陈肖与何娜娜虽在案发前曾有情人关系，但双方在民警的协调下，已经协商解除了不正当关系，且之前的情人关系也不是其进行犯罪的正当理由。陈肖潜入何娜娜家中的目的是窥探何娜娜是否在与他人交往，而非到何娜娜家中吃饭。且其进入何娜娜家中后，躲藏在何娜娜主卧室内长达两个多小时，在何娜娜及其女儿回家后仍然躲藏并偷听何娜娜的聊天内容，其客观行为与其供述的窥探何娜娜的动机相符。陈肖采用暴力、持刀和言语威胁等方式，将何娜娜从家中挟持至宾馆房间，并不顾何娜娜的反抗强行对何娜娜进行猥亵，明显违背了何娜娜的意愿，具有强制猥亵妇女的故意和行为，应以强制猥亵罪定罪处罚，最终陈肖被判处有期徒刑1年10个月。

二、维权指引

（一）什么样的行为构成强制猥亵、侮辱罪

根据我国《刑法》第237条的规定，强制猥亵、侮辱罪，侵害的是他人（男性或者妇女）的性自由权，具体包括忍受性权利的自愿选择，对性的厌恶感、羞耻感以及正常的性感情。《刑法修正案（九）》对强制猥亵、侮辱妇女罪做了修改，将其更名为强制猥亵、侮辱罪。于是猥亵的对象从“妇女”扩大到“他人”，男性

的性自由权也得到法律保护。考察行为人的行为是否构成我国刑法上的强制猥亵、侮辱罪，应从以下四个方面进行分析：

本罪的犯罪主体应达到我国刑法规定的刑事责任年龄即16周岁，并且要具备刑事责任能力。所谓刑事责任能力，是指行为人构成犯罪和承担刑事责任所必须具备的刑法意义上辨认和控制自己行为的能力。行为人既可以对异性实施猥亵行为，也可以对同性实施猥亵行为。

本罪在主观方面表现为故意，行为人明知自己侮辱、猥亵的行为会产生伤害妇女性感情的结果和危害他人性自由的结果，而希望或者放任这种结果发生。本罪中，行为人往往具有刺激性欲、发泄情感、报复她人的目的，但主观目的不影响本罪的成立。

本罪侵害的客体是他人（男性或者妇女）的性自由权，具体包括忍受性权利的自愿选择，对性的厌恶感、羞耻感以及正常的性感情。

本罪在客观方面表现为行为人以暴力、胁迫或者其他方法强制侮辱、猥亵他人的行为。本罪在犯罪方法上表现为使用暴力、胁迫或者其他方法。

侮辱和猥亵的区别在于，猥亵是身体特别是私密部位（如女性的胸部、臀部、下体等）的接触，而侮辱一般是非身体性的接触或者是非私密部位的接触。

综上所述，案例一中的李振和案例二中的陈肖均使用了暴力的方式猥亵妇女，明显违背了妇女的意愿，侵害了妇女的性自由权，构成了强制猥亵、侮辱罪。

（二）触犯强制猥亵、侮辱罪处罚

我国《刑法》第237条规定，以暴力、胁迫或者其他方法强制猥亵他人或者侮辱妇女的，处5年以下有期徒刑或者拘役。聚众或者在公共场所当众犯前款罪的，或者有其他恶劣情节的，处5年以上有期徒刑。猥亵儿童的，构成猥亵儿童罪，处5年以下有期徒刑。

案例一和案例二中，李振、陈肖均使用了暴力的方式猥亵了宋凡、何娜娜，依法应当判处5年以下有期徒刑或者拘役。如果不是李振和陈肖单独实施上述行为，而是多人聚众猥亵行为，或者上述行为不是发生在宾馆封闭的房间之内，而是发生在大庭广众之下，那么李振和陈肖将会被处以5年以上有期徒刑。

（三）强制猥亵、侮辱罪与强奸罪的区分

广义上的猥亵行为也包括强奸行为，由于刑法对强奸行为规定了单独的罪

名,强制猥亵罪中的实行行为必须是指性交以外的侵犯他人性自由的行为。具体而言,两罪的区别如下:

1. 犯罪客体不同。虽然两罪侵犯的都是性自由权,但强奸罪侵害的是妇女拒绝性交的自由决定权。强制猥亵罪侵害的是性交以外的性权利的自愿选择,对性的厌恶感、羞耻感以及正常的性感情。

2. 犯罪对象不同。强奸罪的犯罪对象仅限于女性,包括十四周岁以上的妇女和不满十四周岁的幼女。男性不能成为强奸罪的对象,这与我国传统法律文化有关。对于奸淫男性的行为,只能定强制猥亵罪。而强制猥亵罪的犯罪对象为十四周岁以上的人,猥亵不满十四周岁儿童的,定猥亵儿童罪。可见,强制猥亵罪不限性别,男性和女性均可以成为本罪的犯罪对象。

3. 客观方面不同。强奸罪在客观方面表现为违背妇女意志,强行与其发生性关系的行为。行为人使用暴力、胁迫等方式,使妇女陷于不敢、不能、不知反抗的状态,对妇女实施奸淫。而强制猥亵罪是指性交以外的其他侵犯他人性自由的行为。此外,强制猥亵罪的强制程度较强奸罪要低,不要求被害人达到不敢、不能、不知反抗的状态,现实中趁人不备,突然袭击强摸女性胸部的行为也属于强制的方式。

4. 主观方面不同。强奸罪是具有和被害妇女发生性交的故意。强制猥亵罪是性交以外侵害性自由的故意。即强奸罪有奸淫妇女的目的,而强制猥亵罪不具有奸淫的目的。

综上所述,案例一和案例二中李振和陈肖均未侵害妇女性自由决定权,而是侵害了性交以外的性权利的自愿选择,并没有与被害妇女发生性关系的行为和故意,因此二人均构成强制猥亵、侮辱罪,不构成强奸罪。

(四)强制猥亵、侮辱罪与侮辱罪的关联

强制猥亵、侮辱罪中的“侮辱妇女”与侮辱罪的以妇女为侮辱对象的行为很相似,两者都可以采取暴力、胁迫或其他方法,区别在于:

1. 侵犯的客体不同。强制猥亵、侮辱罪所侵犯的客体还包括他人(男性或妇女)性的不可侵犯权;而侮辱罪侵犯的实质客体是他人抽象的人格尊严和名誉权。

2. 动机不同。强制猥亵、侮辱罪的侮辱妇女,一般是出于闹事取乐,寻求精神刺激;而侮辱罪中对妇女进行的侮辱,一般是出于个人恩怨、嫉妒或报复,目的

是贬损特定妇女的人格和名誉。

3. 对象不同。强制猥亵、侮辱罪中的侮辱妇女，对象是不特定的妇女，范围比较宽泛；而侮辱罪中侮辱妇女的行为，是针对特定的对象实施。

综上所述，案例一和案例二中，李振和陈肖侵犯了妇女的性权力，而非人格尊严和名誉权。发生侵害行为的场所在相对私密的宾馆中，并未公然进行，不符合侮辱罪的构成要件，因此二人均不符合侮辱罪的构成要件，应以强制猥亵、侮辱罪论处。

三、律师建议

（一）警惕婚外情人辱骂、咆哮等行为

因对方行为已经不正常，甚至有可能发生失控的风险，独处可能又会非常危险。遇到此种情况时，一定要镇静，不要慌张，尽量稳定对方的情绪，千万不要试图去激怒对方。因为人在非理性状态下很有可能做出极端的行为，造成不可挽回的严重后果，到时候追悔莫及。

如果非要独处，请采取一定的安全防护措施，如事先给朋友或家人打好招呼，并在相处过程中做好录音，以备不时之需。独处时尝试着与对方沟通，尽量回忆双方在一起的美好时光，多站在对方的角度思考问题，做到知己知彼，转移矛盾的焦点。情况允许时可涉及一些如果事情继续按照现在的态势发展下去可能造成的严重后果告知对方，让对方权衡利弊，争取让对方悬崖勒马，大家好聚好散，过好余生。

（二）如遇强制猥亵、侮辱情形，如何妥善采取措施

1. 如果能有录音的机会，最好事先把录音设备打开，并放在宾馆内不起眼的地方，而非自己身上或自己包内。

2. 当一方殴打另一方时，最好能大声求救、求报警，或大声哭喊，以引起周围人的注意并争取能有人报警的机会。

3. 当一方试图往死里掐、打另一方时，另一方抗拒而不能时，尽量用道歉等方式缓和对方的情绪，寻找求生的机会。

4. 如果有抗拒、挣扎等行为时，最好能在对方身上留下点伤痕，报案后当对方否认时，能作为印证。

5. 对方留下的体液不要轻易清洗掉，对方擦拭的纸巾最好能保留，其他现场存在的证据也是尽量固定，如果不知道具体如何做，可以咨询专业办理此类案件的人士。

6. 事发后不要犹豫，及时报案，一来为固定证据、查清事实扫除障碍，二来以免纵容违法犯罪行为，再给其可乘之机。

7. 此后尽量避免独处，注意好自身安全。

（三）对加害人予以警示，谨防强制猥亵、侮辱行为发生

强制猥亵、侮辱罪不同于强奸罪，行为主体为一般主体，不论男女皆可构成此罪。在司法审判实践中，本罪一般多发于男女之间。笔者以"强制猥亵、侮辱罪"和"关系"两个关键词检索相关案例，发现被告人和被害人为熟人居多。这其中，被告人和被害人多为男女朋友关系或婚外情关系的又居多，其余的熟人是邻居关系、同事关系或普通的朋友关系。现实生活中，要警惕结交图谋不轨、别有用心之人，如果发现异样，请尽早采取措施，确保自身安全。另外，针对婚外情关系，有婚外情的双方，无论哪一方成为案例中的受害者，都不值得同情。但不同情受害者不等于支持加害者的行为。相反，要警示加害者。情人也是与其平等的主体，一旦对情人的行为逾越法律的边界，无论是侵犯对方的人身权利还是财产权利，都会遭到法律的严惩。案例一和案例二均是因为婚外情引发的犯罪，印证了此罪在情人之间发生频率比较高的事实。所以，情人之间分手不顺时，要警惕对方强制猥亵或侮辱行为的发生。而作为另一方，要牢记"法网恢恢疏而不漏"，逾越法律的边界，定会遭到法律的严惩。

四、法律速递

《中华人民共和国刑法》

第二百三十七条　以暴力、胁迫或者其他方法强制猥亵他人或者侮辱妇女的，处五年以下有期徒刑或者拘役。

聚众或者在公共场所当众犯前款罪的，或者有其他恶劣情节的，处五年以上有期徒刑。

猥亵儿童的，处五年以下有期徒刑。

第三节 从婚外情到重婚罪,有多远

一、案例精选

【案例一】 “假离婚”瞒天过海,“真重婚”意外曝光

想必看过热播电视剧《安家》的读者,都知道剧中的一个情节,男主徐文昌与妻子张乘乘原本恩爱无比,因规避限制购房政策而“假离婚”,于是两人手拉手来到民政局办理了离婚手续。但离完婚后,徐文昌却意外撞见张乘乘出轨……其实剧中“假离婚”的情节,在现实生活中也是不断上演。笔者下面讲述的案例中的老赵,为了达到其目的,也是用了上述类似的手段,与妻子阿刘办理了离婚手续。

老赵与其妻子阿刘结婚二三十年来,育有 2 个可爱的女儿。一家人在老赵的家乡过着幸福的生活。老赵因生意常年在外奔波,只有逢年过节时会回到家里。而阿刘是个贤妻良母,不仅对公婆照顾有加,辛苦养育二女长大成才,还常常以老赵的名义,帮着处理老赵在村里的各种人情世故。老赵与阿刘相聚时间虽然少,但两人的感情依旧如初。在家人及村民眼里,两人是真正的模范夫妻。

有一天,老赵以“为了方便给女儿按揭购房,需要与阿刘办理离婚”为借口,向阿刘提出了“假离婚”,并承诺两人还是会跟以前一样一起生活,等办完了女儿的房贷手续就会复婚。阿刘基于对老赵的绝对信任,二话不说,两人于 2010 年 8 月 20 日办理了离婚手续。

不过两人离婚一事,并没有告诉孩子、双方父母、亲戚等。离婚后,女儿办理了按揭购房。阿刘也曾多次向老赵提出复婚,但老赵每次安慰阿刘说这件事不着急,就是一张纸,什么时候办都行。阿刘心里觉得两人的关系还是跟往常一样,早晚都会复婚,也就没有往心里面去。

平淡的日子一天天过去了,直到 2016 年的春节,老赵第一次没有回家过年,真相的迷雾才慢慢揭开。老赵给阿刘打电话解释不回家过年的原因时言辞闪烁,互相矛盾,阿刘这才起了疑心。后经向老赵的朋友四处打听,阿刘竟然发现老赵已经和一个名叫晓李的女人结婚了,这次还去了晓李的家乡过年。夹杂着愤懑和绝望的心情,阿刘决定报警。在准备好一些初步证据之后,阿刘来到派出所向警方报案称老赵欺骗自己"假离婚"后,立马跟其他女人结婚了,而且老赵与自己离婚后还一直像夫妻一样一起生活。后经警方立案侦查,将老赵抓获归案。

经公安机关的调查发现,原来老赵在与阿刘离婚之前,就与晓李相识了。老赵承认了与阿刘离婚的真实目的,并不是给女儿买房,而是和晓李结婚。而且更让阿刘愤怒的是,老赵在与阿刘离婚后的第 6 天,即 2010 年 8 月 26 日,就与晓李办理了结婚手续。2010 年 12 月,因老赵与晓李产生矛盾,两人办理了离婚手续。3 个月后,两人和好,又办理了复婚手续。晓李称,其与老赵办理复婚手续之后,才正式与老赵一起生活,后来知道了老赵因内心愧疚跟前妻阿刘还在一起生活的事情。晓李表示一开始确实很生气,但是慢慢地就接受了这件事情。

经开庭审理,法院综合家人、亲戚、邻居等人的证人证言以及赵某的婚姻登记记录材料等证据,认定老赵与晓李登记结婚后,仍与前妻阿刘长期以夫妻名义共同生活,其行为已构成重婚罪,判处有期徒刑 1 年。

在这段长达 6 年的瞒天过海的"假离婚"里,自认为一直是"原配"的阿刘,没想到竟然成了老赵与晓李这段婚姻关系中的"第三者",实属让人心疼安分守己的阿刘。而本案中的晓李,本是老赵与阿刘原婚姻关系中"第三者",因老赵使用了一些不道德的手段,成为名正言顺的"正宫"。而老赵自以为能够一直隐瞒下去,顺利地成为"人生赢家",但他即使能暂时免受道德的谴责,最终还是逃不过法律的责罚。

【案例二】 妻子愤然起诉,丈夫与第三者双双犯罪

看完了上一个有如电视剧一般跌宕起伏的案例,接下来笔者想带读者们回忆一部到现在都被大家津津乐道的电视剧《回家的诱惑》,剧中的男主洪世贤周旋于林品如和艾莉之间,还与艾莉生育一子,是现代非常典型的"西门庆"。对于林品如在剧中一开始的不敢反击的表现,既让人怜悯也让人愤愤不平。那本案讲述的王叔的行为虽同洪世贤一般过分,但其妻子王姨的表现则没有林品如般懦弱。

王姨与王叔结婚多年,没有生育孩子,夫妻生活虽平淡,但也还算过得去。但家家都有一本难念的经,近年来,王姨发现王叔总是以各种借口不回家,即使偶尔回家了,也是对王姨不予理睬或者暴力相待。后来,王叔突然起诉离婚,且态度异常坚决。王姨怀疑王叔性情大变的原因是他有婚外情了,并着手调查,竟然发现了王叔与比他小20岁的第三者小宋共同生活一年有余,并且生育了一子。而且更让王姨气愤的是,小宋一直都知道王叔是有妇之夫,却仍然跟王叔在一起。王姨曾一心劝过王叔离开小宋,回归家庭,却反遭王叔的辱骂。后王姨决定通过法律手段维护自身的权益,向法院提起了刑事自诉,将王叔与小宋以重婚罪的罪名告到了法院。

庭审中,王叔与小宋均承认了双方生育一子的事实,但拒不认为双方是以夫妻名义在一起生活。两人都辩称只有小宋与孩子一起生活,王叔只是偶尔过去看望她们母子二人。此时王姨提供了一份居委会以及派出所分别登记的《外来人口基本信息》,里面记载了"王叔与小宋的婚姻状况为配偶""小宋家庭居住成员包括王叔""居住时长"等内容。最后经审理,法院结合上述人口登记信息、居委会工作人员的证人证言以及亲子鉴定报告等证据,认定了王叔明知自己有配偶,小宋明知王叔有配偶,仍以夫妻名义共同生活,两人的行为均已构成重婚罪。但综合考虑案件事实、小宋的犯罪情节和家庭、孩子情况,对小宋可适用缓刑。最终法院判决王叔犯重婚罪,判处拘役6个月;小宋犯重婚罪,判处拘役5个月,缓刑5个月。

两人结婚后,随着时间的流逝,婚姻之初的甜蜜始终会渐渐转淡,取而代之的是生活中的各种现实问题,比如一方心另有所属,做出了伤害自己以及家庭的行为。但更重要的是,受害者应该像本案的王姨一样,勇敢站起来以合法理性的方式保护自己和家庭。同时,第三者小宋如能早日认识到自己的错误,应果断地退出这段非法关系,通过法律途径维护自己以及孩子的权益,也不会伤害到年幼无知的孩子。

【案例三】 丈夫过世,妻子发现竟被冒名顶替

我国第一部《婚姻法》虽于1950年出台,但结合检索到的案例发现,在20世纪70年代左右,有部分案例中的男女并未办理过结婚登记,而是简单以举办婚

礼仪式、请客摆酒等方式认定两人的夫妻关系。笔者推测当时这种现象的产生可能是相关配套的婚姻登记法律制度还在慢慢完善，同时有关机构对婚姻登记的法律知识还未普及到位，所以部分男女没有形成办理结婚登记的意识。

那像上述双方未办理过结婚手续的情形属不属于已经形成合法的婚姻关系呢？如果一方又与他人结婚或者以夫妻名义共同生活，是否构成重婚罪？下面讲述的这个案例，丈夫、妻子、第三者之间均未办理过结婚登记，但为何第三者的行为会构成重婚罪？

1970 年 1 月，阿英与丈夫小许开始以夫妻名义在河南共同生活，期间生育了 3 名子女。但两人从未想到过办理婚姻登记。

后来阿英与小许之间的生活矛盾越来越多。有次，双方又发生争吵，一怒之下，于 2013 年 12 月签订了一份《协议书》，约定"小许向阿英每月支付生活费及养老费用 5000 元，小许自愿让家属生不养老，死不埋葬"。签完协议后不久，小许就只身一人去了深圳工作，鲜少回到河南，但还是定期会联系阿英嘘寒问暖。

2016 年 8 月，小许因意外离世。为了申领小许的补偿金，阿英前往了小许生前工作地深圳的社保机构。但当阿英出具身份证后，社保机构工作人员表示系统登记的小许配偶确实名为"阿英"，但是登记的身份证号码与阿英出具的身份证号码不一致。阿英纳闷了，难道是系统登记错身份证号码了吗？

经过多方核实，阿英终于弄清楚了事情的原委。原来小许在深圳这边也有一个配偶"阿英"，只不过这个"阿英"，其实是一个真名为阿平的女人。更令人惊讶的是，阿平曾与小许的弟弟于 1980 年 1 月按照风俗摆酒结婚，但未办理结婚登记。两人一起生活了 4 年，期间生育一男一女。后因感情不合，两人于 1984 年签订《离婚协议书》，约定"分离方式一个外出打工，一个在家，等孩子大了办证"。1988 年 4 月，阿平与小许走到了一起，并定居于深圳，生育了一子。但小许直到去世，与阿平也没有登记结婚。双方在深圳共同生活期间，阿平通过一些虚假手段，冒用了阿英的名字办理了户口。阿英了解完情况后，曾让阿平自行办理户口注销手续，但阿平未予理睬。无奈之下，阿英前往派出所报警，警方经核实阿平使用的"阿英"身份户口为重复户口，依法予以注销。后阿英以阿平犯重婚罪为由，向法院提起控诉。法院经审理认为，阿英与小许虽未办理结婚登记，但两人自 1970 年开始以夫妻名义共同生活，并生育多名子女。两人在 1994 年 2 月 1 日民政部《婚姻登记管理条例》公布实施以前，已经符合结婚实质要件，依法应认定阿英与小许属于事实婚姻关系,且根据现有证据并未显示在小许去世前该婚姻关系已被解除,依法应当受到法律保护。阿平称其与小许的弟弟按照风俗摆酒办婚礼后,两人共同生活数年并生育子女,其也承认知道阿英这个人的存在。但阿平又辩称其不知道阿英与小许是夫妻关系,该辩解与常理明显不符。故阿平明知阿英与小许是夫妻关系,而冒用阿英的名字与小许以夫妻名义共同生活20余年,其行为已构成重婚罪,依法应追究其刑事责任。综合本案的情节、性质、历史因素及社会危害性等,法院在量刑时酌情予以考虑,最终判决阿平犯重婚罪,判处拘役4个月。

丈夫小许已去世,阿英再对其道德谴责没有意义,同时法律也无法对其予以惩戒,但令受害者阿英感到欣慰的是,起码第三者阿平还是受到了法律的责罚,维护了自己的合法权益。

二、维权指引

(一)重婚罪的构成要件

看完了本节精选的三个案例,也许有读者会疑惑,有配偶的一方只要有婚外情了,就构成重婚罪吗?那破坏婚姻关系的另一方也会构成重婚罪吗?接下来笔者为您剖析"婚外情"与"重婚罪"之间,看似"差之毫厘",实则"差以千里"的距离。

在离婚诉讼中,婚外情是夫妻感情破裂的第一大杀手。婚外情是一个广泛的概念,包含多种形式,结合审判实践,一般有以下行为:配偶与婚外异性以夫妻关系共同生活、同居、发生性关系、生育孩子以及其他男女交往过程中的行为等。

并不是所有的婚外情都会构成重婚罪。依据《刑法》第258条的规定,重婚罪是指有配偶而重婚的,或者明知他人有配偶而与之结婚的,处2年以下有期徒刑或者拘役。

首先,关于"重婚"的概念,依据广东省高级人民法院、广东省人民检察院、广东省公安厅、广东省司法厅联合出台的《关于处理婚姻关系中违法犯罪行为及财产等问题的意见》第1条的规定,是指一方有配偶又与他人登记结婚或者与他人以夫妻名义共同生活;以及明知他人有配偶又与之登记结婚,或者以夫妻名义共同生活的行为。

其次,重婚罪中的"配偶"既包括经婚姻登记形成的夫妻,又包括形成事实婚姻关系的夫妻。依据《最高人民法院关于适用〈中华人民共和国民法典〉婚姻家庭编的解释(一)》第7条的规定,在1994年2月1日《婚姻登记管理条例》公布实施之前,男女未办理婚姻登记手续但以夫妻关系共同生活,男女之间已形成的关系属于事实婚姻关系,受法律保护。而如果上述男女形成的关系发生在1994年2月1日之后的,该男女关系属于同居关系。因此,我国不再承认1994年2月1日之后,男女未办理婚姻登记但以夫妻关系共同生活的关系属于事实婚姻关系。

因此,婚外情行为是否构成《刑法》上的重婚罪,需具体分析犯罪主体、主观方面、犯罪客体、客观行为这四个要件。

第一,犯罪主体。分为有配偶的行为人,包括形成上述事实婚姻关系的配偶,以及明知对方有配偶的行为人。上述行为人需要达到《刑法》第17条规定的年满16周岁的刑事责任年龄。因此,婚外情的当事人与第三者都可能成为犯罪主体。

第二,主观方面。重婚罪要求行为人的主观心态为故意。即根据一般的认识能力和社会常识,明知自己有配偶,知道对方有配偶,而仍然与之结婚或者以夫妻关系共同生活。而第三者是否构成重婚罪,关键在于其是否知晓对方已结婚的事实。如果第三者因蒙受对方欺骗,确实不知道对方有配偶,而与之结婚或以夫妻关系共同生活的,那么该第三者不构成重婚罪。

第三,犯罪客体。重婚罪侵犯的客体是我国一夫一妻制的婚姻关系,包括事实婚姻关系。

第四,客观行为。行为人必须具有重婚的行为,包括以下行为:

1. 行为人有经婚姻登记或者形成事实婚姻关系的配偶,又与他人登记结婚或者以夫妻名义共同生活;

2. 行为人虽然没有上述关系的配偶,但明知他人有配偶的,与之登记结婚或者以夫妻名义共同生活。

如何界定“以夫妻名义共同生活”,依据广东省高级人民法院、广东省人民检察院、广东省公安厅、广东省司法厅联合出台的《关于处理婚姻关系中违法犯罪行为及财产等问题的意见》第2条的规定,有以下情形之一的,应视为以夫妻名义共同生活:(1)有配偶的人与他人举行结婚仪式的;(2)有配偶的人虽未与他人举行结婚仪式,但以夫妻相称或者对外以夫妻自居的。

行为人的婚外情行为同时满足上述四个犯罪构成要件,才构成重婚罪。因此,本节精选的案例一的老赵以及案例二的王叔,在有配偶的情况下,与他人以夫妻名义共同生活,构成重婚罪。

而对于案例一中的阿刘虽然与老赵离婚后,仍然与之长期以夫妻名义共同生活,是老赵与晓李合法婚姻关系中的“第三者”,但阿刘的行为是因受老赵的蒙骗而发生的,其实际上并不知道老赵与晓李已结婚的事实,故阿刘的行为并不具备主观上的故意,因此不构成重婚罪。同时对于该案例中提到的“假离婚”,笔者在此纠正一下广大读者的一个误区,即在法律上从来就没有“假离婚”这一说。无论一方是出于何种目的,想要达到何种效果而需要离婚,“离婚”代表双方的婚姻关系真的消灭了。之后一方没有在与前段婚姻关系的配偶以夫妻名义共同生活的情况下,再与他人结婚的,该方和与之结婚的人都不构成重婚罪。同时,如果案例二的小宋像案例一的阿刘一样,一直被蒙在鼓里,不知道王叔已婚的事实,那么小宋的行为则不会成立重婚罪。

而在案例三讲述的“阿英与小许”“阿平与小许”两段关系中,均未办理过婚姻登记手续,均属于事实婚姻关系。由于阿英与小许的事实婚姻关系发生在前,也没有足够的证据显示俩人已解除婚姻关系。而且阿平明显清楚阿英与小许的夫妻关系,所以阿平与小许之间形成的事实婚姻关系因破坏了原先在前的合法的婚姻关系,不受法律保护,阿平的行为构成重婚罪。

(二)重婚和有配偶者与他人同居的最大区别在于是否以夫妻名义同居生活

依据《最高人民法院关于适用〈中华人民共和国民法典〉婚姻家庭编的解释(一)》第2条的规定,“与他人同居”,是指有配偶者与婚外异性,不以夫妻名义,持续、稳定地共同居住。可见,重婚的含义与有配偶者与他人同居有交叉之处,重婚也包括了有配偶者与他人同居,只不过这种同居是有夫妻名分的,即双方以夫妻名义相称,而不是以所谓的亲戚、朋友、同事相称。

因此,如果双方同居,没有以夫妻名义生活,也没有“持续、稳定地共同生活”,则不属于《刑法》予以处罚的范围,而属于《民法典》婚姻家庭编中禁止的行为。这与重婚罪的构成要件之一“以夫妻名义共同生活在一起”的法律概念和法律意义截然不同。所以配偶有婚外情的行为,并不一定会构成重婚罪,具体情况需要具体分析,重点在于是否有配偶关系或者以夫妻关系共同生活。想要证明配偶一方与他人“以夫妻名义持续、稳定地共同居住”，对受害者来说举证难度是很大的。因为在现实生活中，如果配偶一方采取了较为隐蔽的方式与婚外异性共同生活，比如只是间歇性地过去居住几天，对外以朋友同事关系相称。那么在这种情况下，则一般比较少会有书面或者是实体的证据可以显示双方“以夫妻名义共同生活”，即使有这方面的证据，比如居住地居委会、社区工作站、派出所登记的双方的居住信息，因涉及第三人的隐私信息，在未正式受理立案之前，受害者也一般比较难以自行获取这些由官方机构出具的文件。再如相关的证人证言，受害者一般也难以自行取得或者该证人证言可能证明力较低等。

（三）重婚罪的刑事自诉与管辖

依据《最高人民法院关于适用〈中华人民共和国刑事诉讼法〉的解释》第 1 条的规定，重婚罪案件既可以由公诉机关提起控诉，亦可由受害者提起刑事自诉。如果受害者提供的材料足以证明配偶与第三者有以夫妻名义共同居住、生活的事实，可以直接向法院提起刑事自诉；如果缺乏明显、足够的材料，建议可以先向公安机关报案，由公安机关立案侦查，并由检察院提起公诉。

同时由于重婚犯罪的特殊性，也即实施重婚行为的配偶与第三者都可以成为被告人，那么该由哪个区域的法院进行管辖？

《刑事诉讼法》第 25 条规定：“刑事案件由犯罪地的人民法院管辖。如果由被告人居住地的人民法院审判更为适宜的，可以由被告人居住地的人民法院管辖。”关于“居住地”的界定，依据《最高人民法院关于适用〈中华人民共和国刑事诉讼法〉的解释》第 3 条的规定，指的是被告人的经常居住地或户籍地。如果经常居住地与户籍地不一致的，经常居住地为其居住地。经常居住地为被告人被追诉前已连续居住一年以上的地方，但住院就医的除外。审判实践中，婚姻是一种持续的状态，也是一种即时发生的行为。重婚犯罪行为可能在多地发生，比如行为人在深圳结婚，在上海举行婚礼，在北京与他人以夫妻名义共同生活。那么上述三地的任一区域法院都可以行使刑事管辖权，受害者可以向上述三地的任一法院提起刑事自诉，或者任一公安机关报案。

（四）重婚罪的处罚标准与量刑情节

《刑法》第 258 条规定，构成重婚罪的，处 2 年以下有期徒刑或者拘役。《刑法》第 42 条规定的拘役的期限，为 1 个月以上 6 个月以下。可见重婚罪的最高量刑为 2 年,最低量刑为 1 个月。

在本节精选的案例一中,老赵被判处有期徒刑 1 年;案例二的王叔被判处拘役 6 个月,而小宋犯判处拘役 5 个月,缓刑 5 个月。两个案例中,被告人的最终刑期有一定的差距。而两者的刑期差距如此大的原因,往往取决于行为人的自首、认罪、悔罪、家庭情况、取得受害人的谅解等因素。案例一老赵的重婚行为的持续时间长,影响恶劣,且案发后,拒不承认自己的罪行,甚至是百般抵赖,故判处的量刑较高。而案例二小宋虽与老王育有一子,但双方生活时间并不长,且还需要照顾年幼的孩子,故该案综合社会影响及被告人家庭情况等因素,对小宋判处拘役 5 个月,缓刑 5 个月。

(五)在离婚诉讼中,发现配偶一方重婚提起刑事自诉的,两案应当如何处理

在案例二中,王姨在王叔提起的离婚诉讼的过程中,发现了王叔的重婚犯罪行为,于是向法院提了刑事自诉。依据《最高人民法院民一庭涉及婚姻案件处理分析民事审判实务问答》第 1 条第 6 款的规定,离婚诉讼属于民事诉讼,重婚罪案件属于刑事诉讼,二者属于不同程序,处理时应先中止离婚诉讼,待刑事重婚案件审结后,再继续审理离婚诉讼。

另外,需要提醒注意的是,在离婚诉讼未审理完毕之前,离婚案件的任一方当事人均不能与他人另行结婚,否则也将极有可能构成重婚。

(六)行为人被人民法院判处重婚罪的,婚姻自始无效

依据《民法典》第 1051 条和第 1054 条的规定,当事人有重婚行为的,该段婚姻自始无效,双方自始不具有夫妻的权利和义务。

对于配偶一方与婚外异性未办理结婚登记,但以夫妻名义同居生活的,同居期间所得的财产,由双方协议处理;协议不成时,由人民法院根据照顾无过错方的原则判决,同居期间所生的子女,适用《民法典》婚姻家庭编中有关父母子女的规定。

对于配偶一方与婚外异性办理结婚登记的,对于这段无效婚姻关系中涉及的财产处理、子女抚养等问题,在不得侵害合法婚姻当事人的财产权益的前提下,依据《民法典》婚姻家庭编的相关规定处理。

三、律师建议

（一）发现重婚行为，应立即搜集、保存证据

重婚罪的认定有着严格的要求，如前所述，需符合“登记结婚”或者“以夫妻名义持续、稳定地共同生活”的条件。单纯的发生婚外情行为，如亲吻、牵手、外出游玩、发生性关系、生育私生子、有配偶者不以夫妻名义有第三者同居等，并不会因此构成重婚罪。

对于“以夫妻名义持续、稳定地共同生活”的认定，需形成完整的证据链加以证明。司法实践中，主要有以下方面的证据：

1. 多次使用类似“夫妻”的用语。例如，配偶与第三者的微信、短信等聊天记录中以“老婆”“媳妇”“亲爱的”“宝贝”等用词相称对方。

2. 证人证言。例如，寻找配偶与第三者的周边朋友、邻居、同事或者其他相关人员等出具证人证言，证明他们的感情和生活状态、家庭情况等内容。

3. 相关机构登记的信息。例如，配偶与第三者居住地的社区工作站、居委会、物业公司、派出所登记的居住信息和家庭信息等内容。

4. 照片、视频。例如，拍摄到配偶与第三者的日常生活照、婚礼照、私生子满月照、家庭合影等。

5. 微信朋友圈、微博、博客、抖音等社交平台。例如，记载着配偶与第三者的日常生活状态等信息。

6. 其他证据。需要能够体现双方以夫妻关系日常相处的内容。

以上证据的搜集形式需合法合规，如严重侵犯了他人的个人隐私，法院有可能不予采纳。另外，受害者如果无法提供足够的证据链，建议可以先提供初步的证据，向公安机关报案，由公安机关立案侦查。

（二）无过错方可向重婚者提出损害赔偿请求

提出损害赔偿者是指重婚罪中的无过错方，即受害人，既包括重婚者在原本合法婚姻关系中的配偶，也包括第三者，注意此处的第三者仅指受重婚者欺骗、胁迫而与重婚者结婚、以夫妻名义共同生活。因为受欺骗的第三者，虽然与重婚者结婚、生活，一起构成了重婚这一行为，但是其主观上不具有重婚的故意。依据《刑法》的规定以及立法精神出发，重婚者的欺诈行为实际上侵犯了受骗的第

三者的合法权益,因此其属于重婚罪的被害人,可以向重婚者提出损害赔偿。但像案例二、案例三中的小宋与阿平,均明知对方的婚姻情况,仍选择跟对方以夫妻名义共同生活,则无权主张损害赔偿。

这里的损害赔偿,包括精神损害赔偿。关于精神损害赔偿可主张的民事责任,依据《民法典》第179条的规定,包括停止侵害、恢复名誉、消除影响、赔礼道歉等民事责任。另外,依据《民法典》第1183条规定,"侵害自然人人身权益造成严重精神损害的,被侵权人有权请求精神损害赔偿"。如何界定该法条中的"严重精神损害",目前并未有现行有效法律明确规定。审判实践中,如重婚者的侵权行为造成配偶或者无过错方精神失常分裂、无过错的第三者怀孕或流产等,一般会被认定为严重后果,受害者可以主张精神损害抚慰金。而赔偿数额,依据《最高人民法院关于确定民事侵权精神损害赔偿责任若干问题的解释》第5条的规定,需综合考虑重婚者的过错程度、侵害行为的目的、方式、场合方式等具体情节、侵权行为所造成的后果,重婚者承担责任的经济能力、受诉法院所在地平均生活水平等。审判实践中,精神损害赔偿金额从1万元到10万元不等。

(三)犯罪者应早日从愚昧的爱中清醒争取缓刑

恋爱自由,婚姻自由,但自由绝不能触犯法律的底线。对于已婚人士,《民法典》婚姻家庭编规定了其需遵循一夫一妻的基本原则,不能违背夫妻忠实义务。对于未婚人士,《民法典》第8条也赋予了其应遵守的基本原则,即不违反法律,不得违背公序良俗。

无论已婚者还是单身者,违背法律规定,必然会受到法律的责罚。依据《刑法》第72条第1款的规定,缓刑的适用条件需要同时满足"犯罪情节较轻""有悔罪表现""没有再犯罪的危险""宣告缓刑对所居住社区没有重大不良影响"这些条件。在案件二中,小宋虽构成重婚罪,但法院基于小宋的悔改态度、年幼的孩子等因素,判决处予缓刑。因此,如果因为一时冲动犯下重婚罪,无论是重婚者还是第三者,一定要尽早自首、认真悔罪、取得受害配偶的谅解,以争取法院从轻审判,适用缓刑。从而早日回归正轨,珍惜自己应该珍惜的身边人,照顾好家庭及孩子,做一个真正幸福的人。

最后在本节中,笔者想说,婚姻是一个人生的重大转折点,在这过程中,可能涉及自己的升华或坠落,涉及一个家庭的结合或崩离,更涉及对一个孩子的保护或伤害。每个人无论是选择结婚还是离婚,都需要谨慎考虑自己应承担的权利和义务,以及由此产生的法律责任和后果,切忌聪明反被聪明误。

四、法律速递

《中华人民共和国刑法》

第十七条　已满十六周岁的人犯罪,应当负刑事责任。

已满十四周岁不满十六周岁的人,犯故意杀人、故意伤害致人重伤或者死亡、强奸、抢劫、贩卖毒品、放火、爆炸、投放危险物质罪的,应当负刑事责任。

已满十二周岁不满十四周岁的人,犯故意杀人、故意伤害罪,致人死亡或者以特别残忍手段致人重伤造成严重残疾,情节恶劣,经最高人民检察院核准追诉的,应当负刑事责任。

对依照前三款规定追究刑事责任的不满十八周岁的人,应当从轻或者减轻处罚。

因不满十六周岁不予刑事处罚的,责令其父母或者其他监护人加以管教;在必要的时候,依法进行专门矫治教育。

第二百五十八条　有配偶而重婚的,或者明知他人有配偶而与之结婚的,处二年以下有期徒刑或者拘役。

第七十二条　对于被判处拘役、三年以下有期徒刑的犯罪分子,同时符合下列条件的,可以宣告缓刑,对其中不满十八周岁的人、怀孕的妇女和已满七十五周岁的人,应当宣告缓刑:

(一)犯罪情节较轻;

(二)有悔罪表现;

(三)没有再犯罪的危险;

(四)宣告缓刑对所居住社区没有重大不良影响。

宣告缓刑,可以根据犯罪情况,同时禁止犯罪分子在缓刑考验期限内从事特定活动,进入特定区域、场所,接触特定的人。

被宣告缓刑的犯罪分子,如果被判处附加刑,附加刑仍须执行。

《最高人民法院关于适用〈中华人民共和国刑事诉讼法〉的解释》

第三条　被告人的户籍地为其居住地。经常居住地与户籍地不一致的,经常居住地为其居住地。经常居住地为被告人被追诉前已连续居住一年以上的地方,但住院就医的除外。

被告单位登记的住所地为其居住地。主要营业地或者主要办事机构所在地与登记的住所地不一致的,主要营业地或者主要办事机构所在地为其居住地。

《中华人民共和国民法典》

第八条 民事主体从事民事活动,不得违反法律,不得违背公序良俗。

第一千零五十一条 有下列情形之一的,婚姻无效:

(一)重婚;

(二)有禁止结婚的亲属关系;

(三)未到法定婚龄。

第一千零五十四条 无效的或者被撤销的婚姻自始没有法律约束力,当事人不具有夫妻的权利和义务。同居期间所得的财产,由当事人协议处理;协议不成的,由人民法院根据照顾无过错方的原则判决。对重婚导致的无效婚姻的财产处理,不得侵害合法婚姻当事人的财产权益。当事人所生的子女,适用本法关于父母子女的规定。

婚姻无效或者被撤销的,无过错方有权请求损害赔偿。

《最高人民法院关于适用〈中华人民共和国民法典〉婚姻家庭编的解释(一)》

第七条 未依据民法典第一千零四十九条规定办理结婚登记而以夫妻名义共同生活的男女,提起诉讼要求离婚的,应当区别对待:

(一)1994 年 2 月 1 日民政部《婚姻登记管理条例》公布实施以前,男女双方已经符合结婚实质要件的,按事实婚姻处理。

(二)1994 年 2 月 1 日民政部《婚姻登记管理条例》公布实施以后,男女双方符合结婚实质要件的,人民法院应当告知其补办结婚登记。未补办结婚登记的,依据本解释第三条规定处理。

《最高人民法院关于确定民事侵权精神损害赔偿责任若干问题的解释》

第一条 因人身权益或者具有人身意义的特定物受到侵害,自然人或者其近亲属向人民法院提起诉讼请求精神损害赔偿的,人民法院应当依法予以受理。

第五条 精神损害的赔偿数额根据以下因素确定:

(一)侵权人的过错程度,但是法律另有规定的除外;

(二)侵权行为的目的、方式、场合等具体情节;

(三)侵权行为所造成的后果；

(四)侵权人的获利情况；

(五)侵权人承担责任的经济能力；

(六)受理诉讼法院所在地的平均生活水平。

第九章　婚外情与侵犯公民人身自由类犯罪

第一节　爱情不是囚禁的理由
——非法拘禁罪

一、案例精选

【案例一】　模范丈夫一朝出轨，妻子讨说法不当被判刑

许强一直以来都是一个模范老公，能赚钱，对妻儿也很好，朋友们都很羡慕许强妻子薛冰。但是近期，许强经常晚上出去应酬，回家也很晚。薛冰问他和谁一起吃饭，他也不说，而且经常不耐烦，总冲薛冰发火。薛冰也没多想，以为是许强工作压力大。一天下午，薛冰的闺蜜打电话告诉她，看见许强和一个女人在逛街。薛冰听了顿时觉得天旋地转，整个人都懵了。

当天晚上，许强回来又很晚，没和薛冰说几句话就洗澡睡觉了。薛冰等许强睡着以后偷偷翻看他的手机，发现有一个号码虽然没有备注名字，但是每天都和许强通话很多次。薛冰怀疑这个号码的主人就是那个第三者。第二天，薛冰趁许强辅导孩子写作业的时候，偷偷用许强的手机给那个号码发短信，约对方晚上8点在南山区南湖宾馆约会。晚上8点，王薇如约赶到南山宾馆8211房间的时候，薛冰和3个闺蜜已经等在那里了。她们把王薇关在房间里，逼问她和许强的事情。王薇不愿意说，薛冰和闺蜜就用打耳光、脚踢等方式殴打王薇。几个人折腾了一夜，到第二天上午10点才让王薇离开房间。退房的时候，薛冰看见王薇在宾馆门口打电话，以为她是在和许强通话，几个人就又冲上去对着王薇一阵拳打脚踢，直到宾馆保安过来才拉开。之后，经法医鉴定，王薇的右大腿、右膝、左大腿、左胫等处所受伤势已构成轻微伤。

南山区人民检察院向南山区人民法院提起公诉，指控薛冰涉嫌非法拘禁罪。南山区人民法院经审理后认为：薛冰因怀疑其丈夫与王薇有婚外情而拘禁王薇12小时，并实施殴打行为，其行为已构成非法拘禁罪。南山区人民检察院指控被告人薛冰犯非法拘禁罪的事实清楚，证据确实充分，指控的罪名成立。被告人薛冰到案后能如实供述自己的罪行，依法予以从轻处罚。被告人薛冰经教育后能认识错误并积极赔偿被害人经济损失，具有悔罪表现，可酌情予以从轻处罚。根据被告人薛某的犯罪情节、认罪态度，具备适用缓刑的条件，对其可以宣告缓刑。据此判决被告人薛冰犯非法拘禁罪，判处有期徒刑6个月，缓刑1年。缓刑考验期限，从判决确定之日起计算。

【案例二】　老同学聚会牵孽缘，分手不成两败俱伤

金梦然是中学语文老师，丈夫陈斌是软件工程师，儿子在英国留学，一家三口和和美美，是大家公认的幸福之家。然而，金梦然的心里却一直有个小小的遗憾。因为金梦然是文艺女青年，春花秋月，夏风冬雪都会让她心生感慨，而丈夫陈斌是理工男，不管是工作还是生活中，都十分冷静客观，完全不理解金梦然的文艺情怀，总觉得她是无病呻吟、矫情。久而久之，金梦然便觉得和丈夫无话可说，双方沟通也渐渐变少。

金梦然在一次中学同学聚会中得知，老同学王鹏是省中医院的医生。后来母亲做手术，金梦然找王鹏帮忙，一来二去两人就熟络了起来。王鹏是外科医生，也是医院朗诵协会的会长，平时也很喜欢文学作品。一开始，两个人在一起聊聊新书，聊聊人生，后来一起看看电影，再后来，就发展成了情人关系。

和王鹏在一起以后，金梦然很矛盾，既觉得和王鹏在一起很开心，因为王鹏懂她，但又觉得很对不起丈夫和家庭。在这种既甜蜜又羞愧的情绪中，金梦然煎熬了一年多，最后终于下定决心，要和王鹏结束这种不正当的关系。

金梦然向王鹏提出分手，王鹏断然拒绝并且一直纠缠金梦然。2018年9月20日下午，王鹏以送药为由将金梦然约到省中医院的地下车库，并强行将金梦然拉拽进他的车内。两人在车内发生争吵，王鹏要求金梦然和他保持情人的关

系,金梦然不同意,决意要分手。王鹏将金梦然控制在车内不让她离开,还动手殴打金梦然。两人一直僵持到约晚上10点,王鹏才将金梦然送回家。

到家后,陈斌看到金梦然脸上的伤痕就追问发生了什么事。金梦然向陈斌坦白了她和王鹏发生婚外情的事,并告诉陈斌是王鹏打伤了她。随后,陈斌报了警。

公诉机关认为,王鹏非法剥夺他人人身自由,并实施殴打行为,其行为已触犯《刑法》第238条第1款,犯罪事实清楚,证据确实、充分,应当以非法拘禁罪追究其刑事责任。被告人王鹏自愿认罪认罚,建议判处拘役4个月。

法院经审理后认为,被告人王鹏构成非法拘禁罪,公诉机关的指控成立。被告人王鹏归案后如实供述自己的罪行,依法可以从轻处罚;且其后积极赔偿被害人的损失,取得被害人的谅解,可酌情从轻处罚。公诉机关的量刑建议适当,判决被告人王鹏犯非法拘禁罪,判处拘役4个月。

二、维权指引

(一)什么是非法拘禁罪?非法拘禁罪如何处罚

非法拘禁罪是指以拘押、禁闭或者其他强制方法,故意非法剥夺他人人身自由的行为。我国《宪法》第37条规定:“中华人民共和国公民的人身自由不受侵犯。任何公民,非经人民检察院批准或者决定或者人民法院决定,并由公安机关执行,不受逮捕。禁止非法拘禁和以其他方法非法剥夺或者限制公民人身自由,禁止非法搜查公民的身体。”可见,非法拘禁是一种严重剥夺公民身体自由的行为。

《刑法》第238条规定,非法拘禁他人或者以其他方法非法剥夺他人人身自由的,处3年以下有期徒刑、拘役、管制或者剥夺政治权利。具有殴打、侮辱情节的,从重处罚。

犯前款罪,致人重伤的,处3年以上10年以下有期徒刑;致人死亡的,处10年以上有期徒刑。使用暴力致人伤残、死亡的,依照本法第234条(故意伤害罪)、第232条(故意杀人罪)的规定定罪处罚。

(二)什么样的行为会构成非法拘禁罪

1. 本罪的行为对象是“他人”,这里的“他人”没有限制,只要有活动身体的能力即可,不要求具有刑法上的责任能力和民法上的民事行为能力。所以即使是幼儿、精神病人等,也能成为本罪的对象。

2. 非法剥夺他人人身自由既包括直接拘束他人的身体,剥夺其身体活动自由,如捆绑他人四肢等,也包括间接拘束他人的身体,剥夺其身体的场所移动自由,如将他人监禁于一定场所,使其不能离开、逃出等。

3. 非法拘禁是一种持续的行为,该行为在一定时间内处于继续状态,使他人在一定时间内失去身体自由。时间持续的长短原则上不影响本罪的成立,只影响量刑。但时间过短、瞬间性的剥夺人身自由的行为,则难以认定为本罪。

4. 非法拘禁的行为必须是故意行为,即行为人明知道自己的行为会发生剥夺他人身体自由权利的结果,并希望或者放任这种结果的发生。例如,案例一中的薛冰,她逼问王薇和许强之间的事情,虽然控制王薇的行动并不是薛冰的目的,但是薛冰带着众多闺蜜去见王薇就是为了不让王薇走,好达到自己逼问她的目的。所以,薛冰的行为已经构成非法拘禁。

(三)如何理解非法拘禁致人重伤、死亡

1. 非法拘禁致人重伤、死亡,是指非法拘禁行为本身致被害人重伤、死亡,重伤、死亡结果与非法拘禁行为之间必须具有直接的因果关系。如果在非法拘禁行为之时或者之后,被害人自杀、自残或者因其自身过失等造成死亡、伤残结果的,因缺乏直接因果关系,不宜认定为是因非法拘禁行为导致的结果。

2. 在非法拘禁他人的过程中,使用暴力致人伤残、死亡的,应分别以故意伤害罪、故意杀人罪论处。只要是非法拘禁的行为人使用暴力致人伤残、死亡的,即使其没有伤害或者杀人的故意,也应认定为故意伤害罪或者故意杀人罪。

三、律师建议

(一)即使是处理感情的事,也要控制情绪,不能感情用事

发现配偶有婚外情,大多数人都不能容忍。但是在处理这些事情时还是应该注意分寸。例如,案例一中的薛冰,突然遭遇丈夫的背叛肯定难以接受,她去找王薇也在情理之中。但是找到王薇以后应该做什么、怎么做,是薛冰应该认真思考的。薛冰可以出其不意,利用王薇的慌乱获取其与丈夫许强之间存在婚外情的实锤证据,这将有利于薛冰处理与许强之间所有后续事宜。薛冰可以用这些证据让许强认识到自己对家人的伤害,迷途知返,挽回家庭的幸福生活;也可

以用这些证据在决定与许强离婚时,争取更多的经济利益以及孩子的抚养权。但是薛冰未经思考、任性而为,把自己从一个婚外情的受害者变成了刑事罪犯,实在是不明智的。

(二)如果受到他人的暴力威胁或控制,应果断报警

大多数婚外情的当事人,因为害怕婚外情的情况被家人知道,在受到伤害时常常选择隐忍,这样反而会助长对方的气焰,让自己受到更大的伤害。像案例二中的金梦然,如果她回家后没有向丈夫坦白婚外情的事情,并且告诉丈夫受到了王鹏的不法侵害,那么很可能同样的事情会发生第二次、第三次,甚至会造成更严重的后果。婚外情是一个错误,知道错了就应当立即修正,而不是通过犯更多的错误来掩盖这个错误。

(三)合理选择见面地点,谨慎选择沟通方式

考虑到婚外情涉及个人和家庭隐私,所以一般处理婚外情问题时都会选择较为私密的地点。此时应当注意的是,尽量避免选择一方的住宅或者宾馆房间作为见面地点,可以去茶馆或饭店的包间,或者去公园里僻静的角落,以减少被对方实施人身控制的可能。双方沟通时也要注意控制情绪,当一方出现不愿意交流或拒绝回应敏感问题时,应晓之以理、动之以情,不能一味地强迫、威吓,甚至通过长时间控制其人身自由的方式进行反复逼问。在这里也要提醒大家,很多我们自认为很重要的问题或所谓答案,对于挽回感情或者分手维权都是毫无意义的。且这些问题常常又是对方极力回避不愿面对的,在这些问题上纠缠不清,对于解决问题和维权都是不利的,甚至可能还会导致双方情绪激动进而造成不利的后果。所以,见面前应想好见面的目的,采取合理的方式取得有利的信息,合理合法地维护自身权益。

四、法律速递

《中华人民共和国刑法》

第六十七条第三款　犯罪嫌疑人虽不具有前两款规定的自首情节,但是如实供述自己罪行的,可以从轻处罚;因其如实供述自己罪行,避免特别严重后果发生的,可以减轻处罚。

第二百三十八条　非法拘禁他人或者以其他方法非法剥夺他人人身自由

的,处三年以下有期徒刑、拘役、管制或者剥夺政治权利。具有殴打、侮辱情节的,从重处罚。

犯前款罪,致人重伤的,处三年以上十年以下有期徒刑;致人死亡的,处十年以上有期徒刑。使用暴力致人伤残、死亡的,依照本法第二百三十四条、第二百三十二条的规定定罪处罚。

为索取债务非法扣押、拘禁他人的,依照前两款的规定处罚。

国家机关工作人员利用职权犯前三款罪的,依照前三款的规定从重处罚。

《关于常见犯罪的量刑指导意见》

四、常见犯罪的量刑

(四)非法拘禁罪

1. 构成非法拘禁罪的,可以根据下列不同情形在相应的幅度内确定量刑起点:

(1)犯罪情节一般的,可以在一年以下有期徒刑、拘役幅度内确定量刑起点。

(2)致一人重伤的,可以在三年至五年有期徒刑幅度内确定量刑起点。

(3)致一人死亡的,可以在十年至十三年有期徒刑幅度内确定量刑起点。

2. 在量刑起点的基础上,可以根据非法拘禁人数、拘禁时间、致人伤亡后果等其他影响犯罪构成的犯罪事实增加刑罚量,确定基准刑。

非法拘禁多人多次的,以非法拘禁人数作为增加刑罚量的事实,非法拘禁次数作为调节基准刑的量刑情节。

3. 有下列情节之一的,可以增加基准刑的10% -20%:

(1)具有殴打、侮辱情节的;

(2)国家机关工作人员利用职权非法扣押、拘禁他人的。

第二节　孩子遭绑架,罪魁祸首竟然是婚外情

一、案例精选

【案例一】　绑架竟源于婚外情!

婚姻中的很多人,总觉得婚外情距离自己很遥远,无论怎样都不会做出对不

起配偶的事情。可是，一旦诱惑来袭，往往很难把控自己的行为，因贪图一时的新鲜而与他人发生了婚外情，殊不知婚外情开始容易结束难。当婚外情走到尽头，有些人痛下决心与对方分手便会想方设法躲避对方，可越是躲避，对方心里就会越不平衡，便会采用各种方式去寻找提出分手的人，甚至不惜以其家人生命作为筹码。

人到中年，农雁秋越看妻子越觉得不顺眼。年纪一大，妻子越来越与当初谈恋爱时不同，行为举止粗俗了许多，也不打扮自己。生了孩子之后，身材更是走样。面对越发"黄脸婆"的妻子，农雁秋感受到生活的无趣，并开始向往别样的幸福。张丽的出现，让他的世界亮了起来。张丽虽然也有自己的家庭，但她谈吐优雅、衣着得体，举手投足间满是成熟女性的魅力。农雁秋被张丽的美貌、气质和由内而外的魅力深深的吸引住了。这让他不顾家庭，不顾道德，疯狂追求起了张丽。

俗话说的好："好女怕郎缠。"任凭张丽最初如何坚定地拒绝农雁秋，最后还是逃不过他的死缠烂打，与他开始了婚外情。可是时间不长，张丽因深感愧对丈夫且割舍不下自己的家庭和孩子，于是痛下决心与农雁秋分手，并更换了自己的电话号码。分手的话一说出来，张丽没想到自己的噩梦就这样来了。

因张丽提出分手并回避见他，几天见不到张丽的农雁秋快要发疯，猛然想起张丽之前跟他说过她儿子凌明在希望小学上学。想到这儿，一个念头出现在了他的脑海中……

一日，农雁秋驾驶一辆黑色轿车到凌明所在学校的校门外，轿车内放置了一把砍刀、一支多年前向他人要来的钢珠枪。进入学校后，农雁秋向凌明的班主任老师周海和值班老师陆凯谎称其是该校学生凌明的舅舅，因急事帮接凌明回家。骗过两位老师后，将凌明带出校门，并将他带上备好的轿车。农雁秋驾驶车辆开往德保县，然后向张丽发短信和打电话，以凌明在其手上，会有生命危险来威胁张丽出来见面。张丽向凌明班主任了解情况，确定是农雁秋带走凌明后，遂到公安机关报案。

第二天，农雁秋又带凌明一同与朋友黄伟、刘威开车到田东县，最后在将凌明从田东县带回靖西县时被公安民警抓获，警察将凌明解救了出来。并从农雁秋驾驶的轿车内缴获用于作案的砍刀一把、钢珠枪一支。法院经审理后认为，农雁秋为满足自己不法要求，绑架他人作为人质，其行为已构成绑架罪。最后农雁秋被判处有期徒刑 5 年，并处罚金人民币 2000 元。

【案例二】婚外情分手不成，自己受伤儿子被绑

前述案例中的张丽为了彻底断绝婚外情关系换了手机号，让农雁秋无从寻找，导致年幼的儿子被农雁秋绑架，作为与其见面的筹码。所幸的是，孩子身体并未受到伤害，但不是每个人都那么幸运，能够逃脱情人的伤害。当对婚外情感到倦怠，没有选择正确的分手方式，只是在提出分手后便一走了之，这样的“无情”，让对方产生被玩弄的感觉，从而心生怨恨，并产生报复的心理。此时，对方便会采取一些极端的手段，去伤害曾经的情人及其亲人。

胡勇在遇到李艺之前，已经有了长达 13 年的婚姻。十几年的粗茶淡饭逐渐磨平了胡勇对爱情的向往。很多时候，胡勇都想提出离婚，奈何考虑到年迈的父母以及年幼的孩子，最终还是没有迈出那一步。胡勇也以为这辈子也就这样平平淡淡的过下去了，直到李艺的出现。李艺也已婚，但胡勇仍被李艺的美貌和气质所迷倒。加上两人聊天越发合拍，关系也升温极快。胡勇与李艺开始婚外情后不久，便果断结束了长达 13 年的婚姻。不再为他人将就。他只想用余生一心一意去爱李艺，不需要任何名份，即使一直与李艺保持婚外情关系也在所不惜。就这样，他们保持了 4 年的婚外情关系。4 年间，两人都是秘密约会，从未敢光明正大在一起。

因为太爱一个人，胡勇便想要李艺更多的陪伴，不能继续忍受每次两人见面不久即匆匆分开或趁李艺老公出门或者出差的时候才能在一起的生活，所以他提出两人同居。李艺最初有所顾虑，没有同意，但她老公 1 年的出国深造，给了他们可乘之机。从那时开始，李艺便带着女儿张馨跟着胡勇共同生活。两人同居之后时间不长，胡勇在日常生活中暴露的缺点越来越多，导致李艺无法忍受。没过多久，李艺表示不愿意再跟胡勇一起生活，提出分手。

两人刚同居没有多久，李艺便要分手，这让胡勇觉得李艺欺骗了自己的感情，一气之下他竟产生了将李艺杀死的念头。杀死李艺的念头在脑海里疯长，第二天他便乘车到兰溪市经济开发区，并在李艺工作的公司对面的超市内购买了一把 30 厘米长的水果刀，并爬墙进入李艺公司欲杀害李艺，但未能找到李艺。

没能找到李艺并未让胡勇放弃杀死李艺的念头，他反而更加生气李艺处处躲着他。他多日待在李艺公司周围，不放过任何见到李艺的机会。终于，胡勇在李艺公司停车棚内截住了李艺，并用刀架在李艺的脖子上，扬言要杀害李艺。李

艺用右手阻挡,导致其脖子、右手食指、右手中指均被割伤。李艺被摔倒在地后,胡勇又用刀刺李艺的肩部、背部等部位。路过的朱辉见到这个情形,上前抱住胡勇,李艺便乘机逃离现场。

胡勇见李艺逃离现场后,见没有办法再追到李艺,便打起了李艺女儿的主意。他窜至李艺公司的厨房内,取出一把菜刀,持菜刀跑到宿舍二楼,踹开李艺的宿舍门,用菜刀架在李艺女儿张馨的脖子上,劫持张馨为人质逼迫李艺与其见面。前来解救的警察要求胡勇放下菜刀、释放人质,遭胡勇拒绝。后张馨借上卫生间,趁胡勇松手时跑向警察,胡勇见状,用菜刀乱砍张馨,警察上前营救,被胡勇砍伤手掌。胡勇见砍伤警察遂扔掉菜刀,尔后胡勇被当场抓获。

法院经审理后认为,胡勇绑架他人作为人质,其行为已构成绑架罪。最终被判处有期徒刑10年6个月,并处罚金人民币2万元。

二、维权指引

(一)绑架罪的构成要件及处罚

绑架罪在构成要件上表现为以勒索财物或者其他目的,使用暴力、胁迫、麻醉或其他方法劫持他人的行为。暴力是指直接对被害人身体实施打击和强制,如捆绑、推、拽、殴打、伤害、强行架走等。胁迫是指以不顺从就实施暴力相威胁,对被害人实行精神强制,使其恐惧不敢反抗的行为。胁迫实施暴力的对象既可以是被害人本人,也可以是对在场的被害人的亲属,胁迫的方式可以用语言,也可以用动作,如用刀在被害人面前比划,但胁迫必须是对被害人当面实施。麻醉是指利用药物、醉酒等致被害人麻痹、昏睡、昏迷的行为。

不管是暴力、胁迫还是麻醉方法,其本质特征均是违背被害人意志,致被害人不能反抗、不敢反抗、无力或不知反抗而劫走被害人,故其暴力、胁迫、麻醉的程度要达到使被害人不能、不敢、无力或不知反抗的程度。如果行为人在拐骗过程中有推、拽、实施轻微的暴力相威胁的行为或有劝酒、使用药物等行为,但不足以使被害人不能、不敢、无力或不知反抗,被害人随行为人出走主要出于轻信,受其利诱等,则不能定本罪。

本罪在主观方面现为方面直接故意,且以勒索他人财物为目的或者以他人作为人质为目的。所谓直接故意,是行为人明知自己的行为会发生危害社会的结果,并且希望这种结果发生的心理状态。所谓以勒索财物为目的,是指行为人绑架被害人的目的在于以加害被害人相威胁，迫使被害人的近亲属交给其财物，这里的财物包括货币、有价证券、金银财宝等具有经济价值的物品或财产性利益。

《刑法》第 239 条规定，以勒索财物为目的绑架他人的，或者绑架他人作为人质的，处 10 年以上有期徒刑或者无期徒刑，并处罚金或者没收财产；情节较轻的，处 5 年以上 10 年以下有期徒刑，并处罚金。犯前款罪，杀害被绑架人的，或者故意伤害被绑架人，致人重伤、死亡的，处无期徒刑或者死刑，并处没收财产。以勒索财物为目的偷盗婴幼儿的，依照前两款的规定处罚。

（二）绑架罪与敲诈勒索罪的区分

在区分绑架罪还是敲诈勒索罪时主要应把握两个方面：

1. 勒索财物的对象不同。绑架罪中被害人与被勒索财物人为不同的人，敲诈勒索罪中，被害人与被勒索财物人是同一人。

2. 行为方式不同。勒索型绑架罪以杀害、伤害、扣留不放等方式向被害人家属或其他人发出威胁，索取赎金，暴力方式具有可立即付诸实施的现实性和急迫性，以钱赎人或以实现绑架者的目的来赎人是其本质特征。而敲诈勒索罪中，威胁、要挟的内容包括暴力伤害、毁坏被害人的人格或名誉、揭发被害人的隐私、毁坏被害人的重要财物、栽赃陷害等，不必限制被害人的人身自由，只要能够引起被害人心理恐惧即可，威胁内容是将来实施。案例一和案例二中，农雁秋和胡勇都是采用绑架孩子的方式，以实现他们与婚外情人见面并保持婚外情的目的，符合《刑法》第 239 条规定的绑架他人作为人质的规定，因此，均成立绑架罪。

（三）绑架罪与非法拘禁罪的区分

在区分绑架罪还是非法拘禁罪时主要应把握三个方面：

1. 犯罪侵犯的客体不同。虽然两罪都属于《刑法》中侵犯公民人身权利、民主权利一章，但非法拘禁罪所侵犯的客体是公民的人身权利；而绑架罪则除了侵犯公民的人身权利外，还包括侵犯公民的财产权。

2. 客观方面不同。非法拘禁罪表现为非法拘禁他人行为，除此之外，没有提出其他非法要求的行为。尽管有些时候，行为人只是提出了要求债务人清偿债务的请求，但该债务是合法、真实存在的，那么该请求就是合理的，虽然拘禁他人的行为不合法，但并没有侵犯他人财产权的犯意。绑架罪则不仅有对被害人形成强制的限制行为，而且还要求有勒索财物的行为。

3. 犯罪主观方面不同。非法拘禁罪行为人的目的是剥夺他人人身自由,而绑架罪行为人的目的不仅是非法剥夺他人人身自由,还有勒索财物或满足行为人其他不法要求。债务的存在与否对行为的定性至关重要,如果双方存在债权债务关系,行为人基于索债的目的,且索取的债务数额与实际享有的债权数额相差不大,表明其主观目的主要是索取债务,就应定非法拘禁罪。但如果索取明显超过债务数额的财物,表明行为人的主观目的主要是非法占有他人财物,而索取债务成为次要目的,就应定绑架罪。

假如案例一中农雁秋的婚外情被妻子发现,而张丽欠农雁秋妻子 5 万元借款未还,为了让张丽偿还债务,农雁秋妻子将张丽拘禁起来,那么农雁秋妻子构成非法拘禁罪。假如案例二中胡勇的婚外情被妻子发现,李艺欠胡勇妻子 5 万元借款未还,胡勇妻子心中不忿,将李艺拘禁起来,并且要求李艺的亲属交付 50 万元,否则扬言要李艺家人“生不见人,死不见鬼”。此时,胡勇妻子的行为已经超出非法拘禁罪的刑法评价,而是以索取债务为借口,出于勒索钱财意图而非法拘禁他人,即使存在债权债务关系,也应定绑架罪。

(四)绑架罪与抢劫罪的区分

第三者不愿结束婚外情,控制情人的自由,而后采用威胁的方式索要财物,这样的行为构成绑架罪还是抢劫罪?笔者告诉大家简单易行的区分方法:

1. 行为人的主观方面不尽相同。抢劫罪中,行为人一般出于非法占有他人财物的故意而实施抢劫行为;绑架罪中,行为人既可能为勒索他人财物而实施绑架行为,也可能出于其他目的实施绑架行为。

2. 行为人的手段不尽相同。抢劫罪表现为行为人采取强制的方式控制人身和劫取财物一般在同一时间、同一地点,具有当场性;绑架罪表现为行为人以杀害、伤害等方式向被绑架人的亲属或其他人或单位发出威胁,索取赎金或提出其他非法要求,劫取财物一般不具有“当场性”。

假如案例一中的农雁秋发生婚外情后不久,幡然醒悟,不愿再维持这段关系,向张丽提出分手,但张丽不同意。出于气愤,张丽伙同他人将农雁秋带至一个偏僻的地方控制起来,张丽威胁农雁秋的妻子,如果不交付 30 万元,就要杀害农雁秋,农雁秋妻子担心丈夫的人身安全,按照张丽的要求交付了钱款,此时,张丽的行为构成绑架罪。假如案例二中的胡勇,发生婚外情后,发现李艺赌博厉害,遂向李艺提出分手,但李艺不同意。因正发愁如何筹集赌资,故她伙同他人将胡勇带至一个偏僻的地方,并威胁胡勇,如果不交付100万元,就要杀害他。胡勇担心自己的人身安全,按照李艺的要求转账给她。此时,李艺的行为构成抢劫罪。

三、律师建议

(一)用绑架的方式解决与情人见面问题,意味着什么

很多人在实施犯罪行为前,对自己行为的性质和可能的结果大都不甚了解。因案例一和案例二有详细阐述,故此处对两案例中行为人农雁秋和胡勇的性质不再赘述,他们的行为构成绑架罪毋庸置疑。他们从最初被拘留羁押到看守所到刑事案件判决(经历的阶段有公安机关侦查、检察院审查起诉、法院审判)生效后转羁押到监狱,少则几个月,多则两三年,甚至更长时间。判决生效前,他们被羁押在看守所,判决生效后一段时间,除了剩余刑期不足3个月的以外,其他也会被送往监狱服刑。无论是被关押在看守所还是被关押在监狱,通常都会有以下几点感触。笔者概要描述,望能警醒世人,让尽量多的人远离犯罪。

1. 伙食差,且吃不饱。无论是看守所,还是监狱,两个地方的饭菜几乎都是素食,且很少有油水。多半都是馒头咸菜、清水煮白菜。尽管如此,还远不能管饱!众多从看守所或监狱出来的人很大的感触之一就是太饿!从某种意义上说,让被羁押的人吃不好、吃不饱也是改造、教育的一种方式。

2. 检查和监规都很严格。进看守所监室前,通常会有全身检查,既有健康方面的检查,也有安全方面的检查,且有的环节需要脱掉所有的衣服。进入看守所后需要背熟监规。通常看守所为防止监室内出现打架斗殴、自杀、自残等情况的发生,晚上会安排人进行巡查。如果被羁押人员不遵守监规,就要带戒具,还可能整日待在不见阳光的独立监室,以示惩戒。

3. 生活规律,样样都定时定点。具体的表现是,每天在规定的时间、规定的地点做规定的事。每天所有的人都要按时的吃饭、放风、看新闻、睡觉。需强调的是,外出放风必须在规定的地方,否则,必然遭受相应惩罚。

4. 大通铺,人挨人休息,毫无个人空间。往往十几个人挤在一个狭小的通铺上睡觉,而且人与人之间没有区隔和限制。通常的情况是,其中一个被羁押者刚离开一会,再回来就没有地方躺下了。监狱在住宿方面好于看守所一些,但也是和他人共用一铺,也基本无活动空间。

用绑架的方式与情人见面意味着要在看守所羁押数月,要在监狱改造数年,仅仅为了和情人见面,这样的结果是否值得自不待言!

如果每一个人都对以上信息作更多的了解,笔者相信,在一定程度上能让部分人面临突发情况时多几分镇静、理性和权衡,少几分冲动、鲁莽和任性。

(二)多对孩子作安全教育,勤与老师沟通接送人员问题

案例一中,农雁秋到了学校之后轻而易举地将张丽的孩子接走,此种情形的出现不仅反映出涉事学校对学生的安全保卫工作存在漏洞,而且也反映了家长和学校对孩子安全教育的缺失以及孩子本身的安全意识淡薄。只要在其中的任何一个环节稍加干预,也不至于出现如此严重的后果。作为学校方,在农雁秋谎称自己是凌明的舅舅因急事接孩子回家时,因农雁秋是陌生之人,之前从来没有到过学校接送凌明,班主任和值班老师首先要对农雁秋的身份与张丽进行核实,确认来人的身份之后再将学生安全地交给对方。作为家长,须在日常生活中教育孩子不要随便听信陌生人的话,不要吃陌生人给的东西,更不要随便跟陌生人走!可以列举一些电视或者媒体中报道的案件,增强孩子的安全意识。另外,家长还需要与老师确定接送孩子的人,如果偶尔变更了接送孩子的人,提前跟老师联系,没有家长的变更通知,老师不能随便把孩子交给他人。总之,无论是学校还是家长,抑或是孩子,都要加强安全防范意识。千万不要再出现案例一中陌生人农雁秋轻易接走孩子的事情了!

(三)如果爱孩子,就请保护好孩子众多信息

在与婚外情人相处甚欢时,许多人都不会对对方设防,将自己的住址、工作单位、家人的工作单位、联系方式、孩子的学校等信息统统告知对方。更有甚者,有些人在自己没空接孩子放学时,让对方去接孩子放学!在自己与对方约会时,带着孩子一起,让孩子与对方熟识。这种情况下,在向其提分手后,会将孩子置于危险的境地。在对方心生歹念时,会利用孩子的不设防、无力反抗,将孩子带走,尔后以孩子的安全作为筹码,逼迫继续与之维持婚外情关系或交付一笔不菲的赎金,甚至可能为了报复而伤害孩子。

将家人的信息告诉对方,无疑是向对方暴露了自己的软肋,当对方知晓自己家人的信息后,便可以利用不敢将婚外情关系让家人知晓的心态,肆无忌惮的威胁,以获取想要的利益。

俗话说“害人之心不可有,防人之心不可无”,在与他人交往时,有所防备是非常有必要的。如果爱自己的孩子,就要避免与婚外情人的生活和相处对孩子一生造成不可逆转的影响,更要避免孩子成为犯罪的对象。一定要吸取案例二中李艺血的教训!

(四)婚姻需要经营,婚姻中的个人也需要成长

没有同居的婚外情人总能保持激情,多是因为他们没有共同生活在一起,短暂的相处往往是各取所需,没有太多发现对方真实面貌的机会。而一旦婚外情人也长时间生活在一起,随着对彼此深入的了解,随着各自的缺点在对方面前越来越多的暴露,因彼此之间没有亲情和子女的关联,便更容易向对方提出分手。案例二中的胡勇和李艺就是例证。胡勇因 13 年的婚姻过于平淡发生了婚外情,在与李艺保持婚外情的前 4 年,因只是偶尔在一起,尚能保持新鲜和激情。但当两人长时间生活在一起后不久,各自缺点曝露,很快便分道扬镳。婚外情尚且如此,婚姻如果想长久持续保鲜,更需要双方用心经营和呵护。那么,如何能持续让婚姻保鲜,如何能让自己的内在和形象一直赢得对方的认可和尊重呢?

1. 夫妻之间要保持沟通并学会聆听彼此。

如何经营婚姻也是一门学问,这门学问修得好,夫妻之间便能恩爱和睦;如若修不好,夫妻反目成仇也很常见。夫妻相处不是两人单纯地一起吃饭睡觉如此简单,要想长久地维持夫妻感情,还需要两人随时保持沟通交流。只有两人静下心去倾听彼此,了解彼此的想法,才能在矛盾出现时及时解决。

2. 拿出欣赏的眼光看待配偶,学会赞美对方。

长久婚姻的维系,总是少不了双方彼此的称赞,当双方不吝啬于赞美对方的闪光点、学会发现对方的优点时,便能对对方长久保持新鲜感。尽可能去鼓励配偶的每一次新的尝试,提升他的自信,这对婚姻的保鲜也很重要。

3. 夫妻之间要敢于低头认错,学会示弱。

没有夫妻是不吵架的,感情能够细水长流的原因关键在于吵架后的态度,学会道歉也是生活的艺术,是维系夫妻感情很重要的一环。夫妻之间不是竞争者、仇人,没必要争个你死我活。婚姻不是夫妻两人的战争,没有输赢之争。能够在吵架后第一时间认错的人,一定是个对家庭、对婚姻有责任感的人。

4. 人无完人,学会包容对方的缺点。

黄磊曾写过一篇文章,叫作《我太太这样的女人》,文章写道:“坦白地讲,她

是个寻常的姑娘,没有特立独行,也没有刻意张扬。她很美丽,但没有夺目妩媚,也没有不可方物。在家务上,她不会做饭,也不善手工,虽然洗碗一流。在工作上,她为了孩子和家庭,几乎放弃了演艺事业,可是她放弃之前也一直懒散不努力,虽然她天赋极高。教育孩子方面,她深受左邻右舍、街头巷尾的影响,方法多样,但持续不久,可还是成效显著。她爱玩儿,也很爱享受,但她不抽烟不喝酒不喜欢热闹大场面,看到老公女儿和三五好友,她就心满意足。”

在黄磊的这篇文章中,可以清楚地看到黄磊对于孙莉的缺点,是带着宠溺和爱意说出来的,不仅没有嫌弃,反而还心有爱怜。所以他们才能相濡以沫 20 年。

没有人是完美无缺的,婚姻就是夫妻之间的朝夕相处,在朝夕相处之间必然会发现对方不少的缺点。人无完人,要学会包容对方的缺点和不完美之处。婚姻不易,且行且珍惜。

贾平凹说过:男人天生具有易于疲倦的贱的秉性,于是聪明的女人要使自己永远被男人看重,做了妻子就要永远获得丈夫的宠爱才行。她应该追求的不是让男人的占有也不是占有男人,转换这种男女关系的是平等和自我的独立。

相爱容易相处难,和睦的家庭是离不开夫妻双方的共同用心经营和呵护的,幸福的婚姻就是在平平淡淡中依然能够看见爱情的身影。

四、法律速递

《中华人民共和国刑法》

第二百三十九条　以勒索财物为目的绑架他人的,或者绑架他人作为人质的,处十年以上有期徒刑或者无期徒刑,并处罚金或者没收财产;情节较轻的,处五年以上十年以下有期徒刑,并处罚金。

犯前款罪,杀害被绑架人的,或者故意伤害被绑架人,致人重伤、死亡的,处无期徒刑或者死刑,并处没收财产。

以勒索财物为目的偷盗婴幼儿的,依照前两款的规定处罚。

《〈关于办理“套路贷”刑事案件若干问题的意见〉的理解与适用》

三、依法严惩“套路贷”犯罪

(一)关于“套路贷”的定罪问题

在具体个案中,“套路贷”的表现形式不胜枚举,不同犯罪手段的组合、不同的犯罪情境等都可能导致案件定性或者罪数处断截然不同。以前述构成抢劫罪的案例作进一步分析,假如被告人不是当场劫取被害人本人的财物,而是在使用暴力手段挟持被害人后要求其亲友交钱赎人,那么就应以绑架罪定罪处罚。此外,犯罪分子多种手段并用,导致办案时往往需要对“一行为”或“数行为”以及是否存在竞合、牵连关系进行判断,所以,对于不同案件,应当根据具体案件事实,区分不同情况,依照刑法及有关司法解释的规定确定罪名和罪数。

《最高人民法院印发〈关于审理抢劫、抢夺刑事案件适用法律若干问题的意见〉的通知》

九、关于抢劫罪与相似犯罪的界限

3. 抢劫罪与绑架罪的界限

绑架罪是侵害他人人身自由权利的犯罪,其与抢劫罪的区别在于:第一,主观方面不尽相同。抢劫罪中,行为人一般出于非法占有他人财物的故意实施抢劫行为,绑架罪中,行为人既可能为勒索他人财物而实施绑架行为,也可能出于其他非经济目的实施绑架行为;第二,行为手段不尽相同。抢劫罪表现为行为人劫取财物一般应在同一时间、同一地点,具有“当场性”;绑架罪表现为行为人以杀害、伤害等方式向被绑架人的亲属或其他人或单位发出威胁,索取赎金或提出其他非法要求,劫取财物一般不具有“当场性”。

第三节　住宅易侵入、心房难再开
——非法侵入住宅罪①

一、案例精选

【案例一】　强行进屋为佳人,以暴制暴酿悲剧

大雷与小婉是一对婚外情人。小婉的丈夫阿强脾气暴躁,总会借着琐事打

① 笔者以“婚外情”“出轨”“情人”“第三者”“不正当”为关键词,案由为“非法侵入住宅罪”,在Alpha案例库进行检索,以2011年1月1日至2020年8月1日为时间段,共检索出227个案件。相关案件的数量呈波动上升趋势。现有数据说明因婚外情而引发的非法侵入住宅犯罪是存在的,同时,也反映了随着经济社会的发展,公民的权利意识和法律意识也在逐步提升。

骂小婉，大雷知情后，非常心疼，决心找机会教训一下阿强。2016年8月6日凌晨0时许，大雷酒后来到小婉位于H市的住处。小婉竭力劝阻无果，大雷强行推门进入屋内，对屋内正在熟睡的阿强进行辱骂，并打了阿强一个耳光。之后大雷被小婉劝离。离开小婉家的大雷，觉得并不解气，于是回到住处找到一把水果刀，再次来到小婉的住处。大雷强行进屋后，再次对阿强进行辱骂殴打。阿强被大雷打致流鼻血，小婉害怕大雷又对阿强动手，遂让阿强去洗手间清洗一下。5分钟左右，小婉听到阿强在洗手间坠楼的声音。大雷和小婉吓坏了，赶紧将阿强送至医院救治，但阿强终因抢救无效死亡。

案发后，大雷供述其对阿强殴打小婉一事不满，酒后闯到阿强与小婉的住所打骂阿强，导致阿强从六楼洗手间窗口坠落一楼地上死亡。

法院审理后认为，被告人大雷非法侵入他人住宅，其行为已构成非法侵入住宅罪。被告人大雷对起诉书指控的犯罪事实无异议，当庭自愿认罪，依法可以从轻处罚。最终，大雷被判处有期徒刑1年6个月。

【案例二】 破门而入欲“捉奸”，怎料定罪陷囹圄

俗话说“捉贼要捉赃，捉奸要捉双”，在发现配偶有婚外情后，不少人首先想到的就是捉奸，以便在诉讼中争取更多利益。不过，捉奸手段如果不合法，其结果可能会适得其反。小萌生完孩子后做了全职主妇，在家里照顾双胞胎孩子，尽心侍奉四位老人。2018年年初，小萌发现丈夫智博经常背着自己接听电话，衣服上也有女人的香水味。小萌内心起疑，便找人暗中调查，结果发现丈夫智博一直在外面有个情人。担心智博将自己抛弃，小萌决定先发制人。2018年6月，小萌通过私家侦探调查到丈夫与情人的同居地址。为取得智博婚内与情人同居的确切“证据”，小萌与自己的两个发小阿鑫和大东前往“捉奸”。

2018年7月3日凌晨，小萌、阿鑫、大东驱车前往智博与情人的同居地址。未经房屋使用权人露露同意，三人强行踹门入室，并采用拳打脚踢、扇耳光等方式对智博和露露进行殴打，同时大声辱骂露露。三人还拍摄了大量露露和智博衣冠不整的照片及视频。三人离开后，露露报了警。

法院审理后认为，小萌、阿鑫、大东三人非法闯入他人住宅，其行为已构成非法侵入住宅罪。阿鑫曾因犯盗窃罪被判处刑罚，酌情从重处罚。鉴于本案被害

人露露存在一定的过错，且小萌、阿鑫、大东自愿认罪认罚，取得被害人的谅解。法院最后判决：三人均犯非法侵入住宅罪，小萌被判处有期徒刑7个月，缓刑1年；阿鑫被判处有期徒刑7个月；大东被判处有期徒刑6个月，缓刑1年。

二、维权指引

（一）非法侵入住宅罪的构成要件

《宪法》第39条规定："中华人民共和国公民的住宅不受侵犯，禁止非法搜查或者非法侵入公民的住宅。"《刑法》第245条第1款根据上述宪法精神规定了非法侵入住宅罪。判断行为人是否构成非法侵入住宅罪，需要从犯罪客体、犯罪客观要件、犯罪主体、犯罪主观要件这四个方面进行分析。

就犯罪客体而言，本罪侵犯的客体是公民的住宅安宁权。所谓住宅安宁权，是指公民享有的住宅和个人生活不受侵扰的人格权益，具体可包括个人信息的控制权、个人生活的自由权和私人领域的占有权。[1]

就犯罪客观要件而言，行为人在客观上实施了非法侵入他人住宅的行为。"非法"是指违背住宅内成员的意愿，或者没有法律根据。"侵入"主要指未经他人同意或许可，擅自进入他人住宅或者经请求后拒不退出他人住宅的行为。

就犯罪主体而言，相关行为人应达到我国刑法规定的刑事责任年龄且具备刑事责任能力。

就犯罪主观要件而言，行为人必须是故意，即必须明知是他人的住宅而主动侵入，或者在得知是他人住宅后，拒不退出。如果行为人将他人住宅误以为是自己的住宅，或者行为人本来就有权进入某住宅而进入的，不成立本罪。此外，行为人对"住宅"的认知应适当放宽，即只要行为人认识到自己侵入的是他人进行日常生活的场所即可。例如，行为人侵入渔民的渔船时，只要行为人认识到自己侵入了他人日常生活的渔船，即可构成本罪要求的主观心态。

在本节案例一中，大雷因对阿强打骂小婉一事不满，未经小婉和阿强允许，酒后强行进入阿强的住所，打骂阿强，构成非法侵入住宅罪。在本节案例二中，小萌为获得丈夫智博出轨的证据，伙同他人在未经房屋使用人露露允许的情况下，强行进入露露的房间，并且拒不退出，在房间内对露露及智博进行殴打，也符

---

① 参见张明楷：《宪法与刑法的循环解释》，载《法学评论》2019年第1期。

合上述四个的构成要件,构成非法侵入住宅罪。

(二)非法侵入住宅罪的立案标准

非法侵入住宅罪是一种继续犯,即行为人从侵入时起到退出时止,对住宅安宁的侵害处于继续中。当行为人的身体全部进入住宅时,即可构成既遂。

本罪的客观行为有两种表现形式:一是强行闯入他人住宅,如强行破门而入等具有暴力性的行为方式;二是合法进入他人住宅,经房屋主人请求后拒不退出。这两种形式都侵害了他人的住宅安宁权。

司法实践中,非法侵入住宅的行为常常与其他犯罪行为结合在一起。例如,非法侵入他人住宅后,实施杀人、伤害、强奸等犯罪活动。在这种情形下,非法侵入他人住宅只是为了实现另一主要犯罪的步骤,原则上按照行为人旨在实施的主要罪行定罪处刑。通常,对于那些非法侵入他人住宅,严重侵害了他人的居住安宁,又不构成其他犯罪的行为,才以非法侵入住宅罪论处。当然,并非所有未经许可进入他人住宅的行为都是违法的,如执行法律、行政管理、紧急避险等。

(三)非法侵入住宅罪的量刑标准

根据《刑法》第245条之规定,非法侵入他人住宅的,处3年以下有期徒刑或者拘役。司法工作人员滥用职权,犯前款罪的,从重处罚。可见,本罪是行为犯,即一旦实施非法侵入他人住宅的行为,不需要造成严重后果,就可能构成本罪。对于那些情节显著轻微,危害不大的,不能作为犯罪处理。值得注意的是,司法工作人员滥用职权,犯非法侵入住宅罪的,要从重处罚,因为这类人员的非法侵入行为还损害了国家机关的威信,具有更加严重的社会危害性。

三、律师建议

(一)非请自入,可能犯罪

“风能进,雨能进,国王不能进”是一句古老的法谚,充分表明一个人的住宅,不容许他人随意闯入。住宅是公民生活起居的地方。不管出于什么理由,强行进入他人住宅或经请求拒不退出他人住宅,都将侵害他人的住宅安宁,并对他人的人身和财产造成重大威胁。我国《刑法》也对此规定了相应的罪名,因此,非请自入非儿戏,强行进入恐犯罪。实践中还存在这样一种情况,男女处于热恋期时,一方的住宅是两人的爱巢,不分你我,而在恋情结束时,彼此的领地再也不容许对方涉足。有时,一方会用各种手段到另一方家中讨要说法甚至百般纠缠,在这种情形下,很可能会触犯非法侵入住宅罪。

（二）“捉奸”取证,切记合法

夫妻一方出轨后,无过错方如何维权,需要慎之又慎。笔者建议无过错方可以寻求专业人士的帮助,用合法的方式收集证据,切忌硬闯他人住所、侵犯他人隐私、暴力伤人等。在搜集配偶出轨证据时,可参考以下建议:(1)公开场所(包括出入酒店、工作场所等)以录音、录像、拍照等合法方式获取证据;(2)在纯私人领域(如住宅或非公开场所),在不侵犯他人合法利益的情形下,获取证据;(3)通过合法手段截取、复制通话记录、短信内容、书信来往、电子邮件、租房合同、水电费、购房资料、购物小票等证据。收集证据后应注意保留证据的原始状态。符合法定条件的,在诉讼中还可以申请法院调取证据。

（三）住宅被入侵的维权途径

如何避免他人非法侵入住宅及被侵害后如何维权？可以参考以下几点建议:第一,不要将家庭住址轻易告诉他人,房门最好设置多重安全防护,除防盗门外,还可以配备电子监控、猫眼、防盗链、报警器等。独自在家时不要随便开门,当发现可疑人试图闯入时,应及时报警。第二,当他人采用暴力行为强行进入住宅时,屋内的人可以进行正当防卫,但要注意防卫的限度,避免防卫过当。第三,对于发生类非法侵入的犯罪行为,被害人应第一时间报警,并维护好犯罪现场。

四、法律速递

《中华人民共和国刑法》

第二百四十五条　非法搜查他人身体、住宅,或者非法侵入他人住宅的,处三年以下有期徒刑或者拘役。

司法工作人员滥用职权,犯前款罪的,从重处罚。

《最高人民法院关于适用〈中华人民共和国刑事诉讼法〉的解释》

第一条　人民法院直接受理的自诉案件包括:

……

（二）人民检察院没有提起公诉,被害人有证据证明的轻微刑事案件:

1. 故意伤害案(刑法第二百三十四条第一款规定的);

2. 非法侵入住宅案(刑法第二百四十五条规定的);

……

《最高人民法院、最高人民检察院、公安部、司法部关于办理实施“软暴力”的刑事案件若干问题的意见》

第7条　以“软暴力”手段非法进入或者滞留他人住宅的,应当认定为《中华人民共和国刑法》第二百四十五条规定的“非法侵入他人住宅”,同时符合其他犯罪构成要件的,应当以非法侵入住宅罪定罪处罚。

第11条　雇佣、指使他人采用“软暴力”手段强迫交易、敲诈勒索,构成强迫交易罪、敲诈勒索罪的,对雇佣者、指使者,一般应当以共同犯罪中的主犯论处。

为强索不受法律保护的债务或者因其他非法目的,雇佣、指使他人采用“软暴力”手段非法剥夺他人人身自由构成非法拘禁罪,或者非法侵入他人住宅、寻衅滋事,构成非法侵入住宅罪、寻衅滋事罪的,对雇佣者、指使者,一般应当以共同犯罪中的主犯论处;因本人及近亲属合法债务、婚恋、家庭、邻里纠纷等民间矛盾而雇佣、指使,没有造成严重后果的,一般不作为犯罪处理,但经有关部门批评制止或者处理处罚后仍继续实施的除外。

《公安机关对部分违反治安管理行为实施处罚的裁量指导意见》

第33条　非法侵入住宅

【法律依据】

(《中华人民共和国治安管理处罚法》第40条第3项)有下列行为之一的,处十日以上十五日以下拘留,并处五百元以上一千元以下罚款;情节较轻的,处五日以上十日以下拘留,并处二百元以上五百元以下罚款:

(三)非法限制他人人身自由、非法侵入他人住宅或者非法搜查他人身体的。

【理解与适用】

有下列情形之一的,属于“情节较轻”:

(一)因债务纠纷、邻里纠纷侵入他人住宅,经劝阻及时退出,且未造成危害后果的;

(二)非法侵入他人住宅,自行退出,且未造成危害后果的;

(三)其他情节较轻的情形。

第四节 诬告陷害，害人反害己

——诬告陷害罪①

一、案例精选

【案例一】 捉奸在床，反诬强奸

赵丽倩和刘山保持婚外情人关系已有2年。2013年的某日，她致电刘山：丈夫苏民出车在外，晚上不回家，刘山可以来家中过夜。两人通话后，怕留下出轨证据，各自删除了通话记录。次日凌晨2时许，刘山悄悄推开苏家的院门，进入赵丽倩的卧室。两人喝了瓶白酒后一番云雨，便在床上睡着了。赵丽倩住在同院的婆婆王大娘起夜上厕所，发现有人进了院子，便去赵丽倩那屋确认。敲门许久，也没人来开。王大娘急了，怕大儿子出车不在家，儿媳妇有什么意外，便叫醒二儿子苏智，让其用脚把大哥房门踹开。一进卧室，二人就看见赵丽倩与刘山赤身裸体躺在床上。王大娘气坏了，大声呵斥赵丽倩，赵丽倩则又哭又喊，指着酒瓶称自己被入户小偷刘山灌醉后强奸了，自己也是受害者。混乱之中，苏智报了警。在公安机关的询问下，赵丽倩始终坚称自己是被刘山强奸。出于对赵丽倩的爱，刘山被抓时一直低头沉默不语，最终，公安机关以强奸罪对刘山立案侦查并将其羁押。

羁押期间，刘山的家人与赵丽倩达成协议，对赵丽倩赔偿40,000元。但是，随着律师的介入，一直沉默的刘山，终于开口自称冤枉。他向审讯自己的侦查人员说出，自己和赵丽倩是婚外情人关系，是赵丽倩打电话邀他去家里幽会，并自愿与他发生关系，自己没有强奸她。侦查人员调取了刘山的通话记录和微信聊

① 笔者以“婚外情”“出轨”“情人”“第三者”“不正当”为关键词，案由为“诬告陷害罪”，在Alpha案例库进行检索，以2011年1月1日至2020年8月1日为时间段，共检索出56个案件。相关案件的数量呈波动上升趋势，但总体数量较少。原因是我国《治安管理处罚法》规定了捏造事实，诬告陷害他人的违法行为，因此，对于那些情节轻微，危害不大的诬告陷害行为，以行政处罚的方式惩处足矣，不宜作为犯罪处理。

天记录,并按照刘山所说的方式,打开了网上云盘,发现了隐藏的情侣相册。在一张张甜蜜的合照面前,赵丽倩只得承认她和刘山是情人关系,因为被婆婆和小叔子捉奸在床,一时情急才谎称被强奸。因涉嫌诬告陷害罪,赵丽倩被依法逮捕。

法院审理后查明,赵丽倩捏造事实诬告陷害刘山,意图使刘山受刑事追究,造成公安机关以强奸罪对刘山立案侦查并将其羁押,情节严重,侵犯了刘山的人身权利,也妨害了司法机关的正常活动,构成诬告陷害罪。鉴于赵丽倩能如实供述自己的犯罪事实,无前科劣迹,且取得被害人的谅解,可以从轻处罚。考虑到被告人赵丽倩确有悔罪表现,宣告缓刑对其所居住的社区没有重大不良影响,赵丽倩最终被判处有期徒刑 1 年,缓刑 1 年。

【案例二】 诬告情人,搬起石头砸了自己的脚

王柔与杨建是夫妻,相亲认识的两人,婚前没有深入了解,婚后才发现性格不和。但为了孩子,两人凑合着搭伙儿过日子。在一次同学聚会上,王柔偶遇了高中同学陈强,想起学生时代暧昧懵懂的过往,两人相谈甚欢。散席后,两人借着酒劲儿在酒店发生了关系,迅速发展成了一对婚外情人。恋情初期,陈强对王柔温柔体贴,浪漫不断,王柔迅速沦陷,觉得陈强才是她的真命天子。为了和陈强在一起,王柔义无反顾地和杨建离了婚。但好景不长,王柔渐渐发现,陈强并非自己理想中的“初恋情人”,也没有与自己结婚的意思。

原来,陈强创业失败且喜欢打牌,欠下了不少债务。他从高中同学那里听说王柔资产颇丰,且与丈夫常年感情不和,便起了歪心思。随着两人感情逐步加深,陈强不再掩饰,隔三岔五就向王柔借钱,前后借了 80 多万元。每次王柔向陈强讨要欠款,陈强就耍无赖:要钱没有,要命一条。渐渐地,王柔对陈强由爱生恨,想把陈强送进监狱,逼他还钱。2015 年 6 月 5 日下午,王柔打电话约来陈强,骗陈强喝下事先放了迷药的果汁,陈强喝完果汁后昏迷不醒。为了伪装自己被侵害,王柔精心布置了现场:她用刀将自己的腿划伤,把现场物品印上陈强指纹并洒落满屋,造成陈强对自己实施抢劫、强奸的假象,随即报警。巧的是,几个礼拜前,王柔的右手就受过伤,后来上楼梯时又因将右手甩到了楼梯扶手上导致右尺骨下段骨折,一直未痊愈。于是,王柔故意隐瞒之前自己右手摔伤至骨折的事实,把这事儿也算在了王强头上。王柔的伤情最终被鉴定为轻伤二级。

公安机关立即展开立案侦查,陈强因涉嫌抢劫、强奸罪被刑事拘留,并羁押于看守所。在民警的多次调查询问下,王柔均谎称陈强对自己实施了抢劫及强奸。但过了一周,王柔又到检察机关澄清双方发生关系是自愿,之所以报警是想给对方一个教训。随后,陈强被释放,但王柔的行为涉嫌诬告陷害罪,被批准逮捕。

法院审理后认为,王柔捏造事实诬告陷害他人,意图使他人受到刑事追究,情节严重,构成诬告陷害罪。但王柔到案后如实供述自己的犯罪事实且自愿认罪,依法可以从轻处罚。法院最终宣判,王柔构成诬告陷害罪,判处拘役4个月。看似天衣无缝的谎言之下,实则漏洞百出。把法律视作儿戏的王柔终究为她的行为付出了沉重的代价。

二、维权指引

(一)诬告陷害罪的构成要件

根据《刑法》第243条第1款的规定,诬告陷害罪是指捏造事实诬告陷害他人,意图使他人受刑事追究,情节严重的行为。考察相关行为是否构成诬告陷害罪,应从犯罪客体、犯罪客观要件、犯罪主体、犯罪主观要件这四个方面具体分析。

就犯罪客体而言,诬告陷害罪侵犯的客体是他人的人身权利和国家司法机关的正常活动。一方面,诬告陷害行为使被告发人名誉受损,甚至可能被错误羁押、错误判刑,进而侵犯其人身权利;另一方面,诬告陷害可能造成冤假错案,酿成错捕、错判,甚至错杀的严重后果,在扰乱了司法机关正常活动的同时,也损害了司法机关的威信。

就犯罪客观要件而言,行为人必须实施了捏造犯罪事实并告发且情节严重的行为。具体而言,构成诬告陷害罪的客观行为须同时符合以下条件:(1)必须有捏造他人犯罪事实的行为,如无中生有、嫁祸他人、把编造的或他人的犯罪事实强加于被害人;(2)捏造的是犯罪事实,但不要求捏造详细情节与证据,只要足以引起司法机关追究被害人的刑事责任即可;(3)必须有向国家机关或有关单位告发的行为,或者采取其他方法足以引起司法机关追究被告发人的刑事责任,告发方式不限于口头或署名告发,还可以是书面或匿名告发;(4)必须有特定的诬告对象,但不要求明确点名道姓,只要诬告内容足以使司法机关确认对象并追究其刑事责任即可;(5)必须是情节严重的,才构成本罪,对于情节轻微的诬告陷害行为不宜以犯罪处罚。所谓"情节严重",应根据案件的全部情节综合分析,司法实践中往往从以下几个方面进行考察:(1)是否多次陷害他人或者诬陷多人;(2)是否捏造严重的犯罪事实进行告发;(3)造成的后果是否比较严重,如被害人因为行为人的诬告陷害行为精神受到刺激而精神失常,甚至自杀死亡等。如果诬告陷害行为未达到"情节严重"的程度,则不构成本罪,但应给予相应的批评教育或行政处分。

就犯罪主体而言,本罪的犯罪主体为年满16周岁具有辨认控制能力的自然人。值得注意的是,我国《刑法》特别规定,国家机关工作人员犯此罪的,从重处罚。

就犯罪主观要件而言,本罪的主观方面表现为故意,即明知自己捏造犯罪事实并向有关机关或单位告发的行为,会引发被告发人遭受刑事追究的结果,希望或放任这种结果的发生。同时,本罪还要求行为人具有陷害他人,使他人受到刑事追究的目的。犯罪动机不影响本罪的成立,出于发泄私愤、嫉贤妒能、打击报复、促成离婚等目的实施诬告陷害行为,都有可能构成本罪。

综上所述,同时符合上述四个犯罪构成要件,才可能构成诬告陷害罪。在本节案例一中,赵丽倩与刘山被捉奸在床,赵丽倩以陷害刘山为目的,在明知会有严重后果的情况下,仍然捏造强奸的犯罪事实,并向公安机关告发,造成公安局以强奸罪对刘山立案侦查并羁押的严重后果,其行为侵害了刘山的人身权利,且妨害了司法机关的正常活动,符合诬告陷害罪的构成要件。在本节案例二中,王柔发现陈强的真面目后,不是采用合法方式维权,而是选择了诬告陷害。王柔以陷害陈强、让陈强受到刑事追究为目的,伪造抢劫、强奸现场,捏造相关犯罪事实并向公安机关告发,造成公安机关以抢劫罪、强奸罪对陈强立案侦查并羁押的严重后果,构成诬告陷害罪。

必须强调的是,根据《治安管理处罚法》第42条的规定,诬告陷害行为的情节没有达到刑法规定的严重程度,不构成犯罪的,有关部门可以根据行为的社会危害程度及行为人的主观恶性依据《治安管理处罚法》对其进行处罚。

(二)错告或举报失实不构成诬告陷害罪

不是有意诬陷,而是错告,或者举报失实的,不构成诬告陷害罪。错告或举报失实是指举报人由于认识上的错误或对情况了解不清,向举报部门作了不符合实际的举报。错告或举报失实与诬告陷害有着显著区别。错告或举报失实的行为人没有陷害他人的目的,且没有故意捏造事实或伪造证据,只是因为认识片面或对情况了解不清而在控告或检举中发生差错。例如,被入户盗窃的失主向派出所报案并提供侦破线索,公安机关侦查后发现,失主的怀疑对象不是行窃者。在这种情形下,失主没有陷害他人的目的,其“告错人”的行为不构成诬告陷害罪。

(三)诬告陷害罪与诽谤罪的区别

《刑法》第246条规定,诽谤罪是指捏造事实诽谤他人,情节严重的行为。与诬告陷害罪相比,两者的实施方式都是采用捏造事实的手段针对特定的对象。

二者的不同之处在于:第一,两者的犯罪目的不同。诬告陷害罪是为了使他人被追究刑事责任;诽谤罪则是为了损害他人的人格和名誉。第二,两者捏造的内容不同。诬告陷害罪捏造的是犯罪事实,诽谤罪捏造的是足以损害他人人格和名誉的虚假事实。第三,两者的行为方式不同。诬告陷害罪要求向公安机关或有关部门告发,诽谤则是当众或者向第三者散布。

(四)诬告陷害罪的量刑标准

《刑法》第243条对诬告陷害罪的量刑标准规定如下:

第一,捏造事实诬告陷害他人,意图使他人受到刑事追究,情节严重的,处3年以下有期徒刑、拘役或者管制。

第二,诬告陷害他人造成严重后果的,处3年以上10年以下有期徒刑。所谓“造成严重后果”,主要是指被害人的人身权利、民主权利、财产权利等受到特别重大损害,或使司法机关的正常工作受到特别重大的损害。

第三,国家机关工作人员犯诬告陷害罪的,从重处罚。所谓从重处罚,指在法定刑以内,与具有同种犯罪情节的非国家机关工作人员相比,对国家机关工作人员适用较重的刑种或较长的刑期。

三、律师建议

(一)诬告陷害,害人反害己

打击报复、无中生有、借机出名、敲诈勒索……不管是出于什么动机,捏造事实诬告陷害他人,意图使他人受刑事追究,情节严重的就可能构成诬告陷害罪。

从上述精选案例可知,诬告陷害他人,无异于“搬起石头砸自己的脚”,害人害己,教训惨痛。在婚外恋情中,最常被捏造的犯罪就是强奸。在上述两个精选案例中,诬告陷害者不论出于何种动机,都付出了沉痛的代价。因此,任何人在举起法律武器之前,都应三思而后行,正确维权。对于王柔这种被情人骗财骗色的情况,应当寻求合法合理的维权途径,可以通过诉讼,主张与二人之间存在借贷关系,请求法院判令归还财物。

(二)诬告陷害者应认真悔罪争取从轻处罚

在我国,从轻处罚情节包括法定情节和酌定情节。法定从轻处罚情节,是指法律明文规定的,量刑时必须考虑的情节,主要有自首、坦白、立功等。酌定从轻处罚情节,是指法律没有明文规定,而由审判人员在实际工作中根据案件的具体情况灵活掌握情节,主要包括积极退赃,取得被害人谅解、偶犯、初犯、认罪态度较好等。[①] 在上述两个精选案例中,行为人最终都得到了从轻处罚。精选案例一中,赵丽倩具有能够如实供述自己的犯罪事实、无前科劣迹、取得被害人谅解等法定或酌定从轻处罚情节。本节案例二中,王柔具有认罪认罚的法定从轻情节和悔罪态度较好的酌定从轻情节。可以说是亡羊补牢,为时不晚。

(三)洁身自好,不给他人诬告的机会

俗话说得好:“身正不怕影子斜”。在案例一中,如果刘山没有与赵丽倩发生婚外情,没有胆大妄为在情人家中幽会,就不会被捉奸在床,也不会成为全村人的笑柄,落得背井离乡的凄凉下场。在案例二中,如果陈强不是为了“傍富婆”、骗财骗色,也不会激怒王柔,让自己身处险境。因此,要防止他人诬告陷害,一是应做到洁身自好,尊重自己,爱惜自己,做事有分寸有原则。二是对待感情认真谨慎,不在情况不明的情形下与异性过分亲密。三是不做违法乱纪之事,不给诬告者留下任何陷害的把柄。

(四)保留证据,以免清者难自清

与异性交往的过程中,应养成保留聊天记录、约会照片、开房记录等证据的习惯,以防被人敲诈勒索,或被人诬告陷害“强奸”。当然,即便是交往中的恋人,一方也不能在违背另一方意愿的情况下,与之发生性行为,也不能为了证明

---

① 参见方熙红:《简论刑法上的“从轻处罚”》,载《人民检察》2006 年第 19 期。

对方是自愿与自己发生性关系，而偷拍亲密视频或照片，这种行为可能侵犯对方的隐私及名誉，严重的还可能构成犯罪。正如本节案例一中，刘山正是通过通话记录、微信聊天记录，云盘相册等证据，才证明了自己与赵丽倩是交往中的婚外恋人关系，免去了牢狱之灾。试想，如果没有这些证据，刘山该如何自证清白呢？恐怕百口莫辩。

四、法律速递

《中华人民共和国刑法》①

第二百四十三条　捏造事实诬告陷害他人，意图使他人受刑事追究，情节严重的，处三年以下有期徒刑、拘役或者管制；造成严重后果的，处三年以上十年以下有期徒刑。

国家机关工作人员犯前款罪的，从重处罚。

不是有意诬陷，而是错告，或者检举失实的，不适用前两款的规定。

① 《治安管理处罚法》第 25 条第 1 项规定：散布谣言，谎报险情、疫情、警情或者以其他方法故意扰乱公共秩序的，处 5 日以上 10 日以下拘留，可以并处 500 元以下罚款；情节较轻的，处 5 日以下拘留或者 500 元以下罚款。第 42 条第 3 项规定：捏造事实诬告陷害他人，企图使他人受到刑事追究或者受到治安管理处罚的，处 5 日以下拘留或者 500 元以下罚款；情节较重的，处 5 日以上 10 日以下拘留，可以并处 500 元以下罚款。第 60 条第 2 项规定：伪造、隐匿、毁灭证据或者提供虚假证言、谎报案情，影响行政执法机关依法办案的，处 5 日以上 10 日以下拘留，并处 200 元以上 500 元以下罚款。

第十章　婚外情与侵犯他人名誉、隐私类犯罪

第一节　侮辱诽谤求平衡，害人害己入了刑

一、案例精选

【案例一】　遇人不淑历情劫，一刀两断反被辱

雅丽自小家庭贫困，初中毕业之后就离家打拼，先后在饭店、工厂打过工。后来在朋友的帮助下开了一家美甲店，生意相当红火。于是她又追加投资，一口气在城里开了五家分店，整个事业颇有了一些规模。虽然事业有成，但是常年漂泊的生活让她十分向往家的温暖。

一个偶然的机会，他认识了老乡乔宇生。乔宇生人长得英俊，一米八的大高个，活脱脱的衣服架子，每次和乔宇生一起出去，雅丽都觉得十分有面子。自己外表条件并不是特别好，但是能找到乔宇生这样的男朋友，也觉得是自己的福气，她十分珍惜。雅丽虽然很独立，经济基础也不错，但是她仍然是一个很传统的女孩，找男朋友的目的是冲着结婚去的。所以自从他们关系稳定之后雅丽一旦有朋友聚会，都会把乔宇生介绍给朋友们认识。乔宇生在聚会时也表现出很合群的样子，朋友们都很羡慕雅丽。

认识半年后，雅丽和乔宇生同居了，两人共同居住在雅丽买的房子里。乔宇生收入不多，平时日常开销都由雅丽承担。雅丽对此也不在意，她认为既然两人相爱，将来也是要结婚的，自己为家庭多付出一些也没有问题。同居大半年后雅丽偶然发现乔宇生手机里有两三岁孩子的照片，乔宇生说是自己亲戚的孩子。

刚开始雅丽并没有太在意。一天半夜里，她突然看到乔宇生在偷偷地浏览手机里孩子的照片，这一下子让她警觉起来。亲戚家的孩子为什么要半夜里看？她回想了一下那孩子的照片，越想越觉得和乔宇生眉宇间有些相似。再联想一下有时他打电话支支吾吾或者有意无意地避开自己，乔宇生肯定有什么事情在隐瞒自己！在雅丽的再三追问下，乔宇生终于承认自己已经结婚，并且还有一个三岁的孩子。雅丽一下子就觉得天旋地转，本以为自己这辈子找到了情感的归宿，没想到结果找了一个感情的骗子。雅丽的眼睛里揉不得沙子，必须分开！雅丽当即提出了分手，但是乔宇生却苦苦哀求，甚至答应回老家办离婚再回来和她结婚。但是雅丽根本无法接受，自己更不愿意做破坏别人家庭的第三者。

大概半年后，雅丽好不容易从前一段恋情中走出来。一天，闺蜜急冲冲地来到她的办公室，把手机扔给她，她定睛一看，感觉瞬间跌到冰窖，原来网上某贴吧里面竟然有自己洗澡时的裸体照，下面还有自己的姓名和身份证号，她马上明白了这一定是乔宇生上传的照片。雅丽拿起电话就打给了乔宇生，乔宇生倒也爽快，承认这些照片是他上传的，但是他的目的是想要和雅丽复合，如果雅丽答应他，他马上就会删掉照片，如果不答应，他这里还有更劲爆的照片，将来会让雅丽名誉扫地，没脸见人。巨大的压力让雅丽夜不能眠，在闺蜜的帮助下，她向派出所报了案。派出所虽然对乔宇生进行了处罚，但是这件事已经在雅丽的朋友圈中造成了影响，每次出门雅丽都会莫名其妙地觉得朋友们看她的眼光有点异样。后来经过医院诊断，雅丽患上了精神忧郁，需要服药才能缓解病情。为了法律上能给自己一个说法，雅丽向法院提起了刑事自诉。

法院经审理后查明：雅丽和乔宇生原来是男女朋友关系，双方相识后在一起共同居住，同居期间乔宇生对雅丽拍摄了不雅照。后双方因故分开。2014 年 10 月至 2015 年 2 月，乔宇生在百度贴吧等网络平台散发其拍摄的雅丽的照片等方式进行侮辱。乔宇生还发短信、微信对雅丽进行威胁，其行为已经严重影响雅丽的正常工作和生活，经医院诊断，雅丽被确诊为抑郁状态。法院认为乔宇生公然侮辱他人，情节严重，其行为已构成侮辱罪。鉴于乔宇生主动到案，且到案后如实供述其主要犯罪事实，属自首，可予以从轻处罚。最终法院判决乔宇生犯侮辱罪，判处有期徒刑 6 个月。

【案例二】 婆婆、妈妈齐上阵，扒衣撕扯出“恶气”

“快看！这是原配带着家里人当街打小三的视频。”一个视频中，三名女性围住一年轻女子殴打、辱骂并撕扯衣服。这个视频在小城里迅速被转发。一个几万人的小城，大家的生活圈子都是交互的，很快大家就打听到了，视频里那个被打的年轻女子名字叫陈颖洁。打人的三个女人分别是王倩倩和她的母亲及婆婆。

这到底是怎么一回事呢？原来王倩倩和陈颖洁曾一起在同一家超市工作过，两人关系还不错，后来因为两人志向相同、兴趣相投，于是就成了好朋友，经常在一起逛街吃饭。李伟是王倩倩的老公，浑身散发着阳光气息。别看他们俩结婚已经有好几年了，但是李伟还是一个十足的妈宝，家里许多事情都要听他妈妈的。在一次聚会上，陈颖洁认识了李伟，两人还互相添加了微信。王倩倩刚开始并没有在意，她认为丈夫天生胆子比较小，再加上陈颖洁是自己的好朋友，他们之间也不会有什么问题。但是一天李伟正在洗澡时，他的手机收到好几条微信，王倩倩好奇地瞄了一眼手机。“我怀孕了怎么办？”这个信息一下子就挑起了王倩倩的神经！她打开手机一看，竟然是陈颖洁发给李伟的。她忍不住继续往上翻，里面的消息让她震惊：两人的聊天记录中充斥着各种肉麻的话语。一气之下，王倩倩拿着李伟的手机给了自己的妈妈和婆婆看。婆婆一边安慰王倩倩，一边给媳妇道歉。但是道歉也没有用，看着媳妇不依不饶，婆婆也没了主意。王倩倩提出要教训一下陈颖洁，婆婆和妈妈满口同意，三个人一合计决定马上就干！

王倩倩拿着李伟的手机以李伟的名义和陈颖洁聊天，得知陈颖洁正好在家，于是约好在她家楼下见面。半路上王倩倩还喊上了自己的弟弟王东，一行四人直奔陈颖洁家。来到陈颖洁家楼下，王倩倩用李伟的手机通知陈颖洁已经到了。陈颖洁下了楼，一看到怒气冲冲的王倩倩就心知不妙，想逃却已经来不及了。王倩倩上来就是一个大耳光，婆婆、妈妈一看王倩倩动了手，马上加入战斗。扇耳光、用脚踹、扯头发，三人还合力扒了陈颖洁的上衣和胸罩，三人在殴打的过程中不断吆喝：“都来看看，这个女人是个小三……”之类的话。弟弟王东也没有闲着，在一旁用手机录下了陈颖洁被打骂的全过程。

陈颖洁向法院提起了刑事自诉，追究王倩倩等人的刑事责任。

法院经审理后认为，王倩倩为报复泄愤，公然以暴力手段扒掉妇女上身衣物致使其上身裸露，引起多人围观，现场情况并被拍摄上传至互联网传播，严重损害他人的人格尊严，手段恶劣，后果严重，其行为构成侮辱罪。自诉人陈颖洁与被告人王倩倩的丈夫有不正当男女关系是引发本案的原因，自诉人对案件的发生有一定过错，对被告人可酌情从轻处罚。据此判决王倩倩等四人犯侮辱罪，分别处以6个月到9个月的有期徒刑。

【案例三】破坏婚姻造谣言，明辨真伪还清白

刚刚苏醒过来的张兰躺在病房的床上，眼睛紧紧地盯着天花板，眼角两行热泪无声地滑落下来。失去家庭的痛苦她还能忍受，但是第三者不依不饶，到处败坏她的名声，让她觉得自己在熟人面前根本抬不起头来，失去了生活的意义。现在被抢救过来之后，她忽然意识到自己的做法是多么的愚蠢，怎么能拿着别人的过错来糟蹋自己的身体呢？年迈的父母需要自己照顾，弟弟也还没有成家，我不能死，我一定要拿起法律的武器给自己讨一个说法！

将时间往回拨转，张兰原本有一个幸福的小家庭。丈夫沈洪超是她的初中同学，两个人虽然收入不高，但是在小县城过过日子还是可以的。他们准备趁着年轻先玩个两三年，等到玩够了再要孩子。但是平静的生活却被一个叫刘光丽的女人打断。刘光丽中专毕业，人长得漂亮，比张兰还年轻三岁。刘光丽和沈洪超是在一个朋友聚会上认识的，一来二去两人打得火热，不久他们就突破了道德的底线成了情人关系。相处多年，沈洪超觉得张兰不够贤惠，自己在她那里得不到足够的尊重和崇拜，而刘光丽能满足他的一切需求，更不用说刘光丽比张兰还要年轻漂亮。沈洪超向刘光丽承诺自己半年内离婚，然后和她结婚。果不其然，沈洪超很快就和张兰提出离婚，张兰也做过努力，无奈沈洪超去意已决，考虑到现在双方还没有孩子，张兰最终还是答应了。沈洪超也自知在离婚这件事上，自己对不住张兰，离婚的时候，除了带走自己的衣物，其他财产一分钱也没带走。

再说刘光丽，得知沈洪超离婚后竟然一分钱也没分到，不禁火冒三丈，他这是对前妻还有念想呀！忍不住在沈洪超面前数落起张兰的不是，并且大骂张兰。本来沈洪超就觉得对不住张兰，现在刘光丽这么辱骂张兰，他忍不住回顶了几句。这一下子就坚定了刘光丽的想法，你们这是藕断丝连呀！刘光丽对张兰更

是加深了恨意。

当天晚上,刘光丽为了出气,捏造并编辑了侮辱性的文字,还附带张兰的生活、工作照及联系电话,在自己的微信朋友圈发布。2 天后,张兰的同事和领导都在向她求证此事,这时张兰才知道有人在恶意中伤她。张兰的弟弟张军知道姐姐被人欺负了,而且还是破坏姐姐家庭的女人,十分气愤,当即就冲到刘光丽的单位当着刘光丽单位同事的面警告刘光丽并扇了她两巴掌。刘光丽虽然嘴巴上不依不饶,又哭又闹,但是内心却觉得自己这件事情做得亏心,现在闹得有些大了。

张军前脚刚走,刘光丽就删除了朋友圈的内容,可惜为时已晚,张兰周围的朋友、同事、领导,甚至一些她不认识的人也知道了此事。在大家异样的眼光中,张兰觉得万念俱灰。一天下午,趁着大家都在上班,张兰在家用刮眉毛的刀片朝左手手腕处划了一刀,并在同一位置补了两刀后静静地躺在床上……

醒来的时候,张兰躺在医院的病床上,医生告诉她,多亏了她弟弟及时发现把她送到医院,否则命都保不住!

在医院住了 50 多天后,张兰康复出院了。在这期间她彻底想明白了,自己不是为了别人而活着,应该为自己,为自己所爱的人活着。张兰调整好了自己的心态,出院后她第一时间就向法院提起了刑事自诉,请求法院追究刘光丽恶意中伤她的刑事责任。

法院经审理后认为,刘光丽捏造事实在朋友圈中散布,给张兰带来了负面的影响,其朋友、同事、领导均已知晓此事。张兰采取割腕的方式欲结束自己的生命,虽然经过救治后并未造成死亡的后果,但张兰事实上已经采取了自杀的方式,可见其有结束其生命的意图,只是因其家人发现后送往医院进行救治而挽回其生命。据此法院以刘光丽犯诽谤罪判处拘役 2 个月,同时赔偿张兰医疗费等损失 19,000 多元。

【案例四】 网络造谣中伤他人,原配昏招成为被告

王丽娟和前夫离婚已经 3 年了,女儿归她抚养。一个女人独自带着年幼的孩子是多么的不易。离婚后她也曾想着要重组一个家庭,但是想要找到一个既爱自己又疼爱自己女儿的男人又谈何容易。

赵学平是王丽娟的一个客户，两人曾一起做过生意，现在又经常在一起工作，时间长了两人就确立了恋爱关系。当然这些都是地下的，王丽娟知道赵学平是有家室的人，她也不想因此就拆散了别人的家庭。

2017 年 11 月，王丽娟和赵学平因为生意上的事情发生了矛盾，后来双方为此还多次争吵，最后她索性拉黑了赵学平。2018 年 7 月，网上开始出现了王丽娟是小三、被包养之类的信息。一时之间王丽娟陷入舆论的旋涡之中，她整夜整夜地无法安睡，生意也没心思做了，每天生活在惶恐之中。家人将她送到精神卫生中心，经诊断后确诊为重度抑郁障碍。在家人的支持下，王丽娟查到发布消息的人原来是赵学平的妻子李红，一气之下她将赵学平和李红一起告到了法院，请求法院追究二人的刑事责任。

法院经审理查明：王丽娟自离婚以来一直独自抚养女儿；被告人李红与赵学平是夫妻，婚后生育二个男孩，夫妻感情尚可。2015 年 7 月，王丽娟与李红、赵学平相识，后王丽娟与赵学平相恋，并于 2018 年分手。其间，赵学平曾给王丽娟多次转款。2018 年 7 月 17 日，李红注册昵称为“18778 莲花”的网络账号，后多次在临水在线等网站发布标题分别为《我的家散了，被一个渣女搅黄了》《临水王丽娟，临水昌辰御园王丽娟临水裕丰小区王丽娟》《临水院东头马泉的小三》《临水王丽娟让你彻底出名成为网红》《王丽娟 1996345××××–临水电信翰林华府店小三骗子拜金女》《王丽娟你终究是被包的小三 2 奶》等文章。截至同年 9 月，上述文章的点击量累计达到 5000 次以上。上述文章以女子的口吻，发布“以前就给别人当小三，还给人家生了一个孩子”“2017 年年底又勾引她以前的同学”等内容。被告人并未提供证据证实上述内容真实。该内容严重侵害了王丽娟的身心健康和个人名誉。2018 年 7 月 27 日，临水市精神卫生中心对王丽娟出具诊断证明，临床诊断：抑郁障碍。以上事实有李红供述、证人证言、公证文书、病史资料等资料证明。

法院认为，被告人李红捏造虚假事实在网络上散布，侵犯了王丽娟的人格，破坏了其名誉，被点击、浏览次数达 5000 次以上，情节严重，其行为已构成诽谤罪，依法应予惩处。自诉人王丽娟本人也有一定过错，对被告人李红可从轻处罚。现有证据无法证明赵学平参与了犯罪，证据不足不予支持。据此，法院以赵红犯有诽谤罪，判处有期徒刑 6 个月，缓刑 1 年。

二、指引维权

据民政部的一项统计,我国的结婚率连续 5 年走低,而离婚率却在连年增高。夫妻离婚的原因可能有很多种,但是因为婚外情而离婚的占的比例整体还是比较高的。据笔者这么多年接待咨询和案件办理的经验,经常会遇到因婚外情而导致家庭矛盾或者离婚的当事人。

婚姻和爱情是个排他而自私的问题,当家庭和爱情受到第三人的侵犯,有人唉声叹气,有人苦苦哀求,还有人剑走偏锋。不理智的行为往往不仅不能挽回感情,有时甚至会让自己身陷囹圄。前述案例中所涉及的侮辱罪和诽谤罪,从刑法上来说并不是非常严重的罪名,但是不理智的行为往往会给各方当事人带来无尽的烦恼。我们经常会在新闻媒体或者网络上看到因为感情问题“手撕第三者”或者诽谤他人的案例,但是实际上真正能进入司法程序并被追究刑事责任的案件数量并不多。在此我们就要分析一下这两个罪名的构成和内容了。

(一)侮辱罪

侮辱罪,是指使用暴力或者以其他方法,公然贬损他人人格,破坏他人名誉,情节严重的行为。客观上行为人要使用暴力或其他方法,公然败坏他人名誉;比如当众撕光被害人衣服;给被害人“抹黑脸”“挂破鞋”“带绿帽”,强拉游街示众;当众胁迫被害人吞食或向其身上泼洒粪便等污秽之物;当众胁迫被害人与尸体进行接吻等行为;主观上只能是故意,即行为人明知自己的侮辱行为会造成败坏他人名誉的危害结果,并且希望或者放任这种结果的发生。行为人的动机往往是出于报复或者教训别人的想法,并且有着明确的指向。对于仅仅是为了寻求刺激满足畸形个人需求的并且没有特定对象的,则有可能构成其他罪名而不一定是侮辱罪。

(二)诽谤罪

诽谤罪,是指故意捏造并散布虚构的事实,足以贬损他人人格,破坏他人名誉,情节严重的行为。

诽谤罪与其他罪名明显的区别在于必须有捏造某种事实的行为,这些内容完全是虚构的。捏造的事实还必须进行公开的扩散。一种是言语或者网络散布;另一种是文字,即用大字报、小字报、图画、报刊、图书、书信等方法散布。所谓“足以贬损”,是指捏造并散布的虚假事实,完全可能贬损他人的人格、名誉,或者事实上已经给被害人的人格、名誉造成了实际损害。这里需要注意的是,如果散布的事实是真实的,即使贬损了当事人的人格,也不构成本罪;即使散布的是虚构的事实,但是该事实并不可能损害他人的人格、名誉,或无损于他人的人格、名誉的,也不构成本罪。

诽谤行为必须是针对特定的人进行的,不一定要指名道姓,只要从诽谤的内容上知道被害人是谁,就可以构成诽谤罪。如果行为人散布的事实没有特定的对象,不可能贬损其他人的人格、名誉,就不能以诽谤罪论处。

(三)罪与非罪的界限

侮辱罪、诽谤罪只有情节严重的才构成犯罪,一般的侮辱诽谤行为仅构成侵犯名誉权的民事案件,当事人可以通过提起民事诉讼来要求停止侵权、赔礼道歉、赔偿损失等要求。

什么是情节严重呢?因公然侮辱、诽谤他人致其精神失常或者自杀身亡;多次侮辱诽谤他人,使其人格、名誉受到极大损害;对执行公务的人员、妇女甚至外宾进行侮辱、诽谤,造成恶劣的影响等。前文案例中,法院确认雅丽因“照片门”事件精神抑郁、陈颖洁被人在大街上扒掉了上衣、张兰因恶意中伤自杀未遂、王丽娟因网络造谣患上精神抑郁,就是因为有了这些严重后果,法院最终才认定被告人构成犯罪。

另外,本罪是典型的刑事自诉案件,原则上要由被害人本人到法院起诉,法院遵从“不告不理原则”。但是对于侮辱诽谤已经影响到国家、社会的公共利益或者对社会秩序造成一定影响了,此类案件也可以作为公诉案件,由公安机关侦查,检察院提起公诉。

(四)侮辱罪与诽谤罪的量刑标准

犯侮辱罪、诽谤罪,情节严重的,处3年以下有期徒刑、拘役、管制或者剥夺政治权利。司法实践中此类案件的判决刑期一般都比较低。

(五)关于利用互联网进行诽谤的标准

鉴于互联网的发展与普及,通过互联网进行诽谤的案件逐步显现,最高人民法院、最高人民检察院在2013年发布《关于办理利用信息网络实施诽谤等刑事案件适用法律若干问题的解释》,明确法律标尺,指导相关案件的审判工作。该解释规定：利用信息网络诽谤他人，同一诽谤信息实际被点击、浏览次数达到5000次以上，或者被转发次数达到500次以上的，应当认定为《刑法》第246条第1款规定的“情节严重”，可构成诽谤罪。此外该司法解释还明确“造成被害人或者其近亲属精神失常、自残、自杀等严重后果的”“二年内曾因诽谤受过行政处罚，又诽谤他人的”等列为入罪条件。另外，一年内多次实施利用信息网络诽谤他人行为未经处理，诽谤信息实际被点击、浏览、转发次数累计计算构成犯罪的，应当依法定罪处罚。

三、律师建议

近几年，越来越多的“原配殴打第三者”的视频发酵于网络，大多数人都站在道德的制高点上纷纷叫嚣“打得好”“痛快”，诚然，破坏他人家庭的第三者的确是违背公序良俗，应被人谴责。但是，以错误的方法来惩治错误，终会害人害己。

如果是婚内的忠诚方，往往是这段婚姻的受害者。遇到他（她）出轨，首先要做的就是要控制自己的情绪，冲动是魔鬼。接下来要做的是尽量不动声色地搜集证据，比如录音、拍照、查询银行流水记录等。是否要继续这段婚姻，需要冷静地思考，然后与出轨的他（她）认真谈一谈。如果他（她）迷途知返，可以放下内心的羁绊，一起尽力挽回这个家。如果他（她）去意已决，该放弃还是要放弃，毕竟留住了他（她）的人，他（她）的心却在别人的身上，这种情况会更痛苦。放弃了这棵大树，可能会得到一片森林。

如果是婚内的出轨方或者不经意踏入了别人的婚姻，就要思考一下，在一起是真的为了真爱吗？即使是为了真爱，也请尽量将无辜者的影响降到最低。如果仅仅是为了一时的激情，也请悄悄地走开，毕竟婚外情背负的不仅是心理上的罪恶感，还有法律上的过错与责任。

针对正在遭受侮辱或者诽谤之苦的人，一定要珍惜生命。拿着别人的过错来惩罚自己是多么不明智的选择。一旦发现自己的权利受到侵犯，请立即报警或者寻找专业的律师来为您提供帮助。法律上不仅有刑事自诉，还有民事诉讼，甚至是行政的措施都可以保护你的合法权益不受侵犯。

四、法律速递

《中华人民共和国刑法》

第二百四十六条　以暴力或者其他方法公然侮辱他人或者捏造事实诽谤他人,情节严重的,处三年以下有期徒刑、拘役、管制或者剥夺政治权利。

前款罪,告诉的才处理,但是严重危害社会秩序和国家利益的除外。

通过信息网络实施第一款规定的行为,被害人向人民法院告诉,但提供证据确有困难的,人民法院可以要求公安机关提供协助。

《最高人民法院关于审理非法出版物刑事案件具体应用法律若干问题的解释》

第六条　在出版物中公然侮辱他人或者捏造事实诽谤他人,情节严重的,依照刑法第二百四十六条的规定,分别以侮辱罪或者诽谤罪定罪处罚。

《最高人民法院、最高人民检察院关于办理利用信息网络实施诽谤等刑事案件适用法律若干问题的解释》

第一条　具有下列情形之一的,应当认定为刑法第二百四十六条第一款规定的“捏造事实诽谤他人”:

(一)捏造损害他人名誉的事实,在信息网络上散布,或者组织、指使人员在信息网络上散布的;

(二)将信息网络上涉及他人的原始信息内容篡改为损害他人名誉的事实,在信息网络上散布,或者组织、指使人员在信息网络上散布的;

明知是捏造的损害他人名誉的事实,在信息网络上散布,情节恶劣的,以“捏造事实诽谤他人”论。

第二条　利用信息网络诽谤他人,具有下列情形之一的,应当认定为刑法第二百四十六条第一款规定的“情节严重”:

(一)同一诽谤信息实际被点击、浏览次数达到五千次以上,或者被转发次数达到五百次以上的;

(二)造成被害人或者其近亲属精神失常、自残、自杀等严重后果的;

(三)二年内曾因诽谤受过行政处罚,又诽谤他人的;

(四)其他情节严重的情形。

第二节　帮他人购买、调查婚外情信息也会带来牢狱之灾

一、案例精选

【案例一】　维权也要讲方法,获取信息要正当

杨怀忠刚结婚时还是个一穷二白的打工仔,那时候妻子林明明就陪着他辛苦创业,每天白天工作十个小时,晚上时常要熬到三四点钟,几乎每天躺到床上,都像烂泥一般,生活异常艰辛。后来林明明为他生了一对龙凤胎,杨怀忠兴奋不已。他那个时候经常向妻子许诺:“将来如果飞黄腾达,一定要让妻子做全世界最幸福的女人。”

20 年过去了,杨怀忠的生意有了起色,公司已初具规模。林明明想终于是苦尽甘来了。于是就在家里做起了全职太太!刚开始生活还是如鱼得水,林明明自感平静、幸福且满足。

又过了几年,公司业绩蒸蒸日上。杨怀忠外面的应酬逐渐多起来,经常深夜回家。两个人的沟通日渐减少,杨怀忠对林明明也表现的越来越冷淡。林明明感觉丈夫外面可能有人了,并将此事告诉了女儿和女婿梁飞。

2014 年 12 月至 2016 年 6 月,梁飞为帮助岳母林明明调查岳父杨怀忠是否有婚外情,通过 QQ 与网友“永恒”“天网”“7 中”“弥勒佛”(均另案处理)等人联系,先后花费人民币 8 万元购买杨怀忠、杨怀忠情人粟华及亲戚朋友涉及 120 个人的行踪轨迹信息、通信内容、通信记录、住宿信息、交易信息、户籍资料、车辆资料等各类公民个人信息共计 17,588 条。之后,梁飞把前述所有信息和材料交给林明明。

当林明明看到昔日同甘共苦,一同熬过最艰难困苦日子的丈夫竟然真的与年轻貌美的下属发生了婚外情,瞬间感觉犹如五雷轰顶并因此一病数日。身体稍微恢复,便将杨怀忠告上了法庭,请求法院判决与其离婚并依法分割财产。杨某忠自知对妻子和儿女有愧,除了依法分割给林明明的财产外,杨怀忠又额外补

偿给林明明 100 万元，并将自己分得的两套商品房分别过户到儿女名下。

不可否认，梁飞通过互联网非法购买的与杨怀忠、粟华等人有关的各类个人信息，对林明明的离婚案或许有一定的帮助，但梁飞也因此付出了代价。法院因非法购买公民个人信息，情节严重，认定梁飞行为已构成侵犯公民个人信息罪。但鉴于梁飞系初犯，归案后如实交代其犯罪事实，且没有将购得的信息用于违法犯罪活动，依法可对其从轻处罚。扣押的手机是作案工具，依法应予没收。最终认定梁飞犯侵犯公民个人信息罪，但免予刑事处罚。

【案例二】 "私家侦探"有风险，获取配偶婚外情信息需谨慎

婚外情的发生，对每一个家庭都很可能是毁灭性的打击。面对配偶的婚外情，不同的人会有不同的处理方式，其中，有部分人会如梁飞般采取从别人手中购买婚外情信息的方式，也有部分人会用委托"私家侦探"的方式收集配偶婚外情的相关信息。接下来的案例，讲的便是配偶一方委托"私家侦探"调查对方的婚外情信息的事情。

自 2010 年 6 月以来，常明松、牛智、张平成立了三美商务信息咨询公司（以下简称三美公司）和德美商务信息咨询公司（以下简称德美公司），两公司均以"调查取证"和"寻人查址"为主要业务范围。

2011 年 5 月，赵英听到周围的人对其丈夫风言风语，向其丈夫求证不得便委托德美公司要求调查其丈夫胡军友的婚外情情况。赵英向德美公司提供了其丈夫的基本信息、手机号码、车辆信息等。在确定价钱以后，常明松便伙同牛智、张平三人在太原市五龙口附近对胡军友进行跟踪调查，并利用非法手段进行拍照、摄像。后常明松及其同伙牛智、张平将调查结果的照片、视频和一个定位仪出售给委托人赵英，获利 14,000 元。

2012 年 3 月，委托人李文同样发现其妻子发生了婚外情，但不了解具体情况，于是委托三美公司，要求三美公司调查其妻子闫艳的婚外情情况，并提供其妻子的基本信息、手机号码、常住地等信息。在确定价钱后，常明松伙同牛智、张平三人，在山西省中阳县内对闫艳进行跟踪调查，并利用非法手段进行手机定位、拍照、摄像。后常明松伙同牛智、张平将调查结果的手机号码定位信息、照片等出售给委托人李文，获利 20,000 元。

2012 年 4 月,委托人刘佳委托三美公司,要求调查其丈夫婚外情的情况。常明松采用同样的方式获取了刘佳丈夫周轩与他人发生婚外情的信息,并出售给委托人刘佳,获利 20,000 元。

一审法院经审理后认为,常明松构成非法获取公民个人信息罪。最终常明松被判处有期徒刑 10 个月,并处罚金人民币 1 万元。同时没收违法所得,上缴国库。常明松提出上诉后,二审法院驳回上诉,维持原判。

司法实践证明,"私家侦探"若使用非法的手段刺探他人隐私,则违反了刑法规定,应受到刑事处罚。

二、维权指引

(一)什么样的行为构成侵犯公民个人信息罪

"公民个人信息",是指以电子或者其他方式记录的能够单独或者与其他信息结合识别特定自然人身份或者反映特定自然人活动情况的各种信息,包括姓名、身份证件号码、通信联系方式、住址、账号密码、财产状况、行踪轨迹等。

以下六类行为达到情节严重的程度,都会被认定构成侵犯公民个人信息罪:

1. 向他人出售或者提供公民个人信息,此种行为需要违反国家有关规定;

2. 窃取或者以其他方法非法获取公民个人信息的;

3. 将在履行职责或者提供服务过程中获得的公民个人信息,出售或者提供给他人,违反国家有关规定的;

4. 通过信息网络或者其他途径发布公民个人信息的;

5. 未经被收集者同意,将合法收集的公民个人信息向他人提供的,但是经过处理无法识别特定个人且不能复原的除外;

6. 通过购买、收受、交换等方式获取公民个人信息,违反国家有关规定的。

(二)侵犯公民个人信息罪的处罚

依据《刑法》第 253 条之一的规定,违反国家有关规定,向他人出售或者提供公民个人信息,情节严重的,处 3 年以下有期徒刑或者拘役,并处或者单处罚金;情节特别严重的,处 3 年以上 7 年以下有期徒刑,并处罚金。违反国家有关规定,将在履行职责或者提供服务过程中获得的公民个人信息,出售或者提供给他人的,依照前款的规定从重处罚。窃取或者以其他方法非法获取公民个人信息的,依照第1款的规定处罚。

(三)购买婚外情当事人行踪轨迹信息、通信内容等隐私信息,构成侵犯公民个人信息罪

依据《刑法》第253条之一的规定,通过购买方式获取婚外情当事人的个人信息,达到情节严重的程度,构成侵犯公民个人信息罪。

婚外情发生固然令人难以接受,但是面对婚外情,还是得采取正确的方式方法对待,通过网络向他人购买他人个人信息或者委托私家侦探、并向其购买婚外情当事人个人信息,都不是正当获取证据的方法,稍有不慎,可能会被定罪处罚。

(四)免予刑事处罚不等于免予刑事责任

依据《刑法》第37条之规定,对于犯罪情节轻微不需要判处刑罚的,可以免予刑事处罚……可见,免予刑事处罚是指人民法院认定某种行为构成犯罪,但因犯罪情节轻微,而判决免予刑罚的一种处罚。免予刑事处罚,是人民法院以被告人构成犯罪为前提,以"犯罪情节轻微不需要判处刑罚"为概要条件的随法选择。免予刑事处罚只是免除对被告人刑罚而没有免除被告人的刑事责任。

《刑法》总则中涉及免予刑事处罚的条款共11条四大类,分别是:

1.《刑法》第10条规定,对在国外犯罪,依我国刑法应当负刑事责任的,如经外国审判,在外国已受刑罚处罚的可以免除或者减轻处罚。

2.《刑法》第19条规定,对又聋又哑的人或者盲人犯罪的,可以从轻、减轻或者免除处罚。第20条第2款规定,对正当防卫明显超过必要限度造成重大损害,应当负刑事责任的,应当减轻或免除处罚。

3.《刑法》第37条规定,对于犯罪情节轻微不需要判处刑罚的,可以免予刑事处罚。

4.《刑法》第67条第1款规定,对犯罪较轻的自首分子可以免除处罚。

5.《刑法》第68条规定犯罪分子有重大立功表现的,可以减轻或者免除处罚。

(五)免予刑事处罚对犯罪人的法律意义

依据相关法律的规定,受过刑事处罚的人,不得从事以下职业,故免予刑事

处罚的人则不受其限制,可见,免予刑事处罚的意义还是很明显的。

1. 法官:《法官法》第 13 条第 1 项曾因犯罪受过刑事处罚的。

2. 人民陪审员:《人民陪审员法》第 7 条第 1 项受过刑事处罚的。

3. 检察官:《检察官法》第 13 条第 1 项曾因犯罪受过刑事处罚的。

4. 警察:《人民警察法》第 26 条第 2 款第 1 项曾因犯罪受过刑事处罚的。

5. 律师:《律师法》第 7 条第 2 项受过刑事处罚的,但过失犯罪的除外。

6. 公务员:《公务员法》第 26 条第 1 项曾因犯罪受过刑事处罚的。

7. 司法鉴定人员:全国人大常委会《关于司法鉴定管理问题的决定》第 4 条第 2 款因故意犯罪或者职务过失犯罪受过刑事处罚的。

8. 公证员:《公证法》第 20 条第 2 项因故意犯罪或者职务过失犯罪受过刑事处罚的。

9. 外交人员:《驻外外交人员法》第 7 条第 1 项曾因犯罪受过刑事处罚的。

10. 村委会成员:《村民委员会组织法》第 18 条村民委员会成员丧失行为能力或者被判处刑罚的,其职务自行终止。

11. 拍卖师:《拍卖法》第 15 条第 2 款被开除公职或者吊销拍卖师资格证书未满 5 年的,或者因故意犯罪受过刑事处罚的,不得担任拍卖师。

12. 破产管理人:《企业破产法》第 24 条第 3 款第 1 项因故意犯罪受过刑事处罚,不得担任管理人。

13.《刑法修正案九》第 1 条第 1 款在《刑法》第 37 条后增加一条,作为第 37 条之一:因利用职业便利实施犯罪,或者实施违背职业要求的特定义务的犯罪被判处刑罚的,人民法院可以根据犯罪情况和预防再犯罪的需要,禁止其自刑罚执行完毕之日或者假释之日起从事相关职业,期限为 3 年至 5 年。

(六)当犯罪分子在被判处罚金前有个人合法债务,应该如何执行

依据《刑法》第 253 条之一第 1 款规定,违反国家有关规定,向他人出售或者提供公民个人信息,情节严重的,处 3 年以下有期徒刑或者拘役,并处或者单处罚金;情节特别严重的,处 3 年以上 7 年以下有期徒刑,并处罚金。如果犯罪分子在被判处刑罚前有个人合法债务,又被法院判处罚金时,这两者执行的先后顺序是什么样的呢?

依据刑法及关于适用财产刑的相关规定,罚金在判决指定的期限内一次或者分期缴纳。期满不缴纳的,强制缴纳。对于不能全部缴纳罚金的,人民法院在

任何时候发现被执行人有可以执行的财产,应当随时追缴。判处罚金以前犯罪分子所负的正当债务(犯罪分子在判决生效前所负他人的合法债务),如果犯罪分子的财产不足以支付罚金和债务的,经债权人的请求,应当先偿还犯罪分子的债务。

三、律师建议

(一)把握好婚外情取证的合法边界

1995 年,《最高人民法院关于未经对方当事人同意私自录音取得的资料能否作为证据使用问题的批复》中载明:“证据的取得必须合法,只有经过合法途径取得的证据才能作为定案的根据。未经对方当事人同意私自录制其谈话,系不合法行为,以这种手段取得的录音资料,不能作为证据使用。”在那个时候,录音需要经过对方同意才具有合法性,否则不能作为定案的依据。

2002 年实施的《最高人民法院关于民事诉讼证据的若干规定》第 68 条规定,以侵害他人合法权益或者违反法律禁止性规定的方法取得的证据,不能作为认定案件事实的依据。

2015 年实施的《最高人民法院关于适用〈中华人民共和国民事诉讼法〉的解释》第 106 条规定,对以严重侵害他人合法权益、违反法律禁止性规定或者严重违背公序良俗的方法形成或者获取的证据,不得作为认定案件事实的根据。

《民法典》第 153 条规定,违反法律、行政法规的强制性规定的民事法律行为无效。但是,该强制性规定不导致该民事法律行为无效的除外。违背公序良俗的民事法律行为无效。

从最高人民法院的前述规定不难看出,证据合法性的边界一直呈逐步放宽趋势。当下,形成方法或者获取方式具有以下三种情形之一的,会因其不具有合法性而不得作为认定案件事实的依据:(1)严重侵害他人合法权益;(2)违反法律禁止性规定;(3)严重违背公序良俗。

1. 对“严重侵害他人合法权益”的理解

侵害他人合法权益涉及的最主要且最常见的是侵害隐私权。由于我国对隐私权没有具体明确的规定,故在判断一项证据是否因为侵害他人的隐私权而导致该证据是否能作为定案依据时,也没有统一的标准。

通过笔者团队参与办理的大量案件并研究其他类似案件发现，确定是否“严重侵害”的主要判断标准即“隐私止于屋门之外”，即在他人家里以偷拍、偷录等方式取得的证据或在他人车里以偷拍、偷录、定位、跟踪等方式获得证据往往不具有合法性；在公众场所获取的证据通常不因严重侵害他人隐私而予以排除适用。因公众场所具有公开性等特点，即使在公众场所获得了他人相对私密的照片或录像，也是他人在公众场所自爆隐私所致，不得归责于取证人侵权。

当然，笔者也不否认，公众人物与普通人物的隐私权应区别对待，对于公众人物如公职人员、明星艺人等的保护限度要明显小于普通大众。

这在一定程度上缓解了当事人举证难的问题，同时也对对方当事人的合法权益予以一定的保护，从而实现两者利益保护的平衡。

2. 对“严重违背公序良俗”的理解

2015 年实施的民事诉讼法司法解释规定“严重违背”公序良俗取得的证据不得作为定案依据。而《民法典》第 153 条第 2 款规定，违背公序良俗的民事法律行为无效。因此，违背公序良俗获取的证据也因其取证手段不具有合法性导致其效力不被认定。

何为“公序良俗”？法律无明确的解释，通常理解公序良俗为法律所确认的应当遵守的公共秩序和善良风俗。因其相对抽象，故法官在判断某个行为是否属于严重违背公序良俗时，往往依据是否严重违背社会公共秩序、公共道德准则来判断。

（二）配偶一方可以使用哪些种类的证据证明对方的婚外情

依据《民事诉讼法》第 63 条第 1 款之规定，证据包括当事人的陈述、书证、物证、视听资料、电子数据、证人证言、鉴定意见和勘验笔录共八种。通常情况下，除了勘验笔录较少运用外，其他七个种类的证据都是可以获取并使用的，具体如下：

1. 电子数据

证明配偶存在婚外情的电子数据有：微信信息、手机短信、电子邮件内容、QQ 聊天记录、MSN 聊天记录、网页、博客、微博客信息、用户注册信息、身份认证信息、电子交易记录、通信记录、登录日志等信息，还包括存储于电子介质上的文档、图片、音频、视频、数字证书等电子文件等。

2. 书证

(1)夫妻一方在婚外情行为突然被发现,事发初期,碍于情面、情急之下或表示悔改所写的“忏悔书”“认错书”“保证书”“协议书”等形式的文字材料;

(2)婚姻一方有嫖娼、同居等行为,警方介入处理的笔录材料;

(3)供职单位发觉婚姻一方存在嫖娼、出轨等行为时,可能会有的处理决定等;

(4)酒店开房记录、车票机票等共同出行记录等;

(5)若出轨方与第三者育有子女,可取得该子女与出轨一方和第三者共同出行的照片等材料;

(6)其他能证明对方发生婚外情的书证。

3. 视听资料

(1)与第三者沟通时,对方自认事实的录音;

(2)与出轨一方沟通时,对方自认发生婚外情的录音、录像;

(3)出轨一方与第三者在公共场所出双入对、携手、拥抱或进出房间等亲密行为的录像和照片;

(4)出轨方与第三者及二人育有的子女,共同出行的录像;

(5)捉奸在床的录音、录像;

(6)其他能证明对方发生婚外情的视听资料。

4. 证人证言

指认发生婚外情的一方与第三者经常共同早出晚归、携子同行或举动过于亲密等行为的人。

5. 鉴定意见

鉴定子女是否为出轨一方与第三者所生的专业意见。

需要注意的是,如果证据量过少,且不能直接说明二者的婚外情关系,对方很容易给出其他的解释,所以,应当尽量多的搜集、固定相关证据,以形成完整的、坚固的证据锁链,让对方无懈可击。

6. 当事人陈述

只要当事人参与庭审,其庭上对事实部分发表的言论即为当事人陈述的内容。因离婚案件双方当事人必须参与庭审,所以非过错方无须在该类案件单独提供该类证据。

7. 物证

物证在因婚外情导致离婚的案件中出现的比较少，但也不排除其存在的可能性。如电视剧《完美关系》中，斯黛拉发现丈夫崔英俊和第三者发生了婚外情，还发现丈夫为讨第三者欢心把自己买的包送给了第三者！如果斯黛拉通过合法方式从第三者处获取该包提交法庭，并能提供证据证明该包为自己所买，也能辅助证明崔英俊与第三者发生婚外情的事实。

（三）利用婚外情争取离婚损害赔偿金

很多人存在这样的认识：只要证明对方出轨，即说明对方有过错，对方就应该净身出户。可遗憾的是，这种认识无法得到法律的支持。根据我国《民法典》第 1091 条规定，有下列情形之一，导致离婚的，无过错方有权请求损害赔偿：（1）重婚；（2）与他人同居；（3）实施家庭暴力；（4）虐待、遗弃家庭成员；（5）有其他重大过错。而通常意义下的出轨或婚外情指在婚姻关系存续期间有配偶的一方与第三人保持不正当两性关系，但这种关系到上升到同居或者重婚层面还有相当的距离。而且，即便是能证明对方与第三者同居或重婚，对方也仅仅是承担损害赔偿责任。根据司法实践，其赔偿额度并不高，判决书载明的赔偿数额能到 15 万元已凤毛麟角。所以，仅仅以对方出轨或婚外情之由要求法院判决对方净身出户，很难得到法官的支持。不过，《民法典》的实施，在一定程度上可能会改变损害赔偿数额过少的现状。

依据司法实践，法院在判处赔偿金数额时，往往考虑以下因素：

1. 婚外情无过错方精神受到损害的程度。如是否因精神和感情受到损害导致身体患病；是否精神抑郁、恍惚，影响工作和生活；是否有精神疾病等。

2. 婚外情过错方具体的出轨情节。如过错方曾与几个人发生过婚外情，是否在无过错方怀孕或哺乳期期间发生婚外情等。

3. 婚外情过错方的过错程度。如婚外情过错方与第三者的行为，是不是严重影响了无过错方的生活等。

4. 其他相关因素。如双方结婚年限，双方结婚时间长短，双方婚后的感情，无过错方对婚姻生活的付出等因素都可作为赔偿考量因素。

以往，通过以上分析不难看出，婚外情中的无过错方即使有证据证明对方发生婚外情，对于离婚财产分割的影响并不大。但寄希望于《民法典》的实施能对这种现状有改观，而且，在现行法律框架内，有多种合法取证途径可供使用，所以,不要再犯从他人购买证据且很可能无法使用的错。

“没有买卖,就没有杀害”是国际环保组织为保护野生动物而作的公益广告。针对侵犯公民个人信息罪这类犯罪,笔者想改用一下“没有买卖,就没有犯罪”。用合法途径取证,既保护了自己,也间接避免了他人犯罪,何乐而不为!

四、法律速递

《中华人民共和国刑法》

第二百五十三条之一　违反国家有关规定,向他人出售或者提供公民个人信息,情节严重的,处三年以下有期徒刑或者拘役,并处或者单处罚金;情节特别严重的,处三年以上七年以下有期徒刑,并处罚金。

违反国家有关规定,将在履行职责或者提供服务过程中获得的公民个人信息,出售或者提供给他人的,依照前款的规定从重处罚。

窃取或者以其他方法非法获取公民个人信息的,依照第一款的规定处罚。

单位犯前三款罪的,对单位判处罚金,并对其直接负责的主管人员和其他直接责任人员,依照各该款的规定处罚。

《最高人民法院、最高人民检察院关于办理侵犯公民个人信息刑事案件适用法律若干问题的解释》

第三条　向特定人提供公民个人信息,以及通过信息网络或者其他途径发布公民个人信息的,应当认定为刑法第二百五十三条之一规定的“提供公民个人信息”。

未经被收集者同意,将合法收集的公民个人信息向他人提供的,属于刑法第二百五十三条之一规定的“提供公民个人信息”,但是经过处理无法识别特定个人且不能复原的除外。

第四条　违反国家有关规定,通过购买、收受、交换等方式获取公民个人信息,或者在履行职责、提供服务过程中收集公民个人信息的,属于刑法第二百五十三条之一第三款规定的“以其他方法非法获取公民个人信息”。

第五条　非法获取、出售或者提供公民个人信息,具有下列情形之一的,应当认定为刑法第二百五十三条之一规定的“情节严重”:

(一)出售或者提供行踪轨迹信息,被他人用于犯罪的;

（二）知道或者应当知道他人利用公民个人信息实施犯罪，向其出售或者提供的；

（三）非法获取、出售或者提供行踪轨迹信息、通信内容、征信信息、财产信息五十条以上的；

（四）非法获取、出售或者提供住宿信息、通信记录、健康生理信息、交易信息等其他可能影响人身、财产安全的公民个人信息五百条以上的；

（五）非法获取、出售或者提供第三项、第四项规定以外的公民个人信息五千条以上的；

（六）数量未达到第三项至第五项规定标准，但是按相应比例合计达到有关数量标准的；

（七）违法所得五千元以上的；

（八）将在履行职责或者提供服务过程中获得的公民个人信息出售或者提供给他人，数量或者数额达到第三项至第七项规定标准一半以上的；

（九）曾因侵犯公民个人信息受过刑事处罚或者二年内受过行政处罚，又非法获取、出售或者提供公民个人信息的；

（十）其他情节严重的情形。

实施前款规定的行为，具有下列情形之一的，应当认定为刑法第二百五十三条之一第一款规定的"情节特别严重"：

（一）造成被害人死亡、重伤、精神失常或者被绑架等严重后果的；

（二）造成重大经济损失或者恶劣社会影响的；

（三）数量或者数额达到前款第三项至第八项规定标准十倍以上的；

（四）其他情节特别严重的情形。

《最高人民法院关于适用〈中华人民共和国民事诉讼法〉的解释》

第一百零六条　对以严重侵害他人合法权益、违反法律禁止性规定或者严重违背公序良俗的方法形成或者获取的证据，不得作为认定案件事实的根据。

《中华人民共和国民法典》

第一百五十三条　违反法律、行政法规的强制性规定的民事法律行为无效。但是，该强制性规定不导致该民事法律行为无效的除外。

违背公序良俗的民事法律行为无效。

第一千零九十一条　有下列情形之一,导致离婚的,无过错方有权请求损害赔偿:(一)重婚;(二)与他人同居;(三)实施家庭暴力;(四)虐待、遗弃家庭成员;(五)有其他重大过错。

第十一章　婚外情与侵犯财产类犯罪

第一节　婚外情背后的勒索敲诈

一、案例精选

【案例一】　自己的行为不检点给了犯罪分子可乘之机

现实生活中，无数个案例证明，个别人在与异性交往并建立婚外情关系之初有可能就别有用心！大家干预不了他人，但能管控自己。无论大家是位高权重之人，还是普通百姓，都要洁身自好。切莫贪图一时之快，既让犯罪分子有可乘之机，又毁了自己！下文要介绍的，就是一个比较具有典型性的案例。

“潘多拉的魔盒”一旦打开，想要再度关上便没有那么容易。人一旦有了恶念，回头的可能性也就很小。王益民就是这么一个可怜的人，因为自己一时不检点的行为给了别人可乘之机，掉进了他人设好的局中。作为一位有名的美容科主任医师，年轻有为不知道急红了多少人的双眼，成了很多人眼中的猎物。

张三霞与孙一森就是这样一对贪婪的情侣，一步一步设套让王益民落入了他们的圈套。张三霞想方设法通过朋友介绍，结识了王益民。张三霞以向王益民咨询医疗美容为借口，两人约定于3日之后在王益民办公室见面。

见王益民上套之后，孙一森、张三霞二人伙同他们的朋友共同谋算，计划从王益民那儿大捞一笔。到了约定的那一天，孙一森驾车将张三霞、王强送到王益民所在的医院。在王益民的办公室内，张三霞与王益民二人边聊天边饮酒，之后张三霞自愿与王益民发生了性关系。没过多久，王强便敲门进入，以张三霞男友的身份质问两人：“你们在干什么？”同时用手机对王益民、张三霞进行录像。

在听到张三霞哭诉与王益民发生性关系后，王强抓住王益民的衣领，称要去找医院领导，要将事情捅出去。因害怕与有男友之人发生关系会对其造成不良影响，王益民恳求不要找领导。见王益民上钩，王强便趁势提出给付人民币600万元解决此事，王益民称只有100万元，王强遂提出先给付100万元，余款500万元分两年付清，并逼迫王益民出具借500万元借条和保证书。

拿到了100万元之后，孙一森、张三霞、王强三人将所得钱款进行分赃，后王强又多次向王益民索要余款。两人碰面时，王强称“如果不解决此事，马上到单位告发”，并威胁王益民及其家人的生命安全。见王益民始终拿不出500万元，于是便提出一次性给付人民币400万元解决此事，王益民同意之后，早已潜伏在周围的警察瞬间将其抓获。

法院经审理后认为，孙一森犯敲诈勒索罪，最终被判处有期徒刑12年6个月，并处罚金人民币25,000元，剥夺政治权利2年。同时，责令孙一森与(2018)京0101刑初21号刑事判决书所判张三霞、王强共同退赔犯罪所得人民币100万元，发还被害人王益民……

张三霞和王强另案处理，分别获刑如下：被告人张三霞犯敲诈勒索罪，判处有期徒刑12年6个月，并处罚金人民币25,000元，剥夺政治权利2年。被告人王强犯敲诈勒索罪，判处有期徒刑11年6个月，并处罚金人民币23,000元，剥夺政治权利2年……

【案例二】对对方的纵容，只会让对方陷的更深

看完上一个案例，相信大家一定和笔者一样，为一时糊涂沦为被害人的王益民痛惜，更为被婚外情的另一方指示去犯罪，结果双双入刑的张三霞叹息。二人均被判了12年6个月的刑期，相信听到法院判决结果的那一刻，张三霞一定悔恨交加、痛不欲生！而接下来的这个案例讲的是被害人因害怕婚外情事情暴露对自己影响不好，一再迁就忍让，一再姑息纵容，结果行为人步步紧逼、一错再错、在刑事犯罪的深渊里越陷越深！

夏日里的星辰又明又亮，就像孙亚男第一次遇见陆笛的时候，与陆笛那场轰轰烈烈的恋爱像极了今夏的星辰，美好而又宁静。当孙亚男在监狱里服刑时，她想起了初遇陆笛的情景。

那是在一个凉风习习的夏日夜晚，那段时间，孙亚男在一家高档的西餐厅打

工，是餐厅的收银员。那天晚上，陆笛一个人坐在餐厅里面吃饭，等了许久都没有等到同伴的出现，最后，一个人落寞地吃完了晚饭。埋单的时候，陆笛没有带现金，店里也没有办法微信转账，于是他便让孙亚男垫付，两人便加上了微信，陆笛通过微信将钱转给了孙亚男。就这样，两人便成了微信好友。真正让两人联系起来的，是孙亚男某一天在朋友圈发了一张自拍照，陆笛便在下面评论说：你好漂亮。之后，不管孙亚男发什么动态，他都会参与。两人一来二去，也熟悉起来。

陆笛对孙亚男展开了猛烈的追求，他充满着男性的魅力，他多金、温柔、体贴，无一不满足孙亚男对男友的幻想。抵不住陆笛的攻势，孙亚男同意了陆笛的追求，两人谈起了恋爱。一天早晨，两人都在房间里嬉戏玩闹时，门铃响了起来。孙亚楠疑惑地打开了房门，却没想到门外面竟然站着一大一小两个人。年长的女人并没有说话，小女孩却跑到陆笛的面前，稚嫩的脸庞上满是开心，喊了好几声爸爸。女孩的这几声爸爸，打破了孙亚男的美梦，将她一下子从天堂拉到了十八层地狱。原来陆笛所做的一切都是假象，所有的一切都是欺骗。

见事情败露，陆笛跪着请求妻子的原谅，并向妻子再三保证，自己一定不和孙亚男再来往。可孙亚男却因为陆笛的欺骗而满心愤怒，陆笛翻脸不认人的态度也让她心里充满了仇恨。她通过各种方式，找到了陆笛的单位以及他妻子的单位，想让陆笛付出代价。

陆笛为了与孙亚男分手，对于孙亚男几乎是有求必应，孙亚男以开美容院为由，向陆笛借款 30 万元，后又以生意失败向陆笛借款 20 万元。但他没想到孙亚男会变本加厉一直威胁陆笛，称要到陆笛单位闹，到陆笛妻子单位和孩子学校闹，还称要将其二人的事印制成小广告去发布，向陆笛索要 100 万元，称用于还房贷、治病、养老。但陆笛并没有钱给她。

没过多久，孙亚男便来电话要陆笛在第二天先给她 10 万元，如不给钱，其就去陆笛单位闹，然后去陆笛爱人单位闹，再到陆笛孩子学校闹。孙亚男还对陆笛谎称已经将其和陆笛之间的事情都印制成了传单，并会将这些传单贴在陆笛家附近和陆笛孩子学校附近。其还对陆笛谎称其已经找了黑社会的人，并把陆笛老婆和孩子的情况都摸清楚了，而且已经给了黑社会一部分钱。孙亚男还给陆笛发过短信，称要去陆笛单位向他领导反映他和自己之间的事情，并对陆笛讲过要与他同归于尽的话。陆笛感到惶恐，便报了警。第二天孙亚男便被公安机关抓获。

法院经审理后认为,孙亚男多次通过拨打电话、发送短信等方式,与陆笛进行联系,以把两人的不正当男女关系向社会散发,破坏其名誉相威胁,向陆笛索要人民币100万元,已经构成敲诈勒索罪鉴于孙亚男已经着手实施犯罪,由于意志以外的原因未能得逞,系犯罪未遂,孙亚男最终被判处有期徒刑1年。

【案例三】 维权方式不正确产生的恶果

读完了上一个案例,大家是否和笔者有同样的感觉:如果陆笛在孙亚男第二次向其索要20万元就勇敢拿起法律的武器时,既能很大程度上保全自身的财产权益和名誉,还能及早让孙亚男受到教育。在某种程序上讲,这样做,对孙亚男来说就是一种挽救!下面的案例讲的是被害人杨元元虽没有在第一时间想办法解决问题,在后续也采取了一些措施,但因为没有找到在处理此类事件有专业办理经验的人,导致交出的70万元现金认定难。即便是法院认定了该70万元,也面临巨额钱款不好追回的境地。

杨元元冷冷地看着王粉芳,一言不发。以前那个在他眼里活泼可爱的王粉芳已经不见了,现在早已跌入尘埃,与市侩没有任何区别。王芬芳疯魔似的想要拉住杨元元的手,却被他躲开了。

她扯着嗓子咆哮着,“不给钱你就想跟我分手?我跟了你一年,一点钱都不值?”因为心中的气恼和屈辱,王粉芳的声音有些许发颤。事情发展到这一步,与王粉芳之前预想的完全背道而驰。年轻貌美的她以前对爱情有着美好的幻想,她以前想着,日后她跟别人相爱,如果处不好必须以分手结尾,那么她一定要跟人好聚好散,维护自己的尊严,绝对不会歇斯底里,跟个怨妇一样。可当她真正经历爱情的时候,却没有办法控制自己的情绪。她做不到之前预想的冷静,她没有办法跟人和平分手,甚至生出极端的想法,想要与对方鱼死网破。

王粉芳看着杨元元厌恶和不耐烦的眼神,“啪”的一声,便给了杨元元一个耳光。杨元元无奈地说,“你打吧小芳,只要你同意跟我分开,你怎样打我骂我都行。”他的声音里,充满了哀求。“你想的美,想要我跟你分手,你让我失去了爱情,你给我滚,赶紧给我滚”。王粉芳挣扎着,声嘶力竭地大喊。

“我们分手之后,我就不能再继续照顾你了,这10万元钱,你先拿着用,我对不起你,没有办法给你一个家”。说完杨元元便把一张银行卡放进了王粉芳的衣服袋子里。他看着王粉芳泪水不断往下流,自己的心也揪着。两人相识于高尔夫球场,她身上年轻的活力不断吸引着他,让他一步一步走向婚外情,可事到如今,他没有办法,为了家庭和孩子,他必须斩断与王粉芳的这段感情。可王粉芳并不依,还想继续发展关系,根本不同意两人就此结束,并要拿杨元元和她之间的暧昧短信威胁,所以两人才在此大吵大闹。

自上次两人吵架,杨元元以为已经息事宁人。但没想到的是,王粉芳去杨元元单位静坐,要求杨元元给说法,并实名举报杨元元有贪腐行为。更曾在单位割手腕试图自杀,被人拉住。杨元元被逼无奈,从原公司辞了职。但王粉芳却更加变本加厉,开始多次到杨元元住处骚扰杨元元,为此杨元元搬了几次家。

当王粉芳把目光转到杨元元儿子身上时,他便觉得不能再继续躲避了,杨元元将王粉芳约出,杨元元在律师的陪同下与王粉芳在茶馆内达成协议。杨元元以现金形式给王粉芳70万元,约定王粉芳以后不再打扰杨元元及家人。王粉芳自拟了一份协议,让杨元元将协议内容抄了一遍。杨元元以为与对方签完协议,王粉芳不会再打扰自己。但第二天开始,王粉芳就发信息说后悔签了这个协议,并发了杨元元岳母家的位置。杨元元无法继续忍受,到公安机关报警。

法院经审理后认为,王粉芳以非法占有为目的,通过严重干扰他人正常工作生活,使他人产生恐惧心理,继而勒索他人钱款,数额特别巨大,其行为已构成敲诈勒索罪。最终,王粉芳被判处有期徒刑10年,剥夺政治权利2年,罚金人民币5万元。同时,还要向杨元元退赔人民币70万元。

【案例四】 在犯罪之事上互相提供协助,看似哥们义气,实则害人害己!

上一个案例谈到了维权不及时、不具有针对性、不能形成有效反制进而影响权益保障的问题,而接下来的案例涉及共同犯罪问题。一些人基于所谓的“兄弟情义”“朋友义气”,无论做什么事情,哪怕是去犯罪,都叫上一起。笔者特别想通过接下来的案例告诉大家:试图追随的人,在大家不清楚行为的后果前,在不好预料事态发展情况前,不仅自己不要轻举妄动,还要劝他人三思而后行。否则,后悔的不仅仅是自己!

刘淑珍与黄师帅是昔日的旧识,两人时隔多年再次在饭局上相遇,比起年少时的少年感，如今的黄师帅褪去少年气，举手投足之间全是成熟男人的魅力，而且总能让刘淑珍体会到心跳加速的感觉。

饭局散后，两人借着酒劲谈笑风生，一个基于年少内心的悸动，一个欣赏着对方精致的脸庞与曼妙的身材，在酒精的刺激下，两人发生了性关系。

即便是知道黄师帅已有家室，两人私下约会还是越来越多，也越发明目张胆。刘淑珍更是贪心地想要黄师帅与妻子离婚，长久地跟她在一起，于是不断地对黄师帅软磨硬泡、无理取闹。这让黄师帅难以忍受，最后不得已提出了分手。

这让仇恨的种子在刘淑珍的心里萌芽并快速生长。刘淑珍将自己与黄师帅的事情告知了她的朋友刘晓红、缪京宇和张亮鹏三人，三人听到刘淑珍的哭诉气愤不已，便让刘淑珍从黄师帅那儿拿分手费以泄心头之恨。

之后，刘晓红、刘淑珍、缪京宇在约了黄师帅出来见面商议分手事宜，三人在菜馆内，以黄师帅与刘淑珍存在婚外情等事由相威胁，向黄师帅索要50万元。后来更是变本加厉相继在黄师帅的办公室内当面以及以电话、短信威胁的方式，向黄师帅索要3.1万元、15万元。人心不足蛇吞象，刘晓红、张亮鹏又企图向黄师帅索要150万元，未成功便被民警抓获。

法院经审理后认为，刘晓红、缪京宇、张亮鹏、刘淑珍以非法占有为目的，敲诈勒索他人财物，数额特别巨大，四人的行为均已构成敲诈勒索罪，最终刘晓红被判处有期徒刑12年，剥夺政治权利2年，罚金人民币10万元；缪京宇被判处有期徒刑6年，罚金人民币5万元；张亮鹏被判处有期徒刑6年，罚金人民币5万元；刘淑珍犯被判处有期徒刑4年，罚金人民币3万元。同时，责令刘晓红、缪京宇、刘淑珍共同退赔黄师帅人民币10万元，刘晓红、缪京宇共同退赔黄师帅人民币21,000元，刘晓红退赔黄师帅人民币15万元。

虽缪京宇、张亮鹏、刘淑珍三人均提起上诉，但二审法院最终驳回了三人上诉，维持原判。刘淑珍因为一段婚外情，不仅将自己送进了监狱，还将自己的朋友拉入了深渊……

【案例五】　一次激情，抱憾终生

大千世界，无奇不有。而在婚外情相关犯罪领域，行为人的犯罪行为和犯罪前的准备行为也是林林总总、不胜枚举。接下来的这个案例讲的是两个人在公交车上结识后不久即发生婚外性行为，而在第一次发生性行为时，行为人即获取了当时的录音，此后不久，行为人即借此录音向被害人勒索钱款的事情。张银花今年30多岁，和老公是高中同学，两人到了大学才开始恋爱。大学毕业之后，张银花觉得他脾气十分温和，家庭条件不错，是个合适的结婚对象，两人便自然而然的结婚了。两人婚后一直相敬如宾，但在孩子出生之后，矛盾便渐渐凸现。看着老公对家里大大小小的事情都不上心，两人沟通时他也仅仅是随便敷衍或是沉默以对，张银花渐渐的感觉到累了，两人的婚姻出现了很大的问题。

张学奇的出现，给张银花本不牢固的婚姻再添了一把火。一次偶然的机会，张学奇和张银花因坐在公交车的邻座而相识了，张学奇看张银花成熟具有魅力，张银花看张学奇帅气健谈。两人有一搭没一搭地聊着天，临下车时还留了联系方式，一来二去，两人也就熟识了起来。

张银花因为家里老公的无趣，想到张学奇的幽默，越发觉得张学奇好了，于是与他联系的更加频繁，聊天内容也更加暧昧和露骨。一次张银花在家里与老公发生争吵之后，接到张学奇微信约她见面，因为心情不好便同意了。而之后的每次见面张学奇都会问张银花是做什么工作的，挣多少钱，手里有多少存款。张银花出于信任，全都如实告知。

两人私下见面越来越多，发生性关系也自然而然。没想到的是在发生性关系的过程中，张学奇刻意让张银花说出自己的名字。事情过后，张银花看到张学奇的IPAD正立着放在床对面的电视柜上，当时便觉得有点不对劲，但也没往别处多想。

发生这一次性关系后，张学奇却不像以前一样说一些关心和暧昧的话，总是说自己有一个项目需要投资，让张银花必须借给他85万元做投资用。85万元对张银花来说是一笔巨款，她没有能力帮助，明确表示不会给张学奇85万元。可没曾想到张学奇语气强硬地对张银花说必须借，不借就到张银花单位让张银花生活很精彩，张银花生气地走了并说要和对方分手，这一次的见面两人不欢而散。

下一次的见面，张银花的噩梦就来了，张学奇给张银花打电话说两人必须见面，否则就到张银花单位，给张银花看点东西，不看张银花会后悔。张银花害怕出事便按照张学奇的要求在公园见面了。张学奇将耳机插在IPAD给张银花戴上，张银花一听就是自己和对方发生性关系过程中说的话。此时才知道，在张银花洗澡过程中，张学奇把IPAD打开录音功能并放在床头柜上，把张银花与对方发生性关系的过程进行录音。对方拿出一张光盘给张银花，说不光有录音还有录像，而且已经把张银花通讯录从 IPAD 上都拷下来，其要是不给钱就把录音和录像发给所有人看，还会寄到张银花单位，并把视频传到网上。这时，张学奇拿出一张借据，大致内容是向张银花个人借款 100 万元，期限 3 年。张学奇让张银花在 3 天之内把 100 万元打到该账户，否则就会把视频发布出去。张学奇还拿出借款合同让张银花签字。张银花没有同意也没有签字便离开了公园。之后几天，张学奇不断威胁张银花并一再规定最后转款期限。之后，张学奇被抓获……

法院经审理后认为，张学奇以非法占有为目的，敲诈勒索他人财物，数额特别巨大，其行为已构成敲诈勒索罪，并被判处有期徒刑 7 年，罚金人民币 1 万元。

二、维权指引

（一）什么样的行为构成敲诈勒索罪？触犯敲诈勒索罪会受到什么样的处罚？

敲诈勒索罪的构成要件是，以非法占有他人财物为目的，对他人实施恐吓行为，使他人产生恐惧心理，他人基于恐惧心理而交付财物，行为人或第三者因此取得财物，被害人遭受财产损失。

《刑法》第 274 条规定，敲诈勒索公私财物，数额较大或者多次敲诈勒索的，处 3 年以下有期徒刑、拘役或者管制，并处或者单处罚金；数额巨大或者有其他严重情节的，处 3 年以上 10 年以下有期徒刑，并处罚金；数额特别巨大或者有其他特别严重情节的，处 10 年以上有期徒刑，并处罚金。通过该条可知，如果多次敲诈勒索，不管是否勒索到财物或勒索的财物是否数额较大，均构成犯罪。

另，《最高人民法院、最高人民检察院关于办理敲诈勒索刑事案件适用法律若干问题的解释》第 1 条第 1 款规定，敲诈勒索公私财物价值 2000 元至 5000 元以上、3 万元至 10 万元以上、30 万元至 50 万元以上的，应当分别认定为《刑法》第 274 条规定的“数额较大”“数额巨大”“数额特别巨大”。依据该条规定，结合当下敲诈勒索罪中涉及的数额，犯罪分子被判处 3 年以上 10 年以下有期徒刑或者 10 年以上有期徒刑的大有人在。

前述司法解释第 3 条规定，二年内敲诈勒索三次以上的，应当认定为《刑法》第 274 条规定的“多次敲诈勒索”。

在本节精选的五个案例当中，犯罪行为人构成敲诈勒索罪，均以非法占有他人财物为目的，对他人实施恐吓行为，使他人产生恐惧心理，他人基于恐惧心理而交付财物，行为人或第三者因此取得财物，被害人遭受财产损失。如果行为人的行为敲诈勒索罪的构成要件，便不能构成敲诈勒索罪。在本节精选的五个案例中，孙一淼以非法占有王益民财物的目的，以向王益民单位告发二人不正当关系相威胁，王益民因害怕产生不好的影响，于是同意给付孙一淼等人600万元用于解决事情，并先给付了100万元，遭受了巨大的财产损失，构成敲诈勒索罪。100万元属于法律规定的“数额巨大”，依法应当被判处10年以上有期徒刑，所以孙一淼、张三霞均被判处了12年6个月的有期徒刑，并处剥夺政治权利2年。案例二中的孙亚男也是如此，以去陆笛单位闹、陆笛爱人单位闹、陆笛孩子学校闹威胁，甚至还对陆笛谎称已经将其和陆笛之间的事情都印制成了传单，要将这些事情公诸于众，更对陆笛谎称其已经找了黑社会的人，让陆笛产生害怕恐惧的心理，向陆笛勒索钱财，虽最终并未勒索到钱财，但也是敲诈勒索罪的未遂。未遂犯可以比照既遂犯从轻或者减轻处罚，所以法院最终判处孙亚男1年有期徒刑。

（二）什么样的行为会被认定为敲诈勒索罪中的敲诈行为？

敲诈行为，即向对方实施一定暴力或胁迫，要求其处分财产的行为。

暴力或胁迫不需要达到足以压制他人反抗的程度，只要足以使人产生恐惧心理即可。如果暴力或以暴力相威胁的行为达到了足以压制他人反抗的程度，则构成抢劫罪。

暴力对象包括被害人或第三者，对第三者实施暴力需要形成了对被害人的胁迫。如果行为人加害自己身体的行为，形成了对被害人的恐吓时，也可能成立敲诈勒索罪。

胁迫指以对方非常不愿意见到的结果或场景相告，以使对方产生恐惧心理，使对方清楚不交付财物就会招致严重后果。这种以对方非常不愿意见到的结果或场景相告，只要足以使人产生恐惧心理即可。

胁迫对象，既包括交付财物的被害人，也包括与被害人有密切关系的第三人。

胁迫手段多样，包括明示、暗示、语言、文字、手势、动作，直接告知或者第三者转达，利用自己曾经犯罪的经历、担任某种职务等身份实施威胁。

胁迫内容不要求具有违法行为，以形式上合法的内容非法勒索他人钱财的，也成立敲诈勒索罪。如以婚外情双方暧昧微信聊天信息、隐私照片、检举揭发对方的犯罪行为相威胁,索取对方财物的,成立敲诈勒索罪。威胁的内容不要求能真实实现,也不要求行为人具有实现威胁内容的真实意思。

胁迫内容的实现包括由行为人自己实现或由第三者实现。声称由第三者实现时,行为人必须使对方知道行为人能够影响第三者,或者让对方推测到行为人能影响第三者。

张三霞、王强两人以到王益民单位告发其与张三霞发生不正当男女关系相威胁,让王益民拿出600万元解决事情,王益民害怕发生不好的影响,而将自己的财产给了张三霞、王强等人。孙亚男更是称要到陆笛单位闹,到陆笛妻子单位和孩子学校闹,还称要将其二人的事印制成小广告去发布,要将两人的事情公诸于众,更对陆笛谎称其已经找了黑社会的人,对陆笛进行要挟。综观本节精选的五个案例,行为人大都以告发被害人存在婚外情等隐私为由,向被害人勒索财物,使被害人产生被暴露的恐惧心理。孙亚男以及王粉芳二人还以被害人的孩子相要挟,企图以孩子逼迫被害人给说法,使被害人基于从而处分自身财物。五个案例均是行为人对被害人进行当面告知、电话、短信等方式进行胁迫,从而使被害人基于害怕而交付财物的情形。换种情况来说,假如张三霞、王强、孙亚男、王粉芳、刘淑珍以及张学奇不以揭发隐私相威胁、不以被害人家人相胁迫,而是直接使用暴力,用暴力手段压制被害人的反抗,迫使被害人交出财物,也能构成敲诈勒索罪。

(三)先签欠条或借款协议再勒索财产,行为人是否构成敲诈勒索罪?

区分行使权利与敲诈勒索罪的关键在于是否以非法占有他人财物为目的。

如果行为人享有财产性权利,那么就没有非法占有他人财物的目的。在这一前提下,行为人行使财产性权利的手段即使使用了恐吓手段也不构成敲诈勒索罪。该手段如果侵犯了其他法益,构成其他罪,则以其他罪论处。比如恐吓手段是曝光他人的隐私性信息,损害了他人名誉,符合侮辱罪、侵犯公民个人信息罪,则以这些罪论处。

而问题中的欠条或借款协议是受害人在遭受行为人的胁迫后所签,行为人并非真实享有财产性权利的人,且其实施一系列行为即为达到非法占有他人财物的目的,是以合法形式掩盖非法目的。其行为以非法占有他人财物的目的,同时使用了恐吓手段,使他人产生恐惧心理而签订协议进而交付财产,符合敲诈勒索罪的构成要件。

除此之外,笔者经办的案例也有双方仅是恋爱关系,分手不成后,一方向另一方以敲诈的手段向对方索要青春损失费或者分手费的情形。因青春损失费和分手费在法律上并没有依据,索取财产一方不享有财产性权利,故其行为构成敲诈勒索罪。

如果双方形成同居关系,根据《物权法》及相关司法解释,有可能存在财产性权利。假如双方同居期间各出资 200 万元共同购置一套房屋,房屋价值一直未变,登记在女方名下。分手时,男方找女方要 200 万元的补偿款,即便其使用了威胁、恐吓的方式,也不构成敲诈勒索罪。但如果男方向女方索要 1000 万元,两个数字严重不成比例。如果男方通过诉讼渠道主张 1000 万元,不能认为其有非法占有目的,但如果男方通过恐吓手段索要 1000 万元,则表明其有非法占有目的,对于超出的部分依然构成敲诈勒索罪。

注:同居关系是指共同生活关系。注意两点。第一,同居关系包括秘密同居和公开同居,也即同居关系并不要求具有公开性。第二,共同生活关系并不要求常年时刻厮守在一起。例如,不定期地和婚外情人居住在一起,也属于同居关系。

案例一中的欠条,便是典型的敲诈勒索,因孙一淼与王强的胁迫行为在前,签借条行为在后,该借条并非是双方之间存在真实的债权债务关系,他们索要欠款的行为属于以非法占有为目的,并非是对自己债权的权利救济。孙一淼、王强等人以向王益民单位领导告发为由,向王益民索要 600 万元人民币,王益民仅给了 100 万元,剩下的 500 万元以欠条的形式支付,因此,这种敲诈在前,借条在后的方式构成敲诈勒索罪。案例五中的张学奇为了向张银花敲诈财物,以公布性爱录音为要挟要求张银花签署 100 万元的借条,虽张银花未签署,张学奇也构成敲诈勒索。同理可言,若案例二中的孙亚男、案例三中的王粉芳、案例四中的刘淑珍均在对被害人实施恐吓行为之后,让被害人签署借条而支付钱款的情形,均构成敲诈勒索罪。

(四)行为人以自己没文化,不知自己的行为是犯罪进行辩解,对定罪量刑有无影响?

笔者不得不说,这种借口在法律人看来既可笑又可悲。与其事发后追悔莫及,不如事先学习相关法律知识。

问题内容反映的是“法律上认识的错误”,该认识错误原则上不影响定罪量刑。法律上的认识错误有假想的无罪、假想的有罪、认为甲罪是乙罪,还有刑法轻重有误解。对假想的无罪要注意,有些人的行为是构成犯罪的,而他认为不构成犯罪。比如甲认为只要经幼女同意,与她发生性行为是不构成犯罪的。而根据法律的规定,知道对方是幼女,不管她同不同意与她发生性行为都是犯罪行为。这属于假想的无罪,实际上是有罪的,该认识错误对定罪量刑没有影响。

张三霞、孙一森、孙亚男、王粉芳、刘淑珍、张学奇作为完全民事行为能力人,不能以其不知道法律而进行开脱。作为成年人,每个人都应当具有违法性认识,法律从来没有过行为人不知道犯罪行为而不对行为人定罪处罚。法律从来都是公平的,每个人都要为自己的行为承担责任。

三、律师忠告

(一)有涉足婚外情想法的人,千万别再为一时激情而悔恨终生

有涉足婚外情想法的人,请先了解与婚外情相关的法律规定,也可以通过现实发生的与婚外情有关的案例了解相关情况。因婚外情本身不是法律保护的关系,故与婚外情有关的法律规定不会明确体现在法律条文中。近期,笔者也通过各大网络售书平台,了解到目前市面上尚无全面介绍婚外情的法律书籍。为了帮大家全面了解这些信息,本书把相关法律规定结合精选案例给到大家,希望大家能从头到尾好好读,对因婚外情引发的各自复杂法律关系及后果有所了解,并熟悉相关法律规定。

通过笔者亲办案例和现实生活发生的与婚外情有关的案件,笔者发现从双方建立婚外情关系到一方实施敲诈勒索行为,往往时间都不长,短的不到2个月,比较多的是半年到一年半,长的也就三五年。如此短暂的激情过后付出的却是自己不好预料的代价,对方是否还保有最初的激情?

案例一中,身为医院美容科主治医生的王益民,因一时冲动与有男友的张三霞发生不正当男女关系,仅仅发生了一次性关系,便被人抓住把柄,被索要了100万元的巨额财产。因为一时的激情而成为他人的瓮中之鳖,实在是得不偿失。案例二中,孙亚男因被陆笛分手而心生怨恨,为了报复陆笛而以到陆笛单位大闹等方式威胁恐吓陆笛交出100万元的钱款,陆笛经过孙亚男的婚外情,家庭被闹得鸡犬不宁,生活严重受到干扰。同样,案例三的杨元元、案例四的黄师帅

均是因为没有处理好与婚外情人分手的事情，而对婚外情人一再姑息纵容，严重影响了自己的生活。

(二) 不要轻易与陌生异性接触密切

在公交车上、地铁上、火车上、飞机上，甚至随时随地都可能与陌生人接触，但建议在对该人没有详细了解前，不要轻易与对方接触密切，更不要发生性行为。上文案例五中张某的教训希望大家能引以为戒。

第一次发生性行为就被录音，之后又利用该录音强迫签订借款协议。当遭遇此景，一定要意识到很可能遇人不淑，该及时做将来可能打硬仗的准备了。

通过笔者经历的多件对方借助婚外情相关信息敲诈勒索的案例证明，没有意识到风险是最大的风险！当意识到自己可能面临风险时，积极寻求救济途径。当感觉自己力不从心时，寻求专业人士给予帮助。这样能最大限度地防止自己的隐私信息被曝光，还能避免纵容犯罪行为，让对方知难而退、知危而弃！

在本节的五个案例当中，被害人绝大多数都是与陌生异性接触发生婚外情，最后却给自己招致祸端。王益民因初次见面咨询整容事宜便被人算计，被敲诈了大额财物。孙亚男也仅仅和陆笛是萍水相逢便与其发生婚外情，给自己招致了一场惊心动魄的敲诈勒索事件。杨元元与王粉芳仅仅相识于高尔夫球场，两人互相被对方的外表吸引便不顾后果的发生了婚外情，因王粉芳的步步紧逼，他搬了家、辞了职，甚至孩子也被王粉芳骚扰，生活一团乱。张学奇与张银花两人更是在公交车上相邻而坐而相识，张银花因一时冲动便与其发展婚外情，殊不知张学奇可能从刚接触她时便目的不纯。若每个人都对陌生人保持相对的警惕，或许灾难便会远离我们一点。

(三) 尽早从婚外情的旋涡中抽身，回归家庭的几点建议

1. 不要轻易告诉对方自己真实的家庭住址、工作单位、收入情况、子女上学的学校和其他与自己和家人有关的其他情况，这些很可能成为对方将来威胁大家的工具；

2. 不要将个人手机或其他记载有通讯录、个人财产、家庭有关信息的设备或文件交给对方或借给对方，对方一旦复制了通讯录或其他信息，分手不成很可能成为自己的软肋；

3. 不要在对方面前太彰显富有，哪怕是虚假的富有都不要！大多时候炫富

者都不会有太好的下场。

王益民作为医院整容科的主治医生,因自身把控不住自己,很轻易的便被人敲诈勒索。王粉芳知道杨元元的家庭住址、杨元元的工作单位以及杨元元儿子所上的学校,所以,王粉芳便肆无忌惮地去杨元元的家里大闹,导致杨元元一次又一次的搬家。也肆无忌惮地去杨元元的单位吵闹,导致杨元元从单位离职,更可怕的是她还意图将杨元元的儿子带走,这些细思极恐的行为严重影响了杨元元一家的生活。所以,发展婚外情需要谨慎,告诉婚外情人家庭地址、工作单位等基本情况更是给自己埋下了定时炸弹。

(四)如果不幸正遭遇婚外情引发的不幸,请用正确的方法保护合法权益

不法行为是法律规制的对象,如果对方违法程度低,符合民事侵权等构成要件的,受害方可以通过民事救济途径保护身权益;如果对方违法程度提高,到了可以进行行政治安管理处罚的程度,这时就要用行政救济的手段保护自身权益;如果对方违法程度再提高,严重影响到个人或家庭生活的安危甚至身体健康或生命,这时一定要用刑事手段捍卫自身及家庭人员的权利。当然,在采取这些手段捍卫自身相关权益前,请一定搜集并固定好对方违法甚至构成犯罪的相关证据,以便起诉、报案、控告时给自己抓手,给办案机关基本的依据。

王益民在被孙一森、张三霞、王强三人等敲诈600万元人民币,在其给付三人100万元之后,其余500万元以借条的形式慢慢支付。禁不住王强等人步步紧逼索要钱款,双方最终决定一次性400万元来解决事情,王益民也表示同意。如果王益民没有提前报警,王益民损失的不仅仅是100万元,还会损失400万元,给自己的财产带来极大的损失。杨元元在不断被王粉芳骚扰之后,倘若其没有提前告知警察,以签订协议的方式给付王粉芳70万元,该70万元钱款很可能不被认定为敲诈勒索,给自己找回损失增添了许多风险和难度。而黄师帅正是因为在自身遭到勒索时没有寻求专业人士以及警方的帮助,才让自己损失了几十万元,虽然最后也被退还,但可能会有追不回的风险。因此,当合法权益受损时,一定以合法、合理的手段维护自己的权益。

(五)发生婚外情不久对方即以各种理由要钱或借钱,要谨慎

"害人之心不可有,防人之心不可无"这句老古语在婚外情这件事情上尤其适用。当一方有觊觎婚外情人的财产或试图通过不法手段从情人处获取利益

时,另一方一定不要只想如何保护自己的隐私不被暴露,这样会一直被对方牵着鼻子走。此时,因为对方毕竟是在暗处,是不敢见光的,受害方要利用好这一点,掌控对本方有利的信息、固定对方构成侵权甚至违法或者犯罪的证据,对对方形成有效反制!当受害方做到这些,往往事情会发生大反转。笔者近期办理的几起对方敲诈勒索我方,被我方成功反制后,对方将我方微信和手机号都加入黑名单,自此再无消息的案例。

陆笛为了回归家庭而提出与孙亚男分手,对孙亚男几乎是有求必应,孙亚男前后向陆笛借款50万元,此时的陆笛就应该保持警惕,不应当随便给钱,果不其然,人的欲望是无尽的,孙亚男不会轻易满足,她想要的只会更多,竟然要陆笛再拿出100万元,对于这种人,就不应该事事顺从。同样,王粉芳在拿了杨元元给的10万元分手费之后仍旧不满足,去杨元元单位、家里闹过之后,想以70万元解决事情,如果对恶人随意妥协,不对其进行防范,受伤害的最终只会是我们自己。

（六）当有婚外情关系的其中一方指使另一方做违法或犯罪事情的时候,另一方要冷静对待

违法或犯罪行为一旦被发现,必然面临受到相关处罚,家人自然会介入到此件事情中来。而家人的介入势必导致家人了解到其婚外情的内幕,所以,最后很可能的结果是,家人反目,自身身陷囹圄,再无人管问……

本节精选的五个案例,案例二至案例五均是婚外情人因分手不成,而起狠心敲诈勒索对方。案例一则是一对情侣设计他人与情侣一方发生性关系而敲诈勒索,都未涉及婚外情一方指使另一方违法犯罪。假如案例二中,陆笛与孙亚男是婚外情人关系,孙亚男要求陆笛将其公司的财物部分占为己有,用于二人日常开销,而陆笛听话操作,此时如果陆笛具有国家工作人员的身份便会构成贪污罪,不具有国家工作人员地身份便会构成职务侵占罪。当陆笛走向犯罪,等待他的将会是牢狱之灾与高额罚金,他的家庭也会因此破碎。案例三中,杨元元已是国家工作人员,王粉芳以举报其有贪腐行为作为给付财物的威胁,倘若王粉芳以举报杨元元贪污贿赂要求杨元元为其谋利益,并且杨元元将一个项目给了王粉芳,此时杨元元并未收受王粉芳财物而为她谋取利益,不构成受贿罪,而他滥用职权则会被刑法以滥用职权罪等罪行定罪处罚。国家工作人员一旦犯罪,被社会唾弃、被法律惩罚、被组织处分都会相继而来。

当婚外情一方指使另一方违法犯罪时,一定要考虑清楚自身是否能够承受

得起违法犯罪的代价,为婚外情人违法犯罪铃铛入狱是否值得?

(七)固定了相应证据的情况下,找准时机,及时报警

案例二中,行为人在向被害人要第二笔款20万元时,如果被害人早点意识到问题,采取恰当的方法固定证据,然后合适时机报警,相信,那20万元不会损失掉。反观该案例,被害人的纵容行为使得行为人的胃口变大,结果被害人不仅遭受了更多的财产损失,陷入更大的被动,而且,还将行为人拉入了触犯更严重犯罪的深渊!同样,在案例一中,被害人在被犯罪行为人多次催促钱款后,及时寻求公安机关的帮助,在行为人勒索的过程中,藏在暗处的警察一上去就将行为人抓住,不给他们逃跑的机会。为自己减少了400万元的损害,也为自己追回100万元制造了机会。案例三中的杨元元也是如此,在面对行为人一次又一次的逼迫,他知道逃避不是解决问题的办法,只有向外界寻求帮助才能逃离困境,所以他提前报警,让警察将行为人抓获,最终追回了自己70万元的财产。在面对婚外情人紧紧相逼时,及时寻求帮助才能将损失降到最低。

四、法律速递

《中华人民共和国刑法》

第二百七十四条　敲诈勒索公私财物,数额较大或者多次敲诈勒索的,处三年以下有期徒刑、拘役或者管制,并处或者单处罚金;数额巨大或者有其他严重情节的,处三年以上十年以下有期徒刑,并处罚金;数额特别巨大或者有其他特别严重情节的,处十年以上有期徒刑,并处罚金。

《最高人民法院、最高人民检察院关于办理敲诈勒索刑事案件适用法律若干问题的解释》

第一条第一款　敲诈勒索公私财物价值二千元至五千元以上、三万元至十万元以上、三十万元至五十万元以上的,应当分别认定为刑法第二百七十四条规定的"数额较大"、"数额巨大"、"数额特别巨大"。

第二条　敲诈勒索公私财物,具有下列情形之一的,"数额较大"的标准可以按照本解释第一条规定标准的百分之五十确定:

(一)曾因敲诈勒索受过刑事处罚的;

(二)一年内曾因敲诈勒索受过行政处罚的;

(三)对未成年人、残疾人、老年人或者丧失劳动能力人敲诈勒索的;

(四)以将要实施放火、爆炸等危害公共安全犯罪或者故意杀人、绑架等严重侵犯公民人身权利犯罪相威胁敲诈勒索的;

(五)以黑恶势力名义敲诈勒索的;

(六)利用或者冒充国家机关工作人员、军人、新闻工作者等特殊身份敲诈勒索的;

(七)造成其他严重后果的。

第三条 二年内敲诈勒索三次以上的,应当认定为刑法第二百七十四条规定的"多次敲诈勒索"。

第四条 敲诈勒索公私财物,具有本解释第二条第三项至第七项规定的情形之一,数额达到本解释第一条规定的"数额巨大"、"数额特别巨大"百分之八十的,可以分别认定为刑法第二百七十四条规定的"其他严重情节"、"其他特别严重情节"。

第五条 敲诈勒索数额较大,行为人认罪、悔罪,退赃、退赔,并具有下列情形之一的,可以认定为犯罪情节轻微,不起诉或者免予刑事处罚,由有关部门依法予以行政处罚:

(一)具有法定从宽处罚情节的;

(二)没有参与分赃或者获赃较少且不是主犯的;

(三)被害人谅解的;

(四)其他情节轻微、危害不大的。

第二节 隐藏在婚外情中的"桃花劫"
——抢劫罪

一、案例精选

【案例一】 全家老小齐上阵,教训第三者惹官司

婚外情影响的不仅是未出轨的一方,它往往会给整个家庭带来巨大的伤害。下面这个案例,妻子为了教训丈夫的情人,不惜带着儿子女儿一起上阵,虽然解了她的心头之恨，但是不理智的行为也使得自己和孩子背上了刑事犯罪的处罚。

何为宜与丈夫结婚将近20年了，虽然计划生育政策执行的挺严，但是两人仍然生育了三个子女。自从丈夫9年前有了外遇，这个家就不太平，三天一小吵，七天一大吵。丈夫刚开始还是偶尔不回家过夜，后来就索性经常不回家。再后来听说丈夫在外面还有了一个孩子，丈夫回家的次数就更少了，甚至连日常的开销也不再承担。何为宜在一家酒店打工，每个月2000多元的工资补贴家用，显得格外的捉襟见肘。家庭生活如此的艰辛，让何为宜内心埋下了仇恨的种子。孩子们逐渐长大，对家庭的不和也有所了解。长期的压抑使她萌生了想要教训一下丈夫那个情人的想法。

丈夫很少回家，每次丈夫回来，何为宜都在留意是不是能找到丈夫情人的地址。功夫不负有心人，她在丈夫的口袋里找到了一张水电费的单子，地址、姓名都写得明明白白。

"打仗亲兄弟，上阵父子兵"。为了给自己壮胆，何为宜带着自己的两个女儿和儿子，在一个炎热的下午直接冲进了那个地址。一阵急促的敲门声之后，一个年轻的女人睡眼惺忪地开了门。何为宜虽然并不认识丈夫的情人，但是她一眼就认定这个年轻的女人就是破坏他家庭的罪魁祸首。何为宜一下子蹿到前面，伸手抓住了女人的头发，脚下也没闲着，一通乱踢。女人没有防备一下子摔倒在地上。两个女儿虽然没有成年，但是关键时刻仍表现出无比的勇猛，前赴后继，左右开弓，一串巴掌打在这个女人的脸蛋上。那女人被打后嘴角血流了出来，大喊救命，并用旁边的毛巾擦嘴。何为宜眼疾手快顺势将毛巾塞进女人的嘴巴里面，大声警告"不准叫"。儿子看到女人们打成一团，而且自己的母亲妹妹明显占尽了上风，于是他挥起凳子把房子里的电视机、台灯等物件稀里哗啦一顿敲打。不一会儿，四个人打累了，那个女人也躺在地上不再喊叫。何为宜想，丈夫为了这个女人和私生子没少花钱，何不让她吐点钱出来。于是一顿打之后，何为宜呵斥女人将现金和银行卡都拿出来。何为宜搜走了现金并让儿子拿着银行卡到楼下取款。儿子回来说密码不对，那个女人又挨了两巴掌才说出了正确的密码。银行卡里并没有多少存款，一股脑儿都被取走了。

法院认为，被告人何为宜伙同他人对被害人使用暴力及言语威胁的方式，迫使被害人说出银行卡密码后，持银行卡取款共计人民币2000元，并占为己有，何为宜的上述行为符合抢劫罪的犯罪构成，应构成抢劫罪。案发后，被告人何为宜及其家属归还了被害人人民币2000元，并赔偿了被害人的部分损失，且本案是因婚外情引发的犯罪，在对何为宜量刑时一并予以考虑。故此，法院决定对何为宜减轻处罚。鉴于何为宜是初犯，有自首情节，综合考虑其犯罪情节、犯罪后的悔罪表现，法院判决何为宜犯抢劫罪，判处有期徒刑2年，缓刑3年，并处罚金人民币2000元。此外，儿子同样构成抢劫罪被另案判处有期徒刑并缓刑，两个女儿因为年纪尚小不构成犯罪。

【案例二】 网络聊天寻个她，原配夫人撕桃花

男人网聊并与他人开房，不想被“妻管严”妻子发现，为了表示自己悔改之意，男人在妻子的指挥下对被害人拳打脚踢并劫走财物。

李建国与何君是一对夫妻，平时何君对李建国看得挺严，朋友们都笑称李建国是“妻管严”。李建国平时也没什么爱好，就喜欢上个网，玩个游戏。一天李建国在社交软件上认识了一个名叫“就是喜欢你”的网友，两人相聊甚欢，大有相见恨晚之意。都说网聊“见光死”，李建国还是有想见面的冲动。没成想，“就是喜欢你”比他还主动，直接提出要见面。接下来就是水到渠成，为了避免被妻子知道，李建国以出差为由，先后在邻近的三个县多次与“就是喜欢你”约会开房。

世上没有不透风的墙，何况何君对这方面的事还特别敏感。2014年4月中旬，何君发现了李建国的猫腻，为此她大闹一场，李建国自知理亏，表示悔改。何君对此并不相信，她提出来，如果你知道悔改，就要把花在别的女人身上的钱给要回来，否则没门！于是何君用李建国手机以李建国的名义与“就是喜欢你”通过微信、短信联系，约她碰面。“五一”放假的一天中午，“就是喜欢你”来到事先约定好的地方，李建国按照与何君的约定，把她拉到了一个僻静的地方，李建国借口车子轮胎漏气提前下车。这时何君冲上来抢走了“就是喜欢你”的手机。何君还觉得不解气，掐住她的脖子朝脸上打了几巴掌。“就是喜欢你”也不示弱，积极反击，眼看何君渐渐不敌对方的攻势就要处于下风，李建国冲上来对“就是喜欢你”一顿猛击，顺手夺走了她的挎包。“就是喜欢你”扑在地上抱住李建国的腿，让他不要这样对她，李建国不为所动。何君趁势骑在“就是喜欢你”

的身上,脱掉她的裤子,在裤兜里找钱。然后何君、李建国二人又扒下"就是喜欢你"的鞋子,除了几百元现金和身份证、美容卡,化妆品,没有找到其他的财物。于是两人合力把"就是喜欢你"踹倒在路边的水渠内,扬长而去。

法院审理认为,李建国与被害人不正当交往期间所给付被害人的少量财物,属自愿赠与行为,并非债务,不存在返还的义务。被告人何君以泄愤、报复为目的,提议约见并殴打被害人,又唆使李建国要回其在被害人身上所花费的财物,李建国为迎合妻子的心理,积极配合,殴打被害人并向其要钱,而且对被害人搜身,后又拿走被害人手机及现金等物,其非法占有目的明显。二人在主观上具有非法占有目的,客观上当场实施了暴力殴打行为,并当场取得被害人财物,其行为符合抢劫罪的构成要件。鉴于此案系因婚外情引发的,被告人针对特定对象实施犯罪行为的特别刑事案件,被害人明知李建国已婚而与之保持不正当两性关系,过错在先。何君出于维护其婚姻家庭的目的诱骗约见被害人,后又以泄愤、报复和非法占有为目的,进而对被害人施加暴力。法院最终判决李建国犯抢劫罪,判处有期徒刑 3 年,并处罚金 2000 元;被告人何君犯抢劫罪,判处有期徒刑 3 年。

【案例三】 墙外红杏多计谋,又抢又骗露狰狞

万晓婷初中毕业之后在超市做营业员,她的开销与收入相比,完全入不敷出。她人长得漂亮,身边总不乏追求者。一年春节,她认识了黄小华。黄小华人到中年,微微发福,但是很有企业家的派头,出手也很阔绰。一来二去,两人也变得熟悉起来,不久就成为男女朋友关系。

自从两人在一起之后,万晓婷才渐渐发现黄小华不仅不是大老板,而且他早已结婚。万晓婷提出分手,不然的话要把他们之间的关系告诉黄小华的妻子。这可不得了,黄小华还不想离婚,何况他的主要经济收入还是来源于妻子一家,于是他同意给万晓婷 10 万元封口费。虽然两人说是要分手,但是仍然在断断续续地联系。

黄小华答应的封口费迟迟没有到手,万晓婷心中忿忿不平。于是她决定找前男友任平好好教训一下黄小华。2007 年 12 月的一个下午,万晓婷打电话约黄小华碰面,黄小华欣然赴约。黄小华骑着摩托车带着万晓婷来到一个小学围

墙边的小巷时，任平带人截下摩托车，不由分说直接把黄小华推到了一辆小汽车上，任平还按照万晓婷的暗示把摩托车后尾箱里的4万元现金一块儿顺走了。黄小华被捆绑住手脚、封住嘴巴、蒙上双眼，任平用刀架在黄小华的脖子上逼他说出银行卡的密码。只拿到4万元，任平觉得收获太小，当天晚上，任平、万晓婷一商议，决定演一场“捉放曹”。任平告诉黄小华，万晓婷在他手上，要他拿30万元来，不然就撕票。为了避免夜长梦多，当天晚上任平释放了黄小华。第二天一大早，任平的账户上就收到了黄小华转账的23万元。

法院审理后认为，万晓婷、任平的行为构成抢劫罪没有异议，关键是后面的行为到底是绑架还是敲诈勒索。法院认为，自己绑架自己当然不属于绑架“他人”，伙同他人绑架自己，因为并不存在某人的生命安全、身体健康等法益受到侵害的问题(可以认为“被害人同意”导致了这种利益丧失了要保护性)，所以同样不属于绑架他人，从而不能成立绑架罪。伙同他人“绑架”自己而后向自己的亲属或朋友等勒索财物的，只可能成立敲诈勒索罪。故此，法院认定万晓婷和任平密谋作案并邀约他人共同作案，是犯罪行为的起意者和直接实施者，所以应当认定为主犯，按照其所参与的全部犯罪处罚。最终法院以抢劫罪判处两人有期徒刑4年，以敲诈勒索罪，判处两人有期徒刑5年；数罪并罚分别执行有期徒刑8年，并处罚金。

【案例四】 因孽缘结识赌徒，为图财劫杀妯娌

苏维维嫁给蒋义军的时候，蒋义军已经离婚3年了，独自一人带着个孩子。两人结婚1年后，女儿出生。继母并不是那么容易当的，再加上孩子处于青春期，苏维维对蒋义军的儿子充满了怨气，两人经常为了两个孩子的问题发生矛盾。潘四红是蒋义军的嫂子，为人热情，经常会在蒋义军不在家的时候帮忙照顾蒋义军的两个孩子，每每看到苏维维大骂蒋义军儿子的时候，她难免会数落苏维维几句。

苏维维没有工作，也没有其他的爱好，就是喜欢搓搓麻将打打牌，玩点小钱，牌友也很多。夏俊麟是她的牌友之一，因为经常在一起打牌，时间久了就熟悉了，加上夫妻关系不和，苏维维和夏俊麟很快就成了情人关系。在夏俊麟这里苏维维没有了家庭的烦恼，人也变得十分的精神。这一切都看在潘四红的眼里，她

也曾悄悄地警告过苏维维，让她悬崖勒马，毕竟孩子还小。但是苏维维根本控制不住自己，她甚至认为只有在夏俊麟这里才能找到真爱。

一天，夏俊麟愁眉苦脸地找到苏维维，原来他在外面欠赌债被人威胁，要他一周之内还钱。苏维维看到夏俊麟愁眉苦脸的样子，心里也十分不是滋味，她拿出了自己仅有的1万元私房钱，但是这个还远远不够，怎么办呢？这她突然想到潘四红家境不错，经常穿金戴银，不如到她那里搞点钱来给夏俊麟还债。

2016年3月25日上午，苏维维来到潘四红的家里，她见家中没有其他人，就谎称自己准备去娘家一趟，请嫂子帮忙照看一下孩子。潘四红满口答应，就在潘四红转身去取衣服的过程中，苏维维用事先准备的一根窗帘绑带绳从身后勒住了潘四红的脖子，潘四红猛力挣扎，但是无奈体格没有苏维维强壮，很快就瘫软下来。就这样勒了五分钟见潘四红不动了，苏维维把她拖到一楼后面的餐厅内，为了避免潘四红醒过来，苏维维把绳子打了两个死结。直到20分钟后，确认潘四红不会再醒来，苏维维才开始在潘四红的身上和房间里翻找首饰、钱物。拿到钱物之后，苏维维先是到镇上的金店卖掉了首饰，然后打车去了夏俊麟家里，给了他3万元钱。

法院审理后认为，苏维维以非法占有为目的，采用暴力手段劫取他人财物，致一人死亡，其行为已构成抢劫罪。其犯罪手段残忍，犯罪后果严重，社会危害极大，依法应予惩处。最后法院以抢劫罪判处苏维维死刑，剥夺政治权利终身。

【案例五】　为寻欢妻子出轨暴露，求平衡丈夫指挥抢劫

李航与周玲结婚没多久，李航就外出打工了，因为工作忙一年只回家两三次。周玲在老家开了个小超市，平时人流量不大，但是收入基本可以维持家中日常开销。周玲虽然结婚了，但是因为丈夫长年不在家中，平时的生活状态和没结婚时差不多。刘闯经常到周玲的店里买东西，时间一长，两人就认识了。知道周玲的家中情况，刘闯来买东西的次数就更勤了，没过多久两人就发展成为情人关系。周玲虽然觉得十分对不起丈夫，但是她并不想离婚，所以平时和刘闯的联系都非常隐蔽。

有一年国庆节，李航放假回家。觉得妻子有些异样，直觉告诉他，妻子可能出轨了。他趁周玲不注意时，悄悄地查阅了周玲的微信记录。这一查果然不出

所料,微信里暧昧的记录,让他骤然跌入冰窖。缓过神来,李航直接和周玲摊牌。周玲自知隐瞒不下去,只好竹筒倒豆子把她和刘闯之间的关系都说了。李航心里十分不平衡,自己在外面拼死拼活都是为了这个家,周玲竟然背着她在外面有男人。看到周玲跪在地上恳求他原谅,李航的心软了,表示可以原谅自己的妻子,但是那个破坏他家庭的第三者,绝不能饶恕。

当年年底的一天,周玲按照和李航的事先约定,约刘闯到家里来。像往常一样,刘闯并没有察觉到异样,两人一起来到了周玲的家里,李航悄悄地在旁边埋伏。就在周玲脱下刘闯的衣服时,门一下子就被撞开了。刘闯一下子惊呆了,眼看根本就没地方躲,他只好向外冲。李航怎么可能让他逃脱,他拿着菜刀堵在门口。这时李航喊来的堂兄和表弟也赶过来了,三个人围着刘闯一顿暴揍,刘闯捂着脸趴在地上求饶。李航提出要想饶过他也行,但要把身上的钱和贵重物品全部留下来,还要拿一笔钱来补偿他。李航和两个兄弟顺手收缴了刘闯身上的现金、手机和值钱的物件,当天晚上刘闯让朋友朝李航的卡上转了 2000 元,才被释放。

法院审理后认为,李航、周玲等以非法占有为目的,使用暴力当场劫取他人财物,二人的行为均已构成抢劫罪,依法应处 3 年以上 10 年以下有期徒刑,并处罚金。在共同犯罪中,二人均积极实施抢劫,均是主犯。但是考虑到犯罪的起意和所起的作用,周玲的作用相对较小。法院最终以抢劫罪判处李航有期徒刑 3 年 6 个月,周玲有期徒刑 3 年 3 个月。

二、指引维权

乍一看,抢劫犯罪好像和婚外情没有关系,但是经过前面这些案例,我们可以发现因婚外情引发的抢劫犯罪并不少见。这里无论是哪一个角色的被告人,他们实际上都认为自己在整个三角关系中是受害者或者是付出没有回报,实施抢劫的时候甚至没有意识到这种行为已经严重违法涉嫌犯罪。所以在这里有必要和大家普及一下有关抢劫犯罪的法律知识,同时对相关相似罪名做一个区分。

(一)什么是抢劫罪

抢劫罪,是指以非法占有为目的,对财物的所有人、保管人使用暴力、胁迫或其他方法,强行将公私财物抢走的行为。

1. 客观方面

行为人对公私财物的所有者、保管者或者守护者当场使用暴力、胁迫或者其他对人身实施强制的方法，强行劫取公私财物的行为。这种当场对被害人身体实施强制的犯罪手段，是抢劫罪的本质特征，也是它区别于盗窃罪、诈骗罪、抢夺罪和敲诈勒索罪的最显著特点。

这里的暴力，是指对财物的所有者、保管者或者守护者的人身实施不法的打击或强制，使得被害人不敢反抗或者不能反抗。比如上文案例中的殴打、捆绑、禁闭等行为。

这里的胁迫，是指对被害人以当场实施暴力相威胁，进行精神强制，目的是使被害人产生恐惧而不敢反抗。胁迫的内容是当场对被害人施加胁迫。当然现实生活中胁迫的方式有很多种，有的是动作，比如拿出刀、棍，甚至是拿着刀架在脖子上；有的还可能是语言，比如“站住不许动，把钱交出来，否则对你不客气”，或者以对被害人的亲友进行报复等。目的就是迫使被害人产生恐惧，不敢反抗。注意这里的胁迫必须是向被害人本人发出的，如果是被害人的其他相关人发出的，不构成本罪，但有可能构成绑架、敲诈勒索等其他罪名。

这里的其他方法，也是立法的一个技巧，是一个兜底条款，是指使用暴力、胁迫以外的方法使得被害人不知反抗或无法反抗，而当场劫取财物的行为。比如用酒灌醉、用药物麻醉等方法劫取他人财物。此前笔者曾经办过一个麻醉抢劫案，被告人利用网络发布招嫖信息，待开好房间之后，趁被害人不备在被害人水杯里放入麻醉药品，被害人昏睡后取得其随身财物。但是这里要注意的是，如果行为人先前没有采取动作使得被害人不知反抗或无法反抗的状态，而是借用了被害人自己因患病、醉酒、熟睡、昏迷等而拿走或夺取财物的，不构成抢劫罪，一般会构成盗窃罪。

此外，判断是否构成抢劫罪，还应以犯罪人是否基于非法占有财物为目的。这里的非法占有是指占有不属于自己的财物。比如以暴力或者胁迫等方法要回属于自己的物品，就不属于抢劫罪，要根据具体案情确定是否构成犯罪或者构成其他犯罪。这里的非法占有财物还有一个标准就是当场劫取或者迫使被害人当场交出财物。

2. 侵犯的客体

抢劫罪侵犯的客体是公私财物所有权和公民的人身权利，侵犯的是双重客体。对抢劫罪来说，主要目的还是非法占有他人的财物，采取暴力、胁迫或者其他方法只是手段。抢劫罪是严重的暴力性犯罪，只要实施了抢劫行为取得了财物，均构成抢劫罪即遂，而不论取得财物价值大小。此前有一个案例，被告人因为饥饿，在火车站广场卡住被害人的脖子抢走了被害人的两个苹果，法院最后以抢劫罪判处其3年有期徒刑。至于抢劫所获得的财物价值大小对于入罪来说在所不问，“数额特别巨大”只是本罪从重处罚的量刑情节。

3. 主体要件

本罪的主体为一般主体，年满14周岁并具有刑事责任能力的自然人，均能构成该罪的主体。前述第一个案例中当事人的儿子因为已经超过14周岁尚未满18周岁，属于未成年人，故此依法减轻处理。对于两个女儿，因为尚不足14周岁，按照法律规定不承担刑事责任。

4. 主观要件

抢劫罪在主观方面为直接故意，并具有非法占有公私财物的目的，如果没有这样的故意内容就不构成本罪。

5. 关于抢劫罪的处罚

处3年以上10年以下有期徒刑，并处罚金；有法定严重情形之一的，处10年以上有期徒刑、无期徒刑或者死刑，并处罚金或者没收财产。法定严重情形是指：(1)入户抢劫的；(2)在公共交通工具上抢劫的；(3)抢劫银行或者其他金融机构的；(4)多次抢劫或者抢劫数额巨大的；(5)抢劫致人重伤、死亡的；(6)冒充军警人员抢劫的；(7)持枪抢劫的；(8)抢劫军用物资或者抢险、救灾、救济物资的。

(二)抢劫罪与抢夺罪

抢夺罪是指以非法占有为目的，乘人不备，公开夺取数额较大的公私财物的行为。

抢劫罪不仅侵犯公私财产所有权还包括公民的人身权利；抢夺罪只侵犯公私财产的所有权。

客观方面，抢劫罪表现为使用暴力、胁迫或者其他方法劫取公私财产的行为，劫取的财物的数额不限均构成犯罪；抢夺罪在客观方面表现为公然夺取公私财物数额较大的行为。当然在一定的条件下，抢夺罪可以转化为抢夺罪，我国《刑法》第269条就规定了此种情况，其中包括了犯抢夺罪转化为抢劫罪的情况。对于准备了刀棍等犯罪工具，准备抢劫，但是并未使用而是改为趁其不备抢夺或者是盗窃的则要根据实际情况来确定是构成哪一种犯罪。

（三）抢劫罪与绑架罪

绑架罪是指勒索财物或者其他目的，使用暴力、胁迫或者其他方法，绑架他人的行为，或者绑架他人作为人质的行为。

抢劫罪与绑架罪的主要区别：抢劫罪的客观方面表现为行为人当场使用暴力、胁迫或者其他手段迫使当场交出财物或者当场将其财物劫走；绑架罪的客观方面表现为行为人对财物的所有人、经管人的亲属使用暴力、胁迫或麻醉手段，将其劫持，利用被绑架人的亲属或者其他有关人员对被绑架人安危的忧虑，迫使被绑架人的亲属或者其他人交出一定的财物，换取被绑架人的人身安全。绑架罪的财物不是当场取得，而是在以后的时间、地点取得；另外还有一个区别就是，抢劫罪是从被抢劫的对象处取得财物，而绑架罪是从被绑架人的关系人包括亲属等处取得财物。前述案例中任平与万晓婷合谋编造万晓婷被绑架的信息迫使黄小华汇款，因为万晓婷并没有真的被绑架，"绑架"自己并不构成绑架罪，其客观表现形式更符合下述的敲诈勒索罪的犯罪构成。

（四）抢劫罪与敲诈勒索罪

一般而言，敲诈勒索罪是对被勒索人本人实施威胁或要挟方法（通常利用自己掌握的对受害人不利的所谓把柄如婚外情），迫使其给付数额较大的财物或财产利益。

首先，敲诈勒索的目的是非法占有他人的财物，不涉及对人身权利的侵犯；抢劫罪不仅非法占有他人财产的目的，还侵犯到了被害人的人身权利。

其次，抢劫罪的"威胁"是扬言当场实施，"威胁"的内容都是当场可以实施的；敲诈勒索罪的"威胁"一般是扬言将要实施，并不一定当场实施，威胁的内容可以是当场能够实施的，也可以是在以后的某个时间才能实施。上述案例中黄小华在任平编造的虚假绑架信息误导下，误认为万晓婷被绑架，为了万晓婷安全方才汇款。而事实上万晓婷并没有被绑架。任平是利用了黄小华对万晓婷的关心，逼迫其汇款，符合敲诈勒索的犯罪构成。

最后，抢劫罪是当场交出财物；敲诈勒索罪迫使交出财物的时间、地点，可以是当场，也可以是在以后。

三、律师建议

抢劫罪是严重的暴力犯罪，被害人损失的不仅仅是财物，更重要的是人身安全还会受到重大的威胁,严重的话可能会失去生命,所以我们在日常生活中一定要注意防范,保有安全意识。综合以上案例,我们可以看到,婚外情的任何一方都有做被告人的情况,当事人往往是出于气愤、报复、还钱或者要补偿等心理。对于因婚外情引发的抢劫其中不仅仅是因为财产或者人身的因素,还掺杂着各种的情感纠葛,往往更难以防范。

那如何防范被抢劫呢?首先的一点是,婚外情是严重违反婚姻义务的一种行为,它不仅仅影响到家庭的和谐,甚至会影响到亲戚朋友的人身安全和社会的安定。所以一定要杜绝婚外情,对已经有了家室的人,遇到心动之人时一定要克制。多想一想配偶的长处,和其共处的快乐时光;再想一想一时的激情将会给家庭和生活会带来什么样的不良后果。特别是对于有孩子的家庭,婚外情会拆散家庭,而受伤害最大的往往就是孩子。其次,虽然婚外情的那个他(她)可能已经很熟悉了,但真的了解他(她)吗?在一起真的是为了感情吗?真的能走到最后吗?如果对这些还没有肯定的答案,还是悬崖勒马、回头是岸。再次,当和那个他(她)发生了不愉快或者真的准备要分手的时候,一定要有安全意识。比如和他(她)见面的时候一定要选在有人经过的公共场所,随身不要携带太贵重的物品。如果遇到抢劫,切记人身和生命安全是第一位的,在确保人身和生命安全的前提下放弃财物。遇到合适的时机要想办法自救,比如在公共场所大喊"救命",趁着看管不严的时候逃离。在被抢劫的时候也一定要想办法记住抢劫人的长相、身材、穿着等特征。最后,一旦脱身,拨打报警电话或者寻求最近的派出所报警,尽量详细地还原被抢劫的过程,以尽快抓到犯罪嫌疑人。

四、法律速递

《中华人民共和国刑法》

第二百六十三条　以暴力、胁迫或者其他方法抢劫公私财物的,处三年以上十年以下有期徒刑,并处罚金;有下列情形之一的,处十年以上有期徒刑、无期徒刑或者死刑,并处罚金或者没收财产:

(一)入户抢劫的;

(二)在公共交通工具上抢劫的;

(三)抢劫银行或者其他金融机构的;

(四)多次抢劫或者抢劫数额巨大的;

（五）抢劫致人重伤、死亡的；

（六）冒充军警人员抢劫的；

（七）持枪抢劫的；

（八）抢劫军用物资或者抢险、救灾、救济物资的。

第二百六十七条第二款　携带凶器抢夺的，依照本法第二百六十三条的规定定罪处罚。

第二百六十九条　犯盗窃、诈骗、抢夺罪，为窝藏赃物、抗拒抓捕或者毁灭罪证而当场使用暴力或者以暴力相威胁的，依照本法第二百六十三条的规定定罪处罚。

第二百八十九条　聚众"打砸抢"，致人伤残、死亡的，依照本法第二百三十四条、第二百三十二条的规定定罪处罚。毁坏或者抢走公私财物的，除判令退赔外，对首要分子，依照本法第二百六十三条的规定定罪处罚。

第三节　财物易盗、人心难留
——盗窃罪[①]

一、案例精选

【案例一】 因爱生恨，偷不回的心

人们常说"爱之深，恨之切"，因爱生恨的事例不在少数。谭斗娥与刘大福曾保持婚外情人关系多年，但2008年5月，刘大福有了新欢，开始疏远谭斗娥，并多次向其提出分手。谭斗娥内心无法接受，越想越觉得委屈。2008年8月，谭斗娥意外发现刘大福在QQ空间里发布了和新女友在外地旅游的亲密照片，一时间妒火中烧，便萌生了趁刘大福和新女友外出不在，给他们一点教训的

① 笔者以"婚外情""出轨""情人""第三者""不正当"为关键词，案由为"盗窃罪"，在Alpha案例库进行检索，以2011年1月1日至2020年8月1日为时间段，共检索出1925个案件。相关案件的数量多，呈波动上升趋势，且增长幅度较大。现有数据说明因婚外情而引发的盗窃犯罪在因婚外情引发的财产性犯罪中比较常见，备受社会关注。

念头。

8月5日晚,谭斗娥步行至刘大福家,拿出刘大福之前交给自己的备用钥匙试图开门,却发现门锁是新的。想到刘大福变了心,连房门钥匙都换了,谭斗娥又委屈又气愤,便从厢房处的杂屋内找到一把旧菜刀,将刘家左前檐的厨房窗户木柱砍断,钻了进去。进屋后,她径直走到刘大福的房间,四处翻动,终于发现刘大福的两本存折和一张银行卡,直接将其放进了自己的上衣口袋里。本想就此离开,她一抬头又看见了客厅里的电视机,便决定把屋内的两床棉被和一台彩电带走。谭斗娥认为,这些物品虽然是刘大福购买的,但承载了这些年他们在一起的回忆,应该归自己。为了掩人耳目,谭斗娥找到一架木梯,刚好可以从刘家二楼后门搭到屋后邻居家门口的草地上。通过该木梯,谭斗娥顺利将刘家的两床棉被、一台彩电等物品搬出。她本想把这些物品拿到自己家中使用,但睹物思人,便把这些物品扔到了护城河里。

2008年8月6日晚,谭斗娥将自己带回银行卡和存折的事,告诉了时年15周岁的儿子李小华,二人一同前往自动取款机取款。因刘大福曾透露过自己的银行卡密码,母子二人取走了银行卡上的10,037元存款。担心事情败露,谭斗娥在返家途中将存折和银行卡丢弃。

案发后,公安机关在谭斗娥家枕头底下发现了尚未使用的赃款4600元,谭斗娥的母亲代女儿退赔了5437元。法院认为,谭斗娥以非法占有为目的,采取秘密手段窃取他人财物,数额较大,其行为构成了盗窃罪。鉴于案发后谭斗娥认罪态度好,当地村委会愿意对其监管并制定了相关措施等情况,综合考虑谭斗娥犯罪的事实、性质、情节以及对于社会的危害程度,法院最终对其判处有期徒刑3年,缓刑4年执行,并处罚金4000元。

【案例二】 爱而不得,“恨”屋及乌

人们常说爱屋及乌,但是在一段亲密的关系中,爱有时会转换成恨,这便是典型的“心理摆效应”。它是指人的情感像钟摆,被高高拎起后又从高度荡下,很容易向相反的状态转化,感情的正向力量越大,反向转化的程度就越深。已婚的阿成是“蓝天计划”传销组织成员,每天通过各种渠道发展下线。为了发展下线,他将QQ头像设置成保时捷豪车,并经常在QQ群里炫耀自己阔绰的生活。

而事实是，阿成的老婆萧潇常年在老家照顾生病的公婆及年幼的孩子，生活艰辛。小洁是刚刚进城的外来务工人员，2017年年末，小洁在同城交友群看到阿成的广告及留言，便开始和阿成联系，一来一往小洁便加入了传销组织，成为阿成的下线。

阿成觉得小洁年轻貌美，便对小洁展开一波又一波的追求攻势。他向小洁承诺：自己很快就会和萧潇离婚，离完婚就和小洁结婚。纯真的小洁相信了阿成的甜言蜜语，两人迅速确立了恋爱关系，并开始了同居生活。阿成平日喜欢喝酒打牌，和小洁同居期间，总是带着浓浓的酒意回来，醒来就会拿小洁的钱继续出去吃喝。金钱和生活细节上的矛盾激化，让两人的恋情雪上加霜。小洁向阿成提出分手，说自己有了新的追求者阿周，阿周比阿成帅气有钱，而且不是传销组织成员，自己跟着他生活更加快乐。阿成认为小洁爱慕虚荣，另攀高枝，坚决不同意分手。2018年2月17日，阿成趁小洁不在家拿走了她藏在抽屉里的银行卡，并到附近的自动取款机取钱，成功取款11,000元。一想到小洁另有新欢，阿成就无法平静。2月18日上午，气急败坏的阿成购买了1把折叠水果刀藏在裤兜内，并于当日下午1点，将小洁带至二人同居楼栋楼顶的电梯控制间内。阿成向小洁描述了"蓝天计划"传销活动的发展前景，但小洁去意已定。聊天中小洁的手机响了，看到来电显示是阿周，阿成恼羞成怒，猛地把小洁的手机打在地上，左手从背后勒住小洁的脖子，右手持刀指向小洁颈部，小洁拼命反抗，水果刀划到了她的脖子，血立刻喷射出来。看到小洁为了阿周不肯屈服于自己，阿成又在小洁脖子上横抹一刀。10分钟后，小洁因双侧颈总动脉、双侧颈静脉离断引起大出血而死亡。

法院认为，阿成盗窃小洁的银行卡，并私自取款，应定性为以秘密方式窃取他人财物，数额较大，其行为已构成盗窃罪。阿成用事先购买的水果刀切割被害人小洁颈部数刀，致其当场死亡，其行为已构成故意杀人罪。其中，盗窃罪，判处有期徒刑1年，罚金人民币2000元；故意杀人罪，判处死刑，剥夺政治权利终身；数罪并罚，法院决定对阿成执行死刑，剥夺政治权利终身，罚金2000元。

二、维权指引

（一）盗窃罪的构成要件

根据《刑法》第264条的规定，盗窃罪是指以非法占有为目的，盗窃公私财物数额较大或者多次盗窃、入户盗窃、携带凶器盗窃、扒窃的行为。然而,并不是所有盗窃行为都会构成盗窃罪,考察相关行为是否构成盗窃罪,应从犯罪客体、犯罪客观要件、犯罪主体、犯罪主观要件这四个方面具体分析。

就犯罪客体而言,盗窃罪的犯罪客体是公私财产的所有权。实际上,本罪保护的是现有的财产秩序,也包括对财产的占有。

就犯罪客观要件而言,本罪的犯罪对象是他人占有的公私财物,一般是指可以转移占有的动产。这些公私财物应当具有一定的经济价值,能够为人所控制和占有,且是行为人以外的“他人”的财物。如果个人财物被他人合法占用或使用,也能被视为“他人的财物”。应当注意的是,这里的公私财物既包括有体物,也包括无体物,还包括违禁品,但不包括刑法另有规定的特定物品,如枪支、弹药、爆炸物等。

本罪的客观行为表现为五种,即盗窃公私财物数额较大、多次盗窃、入户盗窃、携带凶器盗窃、扒窃。对于普通盗窃行为,需要达到数额较大的标准。那么,盗窃财物的数额达到多少才算“数额较大”呢?根据有关司法解释的规定,“数额较大”的起点标准为1000元至3000元。各地可根据本地区经济发展状况,并考虑社会治安状况,确定具体数额标准。比如,北京市的认定标准为2000元以上。所谓多次盗窃,是指两年内盗窃三次以上的行为;所谓入户盗窃,是指非法进入供他人家庭生活、与外界相对隔离的住所盗窃的行为;所谓携带凶器盗窃,是指携带枪支、弹药、管制刀具等国家禁止个人携带的器械盗窃,或者为了实施违法犯罪携带其他足以危害他人人身安全的器械盗窃的行为;所谓扒窃,是指在公共场所或公共交通工具上盗窃他人紧密贴身占有的财物的行为。

就犯罪主体而言,本罪的犯罪主体为年满16周岁具有辨认控制能力的自然人。

就犯罪主观要件而言,本罪的主观方面为故意,且具有非法占有他人财物的目的。需要注意的是,如果行为人误将价值巨大或特别巨大的财物误以为是价值微薄的财物盗窃的,其不具有盗窃罪的故意,不应认定为盗窃罪。例如,甲来到家徒四壁的乙家中,看到桌子上有一个手镯,以为是不值钱的现代工艺品,顺手带走手镯把玩。事实上这个手镯为元代古董,价值百万。由于甲主观上并没有盗窃古董的故意,其行为不构成盗窃罪。

综上所述,只有同时符合以上四个构成要件,才构成盗窃罪。在本节案例一中，谭斗娥潜入刘大福家中，在刘大福不知情的情况下，拿走存折、银行卡、棉被、彩电等财物，属于入户盗窃。虽然谭斗娥自称是为了报复才盗窃，但主观上确有非法占有之目的，其动机不影响犯罪的成立。此外，谭斗娥的儿子李小华明知是母亲偷来的银行卡，仍陪同一起去取款，帮助母亲藏匿钱款，其行为涉嫌掩饰掩饰、隐瞒犯罪所得、犯罪所得收益罪，但李小华行为时为15周岁，尚未达到该罪的要求的刑事责任年龄，因此不承担刑事责任。在本节案例二中，阿成拿走小洁的银行卡并前往自动取款机取款，也是以非法占有他人财物为目的，在小洁不知情的情况下，采用秘密窃取的手段转移小洁对钱款的占有。阿成的行为满足盗窃罪的构成要件，成立盗窃罪。

（二）盗窃未遂的认定及处罚

盗窃既遂是盗窃罪的完成形态，盗窃未遂是盗窃罪的未完成形态。关于盗窃既遂与未遂的划分标准，刑法学界存在不同的观点，通说采用的是"控制说"，即如果行为人实际控制住他人财物，即可成立盗窃罪的犯罪既遂。例如，在公交车上，小偷扒窃乘客的钱包，当小偷实际拿到钱包，钱包在小偷的控制范围内时，就成立盗窃罪既遂。盗窃未遂相对于盗窃既遂而言危害较低，根据《刑法》的规定，未遂犯可以比照既遂犯从轻或者减轻处罚。按照有关司法解释的规定，盗窃未遂在特殊情况下应当追究刑事责任，包括以数额巨大的财物为盗窃目标的；以珍贵文物为盗窃目标的等。例如，小偷甲去故宫偷盗珍贵文物，当他打开保险柜时，触发了报警系统，被立即发现扭送公安局。甲虽然没有得逞，但仍应当以盗窃罪未遂追究刑事责任。

按照最高人民法院的司法解释，盗窃既有既遂，又有未遂，分别达到不同量刑幅度的，依照处罚较重的规定处罚；达到同一量刑幅度的，以盗窃罪既遂处罚。不少人以为偷东西没得手就不构成犯罪，不会受到刑事处罚，这是错误的，当满足一定条件时，盗窃未遂行为也要追究刑事责任。

（三）盗窃自己家里或近亲属的财物等行为的定性

按照最高人民法院的司法解释，偷拿家庭成员或者近亲属的财物，获得谅解的，可以不按犯罪处理，确实有必要追究刑事责任的，也应当对其酌情从宽。刑法中的近亲属包括夫、妻、父、母、子、女、同胞兄弟姐妹。不论这些近亲属是否与行为人一起生活，都属于盗窃近亲属的财物。如果家庭成员勾结外人盗窃自己家里的或近亲属的财物，属于共同盗窃，构成犯罪的，也应依法追究刑事责任。

在上述案例一中，虽然谭斗娥辩称自己只是拿回和情人交往过程中的共同财产，但婚外情关系不是我国法律保护的合法关系，婚外情人更不是法律所承认的合法配偶，自然也不是盗窃者的近亲属。所以，谭斗娥秘密窃取情人财物的行为，不能根据上述司法解释得到宽宥处理。

(四)盗窃过程中或盗窃后毁损公私财物行为的定性

盗窃罪要求行为人主观上具有非法占有的目的，但不包括毁损财物的目的，如果行为人在盗窃过程中或盗窃之后毁损公私财物的，按照有关司法解释的规定，分不同情形进行处理：(1)采用破坏性手段盗窃公私财物，造成其他财物损毁的，以盗窃罪从重处罚，同时构成盗窃罪和其他犯罪的，择一重罪从重处罚；(2)盗窃后，为掩盖罪行或者报复等，故意毁坏其他财物构成犯罪的，以盗窃罪和构成的其他犯罪数罪并罚；(3)盗窃行为未构成犯罪，但损毁财物构成其他犯罪的，以其他犯罪定罪处罚。

在本节案例一中，谭斗娥盗窃后，为了报复刘大福，故意将刘家的彩电、棉被扔进护城河中毁坏，其行为同时触犯盗窃罪和故意毁坏财物罪，按照司法解释的规定，如果其毁坏行为构成犯罪的，应当数罪并罚。但谭斗娥扔掉的彩电和棉被价值未达到故意毁坏财物罪的起刑标准，故不构成犯罪。因此，谭斗娥的行为仅成立盗窃罪一罪。

(五)盗窃罪的量刑标准

根据《刑法》第 264 条的规定，犯盗窃罪的，处 3 年以下有期徒刑、拘役或管制，并处或单处罚金；数额巨大或者有其他严重情节的，处 3 年以上 10 年以下有期徒刑，并处罚金；数额特别巨大或者有其他特别严重情节的，处 10 年以上有期徒刑或者无期徒刑，并处罚金或者没收财产。

根据有关司法解释的规定，因犯盗窃罪，依法被判处罚金刑的，应当在 1000 元以上盗窃数额的两倍以下判处罚金；没有盗窃数额或盗窃数额无法计算的，应当在 1000 元以上 10 万元以下判处罚金。

在本节案例一中，谭斗娥的盗窃数额 1 万多元，被判处了 3 年有期徒刑，并处罚金 4000 元。在本节案例二中，阿成的盗窃数额也为 1 万多元，其盗窃罪被人民法院判处有期徒刑 1 年，并处罚金 2000 元。这是因为谭斗娥系入户盗窃，入户盗窃不需要达到数额较大的标准即可构成犯罪，入户盗窃行为的社会危害性更大，通常被判处的刑罚重于一般盗窃行为。

三、律师建议

（一）加强个人财产的保护

婚外情关系中，难免会出现金钱往来、财产共用等情形。但婚外与他人同居，是违反《民法典》规定的夫妻忠诚义务的行为。婚外恋人交往过程中共同置办的财物、共同使用的金钱，都不能等同于夫妻共同财产。因此，在婚外情关系中应切实保护好个人财产，不要随意将个人银行卡密码告诉他人，尽量不要用生日、电话号码等他人容易知道的个人信息作为取款、支付、手机解锁的密码。如果发现财物被盗，受害人应在第一时间报警并注意保留证据、维护现场。

（二）金钱往来应注意保留证据

在婚姻关系中，一方将夫妻共同财产用于夫妻共同生活是被法律允许的，这被形象地称为“钥匙权”，而婚外情关系的双方不享有这种权利。因此，双方的金钱往来应尽可能明晰，在性质上分清是借贷还是赠与，以免日后引起纠纷。此外，为避免日后举证困难，如果不是出于赠与的目的，双方之间的大额金钱往来建议签订借款协议或者留下欠条、借据等凭证。

以下为“借款协议”范本：

借款协议

甲方（借款人）：×××（写明借款人的基本情况）

乙方（出借人）：×××（同上）

甲乙双方就下列事宜达成一致意见，签订本协议。

一、乙方贷给甲方人民币×××元，于××××年××月××日前交付甲方。

二、借款利息（应按国家规定的标准约定具体的利息，不得超过国家规定的标准。自然人之间也可以无息借款）

三、借款期限（写明具体的年、月、日）

四、还款日期和方式

五、违约责任

六、本协议自××××年××月××日生效。本协议一式两份，双方各执一份。

甲方：×××（签字或盖章） 乙方：×××（签字或盖章）

××××年××月××日 ××××年××月××日

（三）要求返还财物应通过合法途径

婚外情关系中，如果双方发生经济纠纷，应通过合法途径解决，切莫采取极端手段，误入犯罪歧途。在本节案例二中，如果阿成想要拿回赠送给小洁的财物，可以和原配萧潇联手，通过起诉小洁，请求法院确认阿成擅自将夫妻共有财产赠与小洁的行为无效，以达到让小洁返还财物的目的。

四、法律速递

《中华人民共和国刑法》

第二百六十四条　盗窃公私财物，数额较大的，或者多次盗窃、入户盗窃、携带凶器盗窃、扒窃的，处三年以下有期徒刑、拘役或者管制，并处或者单处罚金；数额巨大或者有其他严重情节的，处三年以上十年以下有期徒刑，并处罚金；数额特别巨大或者有其他特别严重情节的，处十年以上有期徒刑或者无期徒刑，并处罚金或者没收财产。

第三百一十二条　明知是犯罪所得及其产生的收益而予以窝藏、转移、收购、代为销售或者以其他方法掩饰、隐瞒的，处三年以下有期徒刑、拘役或者管制，并处或者单处罚金；情节严重的，处三年以上七年以下有期徒刑，并处罚金。

单位犯前款罪的，对单位判处罚金，并对其直接负责的主管人员和其他直接责任人员，依照前款的规定处罚。

《最高人民法院、最高人民检察院关于办理盗窃刑事案件适用法律若干问题的解释》

第1条　盗窃公私财物价值一千元至三千元以上、三万元至十万元以上、三十万元至五十万元以上的，应当分别认定为刑法第二百六十四条规定的“数额较大”“数额巨大”“数额特别巨大”。各省、自治区、直辖市高级人民法院、人民检察院可以根据本地区经济发展状况，并考虑社会治安状况，在前款规定的数额幅度内，确定本地区执行的具体数额标准，报最高人民法院、最高人民检察院批准。在跨地区运行的公共交通工具上盗窃，盗窃地点无法查证的，盗窃数额是否达到“数额较大”“数额巨大”“数额特别巨大”，应当根据受理案件所在地省、自治区、直辖市高级人民法院、人民检察院确定的有关数额标准认定。盗窃毒品等违禁品，应当按照盗窃罪处理的，根据情节轻重量刑。

第2条　盗窃公私财物，具有下列情形之一的，“数额较大”的标准可以按照前条规定标准的百分之五十确定：

（一）曾因盗窃受过刑事处罚的；

（二）一年内曾因盗窃受过行政处罚的；

（三）组织、控制未成年人盗窃的；

（四）自然灾害、事故灾害、社会安全事件等突发事件期间，在事件发生地盗窃的；

（五）盗窃残疾人、孤寡老人、丧失劳动能力人的财物的；

（六）在医院盗窃病人或者其亲友财物的；

（七）盗窃救灾、抢险、防汛、优抚、扶贫、移民、救济款物的；

（八）因盗窃造成严重后果的。

第3条　二年内盗窃三次以上的，应当认定为“多次盗窃”。非法进入供他人家庭生活，与外界相对隔离的住所盗窃的，应当认定为“入户盗窃”。携带枪支、爆炸物、管制刀具等国家禁止个人携带的器械盗窃，或者为了实施违法犯罪携带其他足以危害他人人身安全的器械盗窃的，应当认定为“携带凶器盗窃”。在公共场所或者公共交通工具上盗窃他人随身携带的财物的，应当认定为“扒窃”。

第6条　盗窃公私财物，具有本解释第二条第三项至第八项规定情形之一，或者入户盗窃、携带凶器盗窃，数额达到本解释第一条规定的“数额巨大”、“数额特别巨大”百分之五十的，可以分别认定为刑法第二百六十四条规定的“其他严重情节”或者“其他特别严重情节”。

第7条　盗窃公私财物数额较大，行为人认罪、悔罪，退赃、退赔，且具有下列情形之一，情节轻微的，可以不起诉或者免予刑事处罚；必要时，由有关部门予以行政处罚：

（一）具有法定从宽处罚情节的；

（二）没有参与分赃或者获赃较少且不是主犯的；

（三）被害人谅解的；

（四）其他情节轻微、危害不大的。

第8条　偷拿家庭成员或者近亲属的财物,获得谅解的,一般可不认为是犯罪;追究刑事责任的,应当酌情从宽。

第11条　盗窃公私财物并造成财物损毁的,按照下列规定处理:

(一)采用破坏性手段盗窃公私财物,造成其他财物损毁的,以盗窃罪从重处罚;同时构成盗窃罪和其他犯罪的,择一重罪从重处罚;

(二)实施盗窃犯罪后,为掩盖罪行或者报复等,故意毁坏其他财物构成犯罪的,以盗窃罪和构成的其他犯罪数罪并罚;

(三)盗窃行为未构成犯罪,但损毁财物构成其他犯罪的,以其他犯罪定罪处罚。

第12条　盗窃未遂,具有下列情形之一的,应当依法追究刑事责任:

(一)以数额巨大的财物为盗窃目标的;

(二)以珍贵文物为盗窃目标的;

(三)其他情节严重的情形。盗窃既有既遂,又有未遂,分别达到不同量刑幅度的,依照处罚较重的规定处罚;达到同一量刑幅度的,以盗窃罪既遂处罚。

第14条　因犯盗窃罪,依法判处罚金刑的,应当在一千元以上盗窃数额的二倍以下判处罚金;没有盗窃数额或者盗窃数额无法计算的,应当在一千元以上十万元以下判处罚金。

第四节　婚外情与故意毁坏财物罪

一、案例精选

【案例一】 妒火中烧砸车,终难逃刑事处罚

尹某和王某结婚几年后,尹某发现妻子王某有婚外情,从此争吵不断,2018年1月8日傍晚,两人再次因感情问题大吵一架后,王某不愿再待在家里,便打电话给杨某来接自己,尹某听到电话直接气炸了,因为这个杨某正是妻子婚外情人,在等杨某来接人的过程中,尹某的心里已经有了成算,妻子出门后,尹某立即就驾驶着自己的大货车出门了,果然看到门口路边停了两辆车,妻子上了其中一

辆车,两车同时启动了。

看到这一幕,尹某积累的怒火已经完全无法控制,他直接驾驶着自己的大货车冲向了停在路边的两辆车,将其中一辆车推行了一段距离后,又倒车行驶将另一辆车撞掉在路边的田地内,之后又从货车内拿出一根摇手棍打砸车身,导致两车辆受损,杨某当时就报了案。案发后,经过维修,两车的维修费用(包括维修的工时费)共计人民币169,637元。

经过公安侦查,后公诉机关依法对尹某提起了公诉。公诉机关认为,被告人尹某故意毁坏公私财物,犯罪事实清楚,证据确实、充分,应当以故意毁坏财物罪追究其刑事责任。

法院认为,被告人尹某违反法律规定,采取破坏性的手段故意毁坏公私财物共计人民币169,637元,数额巨大,犯罪事实清楚,证据确实、充分,应当以故意毁坏财物罪追究其刑事责任,对其判处3年以上7年以下有期徒刑。案中被告人尹某有自首情节,依法可以从轻或减轻处罚;被告人尹某到案以后认罪态度好,赔偿了被害人的部分经济损失并取得了被害人的谅解,有悔罪表现,最后法院根据被告人尹某犯罪的事实、性质、情节和对社会的危害程度以及认罪、悔罪表现,对其从轻处罚,认为以故意毁坏财物罪,判处有期徒刑3年,缓刑5年。随案移送的作案工具撬胎棍予以没收。

【案例二】 冲动是魔鬼,出气变犯罪

2013年9月22日晚22时许,陈某因怀疑妻子刘某有婚外情,两人发生争吵,陈某动手将妻子头部、背部等处打伤,妻子遂报警。随后赶到的民警将刘某带到附近的卫生院进行检查,陈某也驾驶摩托车赶去。次日凌晨0时许,刘某在对自身伤情做CT检查时,因衣物上有金属等异物,应医生要求脱去衣服赤裸上身进行照片,在旁陪同的陈某对此很是不满,遂离开医院。

陈某回家途中回想起妻子之前有婚外情的行为,现又赤裸上身拍CT照片,越想越气,于是又折回卫生院。为发泄怒气,陈某将该卫生院一楼走廊一张木制候诊椅砸烂,手持候诊椅上一块木板将一楼医师值班室、妇产科门诊、发热门诊、外科门诊、中医门诊、内科门诊、护士值班室、B超室的木门砸坏,继而手持木板进入阅片室将CR竖屏、CR诊断电脑、CR读片电脑、CR数字读片机、CT竖屏、

CT 诊断电脑、CT 主电脑屏、X 线控制台及格力空调室内机百叶窗砸坏。之后，陈某又手持木板将该卫生院一楼药房防盗门和不锈钢卷闸窗、挂号收费室防盗门和不锈钢护窗、护士值班室不锈钢护窗及放射科铅门砸坏，并使铅门脱落致放射科诊断床受损。卫生院报警。

经价格认证中心鉴定，上述物品受损价值为 42,720 元。

2013 年 9 月 29 日，陈某亲属出面协调，与卫生院就民事赔偿部分达成协议，陈某亲属赔偿了卫生院人民币 38,000 元，中心卫生院对陈某表示谅解。

经过审判，法院判决认为：被告人陈某故意损坏公私财物，数额较大，其行为构成故意毁坏财物罪。被告人陈某到案后如实供述自己的罪行，依法可以从轻处罚。案发后，被告人陈某赔偿被害单位的经济损失，可酌情从轻处罚。遂判决被告人陈某犯故意毁坏财物罪，判处有期徒刑 1 年 3 个月。

宣判后，被告人陈某以原判量刑过重为由提出上诉，请求从轻处罚。

上诉法院认为原审判决认定的事实清楚，证据确实、充分，定罪准确，量刑适当，审判程序合法，依法驳回了陈某的上诉请求，维持原判。

二、维权指引

（一）什么是故意毁坏财物罪

根据《刑法》第 275 条规定，故意毁坏公私财物，数额较大或者有其他严重情节的，判处 3 年以下有期徒刑、拘役或者罚金。故意毁坏公私财物，数额巨大或者有其他特别严重情节的，判处 3 年以上 7 年以下有期徒刑。

故意毁坏财物罪的犯罪构成主要包括如下几个方面：

1. 从主体来看，本罪的主体是一般主体，凡达到刑事责任年龄且具备刑事责任能力的自然人均能构成本罪，也就是说，已满 16 岁的人犯本罪，应当负刑事责任。

2. 从主观方面来看，系故意犯罪，犯罪目的不是非法获取财物而是将财物毁坏；过失毁坏公私财物的，不构成犯罪，属于民事赔偿问题。

3. 从客体来看，从本罪侵犯的客体是公私财物的所有权。

4. 从客观方面来看，表现为毁灭或者损坏公私财物数额较大或者有其他严重情节的行为。

故意毁坏公私财物行为，须达到数额较大或有其他严重情节的才构成犯罪。

所谓情节严重,是指毁坏重要物品损失严重的,毁坏手段特别恶劣的;毁坏急需物品引起严重后果的;动机卑鄙企图嫁祸于人的;等等。故意毁坏公私财物,情节较轻的,是一般违反治安管理行为,应按照《治安管理处罚法》第 49 条规定处罚。

根据《最高人民检察院、公安部关于公安机关管辖的刑事案件立案追诉标准的规定(一)》第 33 条规定:故意毁坏公私财物,涉嫌下列情形之一的,应予立案追诉:

(1)造成公私财物损失五千元以上的;

(2)毁坏公私财物三次以上的;

(3)纠集三人以上公然毁坏公私财物的;

(4)其他情节严重的情形。

所以,毁坏财物达到 5000 元及以上的,就达到刑事立案的标准,则可能被追究刑事责任。

至于"数额巨大"的标准,由于我国刑法对构成故意毁坏财物罪中的数额未作出明确界定,因此各地在实施中的标准也不太相同,比如福建省在对故意毁坏公私财物罪的认定中,"数额较大"一般为 1 万元以上不满 5 万元;"数额巨大"为 5 万元以上。

(二)罪与非罪的界限

根据《刑法》第 275 条规定,故意毁坏公私财物数额较大或者情节严重的,才构成犯罪。因此,是否数额较大或者情节严重,则是区分罪与非罪的界限。如果未达立案标准,故意毁坏公私财物,数额较小、情节较轻的,则属一般违法行为,应按照《治安管理处罚法》第 49 条的规定处理,盗窃、诈骗、哄抢、抢夺、敲诈勒索或者故意损毁公私财物的,处 5 日以上 10 日以下拘留,可以并处 500 元以下罚款;情节较重的,处 10 日以上 15 日以下拘留,可以并处 1000 元以下罚款。

现实中,故意毁坏财物罪中的犯罪行为通常是由某种现实原因造成的。行为人可能是出于对财物所有人的打击报复或嫉妒心理或其他类似有针对性的心理态度,比如婚外情中,往往是夫妻一方怀疑另一方有婚外情,向婚外情对象发泄愤怒,最后导致财物被毁坏,触犯刑事犯罪。

案例一中,眼看妻子被情人带走,怒火中烧可以理解,但是极不理性地用大货车去冲撞小车,维修费就高达十多万元,妻子没追回,自己倒是被判处刑罚,这个案例在处理的过程中,妻子也和他离婚了,到头来,虽然判处的是有期徒刑缓期执行,但是最终也是人财两空,自己也差点丧失人身自由,实在不值得。

案例二中,陈某因为怀疑妻子有婚外情,把妻子打了,妻子去看医生不得已脱衣检查,结果陈某又迁怒于卫生院,把卫生院打砸一番造成损失不说,家丑扬名在外,最后还得承担刑事责任,1 年 3 个月刑满释放,婚姻是否能保住,还真的很难说。

因此,即使出气维权,也千万要控制分寸,别不小心触犯刑法,人身自由没了,何谈守住家庭。

(三)承担刑事责任后,是否还需民事赔偿

故意毁坏他人财物构成犯罪的,还要承担民事赔偿责任。根据《刑法》第 36 条第 1 款的规定,由于犯罪行为而使被害人遭受经济损失的,对犯罪分子除了依法给予刑事处罚外,还应当根据情况,判处赔偿经济损失。

三、律师建议

(一)家庭需要经营,爱情需要保鲜,自己成长最重要

现实生活中,发生婚外情的现象也并不一定都是奔着重新组建家庭的角度,尝试新鲜感的也不在少数,和当今社会风气有关,也和具体的家庭情况有关。家庭需要经营,爱情需要保鲜,与其嫉恨第三者,不如投资提升自己,用实力挽回家庭。

所以,在一方发生婚外情时,千万不要急着出气,更不要因为仅仅怀疑一方出轨,就大动干戈吵闹打砸一番。即使真的一方变心了,发生婚外情时,从感情本身的角度审视两人的问题,从改变自己的角度也无法挽回家庭时,与其在家庭里受伤煎熬不如潇洒离开。

(二)退一步海阔天空,放过他人,也成就自己

通过故意毁坏财物罪案例,发现都是一时气急做下出格之事,虽然出了气,但并没有解决问题,反而自己也受到刑事处罚。而且,在案例搜索时,笔者还发现,故意毁坏财物有时只是其他犯罪行为的“附属品”,比如在故意伤害他人的同时毁坏了财产,结果是数罪并罚。

所以,奉劝为婚外情苦恼的当事人们,退一步海阔天空,千万不要为婚外情

自毁人生前途。

（三）积极赔偿财物损失，避免升级为刑事案件

如果发生故意毁坏财物的事件后，已出一时之气，一定要尽快冷静，积极面对财物毁坏的现实，如有沟通的可能，积极赔偿财产损失，如可能，签署财产赔偿的相关协议，避免矛盾进一步激化，升级为刑事案件。

四、法律速递

《中华人民共和国刑法》

第六十七条　犯罪以后自动投案，如实供述自己的罪行的，是自首。对于自首的犯罪分子，可以从轻或者减轻处罚。其中，犯罪较轻的，可以免除处罚。

被采取强制措施的犯罪嫌疑人、被告人和正在服刑的罪犯，如实供述司法机关还未掌握的本人其他罪行的，以自首论。

犯罪嫌疑人虽不具有前两款规定的自首情节，但是如实供述自己罪行的，可以从轻处罚；因其如实供述自己罪行，避免特别严重后果发生的，可以减轻处罚。

第二百七十五条　故意毁坏公私财物，数额较大或者有其他严重情节的，处三年以下有期徒刑、拘役或者罚金；数额巨大或者有其他特别严重情节的，处三年以上七年以下有期徒刑。

第十二章　婚外情与扰乱公共秩序类犯罪

第一节　无事生非反害己

——寻衅滋事罪[1]

一、案例精选

【案例一】　挣脱婚外情之网

缠绵悱恻的婚外情感往往不是温柔的梦乡，更像是一张密不透风的大网，牢牢困住迷失的男女。杨菊的丈夫常年在外省打工，独自在家带孩子的她在网上认识了张强，两人时常微信聊天，一来二去，于2015年发展为婚外情关系。2018年2月，杨菊生病做了一场大手术，见丈夫特意赶回来照顾自己，杨菊非常感动，也觉得愧疚难当。深思熟虑后，杨菊向丈夫坦白了自己出轨的事，丈夫也原谅了她，两人决定以后好好过日子。

2018年3月，杨菊向张强提出了分手。张强觉得自己被抛弃了，又难过又生气，闷头喝下许多酒。借着酒胆，张强前往杨菊家大闹了一场，将杨菊家的汽车后视镜踢至变形，用菜刀将她家的衣柜砍坏，并把菜刀架在自己脖子上威胁杨

---

① 笔者以“婚外情”“出轨”“情人”“第三者”“不正当”为关键词，案由为“寻衅滋事罪”，在Alpha案例库进行检索，以2011年1月1日至2020年8月1日为时间段，共检索出1519个案件。相关案件的数量在2013年之后呈呈大幅度上升趋势。主要原因是2013年7月，最高人民法院、最高人民检察院联合发布了《关于办理寻衅滋事刑事案件适用法律若干问题的解释》，为司法机关处理寻衅滋事案件提供了具体的认定标准，也在一定程度上加大了对寻衅滋事犯罪的打击力度。

菊:“有你老公没我,有我就没有你老公。”杨菊怕出人命,只能报警。张强被公安局行政拘留10日。怕张强再来闹事,杨菊和丈夫搬离了原住所。

张强从拘留所出来后,多次找杨菊的哥哥、儿子询问杨菊的下落,并且大放厥词:“要看我想不想做,如果我想做,做一件事就能让她回来。”此外,张强在多个微信群中宣布自己与杨菊是婚外情人关系,且通过微信朋友圈发布多条关于杨菊的不雅言论。张强的一系列行为不仅给杨菊造成了沉重的心理负担,也给杨菊及其家人的生活造成了严重困扰。杨菊忍无可忍,在丈夫的支持下选择报警。张强因涉嫌寻衅滋事罪被公安机关拘留。

法院审理后认为,张强在受到行政处罚后,仍然对被害人及其家人滋扰纠缠、威胁恐吓,以及在社交网络上发布有关被害人的不雅言论。其行为给被害人造成了恐惧心理,严重影响了被害人及家人的正常生活,也扰乱了社会秩序,符合寻衅滋事罪的构成要件。法院最终判处张强有期徒刑九个月。

【案例二】 破镜难重圆,寻衅滋事要不得

罗硕与陈兰原是夫妻,罗硕经常对陈兰施暴,并在家里存放砍刀。后因罗硕出轨,双方于2017年1月协议离婚,约定将共同所有的一套房屋赠与两个女儿。

与陈兰离婚后一段时间,罗硕与情人感情不和分手,便想和陈兰复婚。罗硕为达到复婚的目的,多次对陈兰进行骚扰、威胁和恐吓。自2017年2月起,罗硕对陈兰的生活进行干涉,威胁她不准找男朋友,经常打骂陈兰。陈兰多次报警,但警察调解后,罗硕反而变本加厉。2018年3月22日,陈兰遭罗硕恐吓后,选择自杀,好在被人及时发现保住了性命。

2019年1月15日上午,陈兰回家给大女儿庆祝生日,其朋友严磊到车站接她,两人走近出租车时,等候在一旁的罗硕冲过去用拳头殴打陈兰和严磊的头部,并威胁严磊:“如再敢跟陈兰在一起就搞死你”,严磊称要报警,罗硕恐吓他,说报警就拿刀砍死他,严磊报警。陈兰和严磊的伤势均被鉴为轻微伤。罗硕因涉嫌寻衅滋事罪被公安机关采取强制措施。

法院认为,罗硕与陈兰离婚后,多次对陈兰实施殴打、辱骂、恐吓,并于2019年1月15日在车站殴打陈兰和严磊,导致两人轻微伤,属情节恶劣,其行为构成寻衅滋事罪。虽然罗硕在法庭上对本案的部分事实有所隐瞒,但对主要犯罪事

实能够如实供述,能够认定其坦白,可以从轻处罚。本案罗硕对陈兰殴打、恐吓经公安机关处理后,继续实施上述行为,屡教不改,不宜适用缓刑。法院最终判处罗硕有期徒刑1年6个月。

二、维权指引

(一)寻衅滋事罪的构成要件

根据《刑法》第293条第1款的规定,寻衅滋事罪是指在公共场所无事生非,起哄闹事,殴打伤害无辜,肆意挑衅,横行霸道等破坏公共秩序的行为。成立本罪,应当从犯罪客体、犯罪客观要件、犯罪主体、犯罪主观要件这四个方面具体分析。

就犯罪客体而言,本罪侵犯的客体是公共秩序或社会管理秩序。具体来说,它是指社会生活所必须共同遵守的行为准则,以及国家的管理活动所维系的社会生活的有序性和稳定性。社会的发展需要秩序,而秩序的形成和维护需要行为准则,同时也依赖于国家的管理活动。公民遵守行为准则、服从国家的管理是维持社会秩序的基本条件。当然,寻衅滋事行为也有可能侵犯公民的人身或公私财产,但其主要破坏的是公共秩序,是对整个社会道德和法制的蔑视。

就犯罪客观要件而言,寻衅滋事罪主要有以下四种表现形式。

1. 随意殴打他人,情节恶劣

殴打,是指对他人的身体使用有形力的行为。至于殴打行为是否随意,需要基于客观事实进行判断。客观上殴打他人的次数多、殴打的对象不特定、遭受殴打的人数多,被认定为"随意殴打"的可能性也就越大。这里的情节恶劣,根据有关司法解释的规定,包括致一人以上轻伤或两人以上轻微伤,引起他人精神失常、自杀等严重后果,多次随意殴打他人等情形。

2. 追逐、拦截、辱骂、恐吓他人,情节恶劣

追逐、拦截一般是指妨碍他人停留在一定场所或者转移场所,侵犯他人行动自由的行为。辱骂,是指用语言对他人予以轻蔑的评价。恐吓,是指以恶害相告的行为。这里的"情节恶劣",包括多次追逐、拦截、辱骂他人的,造成恶劣影响或者激起民愤等情形。需要指出的是,行为人使用暴力、胁迫或者其他方法强制猥亵他人或者侮辱妇女的,可能构成强制猥亵、侮辱罪。

3. 强拿硬要或者任意损毁、占用公私财物，情节严重

强拿硬要或者任意损毁、占有公私财物，是指以蛮不讲理的手段，强行索要市场、商店的商品以及他人的财物，或者随心所欲损坏、毁灭、占用公私财物。这里的"情节严重"，包括强拿硬要或者任意损毁、占用的公私财物数量大，造成恶劣影响，多次强拿硬要或者任意损毁、占用公私财物等情形。

4. 在公共场所起哄闹事，造成公共场所秩序严重混乱

在公共场所起哄闹事，是指出于取乐、寻求精神刺激等目的，在公共场所无事生非，制造事端，扰乱公共场所秩序。"造成公共场所秩序严重混乱"，是指公共场所正常的秩序受到破坏，引起群众惊慌、逃离等严重混乱局面。公共场所，是指不特定或者多数人可以自由出入的场所，一般包括车站、码头、机场、医院、商场、公园、影剧院、展览会、运动场等。

就犯罪主体而言，本罪的犯罪主体为年满 16 周岁具有辨认控制能力的自然人。

就犯罪主观要件而言，寻衅滋事罪只能由故意构成，即行为人明知自己的行为会发生破坏公共秩序的结果，希望或放任结果的发生。值得注意的是，越来越多的观点认为寻衅滋事罪的成立不需要特定的寻求精神刺激、填补精神上的空虚、发泄不良情绪等流氓动机。因为即便行为人没有流氓动机，也可能严重破坏了公共秩序。但这也并不意味着不要求行为人主观上具有故意，故意的内容应当根据本罪构成要件的内容加以确定。①

（二）寻衅滋事罪与其他犯罪的关系

1. 行为人的寻衅滋事行为可能同时触犯侮辱罪、诽谤罪、非法拘禁罪等。若一个行为同时触犯数个罪名的，在刑法理论上称为想象竞合犯，原则上从一重罪处罚。例如，在本节案例一中，张强多次通过微信群及朋友圈发布有关杨菊的不雅言论，其行为符合侮辱罪的以其他方法公然贬损他人人格、败坏他人名誉的行为要件，如果达到情节严重的程度，也构成侮辱罪。但侮辱罪与寻衅滋事罪相比，是一个较轻犯罪，因此，即便张强的行为构成侮辱罪，也应当以寻衅滋事罪定罪处罚。

2. 随意殴打他人致人轻伤的行为，既符合寻衅滋事罪的犯罪构成，也符合故

① 参见张明楷：《刑法学》（第 5 版），法律出版社 2016 年版，第 1069 页。

意伤害罪的犯罪构成。由于寻衅滋事罪的法定刑更重,所以随意殴打行为造成轻伤结果的,应当认定为寻衅滋事罪。如果随意殴打他人致人重伤或死亡的,已严重侵害了他人的人身安全,按照想象竞合的规则,应当以故意伤害罪定罪处罚。

3. 寻衅滋事罪与敲诈勒索罪、抢劫罪也并非完全对立。相比之下,寻衅滋事罪通常不以严重侵犯他人人身权利的方法强拿硬要。而后者多以暴力、威胁等方式进行。当然,这个界限是模糊的,在司法实践中,对于未成年人使用轻微暴力或以轻微暴力胁迫劫取他人财物,一般不以抢劫罪定罪处罚。其行为符合寻衅滋事罪构成要件的,以寻衅滋事罪定罪处罚。

(三)寻衅滋事罪的立案标准

在司法实践中,行为人曾因寻衅滋事受到行政处罚,已经成为寻衅滋事刑事立案的重要考察因素。本节案例一中,张强去杨菊家大闹,将杨菊家的汽车、衣柜毁坏,因这些财物价值不高,难以认定其犯寻衅滋事罪,于是公安机关对其处以行政处罚。但是张强从拘留所出来后,继续骚扰杨菊及家人,法院综合评价张强的行为后认定为寻衅滋事罪。因此,如果行为人实施了寻衅滋事罪客观表现形式的行为,但未达到情节恶劣的程度,未造成严重后果的,可以依据《治安管理处罚法》第 26 条①给予拘留、罚款的行政处罚。

(四)寻衅滋事罪的量刑标准

根据《刑法》第 293 条的规定,寻衅滋事罪有三个量刑档次。一是对于一般的寻衅滋事罪,处 5 年以下有期徒刑、拘役或者管制。二是行为人纠集他人多次实施实施寻衅滋事行为,严重破坏社会秩序的,处 5 年以上 10 年以下有期徒刑,可以并处罚金。原则上,多次实施寻衅滋事行为应当满足以下三个条件:(1)每次实施的寻衅滋事行为均构成犯罪;(2)每次寻衅滋事行为未经处理,包括行政处理和刑事处理;(3)多次寻衅滋事行为均在追诉期内。

---

① 《治安管理处罚法》第 26 条规定:"有下列行为之一的,处五日以上十日以下拘留,可以并处五百元以下罚款;情节较重的,处十日以上十五日以下拘留,可以并处一千元以下罚款:

(一)结伙斗殴的;

(二)追逐、拦截他人的;

(三)强拿硬要或者任意损毁、占用公私财物的;

(四)其他寻衅滋事行为。"

三、律师建议

（一）网络不是法外之地，言论自由有边界

《关于办理利用信息网络实施诽谤等刑事案件适用法律若干问题的解释》第5条第1款规定："利用信息网络辱骂、恐吓他人，情节恶劣，破坏社会秩序的，依照刑法第二百九十三条第一款第（二）项的规定，以寻衅滋事罪定罪处罚。"正如当年备受热议的"秦火火寻衅滋事案"，[①]秦火火通过制造、传播谣言、蓄意炒作网络事件、恶意诋毁公众人物以达到"火"的目的，严重扰乱了公共秩序，其行为构成寻衅滋事罪。此外，编造虚假信息，或者明知是编造的虚假信息，在信息网络上散布，或者组织、指使人员在信息网络上散布，起哄闹事，造成公共秩序严重混乱的，也可能构成寻衅滋事罪。总而言之，言论自由有边界，网络不是法外之地。

（二）醉酒不是免责事由，酒后行为仍担责

俗话说"借酒销愁，愁更愁"。总以为酒后吐真言，但是酒精却麻痹意识，也让行为渐渐失控，要知道喝酒不是免责事由。《刑法》第18条第4款规定："醉酒的人犯罪，应当负刑事责任。"由此可见，在我国刑法体系中，醉酒并非免除刑事责任的事由。醉酒的人犯罪之所以要承担刑事责任，是因为行为人是在自己具有完全意志的情形下饮酒，使自己的辨认控制能力降低，进而实施犯罪行为。作为普通社会公众，都能够预见到饮酒会引起精神障碍。因此，如果具有刑事责任能力的行为人，故意或过失使自己陷入丧失责任能力的状态，并在该状态下实施犯罪行为。这原本是行为人稍加控制就能避免的，自然有追究刑事责任的必要。与之相关的，因吸毒产生幻觉实施犯罪行为的，同样不能免除刑事责任。

---

① 秦火火主要从事网络推手、网络营销等业务，组成网络推手团队组织策划并制造传播谣言、蓄意炒作网络事件、恶意诋毁公众人物，先后编造了"7·23"动车事故天价赔偿案、雷锋生活奢侈污蔑案、张海迪拥有日本国籍案等。2014年4月17日，秦志晖（网名"秦火火"）诽谤、寻衅滋事一案在北京市朝阳区人民法院一审宣判。法院以诽谤罪判处其有期徒刑2年，以寻衅滋事罪判处其有期徒刑1年6个月，决定执行有期徒刑3年。

四、法律速递

《中华人民共和国刑法》

第二百九十三条　有下列寻衅滋事行为之一，破坏社会秩序的，处五年以下有期徒刑、拘役或者管制：

（一）随意殴打他人，情节恶劣的；

（二）追逐、拦截、辱骂、恐吓他人，情节恶劣的；

（三）强拿硬要或者任意损毁、占用公私财物，情节严重的；

（四）在公共场所起哄闹事，造成公共场所秩序严重混乱的。

纠集他人多次实施前款行为，严重破坏社会秩序的，处五年以上十年以下有期徒刑，可以并处罚金。

《最高人民法院、最高人民检察院关于办理寻衅滋事刑事案件适用法律若干问题的解释》

第1条　行为人为寻求刺激、发泄情绪、逞强耍横等，无事生非，实施刑法第二百九十三条规定的行为的，应当认定为“寻衅滋事”。行为人因日常生活中的偶发矛盾纠纷，借故生非，实施刑法第二百九十三条规定的行为的，应当认定为“寻衅滋事”，但矛盾系由被害人故意引发或者被害人对矛盾激化负有主要责任的除外。行为人因婚恋、家庭、邻里、债务等纠纷，实施殴打、辱骂、恐吓他人或者损毁、占用他人财物等行为的，一般不认定为“寻衅滋事”，但经有关部门批评制止或者处理处罚后，继续实施前列行为，破坏社会秩序的除外。

第2条　随意殴打他人，破坏社会秩序，具有下列情形之一的，应当认定为刑法第二百九十三条第一款第一项规定的“情节恶劣”：（一）致一人以上轻伤或者二人以上轻微伤的；（二）引起他人精神失常、自杀等严重后果的；（三）多次随意殴打他人的；（四）持凶器随意殴打他人的；（五）随意殴打精神病人、残疾人、流浪乞讨人员、老年人、孕妇、未成年人，造成恶劣社会影响的；（六）在公共场所随意殴打他人，造成公共场所秩序严重混乱的；（七）其他情节恶劣的情形。

第3条　追逐、拦截、辱骂、恐吓他人，破坏社会秩序，具有下列情形之一的，应当认定为刑法第二百九十三条第一款第二项规定的“情节恶劣”：（一）多次追逐、拦截、辱骂、恐吓他人，造成恶劣社会影响的；（二）持凶器追逐、拦截、辱骂、恐吓他人的；（三）追逐、拦截、辱骂、恐吓精神病人、残疾人、流浪乞讨人员、老年人、孕妇、未成年人，造成恶劣社会影响的；(四)引起他人精神失常、自杀等严重后果的；(五)严重影响他人的工作、生活、生产、经营的；(六)其他情节恶劣的情形。

第4条　强拿硬要或者任意损毁、占用公私财物，破坏社会秩序，具有下列情形之一的，应当认定为刑法第二百九十三条第一款第三项规定的“情节严重”：(一)强拿硬要公私财物价值一千元以上，或者任意损毁、占用公私财物价值二千元以上的；(二)多次强拿硬要或者任意损毁、占用公私财物，造成恶劣社会影响的；(三)强拿硬要或者任意损毁、占用精神病人、残疾人、流浪乞讨人员、老年人、孕妇、未成年人的财物，造成恶劣社会影响的；(四)引起他人精神失常、自杀等严重后果的；(五)严重影响他人的工作、生活、生产、经营的；(六)其他情节严重的情形。

第5条　在车站、码头、机场、医院、商场、公园、影剧院、展览会、运动场或者其他公共场所起哄闹事，应当根据公共场所的性质、公共活动的重要程度、公共场所的人数、起哄闹事的时间、公共场所受影响的范围与程度等因素，综合判断是否“造成公共场所秩序严重混乱”。

第6条　纠集他人三次以上实施寻衅滋事犯罪，未经处理的，应当依照刑法第二百九十三条第二款的规定处罚。

第7条　实施寻衅滋事行为，同时符合寻衅滋事罪和故意杀人罪、故意伤害罪、故意毁坏财物罪、敲诈勒索罪、抢夺罪、抢劫罪等罪的构成要件的，依照处罚较重的犯罪定罪处罚。

第8条　行为人认罪、悔罪，积极赔偿被害人损失或者取得被害人谅解的，可以从轻处罚；犯罪情节轻微的，可以不起诉或者免予刑事处罚。

《最高人民法院、最高人民检察院关于办理利用信息网络实施诽谤等刑事案件适用法律若干问题的解释》

第5条　利用信息网络辱骂、恐吓他人，情节恶劣，破坏社会秩序的，依照刑法第二百九十三条第一款第(二)项的规定，以寻衅滋事罪定罪处罚。编造虚假信息，或者明知是编造的虚假信息，在信息网络上散布，或者组织、指使人员在信息网络上散布，起哄闹事，造成公共秩序严重混乱的，依照刑法第二百九十三条第一款第(四)项的规定，以寻衅滋事罪定罪处罚。

第二节　用力过猛的婚姻保卫战
——聚众斗殴罪

一、案例精选

【案例一】　妻子出轨找情郎，丈夫怒打情敌进监牢

刘梅因丈夫陈刚脾气暴躁、经常因为琐事打骂自己，常向同事李胜诉苦，一来二去就和李胜有了感情。可是世上没有不透风的墙，没过多久，陈刚就听说了刘梅和李胜的事。陈刚逼着刘梅给李胜打电话，电话里和李胜约定一起到城市花园小区南门的空地处见面解决此事。

陈刚让父亲陈有材准备木棍和菜刀，又叫上朋友张扬、石弘正等五六个人，一起到了城市花园小区南门。李胜已经在那里了，而且也带了几个人，每个人手里都拿了木棍等工具。陈刚一看见李胜就火冒三丈，二话不说举起手里的菜刀就向李胜砍了过去，双方遂打成一团。直到警察过来，双方才停手。斗殴过程中，李胜的朋友黄敬文被砍伤，经法医鉴定属于轻伤二级，其他人也都有小损伤。

陈刚和李胜等人因纠集多人持械聚众斗殴被公诉机关诉至法院。双方均辩称并不是约好去打架的，只是见面后言语不和才动了手。陈刚还提出双方动手是因为李胜勾引他老婆在先，造成现在这种结果李胜应负直接责任，而且自己已经积极赔偿了黄敬文损失并得到了他的谅解。

法院认为，陈刚、李胜纠集多人持械聚众斗殴，陈有材、张扬、石弘正、黄敬文等人持械积极参与聚众斗殴，其行为均已构成聚众斗殴罪，是共同犯罪。陈刚、李胜系首要分子，依法应当按照其所组织、指挥的全部犯罪处罚；陈有材、张扬、石弘正、黄敬文等人在共同犯罪中起次要作用，是从犯，依法应当从轻或减轻处罚。综合本案案情，法院判处陈刚、李胜有期徒刑 3 年；判处陈有材有期徒刑 2 年，缓刑 3 年；判处张扬、石弘正、黄敬文有期徒刑 1 年 6 个月，缓刑 2 年。

【案例二】 女子不舍幼子回归家庭,新欢不肯放手引冲突

范红军和贺春菊结婚三年,有一个可爱的儿子。半年前,贺春菊通过微信认识了包工头赵大青,后来与赵大青发展成了情人关系。没多久,范红军就知道了贺春菊和赵大青的事情,觉得很丢人,一气之下就和贺春菊离了婚,儿子归范红军抚养。

事后,范红军很是后悔,趁着贺春菊来看望儿子的时候,就苦口婆心地劝起了贺春菊,让她看在儿子的情分上和他复婚。贺春菊看着儿子稚嫩的小脸,心里也很难过,思来想去,贺春菊同意和范红军复婚。当天,贺春菊就没有走,也没有再接赵大青的电话。赵大青等了一夜,第二天一早就开车来到范红军家附近,继续不停地给贺春菊打电话。范红军气地抢过电话要和赵大青说清楚,他告诉赵大青,贺春菊已经决定要回来好好过日子了,让赵大青不要再骚扰贺春菊。赵大青不相信,说一定是范红军把贺春菊关起来了,并且说他已经到了他们家附近,要去解救贺春菊。范红军一听就火了,让赵大青把定位发过来,他要去教训教训他。随后,范红军叫上弟弟范建国以及正在和范建国吃饭的于成华、李鹏程等4人去找赵大青,还让范建国去买点工具做武器。范建国就去旁边小店买了6瓶啤酒,一人分了一瓶,就去找赵大青了。

到了地方,范红军看见赵大青的车停在路边,人不在车上,就砸起了车。没一会,赵大青就从马路对面跑过来了,范红军一看到赵大青抡起啤酒瓶就朝他头上砸过去,其他人也都对赵大青动起手来。赵大青当时手中拿着一个带刀的钳子,就朝范红军那些人扎过去。范建国看到赵大青要捅范红军,就把范红军推开,结果钳子就捅到了范建国的胸口上。因为范建国受了伤,双方就停了手。

后来,经法医鉴定,范建国构成重伤二级,赵大青构成轻伤一级,范红军构成轻微伤。法院认为,范红军纠集范建国、于成华、李鹏程等人持械聚众斗殴,其行为侵犯了社会公共秩序,已构成聚众斗殴罪,且系共同犯罪,范红军系聚众斗殴的首要分子,其余人系积极参加者,依法均应惩处。综合案件情况,判处范红军有期徒刑3年6个月;判处范建国有期徒刑3年2个月;判处于成华、李鹏程等有期徒刑3年。

二、维权指引

(一)什么是聚众斗殴罪？触犯聚众斗殴罪会受到什么处罚

聚众斗殴罪是指为了报复他人、争霸一方或者其他不正当目的，纠集众人成帮结伙地互相进行殴斗，破坏公共秩序的行为。这里的公共秩序，不仅指公共场所的秩序，还包括在社会公共生活中应当遵守各项共同生活的规则、秩序。司法实践中，聚众斗殴犯罪可以是在公共场所，如在市民广场、饭店等，也可以是发生在较僻静的私人场所，如私人住宅的院子等。

《刑法》第 292 条第 1 款规定：聚众斗殴的，对首要分子和其他积极参加的，处 3 年以下有期徒刑、拘役或者管制；有下列情形之一的，对首要分子和其他积极参加的，处 3 年以上 10 年以下有期徒刑：(1)多次聚众斗殴的；(2)聚众斗殴人数多，规模大，社会影响恶劣的；(3)在公共场所或者交通要道聚众斗殴，造成社会秩序严重混乱的；(4)持械聚众斗殴的。

(二)构成聚众斗殴罪有哪些条件

1. 所谓“聚众”是指 3 人以上，如果只有两个人相互殴斗，不构成聚众斗殴罪。但是，此处并不要求斗殴的各方都必须 3 人以上，如一方 1 人另一方 2 人，或多方相互斗殴，各方仅有 1 人但参与斗殴的总人数越过 3 人的，都属于“聚众”。而且这里的人数计算既包括了达到责任年龄的人(年满 16 周岁)，也包括未达到责任年龄的人(不满 16 周岁)。也就是说，即使参与斗殴的众人中只有 1 个人年满 16 周岁，其他人都不满 16 周岁，也构成聚众斗殴罪，但只有年满 16 周岁的人才需要承担刑事责任。

2. 聚众斗殴罪是一种侵犯公共秩序的行为。聚众斗殴的各方一般出于私分、争霸或其他不正当的目的而聚集多人，在约定地点、约定时间相互殴斗，往往会造成人员伤亡和财产损坏，并且人员伤亡和财产损坏并不仅仅限制在参与斗殴的人员之中，常常也会伤及无辜。因此，聚众斗殴是一种严重影响社会公共秩序的恶劣犯罪行为。

3. 聚众斗殴罪属于故意犯罪，但是并不要求参加斗殴的各方均有斗殴的故意，其中一方有斗殴故意时，对有斗殴故意的一方以聚众斗殴罪论处，而没有准备的一方则不构成聚众斗殴罪。例如案例二中，范红军纠集众人去殴打赵大青，而赵大青之前并没有与范红军殴斗的准备，因此，在该案中，只有范红军一方构成聚众斗殴罪，而赵大青并不构成聚众斗殴罪。

4. 参与聚众斗殴的人员中，只有首要分子和积极参加的才会受刑事处罚。首要分子是指召集和积极参加殴斗的人，积极参加的一般是指准备武器或积极参与打斗的人。其他参与人员，如一直跟随但只在旁边看热闹而没有参与打斗的人，是不会受到刑事处罚的。

（三）加重处罚情形中的“多次”“持械”如何理解

1. “多次”是指 3 次以上，包括 3 次。

2. “持械”中的“械”是指凶器，“持械”是指用凶器斗殴，包括在斗殴过程中展示凶器。如果仅是随身携带了凶器，但是在斗殴过程中并没有使用凶器也没有向其他人展示凶器的，不认定为“持械”斗殴。这里的凶器不仅包括性质上凶器，如刀、斧等，也包括用法上的凶器，如案例二中的啤酒瓶。

（四）参与聚众斗殴造成他人重伤或死亡的，以故意伤害罪或故意杀人罪定罪处罚

《刑法》第 292 条第 2 款规定，聚众斗殴，致人重伤、死亡的，依照本法第 234 条（故意伤害罪）、第 232 条（故意杀人罪）的规定定罪处罚。

1. 造成重伤或死亡的结果，并不仅仅指造成斗殴对方人员的重伤或死亡，也包括因斗殴行为造成己方人员的重伤或死亡，都应认定为故意伤害罪、故意杀人罪。

2. 只对首要分子和直接造成重伤、死亡的斗殴者认定为故意伤害罪、故意杀人罪，对其他参与者不认定为故意伤害罪、故意杀人罪。在不能查明具体是由谁造成重伤、死亡的情况下，只能对首要分子以故意伤害罪、故意杀人罪论处，其他人员只认定为聚众斗殴罪。

（五）因参与聚众斗殴受伤或死亡的，是否可以要求民事赔偿

2004 年 11 月 11 日最高人民法院研究室《关于对参加聚众斗殴受重伤或者死亡的人及其家属提出的民事赔偿请求能否予以支持问题的答复》（法研〔2004〕179 号）指出：根据《刑法》第 292 条第 1 款的规定，聚众斗殴的参加者，无论是否首要分子，均明知自己的行为有可能产生伤害他人以及自己被他人的行为伤害的后果，其仍然参加聚众斗殴的，应当自行承担相应的刑事和民事责任。

根据《刑法》第 292 条第 2 款的规定,对于参加聚众斗殴,造成他人重伤或者死亡的,行为性质发生变化,应认定为故意伤害罪或者故意杀人罪。聚众斗殴中受重伤或死亡的人,既是故意伤害罪或者故意杀人罪的受害人,又是聚众斗殴犯罪的行为人。对于参加聚众斗殴受重伤或者死亡的人或其家属提出的民事赔偿请求,依法应予支持,并适用混合过错责任原则。

根据最高人民法院的上述答复,在聚众斗殴中受重伤或者死亡的人或其家属才能要求民事赔偿,其他人应自行承担参加聚众斗殴造成的相应民事责任。

三、律师建议

(一)当婚姻中遭遇婚外情,婚姻中受害一方与婚外第三人应尽量避免见面

婚外情可能是一时激情,但婚姻并不仅仅是情感问题,还涉及孩子、父母、亲戚朋友、经济问题等。从前面的案例也可以看到,婚外情并不必然导致离婚的结果。大多数情况下,夫妻双方还是会选择维持婚姻关系。即使夫妻双方选择离婚,也是双方的决定,并不完全取决于婚外第三人。所以,不管在哪一种情况下,婚姻中受害一方与婚外第三人的见面对于维护婚姻都是没有必要的,双方见面只能激化矛盾,甚至让双方失去理智并最终导致违法犯罪行为的发生。

(二)不要纠集多人去与对方谈判

聚众斗殴罪是指 3 人以上斗殴,如果仅是两个人因言语不合动起手来,并不构成聚众斗殴罪。纠集多人去与对方见面,主观上就是想要采取武力方式解决问题,见面后只要动起手来,就算没有造成人员伤亡的严重后果,人多的这一方也已经构成聚众斗殴罪。到时候,不但情感纠葛没解决,还要面临刑事处罚的严重后果。更悲剧的是,那些被叫来帮忙的亲戚朋友都被拉下水,要一起面临牢狱之灾。如果遭遇对方人多势众的,也不要逞一时之勇,应尽快报警处理。

(三)千万不要携带凶器去斗殴

持械斗殴会加重刑事处罚,而且使用凶器斗殴更容易造成人员伤亡的后果,如果导致重伤、死亡,还要以故意伤害罪和故意杀人罪认罪处罚,将会面临更加严重的刑罚处罚。

(四)婚外情的过错方应尽量避免配偶与婚外第三人的接触,更不能为了满足自己的虚荣心挑唆双方争风吃醋,大打出手

不管是为了婚外情决定离婚,还是要结束婚外情回归家庭,都要尽量阻止配

偶与婚外第三人直接接触。例如,案例二中的贺春菊,既然已经决定与前夫范红军复婚,就应该把这个决定告诉赵大青,如果赵大青还纠缠不休的,可以将他的电话、微信等拉黑,甚至报警处理,这样就可以避免悲剧的发生了。

四、法律速递

《中华人民共和国刑法》

第二十五条　共同犯罪是指二人以上共同故意犯罪。

二人以上共同过失犯罪,不以共同犯罪论处;应当负刑事责任的,按照他们所犯的罪分别处罚。

第二十六条　组织、领导犯罪集团进行犯罪活动的或者在共同犯罪中起主要作用的,是主犯。

三人以上为共同实施犯罪而组成的较为固定的犯罪组织,是犯罪集团。

对组织、领导犯罪集团的首要分子,按照集团所犯的全部罪行处罚。

对于第三款规定以外的主犯,应当按照其所参与的或者组织、指挥的全部犯罪处罚。

第二百九十二条　聚众斗殴的,对首要分子和其他积极参加的,处三年以下有期徒刑、拘役或者管制;有下列情形之一的,对首要分子和其他积极参加的,处三年以上十年以下有期徒刑:

(一)多次聚众斗殴的;

(二)聚众斗殴人数多,规模大,社会影响恶劣的;

(三)在公共场所或者交通要道聚众斗殴,造成社会秩序严重混乱的;

(四)持械聚众斗殴的。

聚众斗殴,致人重伤、死亡的,依照本法第二百三十四条、第二百三十二条的规定定罪处罚。

《关于常见犯罪的量刑指导意见》

四、常见犯罪的量刑

(十二)聚众斗殴罪

1. 构成聚众斗殴罪的,可以根据下列不同情形在相应的幅度内确定量刑起点:

(1)犯罪情节一般的,可以在二年以下有期徒刑、拘役幅度内确定量刑起点。

(2)有下列情形之一的,可以在三年至五年有期徒刑幅度内确定量刑起点:聚众斗殴三次的;聚众斗殴人数多,规模大,社会影响恶劣的;在公共场所或者交通要道聚众斗殴,造成社会秩序严重混乱的;持械聚众斗殴的。

2. 在量刑起点的基础上,可以根据聚众斗殴人数、次数、手段严重程度等其他影响犯罪构成的犯罪事实增加刑罚量,确定基准刑。

第三节 伪造离婚证,断送真感情
——伪造、变造、买卖国家机关公文、证件、印章罪[①]

一、案例精选

【案例一】 假证件难留真感情

在婚外情关系中,伪造离婚证是一种"自欺欺人"的做法,将假离婚证呈现在情人眼前,不但不能表明真心,反而让人寒心。李斌和邱红夫妻二人婚后共同经营一家小公司,随着生意越做越大,李斌的野心也日益膨胀。一次出差,李斌认识了林小凡。1个月后,李斌向林小凡示爱表白,也坦白了自己已经成家的事实。林小凡觉得李斌成熟稳重,值得依赖,但她不愿做李斌婚姻的第三者。随着两人感情的加深,林小凡提出了两人进一步交往的条件,即李斌和邱红离婚。面对林小凡提出的条件,李斌觉得他和邱红夫妻一场,两人白手起家共同创业,爱情没了还有亲情,实在无法抛下她绝情离开。思前想后,李斌不想和邱红离婚,但他又割舍不下林小凡。左右为难之下,李斌想到了小区电线杆子上贴有办假证的小广告,便拨打了广告上的电话号码。几天后,李斌拿到了一本离婚证。李斌将假的离婚证交给林小凡,林小凡信以为真,住进了李斌安排的一处公寓里。

---

① 笔者以"婚外情""出轨""情人""第三者""不正当"为关键词,案由为"伪造、变造、买卖国家机关公文、证件、印章罪",在 Alpha 案例库进行检索,以 2012 年 1 月 1 日至 2020 年 8 月 1 日为时间段,共检索出 136 个案件。相关案件的数量呈波动上升趋势。现有数据已明确说明因婚外情而引发的伪造、变造、买卖国家机关公文、证件、印章犯罪也是层出不穷。

2019年3月，邱红得知丈夫出轨之事，十分愤慨，并于3月16日下午报警称丈夫李斌在林小凡住处“嫖娼”，林小凡向民警出示了上述伪造的离婚证，由此案发。李斌在民警的询问下如实供述了其购买假离婚证的事实。

法院审理后认为，李斌通过他人伪造离婚证，其行为已构成伪造国家机关证件罪。鉴于李斌归案后如实供述自己的罪行，当庭自愿认罪，予以从轻处罚，最终判处拘役3个月，并处罚金人民币2000元，没收伪造的离婚证1本。

【案例二】假离婚证埋下的“定时炸弹”

假离婚证不但无法为爱情“保驾护航”，相反，还是一颗定时炸弹，随时可能“引爆”。阿昊从事导游工作，成天带团出行。妻子小翠在老家工作，两人聚少离多，话题渐少，感情变淡。一次带团旅行中，阿昊认识了热爱旅行的白领姑娘小媛。阿昊谎称自己单身，两人很快发展为情侣关系。

2014年3月，小媛偶然发现阿昊已婚，向阿昊提出分手。2015年3月25日上午，阿昊以“有些东西要还给小媛”为由，将小媛约到两人曾经的同居住处。为求复合，阿昊交给小媛一本自己与小翠的“离婚证”。但该证是阿昊花费500元办的假证。小媛仍坚持要分手。两人发生了剧烈争执，力气更大的阿昊把小媛拖进房间后强行与之发生了关系，施暴过程中造成小媛右肩、右胸软组织挫伤（经法医鉴定属于轻微伤）。小媛报警，公安人员将阿昊抓获。

法院审理后认为，被告人阿昊无视国家法律，在被害人明确表示结束情人关系后，仍然联系并威胁对方，违背妇女意志，强行与妇女发生性关系，其行为构成强奸罪。另外，阿昊伙同他人伪造离婚证，离婚证属于国家机关证件，其行为构成伪造国家机关证件罪。在阿昊供述其找人办假离婚证的事实之前，公安机关已经从扣押的手机中勘查到有关该证件的资料，并联系民政局调查了婚姻登记记录，掌握了阿昊该部分罪行，故阿昊不构成自首，但可认定其有坦白情节。阿昊利用假离婚证诱骗被害人继续与其发展婚外情，动机不良，主观恶性较大，目前悔罪表现不明显。但鉴于阿昊归案后如实供述其伪造国家机关证件罪的罪行，对该部分犯罪依法可以从轻处罚。法院最终判定，阿昊犯强奸罪，判处有期徒刑3年8个月；犯买卖国家机关证件罪，判处有期徒刑6个月，并处罚金人民币1000元。总和刑期有期徒刑4年2个月，并处罚金人民币1000元。法院最终决定对其执行有期徒刑3年9个月,并处罚金人民币1000元。

二、维权指引

(一)伪造、变造、买卖国家机关公文、证件、印章罪的构成要件

伪造、变造、买卖国家机关公文、证件、印章罪是一个选择性罪名,即司法机关可根据具体的案情来选择适用的罪名。通过伪造、变造、买卖国家机关公文、证件、印章,行为人往往能获得丰厚的利益,又能为另外实施其他犯罪打开便利之门,因此,近年来涉及本罪的犯罪活动层出不穷。

本罪属于《刑法》第六章"妨害社会管理秩序罪中"的第一节"扰乱公共秩序罪"中的罪名。毋庸置疑,该类犯罪行为会对社会管理秩序带来严重影响。国家机关公文、证件、印章是国家机关管理社会与公务活动的重要载体与认证依据,它的制作与使用的合法性问题关乎国家机关的权威性与公信力,更涉及社会公众的合理信赖。本罪的构成要件,需要从犯罪客体、犯罪客观要件、犯罪主体、犯罪主观要件这四个方面进行分析。

就犯罪客体而言,本罪侵犯的客体在刑法学界存在"公共信用说""权利侵害说""国家信誉与管理秩序说""证据机能说"等多种观点。实质内容可归纳为两点:一是本罪侵犯了国家机关的信誉与公信力,二是本罪破坏了社会公众对国家机关的合理依赖。这两点基本都能被"公共信用说"所涵盖,因此学界基本认同"公共信用说"的主张,认为本罪所侵犯的客体是国家机关公文、证件、印章的公共信用。[①]

那么,如何理解国家机关公文、证件、印章?这里的国家机关包括立法机关、行政机关与司法机关,以及中国共产党的各级机关和中国人民政治协商会议的各级机关。公文,可以理解为决议、命令、通知、报告、信函等,是指国家机关在职权范围内,以其名义制作的用以指示工作、处理问题或者联系事物的各种文书。证件,是指国家机关制作并颁发的用以证明身份、权利义务关系或者其他事项的凭证,如身份证、结婚证等。印章,是指刻有国家机关组织名称的公章或者某种用途的专用章。

---

① 参见仇晓敏、孙越:《伪造、变造、买卖国家机关公文、证件、印章罪有关问题辨析》,载《人民司法(应用)》2019年第1期。

就犯罪客观要件而言，本罪行为方式包括伪造、变造、买卖三种。要注意区分伪造和变造。伪造是指没有制作权的人，冒用国家机关的名义，仿照国家机关公文、证件、印章的图案、形状、色彩等特征，非法制作冒充真实的国家机关公文、证件、印章的行为。变造是指采用涂改、涂抹、拼接等方法，对真实的国家机关的公文、证件、印章进行改造，变更其内容、形状的行为。简言之，伪造是一种“无中生有”，而变造则是“乔装改扮”。实施任意行为之一的，即可成立本罪，同时实施上述行为的，也只认定为一罪，不实行数罪并罚。

就犯罪主体而言，本罪的犯罪主体为年满16周岁具有辨认控制能力的自然人。就犯罪主观要件而言，本罪要求行为人主观上出于故意，即明知是国家机关制作或者应由国家机关制作的公文、证件、印章而伪造、变造、买卖。

（二）不构成伪造、变造、买卖国家机关公文、证件、印章罪的特殊情形

1. 未达“以假乱真”的程度

根据《刑法》第280条第1款的规定，行为人实施伪造、变造、买卖国家机关公文、证件、印章行为的就构成伪造、变造、买卖国家机关公文、证件、印章罪。但犯罪是具有严重社会危害性的行为，行为人伪造、变造的国家机关公文、证件、印章，其图案、形状、色彩等特征应当达到能够以假乱真的地步，并且其构成内容及格式应当是完整的，否则不宜以犯罪论处。

2. 买卖未加盖专用章的空白证件

根据最高人民检察院的有关答复，对买卖尚未加盖发证机关的行政印章或者通行专用章印鉴的空白《中华人民共和国边境管理区通行证》的行为，不宜以买卖国家机关证件罪追究刑事责任。国家机关工作人员实施上述行为，构成犯罪的，可以按滥用职权等相关犯罪依法追究刑事责任。情节显著轻微危害不大的，应当认定不构成犯罪。

3. 伪造、变造、买卖民用机动车号牌

伪造、变造、买卖民用机动车号牌的行为不宜按本罪处罚。主要因为民用机动车号牌不具备权威性，只是中英文和数字的组合，并不加盖主管机关的印章，仅起到机动车上路行驶有效识别载体的作用，不具有国家机关证件通常具备的特征。①

① 参见杨晓：《甲、乙的行为是否构成伪造国家机关证件罪——兼论同一位阶〈司法解释〉的适用》，载《中国刑事法杂志》2010年第7期。

（三）伪造、变造、买卖国家机关公文、证件、印章罪与其他犯罪的界限

1. 行为人如果利用本罪犯罪行为又实施其他犯罪，通常择一重罪处罚，而非数罪并罚。根据最高人民检察院法律政策研究室在2003年6月3日发布的《关于伪造、变造、买卖政府设立的临时性机构的公文、证件、印章行为如何适用法律问题的答复》，"实施上述行为同时构成其他犯罪（如非法经营罪）的，从一重罪处罚。此外，伪造、变造、买卖国家机关的公文、证件、印章后，又利用该公文、证件、印章实施其他犯罪的，一般从一重罪处罚（牵连犯），不实行数罪并罚"。

2.《刑法》除了规定本罪之外，还规定了伪造公司、企业、事业单位、人民团体印章罪、伪造居民身份证件罪、伪造武装部队公文、证件、印章罪等相似犯罪。本罪与这些犯罪区分的关键在于犯罪对象不同。此外，本罪与盗窃、抢夺、毁灭国家机关公文、证件、印章罪的界限是，伪造、变造、买卖国家机关公文、证件、印章罪指向"国家机关"，既可以是真实存在的国家机关，也可以是并不存在的、大致相似的、足以假乱真的国家机关。盗窃、抢夺、毁灭国家机关公文、证件、印章罪所指向的对象"国家机关"必须是真实存在的。

（四）伪造、变造、买卖国家机关公文、证件、印章罪的量刑标准

根据《刑法》第280条第1款的规定，伪造、变造、买卖或者盗窃、抢夺、毁灭国家机关的公文、证件、印章的，处3年以下有期徒刑、拘役、管制或者剥夺政治权利，并处罚金；情节严重的，处3年以上10年以下有期徒刑，并处罚金。上文两个精选案例中，行为人因为伪造离婚证，触犯伪造国家机关证件罪，判处的刑罚均在3年以下，在获得被害人的谅解时，可以从轻处罚。

在最高人民法院、最高人民检察院发布的《关于办理与盗窃、抢劫、诈骗、抢夺机动车相关刑事案件具体应用法律若干问题的解释》中，针对机动车行驶证、登记证书规定了追诉标准，即伪造、变造、买卖机动车行驶证、登记证书累计达3本以上的，以伪造、变造、买卖国家机关证件罪追究刑事责任；累计达15本以上的，属于情节严重。但上述司法解释只是针对机动车两类证件，对其他犯罪对象是否参照这一标准适用尚未明确。

三、律师建议

（一）犯罪者应早日自首并如实供述，争取从轻处罚

根据《刑法》第67条第1款的规定，自首属于法定从轻处罚情节，犯罪后自

动投案，如实供述自己的罪行的，可以从轻或者减轻处罚。本节案例一中，李斌归案后如实供述自己的罪行，当庭自愿认罪，予以从轻处罚。法院判处李斌拘役3个月并处罚金人民币2000元。案例二中，阿昊供述其办假离婚证的事实之前，公安机关已经从扣押的手机中勘查到有关该证件的资料，并联系民政局调查了婚姻登记记录，掌握了阿昊该部分罪行，故阿昊不构成自首，但可认定其有坦白情节，鉴于阿昊是初犯，犯罪情节较轻，犯买卖国家机关证件罪，判处有期徒刑6个月，并处罚金人民币1000元。

刑法不仅惩罚犯罪，同时也保障人权，包括犯罪嫌疑人、被告人的合法权益。上文谈到伪造、变造、买卖国家机关公文、证件、印章罪的“情节严重”标准，司法机关一直未有相应的司法解释，因此在触犯本罪时，行为人需要积极自首到案、如实供述、悔罪获得被害人的谅解，争取从轻、减轻处罚。

（二）离婚应遵照我国法定的程序

在我国，离婚有两种方式可以选择：一是协议离婚，即男女双方带上身份证、户口本、结婚证、离婚协议书，前往办理一方户籍所在地民政局婚姻登记处完成离婚登记即可；二是诉讼离婚，需要一方到法院起诉另一方，按照法定程序通过法院的调解或判决实现离婚。不论是结婚还是离婚，都是一件神圣的事情，相关程序应谨慎且合法。

切莫相信“假离婚”的说法，只要完成离婚的法律流程，双方婚姻就宣告结束，夫妻之间不再具有婚姻法上的权利义务关系。如果没有完成离婚的法定程序，双方的婚姻关系仍处于存续状态，此时如果任何一方与他人结婚，将涉嫌重婚罪。

（三）充分核实离婚证真伪，做个感情明白人

上文两个精选案例中都是行为人在已婚的情况下，与他人发展婚外情关系，并且伪造离婚证，企图和情人维系感情。伪造离婚证并不能实现离婚目的，原有婚姻仍处于存续阶段。所以，男女任何一方在坠入爱河之前，应充分了解对方的基本信息，尤其在选择步入婚姻殿堂时，更要小心谨慎。

在结婚前，为避免重婚或被骗感情，建议从以下几个方面对“另一半”做充分的调查：

1. 查看支付宝的政务服务中“本人婚姻状况”。已婚的话就会显示登记地

点、时间,结婚对象等;未婚的话就是空白。当然这个婚姻状况需要本人验证方可查看,如果对方都不愿意被查看,此时需要慎重考虑是否存在问题。

2. 登录中国执行信息公开网,查看伴侣是否属于“老赖”。这个需要对方的身份证号码,查看对方是否涉及经济纠纷债权债务,如果双方交往期间出现借钱周转资金事宜,自己心里也能有预期。

3. 登录中国银行征信中心,点击互联网个人信用信息服务平台,按照提示操作查看对方的征信报告,这对双方婚后买房、买车以及孩子上学都至关重要。

如果是再婚的话,要注意核实离婚证的真伪,最科学高效的方法是当事人本人持身份证、户口本、离婚证,到当初办理离婚证的婚姻登记机关,申请查看档案核实离婚证的真伪。

婚恋交友,最害怕的是付出真心和金钱,却换来无情的欺骗。如果做了他人婚姻的第三者,不但要受到道德的谴责,还可能涉及重婚罪。明知他人有配偶而与之以夫妻名义同居生活的,按重婚罪处罚。根据《刑法》第 258 条规定,触犯重婚罪将被判处 2 年以下有期徒刑或者拘役。该法第 259 条第 1 款规定,明知是现役军人的配偶而与之同居或者结婚的,处 3 年以下有期徒刑或者拘役。如果不知对方已有配偶而与之结婚的,不构成重婚罪,但是仍需承担重婚的民事责任。

所以,处于恋爱状态的男女,一定要了解清楚对方的个人情况、考察人品问题。婚姻是神圣的,选择步入婚姻殿堂一定要小心谨慎,在感情方面做到明明白白。

四、法律速递

《中华人民共和国刑法》①

第二百八十条　伪造、变造、买卖或者盗窃、抢夺、毁灭国家机关的公文、证件、印章的,处三年以下有期徒刑、拘役、管制或者剥夺政治权利,并处罚金;情节

① 最高人民检察院法律政策研究室《关于买卖伪造的国家机关证件行为是否构成犯罪问题的答复》:“对于买卖伪造的国家机关证件的行为,依法应当追究刑事责任的,可适用刑法第二百八十条第一款的规定以买卖国家机关证件罪追究刑事责任。”最高人民检察院研究室《关于伪造、变造、买卖政府设立的临时性机构的公文、证件、印章行为如何适用法律问题的答复》(2003 年):“伪造、变造、买卖各级人民政府设立的行使行政管理权的临时性机构的公文、证件、印章行为,构成犯罪的,应当依照刑法第二百八十条第一款的规定,以伪造、变造、买卖国家机关公文、证件、印章罪追究刑事责任。”

严重的,处三年以上十年以下有期徒刑,并处罚金。

伪造公司、企业、事业单位、人民团体的印章的,处三年以下有期徒刑、拘役、管制或者剥夺政治权利,并处罚金。

伪造、变造、买卖居民身份证、护照、社会保障卡、驾驶证等依法可以用于证明身份的证件的,处三年以下有期徒刑、拘役、管制或者剥夺政治权利,并处罚金;情节严重的,处三年以上七年以下有期徒刑,并处罚金。

第六十四条　犯罪分子违法所得的一切财物,应当予以追缴或者责令退赔;对被害人的合法财产,应当及时返还;违禁品和供犯罪所用的本人财物,应当予以没收。没收的财物和罚金,一律上缴国库,不得挪用和自行处理。

第十三章　婚外情与贪污贿赂及妨害司法类犯罪

第一节　情人窝藏包庇犯罪人，引罪上身

一、案例精选

【案例一】　欠缺法律意识，让她背负道德及刑罚双重严惩

现实生活中，有些已婚人士贪图一时新鲜、刺激，甚至是跟风，发生了婚外情。发生婚外情已错，如果在情人冲动犯法后，受情人蛊惑，再包庇情人，那就是错上加错，随之而来的必是法律的严惩。实践证明，婚外情会触发多种犯罪，能让法律意识淡薄的人因应对突发事件处理不当而误入歧途。任何一个人都无法干涉他人的行为，但可以守住自己的初心。从某种意义上说，远离婚外情，就是远离犯罪！

金家林、李荣聪通过 QQ 聊天认识后不久即发展为婚外情人关系。2015 年 3 月初的一天，金家林把李荣聪放在家里的银行卡拿走了。因为李荣聪要用钱，于是通过 QQ 聊天让金家林把银行卡还给她。因此事，二人发生了争执。金家林在 QQ 聊天中向李荣聪表示要将其丈夫罗明杀死，李荣聪并未理睬。金家林当日便到李荣聪家投毒，将其家中饲养的猫狗毒死。连续两日，李荣聪因为金家林不还其银行卡并从卡里取钱与金家林通过 QQ 恶语相向。

3 月 6 日晚，金家林为了归还李荣聪的银行卡，翻围墙进入李荣聪家畜圈旁边的院子里。李荣聪为防止罗明发现，让金家林赶快离开。正在金家林准备离开时，被罗明发现。罗明持铁锹追赶金家林，金家林见逃脱不掉，就用一根木棒

击打罗明的头部数下,致罗明当场死亡。罗明死亡后,金家林告诉李荣聪,二人是一根绳上的蚂蚱,出了事谁都跑不了。李荣聪听信了金家林的话,为掩盖犯罪的事实,两人商议后,李荣聪用自己的手机拨打罗明的电话,随后二人将罗明的尸体包裹好后装入编织袋,并将现场遗留的血迹、木棒等清理干净,用罗明的摩托车运走处理。为避免别人发现,二人出门时没有启动摩托车马达,也没有使用车灯,一同将摩托车沿田间小路推至公路边。之后金家林骑着摩托车去处理尸体,李荣聪原路返回清理摩托车的车轮印。金家林将罗明的尸体运到水库边后,再到自己家中,拿了钢丝网、铁丝、石槽等物品回到水库边,将石槽与尸体裹入钢丝网,用铁丝将钢丝网口扎好后,将尸体沉入水库。随后,金家林将罗明的摩托车骑到桥边,把车推到排水沟内。

3 月 7 日凌晨 1 时许,为制造寻找罗明的假象,李荣聪到罗明大哥罗亮处询问罗明的去向。3 月 7 日上午,李荣聪向亲属问询罗明去向并谎称罗明从 6 日晚骑摩托车外出买烟后至今未归。在寻找罗明未果后,当日下午 15 时 30 分许到派出所报案称罗明失踪。

3 月 17 日,金家林落网。金家林在民警询问过程中交代了杀害罗明并抛尸水库的犯罪事实。

法院认为,李荣聪发现其丈夫罗明被金家林用木棒击打却没有救助,反而在罗明死亡后帮助金家林毁灭罪证,向公安机关报假案,隐瞒金家林故意杀人的犯罪事实,其行为已构成包庇罪,并被判处 3 年有期徒刑。

另案,金家林因犯故意杀人罪,被判处死刑,缓期 2 年执行,剥夺政治权利终身。

【案例二】 一时包庇,换来三年有期徒刑

看完前面的案例,大家是否也为李荣聪法律意识淡薄,听信金家林的谬言帮助其毁灭罪证并向公安机关报假案,从而获刑感到叹息!如果没有发生婚外情、没有对丈夫见死不救、没有听信金家林的话情急之下作出错误的决定,李荣聪就不会有今天的下场。而接下来的这个案例讲的是婚外情过错方狠心杀害妻子之后,第三者对警方做虚假陈述、包庇犯罪人,最终自己获刑 3 年的事。

樊明与李佳是一对恩爱的夫妻,2002 年 11 月 5 日迎来了双方爱情的结晶樊

栋。二人结婚之后便一同在广东省佛山市顺德区某电器厂工作,生活平淡而幸福。然而,一个女人的出现打破了生活原本的平静。2010 年,樊明与同在该电器厂工作的王春华发展成情人关系,导致樊明与妻子李佳之间关系逐渐恶化,夫妻二人为此多次发生争吵。

2014 年 10 月 7 日,樊明认为到了解决三方之间问题的时候了,于是便驾车搭载王春华,回湖南资兴市老家找李佳。同日 19 时许,樊明驾车进入资兴市后先将王春华安顿在家和饭店。21 时许,樊明独自驾车接上李佳。行车途中,二人再次因樊明有外遇之事发生激烈争吵。樊明将车停靠在路旁,李佳仍不停的斥责。此时樊明恼羞成怒,遂用手掐住李佳脖子致其窒息死亡。

樊明为防止事情暴露,将李佳的尸体搬入车后备箱。10 月 8 日凌晨零时许,樊明先驾车前往家和饭店,途中在达达宾馆附近捡了两块大石头放入车尾箱准备用于沉尸。在家和饭店接上王春华后,樊明告知王春华,李佳的尸体在车后备箱。

车行至某大桥后,樊明下车将李佳尸体及大石头一并装入一渔网内,准备将李佳尸体连同石头抛入湖中。因无力独自抬动尸体,樊明遂要求王春华上前帮忙,王春华于是与樊明合力将李佳尸体抛入湖里。作案后,樊明、王春华立即返回了广东省佛山市顺德区。返回广东后,樊明利用李佳的手机给李佳亲属发短信,制造假象。2014 年 10 月 15 日,樊明将李佳手机抛入东江湖后赶至资兴市公安局东江派出所报案,谎称李佳失踪。因受到公安民警的详细盘问,樊明觉得罪行将要败露,遂于当日晚间赶回顺德,告知王春华如果警察问话就说 10 月 8 日凌晨与樊明一起在某夜宵城吃夜宵。

同年 10 月 22 日,侦查人员找王春华调查取证时,王春华按照之前与樊明的串供内容,向公安机关提供了虚假证明,掩盖其与樊明一起抛尸的犯罪事实。

2014 年 11 月 7 日,资兴市公安局依法拘传王春华进行讯问,经公安机关再次讯问,王春华供述了其得知樊明杀害李佳后,与樊明共同在大桥抛尸,事后又按照樊明的要求做虚假陈述,包庇樊明的犯罪事实。

法院经审理认为,樊明非法剥夺他人生命,致人死亡,其行为已构成故意杀人罪;王春华明知樊明是犯罪的人而作假证明包庇并协助樊明抛尸,其行为已构成包庇罪,且情节严重。最终樊明被判处死刑,缓期 2 年执行,剥夺政治权利终身;王春华犯包庇罪,被判处有期徒刑 3 年……

【案例三】 此类帮助不是义气，而是害人害己

前面的两个案例讲的都是有婚外情关系的人之间互相包庇的事。而接下来的这个案例讲的是朋友经不住犯罪人的恳求，在明知犯罪人因婚外情纠葛杀害他人的情况下，依旧协助其逃匿，最终自己获刑并身陷囹圄的事！

1995 年，阮春霞在从越南非法入境到揭阳打工，并与当地村民罗小龙结婚。婚后，阮春霞与陈利相识，二人发展为情人关系。2014 年春节后，通过朋友介绍阮春霞又认识了阮雄，并同时与阮雄也发展为情人关系。因阮春霞想与陈利分手，陈利不愿意，为此遭到陈利多次殴打。陈利还威胁阮春霞，若阮春霞跟他分手，他就杀了阮春霞的丈夫和孩子。期间，阮春霞多次向阮雄提及此事，阮雄为了能够独自占有阮春霞，就表示自己要打死陈利，他们两个男人中必须死一人。

2014 年 9 月中旬的一天，阮春霞与范强等 8 个从越南非法入境的朋友聚餐时，哭诉自己经常被陈利殴打、威胁。几个男性朋友当即表示要去教训陈利，阮春霞未同意。26 日，阮雄告诉范强，自己要去教训陈利，范强表示若阮雄不敌陈利，他愿意出手相助，若阮雄打赢了，他便到现场去接应。同日，阮春霞应阮雄的要求，带他到与陈利幽会的桥头踩点。

10 月 1 日，陈利约阮春霞到桥头幽会，阮春霞应允后，随即打电话通知阮雄，并陆续将陈利的行踪告诉阮雄。当阮雄知道陈利快到了的时候，便独自赶到桥头。此时，罗威刚好坐在该桥头。由于阮雄不认识陈利，错把罗威当成陈利，上前用一根铁管击打其头部等处致其当场死亡。随后，阮雄将罗威的尸体置于附近水渠旁边。因无法确认死者是否为陈利，阮雄便打电话让阮春霞到现场辨认，阮春霞遂与范强驾乘摩托车来到桥头附近与阮雄会面。通过一番问询，阮春霞确定阮雄错杀了人。此时，刚好陈利驾驶摩托车前来赴约，阮春霞发现后躲到路旁的树后，范强则掉头驾驶摩托车离开，陈利见状驾车追赶范强。阮春霞担心事情败露，便打电话给陈利，让他到自己家附近接自己。之后，阮雄让范强返回桥头载其离开，范强驾车返回将阮雄载走。

10 月 1 日晚，陈亚香电话联系阮雄，得知阮雄错杀了人后，为了帮助其逃匿，陈亚香便将阮雄接到揭东区的一个路口，让阮雄搭乘一载客摩托车前往另一个镇上。10 月 4 日，陈亚香雇朱小果载阮雄到揭阳市车站搭乘客车离开揭阳市，并安排一名男子帮助阮雄逃回越南。

法院认为,被告人陈亚香明知阮雄是犯罪的人仍帮助其逃匿,其行为侵犯了司法机关对追诉犯罪的正常活动,已构成窝藏罪,最终被判处有期徒刑2年6个月。

二、维权指引

(一)窝藏、包庇罪的构成要件及处罚

依据《刑法》第310条第1款之规定,窝藏、包庇罪中的“窝藏”指明知是犯罪的人而为其提供隐藏处所、财物,帮助其逃匿;其中的“包庇”指明知是犯罪的人而为其作假证明以掩盖犯罪人的犯罪行为或试图逃过办案机关对其的查处。

窝藏、包庇罪中的“帮助”是本人不属于共同犯罪的情况下,以提供处所、财物等方法为犯罪人逃匿实施的帮助。如果帮助行为是在共同犯罪的过程中所提供,那便不属于该罪,而属于共同犯罪。

《刑法》第310条规定,明知是犯罪的人而为其提供隐藏处所、财物,帮助其逃匿或者作假证明包庇的,处3年以下有期徒刑、拘役或者管制;情节严重的,处3年以上10年以下有期徒刑。犯前款罪,事前通谋的,以共同犯罪论处。

《最高人民法院、最高人民检察院关于办理组织、强迫、引诱、容留、介绍卖淫刑事案件适用法律若干问题的解释》第14条第1款规定,根据《刑法》第362条、第310条的规定,旅馆业、饮食服务业、文化娱乐业、出租汽车业等单位的人员,在公安机关查处卖淫、嫖娼活动时,为违法犯罪分子通风报信,情节严重的,以包庇罪定罪处罚。事前与犯罪分子通谋的,以共同犯罪论处。

案例一中,在金家林杀害罗明之前和过程中,并未与李荣聪商议或通谋,因此,李荣聪对金家林故意杀人之事,不构成共同犯罪。

(二)窝藏罪和包庇罪的“犯罪的人”的定性

窝藏罪和包庇罪中的“犯罪的人”是指一定要被判处刑罚的人吗?答案是否定的。如果行为人的行为在普通人看来属于犯罪,也被公安、司法机关作为犯罪嫌疑人、被告人而成为侦查、起诉对象的人,即使事后被法院认定无罪的,也属于本罪中的“犯罪的人”。另外,行为人犯罪后,即使暂时没有被公安司法机关发现并作为犯罪嫌疑人,但确实实施了犯罪行为,将被作为侦查、起诉对象的人,同样属于本罪中的“犯罪的人”。

（三）面对他人犯罪时正确的处理方式

依据《刑法》第 310 条第 1 款之规定，明知是犯罪的人而为其提供隐藏处所、财物，帮助其逃匿或者作假证明包庇的，才构成窝藏、包庇罪。结合本案，在金家林情急之下用木棍击打罗明前和击打罗明的过程中，李荣聪均未参与，也未与其就打死罗明一事有共同预谋，故金家林涉嫌故意杀人罪，而李荣聪不会被认定为共同犯罪。

如果事后，李荣聪发现其丈夫死亡后没有帮助金家林毁灭罪证并向公安机关报假案，没有故意隐瞒金家林故意杀人的犯罪事实，其也不会构成包庇罪。因为如果明知犯罪人实施了犯罪或者明知犯罪人在犯罪后藏匿于何处，却没有主动向公安司法机关报假案的行为，这属于单纯的知情不举，不成立窝藏、包庇罪。另外，即便是知道犯罪人的犯罪事实，但在公安司法机关对其调查取证时，其单纯不提供证言的，也不构成窝藏、包庇罪。但如果此时提供虚假证明包庇犯罪人，则成立包庇罪，甚至还有可能构成伪证罪。

综上，在本案中，李荣聪完全有可能不犯罪，但因其法律意识淡薄。事件突发后，听信金家林的怂恿而将自己送上犯罪的不归路，真是为之深感可气、可叹、可怜、可悲！同时，这个案例也告诉大家，平时多了解些法律知识，在关键时刻，不仅不会惊慌失措，还能远离犯罪，何乐而不为?!

（四）包庇罪与伪证罪的区分

根据《刑法》第 305 条规定，在刑事诉讼中，证人、鉴定人、记录人、翻译人对与案件有重要关系的情节，故意作虚假证明、鉴定、记录、翻译，意图陷害他人或者隐匿罪证的，处 3 年以下有期徒刑或者拘役；情节严重的，处 3 年以上 7 年以下有期徒刑。所以，行为人在刑事诉讼过程中做虚假证明的，触犯的是伪证罪，而不是包庇罪。那么，究竟如何判断是触犯了包庇罪还是伪证罪?

首先，犯罪主体不同。只要是 16 周岁以上，具有辨认和控制自己行为能力的人，都可以成为包庇罪的犯罪主体；而伪证罪的犯罪主体则比较特殊，只限于刑事诉讼中的证人、鉴定人、记录人和翻译人。

其次，是否在刑事诉讼中不同。在刑事诉讼程序之外，作假证明包庇犯罪人的，成立包庇罪；在刑事诉讼中，证人等作假证明等，意图隐匿罪证、包庇他人的，成立伪证罪。

再次,包庇罪是隐匿罪证或作假证明,试图使犯罪人不受到刑法处罚;而伪证罪即可以作虚假证明试图使犯罪人不受到刑法处罚,也可以作虚假证明,意图陷害他人。所以,伪证罪辐射的行为面更宽。

最后,犯罪对象不同。包庇罪的对象既可以是未被生效裁判处以刑罚的人,也可以是已被判处刑罚的人;而伪证罪所包庇的对象只能是未被生效裁判处以刑罚的人。

可见,包庇行为具有导致公安、司法机关不能正常进入刑事诉讼活动的危险,相同的行为,其危险程度比伪证罪要强。但也不排除一个行为同时触犯包庇罪与伪证罪的可能。此时应按照两罪中罪重的一个罪所规定的刑罚进行处罚。

(五)行为人能否以不知晓窝藏、包庇的是犯罪人来开脱

构成窝藏、包庇罪须行为人明知对方是犯罪的人而对其实施窝藏、包庇行为。所谓明知,是指认识到自己窝藏、包庇的是犯罪的人。如果在开始实施窝藏、包庇行为时明知是犯罪人的,当然成立本罪。如果在开始实施窝藏、包庇行为时不明知是犯罪人,后来发现对方是犯罪人之后,没有继续实施窝藏、包庇行为,则不构成窝藏、包庇罪。但如果在开始实施窝藏、包庇行为时不明知是犯罪人,后来发现对方是犯罪人之后,仍然继续实施窝藏、包庇行为,则构成窝藏、包庇罪。

(六)窝藏、包庇近亲属不能免予刑事处罚

当行为人知道自己的近亲属犯罪时,出于人类本能会想办法帮助其逃脱制裁,这是一种本能情感反应,但这种亲属关系的存在及本能的情感反应并不会成为免责的事由。

因为《刑法》第310条之内容,并没有将近亲属排除在犯罪主体之外,即近亲属只要进行了窝藏、包庇行为亦构成窝藏、包庇罪。"亲亲相隐"这个古老的法则在当下刑法体系中并不能成为免责事由。

在司法实践当中,对于近亲属犯该罪的量刑没有统一适用的标准,法院往往依靠自身的自由裁量并结合犯罪行为人是否具有自首、立功、悔罪等情节综合确定。

三、律师建议

(一)警惕婚外情中那些危险的信号

在案例一中,李荣聪在和婚外情人金家林发生矛盾后,知道金家林在QQ聊天中曾表示过要将其丈夫罗明杀死,但其对此置若罔闻,不予理睬。结果,几天后,即发生了命案,罗明因此丧生,李荣聪和金家林分别获刑。

司法实践中,大量血淋淋的案例证明,婚外情已经成为触发刑事犯罪的重头戏。当婚外情中人预感到发展势头不好时,要尽量多地采取力所能及的措施,防范恶性事件的发生。而不是像李荣聪一样视而不见、听而不闻! 若李荣聪能意识到这一点,在众多危险信号(金家林扬言要杀死其丈夫罗明,并于当日到李荣聪家投毒,将其家中饲养的猫狗毒死)出现之后,采取切实可行的预防措施,比如,耐心好言相劝金家林、寻求任何一方的亲戚朋友或其他对金家林来说有威望的人作为中间人进行劝导。如果还不行,可以向公安机关或派出所反应情况,要求公安机关依法对其教育和管束。如此,或许很大程度上能避免这桩命案,也不至于两个人因此遭受刑罚。

(二)危险来临之际,在"财"与"命"之间选择后者

当前,婚外情已成为危害社会稳定和人民群众生命安全的"隐性杀手",且已成为婚恋家庭纠纷中诱发特大刑事案件的首要因素。婚恋家庭纠纷引发的犯罪均为故意犯罪,除个别案件有长时间的预谋外,大部分是激情犯罪,盲动性、突发性和严重性是其突出表现。

尽管此类犯罪具有盲动性、突发性,但不意味着事发前,没有任何征兆,更不意味没有任何缘由。而大多数是因婚外情是否继续保持或双方在财产上发生争执而触发犯罪。案例一是因归还银行卡引发纠纷进而引发血案的例证。从案例本身,无法获知银行卡内款项的具体数额,但无论数额多少,当因李荣聪想要回银行卡而招致金家林扬言杀死李荣聪的丈夫罗明时,李荣聪都应该作如下权衡:是继续索要银行卡放任罗明的生死,还是谨慎处理银行卡之事与金家林的关系,并搜集固定好相关证据,待时机成熟,寻求其他救济途径。笔者认为,无论是在李荣聪面临的情况还是其他情形下,当需要在"财"与"命"之间权衡时,都应义无反顾选择后者。

因为婚外情涉及的犯罪一般都指向特定的关系人，被害人大多是被告人的配偶、恋人及与配偶、恋人有关系的第三人。而这些人通常是与婚外情非涉嫌犯罪一方有紧密关系的人。人的生命只有一次，无论具体伤害哪一个人，都可能会摧毁一个家庭，甚至让白发人送黑发人，让年幼的孩子失去至爱双亲，让所有家庭成员因为其中一人的婚外情暴露并引发血案而终生蒙辱。

当然，笔者虽主张在“财”与“命”之间权衡时，都应义无反顾选择后者。但不是对有犯罪可能的人姑息纵容。当对方稍有犯罪倾向时，就要及时咨询专业的人。让专业人士用丰富的办理经验指引自己如何通过情、理、法办理好后续事宜，让有犯罪倾向的人及时得以悬崖勒马；让专业人士陪着有可能面临风险的人一起走过这段最艰难的人生路！

(三)遇到危机要及时寻求律师帮助

“一个好汉三个帮，一个篱笆三个桩”。每个人要想在社会上有立足之地，都需要朋友的提携和帮扶。我们可以做乐善好施的人，但有些方面也需要朋友的真心帮助，特别是在重大抉择面前或者危机来临之时。

有人会认为，不犯法，找律师做朋友没有必要。殊不知，随着社会的发展进步，人们之间交往的增多，日常工作生活中的法律风险也越来越多，更不用说危险系数更高的婚外情了。稍有不慎就有落入他人圈套的危险，小则导致合同无效、债权难以实现，大则自己或家人的人身健康甚至生命都会受到威胁。很多时候，等到亡羊再补牢已为时晚矣，且事后补救付出的代价要比事前预防大得多很多。

案例一中的李荣聪，如果在觉察到危险信号就与懂法律的朋友或律师聊聊，由他们出谋划策，很可能防患于未然！如果在金家林击打罗明致罗明死亡后，不轻信金家林的话，而是与专业人士咨询下，很可能让李荣聪免遭牢狱之灾。当然，如果万一遇到危机或不知所措的事情，最开始就能找到专业办理此类案件的律师或其他专业人员全程办理，那就更能全方位且高效地保护自己的合法权益了。

多与一位懂法律的人或专业律师做朋友，相信人生定会多一份平安和幸福！

(四)认真对待生活中的每一件事

案例三中的阮雄为了让婚外情人只属于自己一个人，预谋将另一位与自己争抢情人的男人杀死。但生与死的大事,阮雄竟然错杀了无辜。笔者在为这位无辜之人悲叹之余,忍不住对行为鲁莽之人说一句:成年人,无论做什么事情,请多一分“认真”的态度!

认真不仅是一种态度,更是一种能力,亦是一种习惯。

认真不是一件小事,关乎每一个人的成长和命运的改变,关乎生命的品质,甚至会影响他人的生死。如果大家认真地对待生活、认真经营家庭、认真体会拥有的幸福,就不会出现那么多的婚外情。即便是发生了婚外情,也应认真对待,而不是脚踩三条船……即便是婚外情进行不下去,也要认真寻求解决之道,而不是轻易拿一个人的生命解决问题,更不要不分青红皂白,连预谋要杀的人是谁都没有搞清,就轻易下手,葬送一条无辜的生命!

所以,养成认真的习惯,做事多一分认真的态度,尤为重要!

(五)维权方式要正当,切不可以暴制暴

如果想结束某段婚外情,却受到第三者的谩骂及殴打时,请及时拨打“110”报警,如果第三者采用侮辱、诽谤、威胁的方式,视情节严重程度来选择追究其民事责任、行政责任或刑事责任。但无论要追究对方的何种责任,都要注意搜集相关证据,如果仅凭一己之力难以搜集证据,可以请求专业人员的帮助。

案例三中,阮春霞和阮雄的教训值得牢记,在面对第三者的殴打、谩骂时,切不可采取以暴制暴的方法来解决,因为这样做很可能会让受害者变成犯罪者。在做了违法犯罪的事情后,更不要请求朋友帮忙逃匿,法网恢恢疏而不漏,犯罪者终究逃不过法律的制裁,还会将朋友也推上犯罪的不归路。

四、法律速递

《中华人民共和国刑法》

第三百一十条　明知是犯罪的人而为其提供隐藏处所、财物,帮助其逃匿或者作假证明包庇的,处三年以下有期徒刑、拘役或者管制;情节严重的,处三年以上十年以下有期徒刑。

犯前款罪,事前通谋的,以共同犯罪论处。

第三百六十二条　旅馆业、饮食服务业、文化娱乐业、出租汽车业等单位的人员,在公安机关查处卖淫、嫖娼活动时,为违法犯罪分子通风报信,情节严重的,依照本法第三百一十条的规定定罪处罚。

《最高人民法院关于窝藏、包庇罪中“事前通谋的，以共同犯罪论处”如何理解的请示答复》

我国刑法第一百六十二条第三款所说的“事前通谋”，是指窝藏、包庇犯与被窝藏、包庇的犯罪分子，在犯罪活动之前，就谋划或合谋，答应犯罪分子作案后给以窝藏或者包庇的，这和刑法总则规定共犯的主客观要件是一致的。如，反革命分子或其他刑事犯罪分子，在犯罪之前，与行为人进行策划，行为人分工承担窝藏或答应在追究刑事责任时提供虚假证明来掩盖罪行等等。因此，如果只是知道作案人员要去实施犯罪，事后予以窝藏、包庇或者事先知道作案人员要去实施犯罪，未去报案，犯罪发生后又窝藏、包庇犯罪分子的，都不应以共同犯罪论处，而单独构成窝藏、包庇罪。

第二节　受贿的代价

一、案例精选

【案例一】 特定关系人同受贿，非国家工作人员共犯罪

人之初，性本善。可当外界诱惑变多，便很少有人能够坚守本心。在婚姻当中，很多人都禁不起婚外情的诱惑，可最终输掉的不仅是爱情，还有家庭。更有甚者，因为一场婚外情走向了违法犯罪的深渊。而国家工作人员有了婚外情，则更容易为了婚外情人铤而走险，走向贪腐的道路。接下来的案例，说的就是婚外情人利用国家工作人员的职务便利受贿而双双入狱的事。

周萍自毕业遇到罗斌之后便一直与他保持着婚外情关系，因罗斌位高权重，所以两人保密工作做得非常好，但俗话说得好“苍蝇不叮无缝蛋”，即使二人隐藏的再好，也还是有人盯上了他们，并特别想借此对罗斌手中的权力蠢蠢欲动。

郭宇与周萍是在一次聚会中认识的，他知道周萍与罗斌的关系，于是想拉着周萍借着罗斌的权力赚钱，于是周萍与郭宇两人合伙开了河南果果置业有限公司（以下简称果果公司），周萍占股49%，郭宇占股51%。该公司的运作模式主要是利用郭宇、罗斌的人脉资源给开发商办事，收取开发商的费用。

公司成立之后便承揽了一个项目，事成之后对方可以给股份，也可以给现金。于是周萍通过罗斌的关系、郭宇通过自身的人脉很快便成交了一单业务。过了一段时间，对方将900万元转账到果果公司后，周萍便把其母亲、祖母的银行账号给了郭宇。不久，周萍母亲的银行卡收到果果公司的转款245万元，周萍祖母的银行卡收到果果公司的转款230万元。可是好景不长，一个没有任何经营业务的公司收到近千万元的汇款引起了注意，公司很快被调查了。郭宇、周萍二人害怕事情暴露，迅速将果果公司转让出去。

法网恢恢疏而不漏，任何打着国家名义敛财的人最终都会受到法律的惩罚。法院经审理后认为，周萍作为国家工作人员罗斌的特定关系人，与国家工作人员罗斌通谋后利用罗斌职务上的便利条件，通过其他国家工作人员职务的行为，为他人谋取利益，以合作开办公司获取“利润”为名，非法收受他人巨款，其行为已构成受贿罪。但周萍不具有国家工作人员的身份，她在共同犯罪中起次要作用系从犯，依法应当从轻、减轻处罚或者免除处罚。并且周萍退缴受贿所得赃款，可以酌情从轻处罚。最终对周萍予以减轻处罚，判处其有期徒刑5年，并处罚金人民币100万元。涉案的赃款予以没收，上缴国库。

【案例二】 被情人逼出来的受贿罪

现实生活中无数的例子证明，婚外情有百害而无一利，远离婚外情就是远离灾难。婚外情不仅会涉及情感纠纷，也会牵扯经济纠纷，甚至会让人锒铛入狱、身败名裂、妻离子散……接下来给大家讲的就是婚外情当事人一方被第三者索要分手费而无奈受贿并最终获刑的案例。

“被告人邓杰犯受贿罪，判处有期徒刑3年4个月，并处罚金人民币25万元……”法官声音如洪钟般响亮，宣判了邓杰接下来几年的命运，也震的邓杰几乎无法站稳。缓过神来后，邓杰回头看着旁听席上头发斑白的父母和年幼的孩子，落下了痛苦、自责和悔恨的泪水……

邓杰的事情还得从5年前说起。当时，邓杰担任某市市政园林和林业局局长，与何晓的相识源自一场饭局，两人互相倾慕对方，并开始了长达5年的婚外情。

5年过去了，邓杰最初的新鲜感被耗尽，何晓也不再年轻，对邓杰再也没了吸引力，趁着一次两人吵架的机会，邓杰向何晓提出了分手。可是婚外情开始容易，想要抽身却往往比较艰难。他没想到何晓会向他索要高达20万元的分手费，作为青春损失的补偿，甚至以检举他作为要挟。20万元的费用让平时工作循规蹈矩的邓杰焦头烂额，为此事，邓杰多日寝食难安，生怕何晓一时冲动将他的事情揭发。

就在这个节骨眼上，曾强找到了邓杰，他介绍自己一直在珠海做工程，想参与一些大型的市政园林提升改造形象工程，想获得邓杰的帮助，若邓杰能帮忙拿到项目，他提成20万元给邓杰作为报酬。邓杰想到有了这一笔报酬他就可以给何晓，之后双方就能相安无事，于是欣然同意。

邓杰作为市政园林和林业局局长，帮助曾强拿到项目比较容易。事成之后，曾强果然信守陈诺，将用布袋装好的20万元，送到了邓杰手里。邓杰拿到钱并给了何晓后，多日悬着的心终算放下了。在邓杰以为自己的生活终于回归平静的时候，检察院的人员却找上门来……

法院经审理后认为，邓杰身为国家工作人员，利用职务上的便利，非法收受他人财物，为他人谋取利益，其行为已构成受贿罪。被告人邓杰犯受贿罪，判处有期徒刑3年4个月，并处罚金人民币25万元。所得赃款一律上缴国库。

二、维权指引

（一）如何判断行为人的行为是否构成受贿罪

根据《刑法》第385条规定，受贿罪指国家工作人员利用职务上的便利，索取他人财物，或者非法收受他人财物，为他人谋取利益的行为。另外，国家工作人员利用本人职权或者地位形成的便利条件，通过其他国家工作人员职务上的行为，为请托人谋取不正当利益，索取请托人财物或者收受请托人财物的，以受贿论处。

判断行为人的行为是否构成受贿罪，需要综合以下四个方面进行考察：

1. 受贿罪侵犯了国家工作人员职务行为的不可收买性。

2. 受贿罪在客观方面表现为行为人利用职务上的便利，索取他人财物，或者非法收受他人财物，为他人谋取利益。利用职务上的便利，是指利用本人职务范围内的权力，即自己职务上主管、负责或者承办某项公共事务的职权及其所形成的便利条件。

根据《刑法》规定，索取他人财物的，不论是否为他人谋取利益，都构成受贿罪。而非法收受他人财物，必须为他人谋取利益，才能构成受贿罪。但刑法并没有规定为他人谋取的利益是否必须正当，也未曾规定为他人谋取的利益是否必须实现。

但是，受贿罪在客观方面除了有索贿和收受贿赂以外，还包括以下其他表现形式：(1)收受各种名义的回扣、手续费；(2)关于以交易形式收受贿赂。如国家工作人员利用职务上的便利为请托人谋取利益，以明显低于市场的价格向请托人购买房屋、汽车等物品，以明显高于市场的价格向请托人出售房屋、汽车等物品的，以其他交易形式非法收受请托人财物的，以受贿论处；(3)国家工作人员利用职务上的便利为请托人谋取利益，收受请托人提供的干股的，以受贿论处；(4)国家工作人员利用职务上的便利为请托人谋取利益，由请托人出资，"合作"开办公司或者进行其他"合作"投资的，以受贿论处；(5)国家工作人员利用职务上的便利为请托人谋取利益，以委托请托人投资证券、期货或者其他委托理财的名义，未实际出资而获取"收益"，或者虽然实际出资，但获取"收益"明显高于出资应得收益的，以受贿论处；(6)国家工作人员利用职务上的便利为请托人谋取利益，通过赌博方式收受请托人财物的，构成受贿。

3. 受贿罪的主体是国家工作人员。国家工作人员，是指国家机关中从事公务的人员。国有公司、企业、事业单位、人民团体中从事公务的人员和国家机关、国有公司、企业、事业单位委派到非国有公司、企业、事业单位、社会团体从事公务的人员，以及其他依照法律从事公务的人员，也是国家工作人员。

4. 行为人主观上具有向他人索取财物或者接受贿赂的意思，即将行贿人给的财物占为己有的意思。另外，行为人清楚地认识到所收财物是作为其职务行为的非法报酬，该行为会侵害国家工作人员职务行为的廉洁性和不可收买性。

综上所述，如果行为人的行为不同时满足上述受贿罪的四个构成要件，就不构成受贿罪。在本节精选的两个案例中，周萍作为国家工作人员罗斌的关系人，利用罗斌职务上的便利，收受请托人的财物，为请托人谋取了利益，构成了受贿罪。同样，邓杰作为国家工作人员，收受了请托人曾强的20万元财物，为曾强落实了工程项目，谋取了利益，且邓杰清楚知道其所收的曾强的财物是其职务行为的非法报酬，侵犯了国家工作人员职务行为的不可收买性，也构成受贿罪。

（二）触犯受贿罪的处罚

根据《刑法》第386条的规定，对犯受贿罪的，根据受贿所得数额及情节，依照贪污罪的处罚规定进行处罚。其中，索贿的需从重处罚。因此，受贿罪依照贪污罪的三个量刑等级进行处罚。此部分内容在本书《因婚外情牵出的那些贪污事》一章“维权指引”（三）中已经详细阐述，此不赘述。

另，犯罪行为人若在提起公诉前如实供述自己罪行、真诚悔罪、积极退赃，避免、减少损害结果的发生，对于受贿数额较大或者有其他严重情节的，可以从轻、减轻或者免除处罚；对于受贿数额巨大或者有其他严重情节的、受贿数额特别巨大或者有其他特别严重情节的，可以从轻处罚。案例二中，邓杰身为国家工作人员，利用职务上的便利，非法收受他人财物20万元，为他人谋取利益，其行为已构成受贿罪。邓杰犯受贿罪，已经达到“数额巨大”的情节，依法应当判处3年以上10年以下有期徒刑，并处罚金或者没收财产。邓杰并未具有从轻或者减轻处罚的情节，故最终被判处有期徒刑3年4个月，并处罚金人民币25万元。假如邓杰贪污数额为5万元，不满20万元仅为“数额较大”，便只会被判处3年以下有期徒刑或者拘役。

（三）受贿与斡旋受贿的区分

根据《刑法》第388条的规定，国家工作人员利用本人职权或者地位形成的便利条件，通过其他国家工作人员职务上的行为，为请托人谋取不正当利益，索取请托人财物或者收受请托人财物的，以受贿论处，此规定便是刑法理论上所称的翰旋受贿。斡旋受贿不是纯粹的国家工作人员利用自身的职务行为索取或者收受贿赂，而是利用其职权或者优势地位形成的便利条件，通过其他国家工作人员的职务行为，使其他国家工作人员利用职务上的便利为请托人谋取利益，从而索取或者收受贿赂。直接受贿与斡旋受贿的区别主要在于：

1. 是否直接利用国家工作人员本人的职务便利。在斡旋受贿当中，国家工作人员只需要利用本人职权或者地位形成的便利条件，并不要求行为人积极地利用其职权或地位。斡旋受贿不要求行为人与被其利用的国家工作人员之间有职务上的隶属或者制约关系，但必须要求行为人利用了本人职权或者地位对其他国家工作人员产生影响。

2. 直接利用其他国家工作人员实施职务上的行为，为请托人谋取利益。在普通受贿当中,是直接利用行为人自身的职务便利,没有其他国家工作人员的参与,只有两方主体。而斡旋受贿当中,参与的是三方主体,分别是请托人、行为人和其他国家工作人员,靠的是其他国家工作人员的职务行为,行为人并不直接参与。

3. 与普通受贿相对应,要求为请托人谋取不正当利益,而在普通受贿当中,仅仅要求的是,在收受他人财物之后,要为请托人谋取利益,并未明确表明是不正当利益。要求行为人对其他国家工作人员提出了为请托人谋取不正当利益的请求、约定。

4. 斡旋受贿的成立与其他国家工作人员是否许诺、答应行为人的请求无关,即使其他国家工作人员并未为请托人谋取不正当利益,也不影响斡旋受贿的成立。翰旋受贿中的贿赂,仅仅针对行为人。

在案例一中,罗斌作为国家工作人员,直接利用了自己的职务便利,为请托人谋取了利益,从而构成受贿罪。假如案例一中的罗斌,在与周萍事先通谋之后,直接凭借自己职务的优势地位,让其他国家工作人员帮助通融,为周萍谋取利益,罗斌的行为便是斡旋受贿。

(四)非国家工作人员可成为受贿罪的共犯

根据《刑法》第 385 条之规定,受贿罪是国家工作人员的职务犯罪,不具有国家工作人员身份的人员不能单独构成受贿罪。但根据《最高人民法院、最高人民检察院关于办理商业贿赂刑事案件适用法律若干问题的意见》第 11 条之规定,非国家工作人员与国家工作人员通谋,共同收受他人财物,构成共同犯罪的,根据双方利用职务便利的具体情形分别定罪追究刑事责任:(1)利用国家工作人员的职务便利为他人谋取利益的,以受贿罪追究刑事责任。(2)利用非国家工作人员的职务便利为他人谋取利益的,以非国家工作人员受贿罪追究刑事责任。(3)分别利用各自的职务便利为他人谋取利益的,按照主犯的犯罪性质追究刑事责任,不能分清主从犯的,可以受贿罪追究刑事责任。可见,非国家工作人员也可以作为共犯而构成受贿罪。判定行为人是否成立受贿罪的共犯应当根据《刑法》关于共同犯罪的规定去判定,即双方是否具有共同受贿的故意以及共同受贿的行为。

在司法实践当中,国家工作人员与非国家工作人员共同受贿的现象常见的是国家工作人员的配偶、子女等近亲属成立受贿罪的共犯。国家工作人员的近亲属向国家工作人员转达行贿人的请托事项,收受行贿人的财物并告知该国家工作人员,或者该国家工作人员明知其近亲属收受了他人财物,仍利用其职务上的便利为他人谋取利益,就应当认定该国家工作人员构成受贿罪,其近亲属认定为受贿罪的共犯。近年来,国家工作人员与其情人共同受贿的现象也越来越常见,国家工作人员的情人与国家工作人员通谋,由国家工作人员利用其职务上的便利为请托人谋取利益,收受请托人财物,构成受贿罪的共犯。另外,国家工作人员利用职务上的便利为请托人谋取利益,并要求行贿人将财物递交给关系人,应当以受贿罪定罪处罚。

案例一中的周萍受贿案就是如此。由周萍等人开办的公司出面与请托人联系请托事项并收取贿赂款,由罗斌利用职务上的便利,为请托人谋取利益。罗斌主观上具有与周萍共同收受贿赂的故意,客观上具有利用职务便利为请托人谋取利益并与周萍共同收受贿赂的行为。周萍作为国家工作人员罗斌的特定关系人,与国家工作人员罗斌通谋后利用罗斌职务上的便利条件,为他人谋取利益,以合作开办公司获取"利润"为名,非法收受他人巨额款项,法院最终认定周萍在共同犯罪中起次要作用系从犯,依法应当从轻、减轻处罚或者免除处罚。

综上所述,非国家工作人员可以构成受贿罪的共犯,法律不会给人钻空子的机会,不具有特殊身份的人千万不要抱有侥幸心理,否则,因一时贪婪利用了国家工作人员职务上的便利收受他人财物,便会落得个身陷囹圄的下场。

三、律师建议

(一)小心妻子检举揭发丈夫受贿的行为

现实生活中,作为国家工作人员的丈夫出现了婚外情,妻子为要求丈夫与第三者分手,个别人以检举揭发丈夫受贿相威胁,甚至不惜以牺牲自己的自由为代价。通过前面维权指引中内容可知,作为非国家工作人员的妻子是可以成为受贿罪的共犯的。具体到个案,妻子是否构成共同犯罪,要具体问题具体分析。

妻子是否构成共同受贿,要看是否和丈夫有共同受贿的故意和行为,是否满足受贿罪的构成要件。如果妻子只是在明知国家工作人员为他人谋取利益而收受他人财物,但事先没有通谋,也没有代为转达请托人请托事项、代为收受财物,更没有事先教唆等行为的,仅仅只是知道行为人受贿,则属于知情不举,不能以受贿罪而追究刑事责任。是否构成窝藏或包庇罪也要看具体情况。

若国家工作人员为请托人谋取了利益，但并未收受委托人财物或者向请托人索贿，而其配偶却收受了请托人的财物，对此国家工作人员并不知情，这种情况便是国家工作人员与配偶缺乏共同受贿的意思联络，两人之间并无共同受贿的故意，不能以共同受贿罪定罪处罚。此时，国家工作人员如果利用职权为他人谋取利益，构成其他犯罪的，则应当依据刑法对其他犯罪的规定而定罪处罚。例如，浙江宁波原市委书记许某利用职务便利为他人谋取利益，他本人并未收受请托人财物，也并未向请托人索贿，但他对其妻子与儿子收受他人财物毫不知情。所以最终法院仅仅以滥用职权罪对许某定罪判刑。

综上，在妻子与丈夫并未共谋受贿，并未提供帮助或者有教唆等行为时，不构成受贿罪的共犯，反之，则有可能构成受贿罪的共犯。所以，妻子为要求丈夫与第三者分开，试图采用检举揭发丈夫受贿的途径时，要三思更要慎行！

其实，本书更希望国家工作人员的家属，不仅不能有与作为国家工作人员的家庭成员有任何收受贿赂的想法和行为，当了解到家庭成员有受贿的做法时，还要尽力制止，并要求家庭成员将已经收取财物原路返还。

（二）做法不同，结果完全相反

邓杰身为国家工作人员，不能洁身自好，惹来祸端，无法得到同情。但在其遭遇何晓的威胁和勒索时，如果他对敲诈勒索罪有一定的认识和了解，或向身边法律专业人士问询一下，就不会如此被动，且落得人、财、官、名样样皆空的后果。

敲诈勒索罪的构成要件是，以非法占有他人财物为目的，对他人实施恐吓行为，使他人产生恐惧心理，他人基于恐惧心理而交付财物，行为人或第三者因此取得财物，被害人遭受财产损失。何晓的行为符合其构成要件，如果邓杰在何晓实施敲诈勒索行为后及时报警，何晓将因意志以外的原因而最终未获得财物，属于犯罪未遂，应比照既遂犯从轻或者减轻处罚。最终锒铛入狱的是何晓而不是邓杰。此案再一次向世人昭示了了解法律、懂些法律的基本常识，或在关键时刻咨询专门办理此类案件的律师或其他专业人士是多么的重要！

（三）从案例二邓杰案的判决结果看国家工作人员触犯受贿罪的得与失

邓杰身为国家工作人员，利用职务上的便利，非法收受他人财物 20 万元，为他人谋取利益，被认定构成受贿罪，被判处有期徒刑 3 年 4 个月，并处罚金人民币 25 万元，所得赃款一律上缴国库。何晓向邓杰索要 20 万元的分手费，邓杰为避免何晓去其所在的单位闹,收受贿赂 20 万元,却落得被开除党籍、被开除公职、被判处有期徒刑 3 年 4 个月、被判处罚金人民币 25 万元且所有赃款一律上缴国库的下场,个中滋味及婚外情的得与失,想必邓杰在涉嫌受贿罪被羁押的第一天即已深刻体会到了。

其实,邓杰身为国家工作人员,应明确知道哪些事不能做,做了就有法律风险,但当其在婚外情的河边走而湿鞋后,往往是身不由己并抱有侥幸心理才滑向犯罪的深渊。笔者相信,自从邓杰计划用非法的手段套取 20 万元的提成那天开始,心情就很难从惴惴不安中脱开……假如邓杰能两袖清风、一身正气,没有与他人发生婚外情,不惧怕别人的检举揭发,就没有了套取 20 万元提成的压力和动力,也不会因经济难题被迫走上犯罪道路。

和千金不易的自由相比,国家工作人员受贿的得与失答案自明。很多人都有侥幸心理,只不过有的人任由它肆意生长,而有的人懂得克制。希望本节故事引起为官者的重视,去除侥幸心理,远离犯罪。

四、法律速递

《中华人民共和国刑法》

第六十四条　犯罪分子违法所得的一切财物,应当予以追缴或者责令退赔;对被害人的合法财产,应当及时返还;违禁品和供犯罪所用的本人财物,应当予以没收。没收的财物和罚金,一律上缴国库,不得挪用和自行处理。

第六十七条　犯罪以后自动投案,如实供述自己的罪行的,是自首。对于自首的犯罪分子,可以从轻或者减轻处罚。其中,犯罪较轻的,可以免除处罚。

被采取强制措施的犯罪嫌疑人、被告人和正在服刑的罪犯,如实供述司法机关还未掌握的本人其他罪行的,以自首论。

犯罪嫌疑人虽不具有前两款规定的自首情节,但是如实供述自己罪行的,可以从轻处罚;因其如实供述自己罪行,避免特别严重后果发生的,可以减轻处罚。

第三百八十三条　对犯贪污罪的,根据情节轻重,分别依照下列规定处罚:

(一)贪污数额较大或者有其他较重情节的,处三年以下有期徒刑或者拘役,并处罚金。

(二)贪污数额巨大或者有其他严重情节的,处三年以上十年以下有期徒刑,并处罚金或者没收财产。

（三）贪污数额特别巨大或者有其他特别严重情节的，处十年以上有期徒刑或者无期徒刑，并处罚金或者没收财产；数额特别巨大，并使国家和人民利益遭受特别重大损失的，处无期徒刑或者死刑，并处没收财产。

对多次贪污未经处理的，按照累计贪污数额处罚。

犯第一款罪，在提起公诉前如实供述自己罪行、真诚悔罪、积极退赃，避免、减少损害结果的发生，有第一项规定情形的，可以从轻、减轻或者免除处罚；有第二项、第三项规定情形的，可以从轻处罚。

犯第一款罪，有第三项规定情形被判处死刑缓期执行的，人民法院根据犯罪情节等情况可以同时决定在其死刑缓期执行二年期满依法减为无期徒刑后，终身监禁，不得减刑、假释。

第三百八十五条　国家工作人员利用职务上的便利，索取他人财物的，或者非法收受他人财物，为他人谋取利益的，是受贿罪。

国家工作人员在经济往来中，违反国家规定，收受各种名义的回扣、手续费，归个人所有的，以受贿论处。

第三百八十六条　对犯受贿罪的，根据受贿所得数额及情节，依照本法第三百八十三条的规定处罚。索贿的从重处罚。

第三百八十九条　为谋取不正当利益，给予国家工作人员以财物的，是行贿罪。

在经济往来中，违反国家规定，给予国家工作人员以财物，数额较大的，或者违反国家规定，给予国家工作人员以各种名义的回扣、手续费的，以行贿论处。

因被勒索给予国家工作人员以财物，没有获得不正当利益的，不是行贿。

第三百九十条　对犯行贿罪的，处五年以下有期徒刑或者拘役，并处罚金；因行贿谋取不正当利益，情节严重的，或者使国家利益遭受重大损失的，处五年以上十年以下有期徒刑；情节特别严重的，或者使国家利益遭受特别重大损失的，处十年以上有期徒刑或者无期徒刑，并处罚金或者没收财产。

行贿人在被追诉前主动交待行贿行为的，可以从轻或者减轻处罚。其中，犯罪较轻的，对侦破重大案件起关键作用的，或者有重大立功表现的，可以减轻或者免除处罚。

《最高人民检察院关于人民检察院直接受理立案侦查案件立案标准的规定(试行)》

(三)受贿案(第385条、第386条、第388条、第163条第3款,第184条第2款)

受贿罪是指国家工作人员利用职务上的便利,索取他人财物的,或者非法收受他人财物,为他人谋取利益的行为。

利用职务上的便利,是指利用本人职务范围内的权力,即自己职务上主管、负责或者承办某项公共事务的职权及其所形成的便利条件。

索取他人财物的,不论是否为他人谋取利益,均可构成受贿罪。非法收受他人财物的,必须同时具备“为他人谋取利益”的条件,才能构成受贿罪。但是为他人谋取的利益是否正当,为他人谋取的利益是否实现,不影响受贿罪的认定。

国家工作人员在经济往来中,违反国家规定,收受各种名义的回扣、手续费,归个人所有的,以受贿罪追究刑事责任。

国有公司、企业中从事公务的人员和国有公司、企业委派到非国有公司、企业从事公务的人员利用职务上的便利,索取他人财物或者非法收受他人财物,为他人谋取利益,或者在经济往来中,违反国家规定,收受各种名义的回扣、手续费,归个人所有的,以受贿罪追究刑事责任。

国有金融机构工作人员和国有金融机构委派到非国有金融机构从事公务的人员在金融业务活动中索取他人财物或者非法收受他人财物,为他人谋取利益的,或者违反国家规定,收受各种名义的回扣、手续费归个人所有的,以受贿罪追究刑事责任。

国家工作人员利用本人职权或者地位形成的便利条件,通过其他国家工作人员职务上的行为,为请托人谋取不正当利益,索取请托人财物或者收受请托人财物的,以受贿罪追究刑事责任。

涉嫌下列情形之一的,应予立案:

1. 个人受贿数额在5千元以上的;

2. 个人受贿数额不满5千元,但具有下列情形之一的;

(1)因受贿行为而使国家或者社会利益遭受重大损失的;

(2)故意刁难、要挟有关单位、个人,造成恶劣影响的;

(3)强行索取财物的。

（四）单位受贿案（第387条）

单位受贿罪是指国家机关、国有公司、企业、事业单位、人民团体，索取、非法收受他人财物，为他人谋取利益，情节严重的行为。

索取他人财物或者非法收受他人财物，必须同时具备为他人谋取利益的条件，且是情节严重的行为，才能构成单位受贿罪。

国家机关、国有公司、企业、事业单位、人民团体，在经济往来中，在账外暗中收受各种名义的回扣、手续费的，以单位受贿罪追究刑事责任。

涉嫌下列情形之一的，应予立案：

1. 单位受贿数额在10万元以上的；

2. 单位受贿数额不满10万元，但具有下列情形之一的：

（1）故意刁难、要挟有关单位、个人，造成恶劣影响的；

（2）强行索取财物的；

（3）致使国家或者社会利益遭受重大损失的。

第三节 因婚外情牵出的那些贪污事

一、案例精选

【案例一】用公款为情人购房，在监狱让自己思过

对许多男人来说，坐享齐人之福可能是他们的内心所求。所以许许多多有婚外情的男人，游走在家庭和第三者之间，短暂来看他们或许是快乐的，但现实生活中无数惨痛的故事不断向世人昭示：为短暂的刺激和快乐所付出的代价往往是巨大的！尤其是个别国家工作人员，不惜以侵吞公款来满足情人或一己之欲，他们为情人迈入犯罪的深渊，最后落得个锒铛入狱、身败名裂的下场。接下来为大家介绍的，便是国家工作人员为了给婚外情人购房贪污公款，最后不仅多年失去自由，还被判了巨额罚金的故事。

钟成和雷莉自2年前认识后不久，便一直保持着婚外情关系。彼时的钟成已经有了家庭，担任着北京长峰科威光电技术有限公司（以下简称科威公司）总

经理的职务(钟成系被委派到国家出资企业中从事公务的人员,具有国家工作人员的身份),事业顺利。他也享受着情人给他的温情。雷莉已经跟了他2年,给她买房是早就有计划的,只是一直没有碰到合适的机会。同时也是因为一下子筹到百万以上数额的钱款不是一件简单的事情。但好在他手中有些权力,想要弄些钱也并不难。

很快,钟成就开始了他的计划。他与公司的财务人员黎栋商量着通过虚订合同的方式,将公司的款项转出。于是,他指挥黎栋与商贸中心的王超订立了虚假合同,科威公司财务人员凭借合同将合同款120万元转至商贸中心的账户中,之后黎栋便来商贸中心拿转账支票,并将支票送至假日酒店,交给雷莉的母亲。后该支票被雷莉用于支付购房款,将其交给了售楼处的工作人员。

房子的事情告一段落后,钟成放宽了心,便开始处理从公司支出款项善后事宜。钟成用王超开具的发票在科威公司对支出平账,后又以其他由头偿还了科威公司资金45万元。

钟成自以为自己已经处理妥当,一回生二回熟,在给情人雷莉买房之后,尝到了甜头。之后又采取签订虚假合同的方式,将科威公司公款725.088万元非法占为己有,为其个人购买房产。又签订技术开发合同,组织相关人员利用科威公司原材料、技术平台进行项目研发,将本应属于科威公司的公款350万元非法据为己有,为其妻子购买房产。之后将科威公司公款400万元非法占为己有,为其儿子购买房产。他以为自己能瞒天过海,但常在河边走哪能不湿鞋!钟成多次采取签订虚假合同的方式,将科威公司款项非法占为己有,为其情妇雷莉、为个人、为家人购买房产等,最终还是被发现了。法院经审理后认为,钟成身为国家工作人员,利用职务上的便利,侵吞巨额公款,其行为已构成贪污罪,并且数额已经达到特别巨大的情节,被判处有期徒刑14年6个月,并处罚金人民币300万元。

【案例二】 为养情人花钱松快,侵吞公款误入歧途

常言说得好:"人心不足蛇吞象",人的欲望是永无止境的,尤其是尝到甜头又没有被发现时。与婚外情人相处,需要丰厚的经济收入来支撑。当国家公职人员有了婚外情,需要承担情人的大量开支,正当收入不能满足实际需要时,就

有了将手伸向单位公款的可能。相信大家在看完上一个案例之后,一定为钟成的下场深表遗憾。而接下来的案例,说的是国家公职人员为了支付与婚外情人的日常开支而多次虚列支出,最后被认定构成贪污罪并被判处刑罚的事。

薛景与陶佳在同一个单位工作,薛景系某地质大队纪委书记兼工会主席、党委委员工会主席,陶佳是工会的出纳。一次单位聚会上,二人相谈甚欢。聚会结束之后,两人越来越发现有许多共同话题,每次聊天的时间越来越长,聊的内容也越来越暧昧。两人私下也偶尔约会,越来越有相见恨晚之感觉。直到有次参加单位团建后,两人互诉衷肠,从暧昧又向前跨了一步,此后一发不可收拾。二人不顾一切地幽会,将家庭、伦理、道德等统统抛入脑后。

随着二人见面的次数越来越多,花费也越来越大。薛景的收入不仅需要供养自己的家庭,还要用来支付与陶佳的日常开支,渐渐入不敷出。薛景无法对家庭置之不顾,也无法拒绝陶佳给他的诱惑。听着作为出纳的陶佳经常给自己讲述工会的账目,一个计划在他的脑海中已经成形。

一天在和陶佳的约会中,薛景向陶佳说:"咱们每次约会花销越来越多,我的收入快要支撑不了了,我想从工会里弄点钱,让咱们手里也宽敞宽敞。"

机会说来也就来了,刚好这时候省地质局工会拨给第四大队工会的一笔款项共计 14 万元,薛景看到了机会,于是便安排工会李启虚列职工之家装修工程款的名义,虚开 13.4 万元的发票在工会账上报销。此笔款项,部分用于地质大队会议费等公用,其他用于薛景和陶佳租房及购买床上用品和日常生活开支。

这一次,薛景见自己拿到的钱太少,便又对李启说省地质局工会要通过该地质大队工会走一笔账,要其代表工会在夏老板虚拟的羽毛球馆装修合同和一张金额为 12 万元的发票上签字,再给陶佳报销,陶佳依照薛景安排开了一张 12 万元的现金支票给装修公司的夏老板。同月底,薛景说装修公司有一位女同志来找陶佳,让她陪她到银行办理一笔 12 万元的转账事宜,将 12 万元的现金存入了陶佳的个人账户上。该 12 万元全部由薛景和陶佳共同使用。之后不久,两人双双涉案。

法院经审理后认为,薛景利用职务上的便利,采取虚列支出的手段,侵吞公共财物 182,302 元,数额较大,公诉机关指控薛景犯贪污罪的事实成立,其行为已构成了贪污罪。薛景在归案后,检举揭发他人的犯罪行为,经查证属实,具有立功表现,认罪态度较好,如实交代犯罪事实,积极退赃,依法可从轻和酌定从轻处罚。最终薛景被判处有期徒刑1年6个月,缓刑2年,并处罚金20万元。

二、维权指引

(一)贪污罪的刑法规定及主体范围

依据《刑法》第382条之规定,贪污罪指国家工作人员利用职务上的便利,侵吞、窃取、骗取或者以其他手段非法占有公共财物的。受国家机关、国有公司、企业、事业单位、人民团体委托管理、经营国有财产的人员,利用职务上的便利,侵吞、窃取、骗取或者以其他手段非法占有国有财物的,以贪污论。与前两款所列人员勾结,伙同贪污的,以共犯论处。根据本条及相关司法解释的规定,下列人员能被认定触犯贪污罪:

1. 国家工作人员,是指国家机关中从事公务的人员。

2. 国有公司、企业、事业单位、人民团体中从事公务的人员。

3. 国家机关、国有公司、企业、事业单位委派到非国有公司、企业、事业单位、社会团体从事公务的人员。

4. 受国家机关、国有公司、企业、事业单位、人民团体委托管理、经营国有财产的人员。

5. 依据《全国人大常委会关于〈中华人民共和国刑法〉第九十三条第二款的解释》规定,村民委员会等村基层组织人员协助人民政府从事下列行政管理工作时,属于《刑法》第93条第2款规定的“其他依照法律从事公务的人员”:(1)救灾、抢险、防汛、优抚、扶贫、移民、救济款物的管理;(2)社会捐助公益事业款物的管理;(3)国有土地的经营和管理;(4)土地征收、征用补偿费用的管理;(5)代征、代缴税款;(6)有关计划生育、户籍、征兵工作;(7)协助人民政府从事的其他行政管理工作。因此,村民委员会等村基层组织人员从事前述规定的公务,利用职务上的便利,非法占有公共财物、挪用公款、索取他人财物或者非法收受他人财物,也可构成贪污罪。

6. 没有任何身份的普通公民与具备贪污罪特定身份的人事前通谋,以贪污罪的共犯论处。

案例一中,钟成系被委派在国家出资企业中从事公务的人员,具有国家工作人员的身份。案例二中,薛景系某地质大队纪委书记兼工会主席、党委委员工会主席,也具备国家工作人员的身份。他们二人利用职务上的便利,侵吞公共财物的,均构成贪污罪。

(二)什么样的行为构成贪污罪

贪污罪的构成要件是,国家工作人员利用职务上的便利,侵吞、窃取或者以其他手段非法占有公共财物的行为。看行为是否构成贪污罪,需要综合对主体、主观方面、客体、客观方面四个方面进行考察。

构成贪污罪,首先在犯罪主体上就是特殊的。笔者在上文中已经为大家详细介绍了贪污罪主体的身份要求,此不赘述。

贪污罪侵犯的法益是公共财产。根据《刑法》第 91 条规定,公共财产,是指国有财产、劳动群众集体所有的财产、用于扶贫和其他公益事业的社会捐助或者专项基金的财产。在国家机关、国有公司、企业、集体企业和人民团体管理、使用或者运输中的财产,也以公共财产论。

贪污罪的主观方面只能是故意,并且具有非法占有的目的。故意,即要求行为人明知道自己的行为会发生侵害公共财物的结果,会破坏公务人员职务行为的廉洁性,希望并且放任这种结果的发生。

贪污罪在客观方面表现为要求行为人利用职务上的便利,侵吞、窃取、骗取或者以其他手段非法占有公共财物。

利用职务上的便利,是指利用职务上主管、管理、经营、经手公共财物的权力及方便条件。主管,主要是指负责调拨、处置及其他支配公共财物的职务活动;管理,是指负责保管、处理及其他使公共财物不被流失的职务活动;经营,是指将公共财物作为生产、流通手段等使公共财物增值的职务活动;经手,是指领取、支出等经办公共财物的职务活动。利用与职务无关仅因工作关系熟悉作案环境或易于接近作案目标、凭工作人员身份容易进入某些单位等方便条件非法占有公共财物的,不成立贪污罪。

侵吞,是指犯罪行为人将因为职务便利而占有、管理的公共财物占为己有。司法实践中,贪污罪侵吞公共财产的方法主要是应当上交而不上交、应当支付而不支付、应当入账而不入账。根据《刑法》第 394 条的规定,国家工作人员在国内公务活动或者对外交往中接受礼物,依照国家规定应当交公而不交公,数额较大的,以贪污罪论处,国家工作人员的这种行为也应当视作侵吞公共财物。

窃取,窃取财物,是指行为人利用职务之便,采取窃取的方式,将自己管理的公共财物非法占有的行为。

骗取,是指行为人利用职务之便,采取虚构事实或隐瞒真相的方式,非法占有公共财物。

综上所述,如果行为人的行为不同时满足上述贪污罪的四个构成要件,就不构成贪污罪。在案例一中,钟成身为国家工作人员,利用职务上的便利,多次采用虚构合同的方式,骗取公款、侵吞公共财物,并且主观上具有非法占有的目的,其行为构成贪污罪。在案例二中,薛景亦具有国家工作人员的身份,利用职务上的便利,以非法占有为目的,多次采取虚列支出的手段,将单位公款据为己有供自己和情人消费使用,其行为也满足贪污罪的构成要件。

(三)触犯贪污罪的处罚

《刑法》第 383 条第 1 款对贪污罪规定了三个量刑等级:(1)贪污数额较大或者有其他较重情节的,处 3 年以下有期徒刑或者拘役,并处罚金;(2)贪污数额巨大或者有其他严重情节的,处 3 年以上 10 年以下有期徒刑,并处罚金或者没收财产;(3)贪污数额特别巨大或者有其他特别严重情节的,处 10 年以上有期徒刑或者无期徒刑,并处罚金或者没收财产;数额特别巨大,并使国家和人民利益遭受特别重大损失的,处无期徒刑或者死刑,并处没收财产。其中,贪污数额在 3 万元以上不满 20 万元的,为"数额较大",在 20 万元以上不满 300 万元的,为"数额巨大",数额在 300 万元以上的,为"数额特别巨大"。

另,犯罪行为人若在提起公诉前如实供述自己罪行、真诚悔罪、积极退赃,避免、减少损害结果的发生,其中:(1)贪污数额较大或者有其他严重情节的,可以从轻、减轻或者免除处罚;(2)贪污数额巨大或者有其他严重情节的、贪污数额特别巨大或者有其他特别严重情节的,可以从轻处罚。案例一中,钟成先为其情人购房贪污单位公款 75 万元,后为满足一己私欲又陆续贪污公款 1400 多万元人民币,已经达到了"数额特别巨大"的级别,依法应当判处 10 年以上有期徒刑或者无期徒刑,并处罚金或者没收财产,故最终被判处有期徒刑 14 年 6 个月,并处罚金人民币 300 万元。钟成在提起公诉前,并未如实供述自己的罪行,积极退赃,所以不存在利用此从轻处罚理由的情形。案例二中,薛景利用职务上的便利,采取虚列支出的手段,侵吞公共财物 18,230 元,达到了"数额较大"的级别,依法应当被判处 3 年以下有期徒刑或者拘役,并处罚金。但薛景在归案后,检举揭发他人的犯罪行为,经查证属实,具有立功表现,认罪态度较好,并且如实交代犯罪事实,积极退赃,依法可从轻和酌定从轻处罚。所以薛景最终被判处有期徒刑1年6个月,缓刑2年,并处罚金20万元。

(四)贪污罪与挪用公款罪的区别

依据《刑法》第384条第1款之规定,挪用公款罪是指国家工作人员利用职务上的便利,挪用公款归个人使用,进行非法活动,或者挪用公款数额较大、进行营利活动,或者挪用公款数额较大、超过三个月未还的行为。根据法律条文的规定,挪用公款主要有三种行为:(1)国家工作人员挪用公款归个人使用,进行非法活动,无挪用数额的限制;(2)国家工作人员挪用公款进行营利活动,营利活动要数额较大的标准;(3)国家工作人员挪用公款超过3个月未还,3个月未还需要达到数额较大的要求。挪用公款1万元至3万元为"数额较大"的起点,以挪用公款15万元至20万元为"数额巨大"的起点。"挪用公款归个人使用,进行非法活动的",以挪用公款5000元至10,000元为追究刑事责任的数额起点。

根据相关法律规定,挪用公款罪与贪污罪主要有以下区别:

1. 违法主体不同。贪污罪的主体是国家工作人员以及受国家机关、国有公司、企业、事业单位、人民团体委托管理、经营国有财产的人员。但挪用公款罪的主体只能是国家工作人员,所以在犯罪主体上来说,贪污罪主体范围大于挪用公款罪的主体范围。在案例一中,钟成系被委派在国家出资企业中从事公务的人员,具有国家工作人员的身份,其既可以是贪污罪的主体,也可以是挪用公款罪的主体。假如钟成是受国家机关、国有公司、企业、事业单位、人民团体委托管理、经营国有财产的人员,则其可以构成贪污罪,不能构成挪用公款罪。

2. 行为人的主观方面不同。贪污罪与挪用公款罪的关键区别在于行为人主观上是否具有非法占有的目的。挪用公款罪和贪污罪的主观方面虽然都是故意,但是故意的内容有所不同。挪用公款罪是合法占用公款,并未想将公款占为己有,具有归还的意思。而贪污罪是想非法占有公共财物,永久地享有公款的所有权。案例一中,钟成占用单位公款,用于自己购房等消费行为,并未有之后归还的想法,所以不能构成挪用公款罪。

3. 两罪侵犯的客体不同。贪污罪和挪用公款罪在客体上都侵犯了国家工作人员职务行为的廉洁性,但两者的区别也是分明的。贪污罪侵犯客体是公共财物,而挪用公款罪侵犯的是公款。公共财物的范围要广于公款。另外,贪污罪侵犯的公共财物的所有权,包括占有、使用、收益和处分四种权能。而挪用公款罪并未侵犯所有权,仅仅是公款的使用权。

4.客观行为方式不同。贪污罪在客观上表现为利用职务便利,运用侵吞、偷盗、骗取等办法将公共财物据为己有。挪用公款罪则是私自挪用公款用于营利活动、非法活动以及超过3个月不还。一个是占有,另一个是占用,二者的行为在本质上区分明显。

总体来说,挪用公款罪与贪污罪并不是对立关系,而是包容关系。当二者的行为对象都是公款时,就在一定程度上重合。贪污公款的行为一般也符合挪用公款罪的犯罪构成。挪用公款罪责任形式为故意,如果行为人具有非法占有目的,即具有不归还公款的意思,则应当对行为人以贪污罪论处。根据《刑法》规定与审判实践,对于下列行为,应以贪污罪论处:(1)携带挪用的公款潜逃的;(2)挪用公款后采取虚假发票平账、销毁有关账目等手段,使所挪用的公款已难以反映在单位财务账目上,且没有归还行为的;(3)截取单位收入不入账,非法占有,使所占有的公款难以反映在单位财务账目上,且没有归还行为的;(4)有证据证明行为人有能力归还所挪用的公款而拒不归还,并隐瞒挪用的公款去向的。

三、律师建议

(一)国家工作人员要谨防职务犯罪

腐败现象是当前中国快速发展的一个突出问题,而腐败现象最极端的表现就是职务犯罪。国家工作人员职务犯罪(以下简称职务犯罪)是指国家工作人员利用职务上的便利,贪污受贿,谋取非法利益,或滥用职权,玩忽职守,侵犯公民人身权利、民主权利,破坏国家的社会组织管理职能,依照《刑法》规定应受到刑罚处罚的犯罪行为的总称。这种犯罪本质是一种滥用权力、亵渎权力的行为,是权力运行过程中发生的权力异化、变质、失控现象。职务犯罪无论对社会还是对其本人都会产生深远影响。

国家工作人员利用职权所进行的犯罪,其行为严重侵犯了国家工作人员职务的廉洁性和国家机关的正常活动,给社会造成巨大的物质损害,阻碍经济的发展,而且能给社会造成巨大的精神损害,损害公众对于政府的信赖感,污染社会风气,危及社会稳定。

而行为人本人,一旦经纪委立案审查后认为很可能触犯刑律,即会依据《中国共产党纪律处分条例》《监察法》等有关规定,被开除党籍、开除公职处分,并被收缴其违纪所得,将其涉案嫌疑人犯罪问题移送检察机关审查起诉。从笔者早年办理的职务犯罪及检察院和法院处理的职务犯罪案件不难得知,纪委移送检察院审查起诉的案件,一般都会获刑。犯罪者由万人拥戴之人骤沦为阶下囚,不仅其本人苦不堪言、悔不当初,其家人甚至世世代代都会因其犯罪而无法抬起头。

在本节精选的两个案例中,作为国家工作人员的钟成和薛景没有以身作则,因为贪婪而贪污公款,造成了公共财产的流失,最后两人都被判处有期徒刑并处高额罚金。他们以为能够瞒天过海逃避法律的惩罚,却不知“若要人不知,除非己莫为”。国家工作人员的行为时时刻刻接受着人民群众的监督,一旦犯罪,等待他们的不仅仅是刑罚,还有单位的开除以及灰暗的下半生。

人生在世,岁月如梭。权与势,名与利,都不过是过眼烟云。特别是国家工作人员,只有淡泊才是人生的永恒！能把握住操守,耐得住寂寞,受得住清贫,顶得住诱惑,踏踏实实工作,才能生活的简单且快乐,也才能拥有万金不易的自由和幸福!

(二)国家工作人员,小心别让自身行为成为软肋!

国家对公务员有婚外情,明确规定会给予警告、严重警告、留党察看,甚至撤职、开除处分。如《行政机关公务员处分条例》第 29 条第 1 款规定:有下列行为之一的,给予警告、记过或者记大过处分。情节较重的,给予降级或者撤职处分;情节严重的,给予开除处分:(1)拒不承担赡养、抚养、扶养义务的;(2)虐待、遗弃家庭成员的;(3)包养情人的;(4)严重违反社会公德的行为。

另根据《中国共产党纪律处分条例》第 150 条规定,与他人通奸,造成不良影响的,给予警告或者严重警告处分;情节较重的,给予撤销党内职务或者留党察看处分;情节严重的,给予开除党籍处分。可见,公务员包养情人、与他人通奸遭惩治是有相关依据的。

公民对于任何国家机关和国家工作人员,有提出批评和建议的权利;对于任何国家机关和国家工作人员的违法失职行为,有向有关国家机关提出申诉、控告或者检举的权利。每个国家工作人员都应当约束自己的行为,国家工作人员一旦违法失职,就会招人监督举报,对有婚外情的国家工作人员尤甚。

现实生活中的案例一再证明:太多的高官落马是源于情人的检举揭发。国家工作人员的情人在自己的要求未得到满足或分手不畅时,往往以其掌握的对方违法犯罪事实进行举报为由,对其进行威胁。实际也有不少的国家工作人员因情人的检举揭发引来纪委的调查。对违法违规行为较轻的行为人,会因其存在违反中央八项规定精神、严重违反生活纪律的问题,遭开除党籍、政务撤职处分,并调离原所在单位的处理;而对违法行为较重的国家工作人员,会因触犯刑法,被判处有期徒刑甚至无期徒刑的刑罚。相信有了那么多前车之鉴,国家工作人员定能安分守己、谨言慎行,安心工作,不惧任何人的检举揭发。

(三)服刑后,可通过减刑及假释等途径提前获得自由

国家工作人员犯罪后,必然会受到刑法的严惩。因这类犯罪人在被检察院采取羁押措施前,往往养尊处优且受人尊敬,所以,在他们被判处刑罚并开始执行后,他们想要提前恢复自由的心会更加迫切,这就涉及刑罚的执行制度问题。在我国的刑罚执行体系中,能提前恢复自由的制度以减刑和假释为重。

减刑,是指对原判刑期适当减轻的一种刑法执行活动,根据《刑法》规定,被判处管制、拘役、有期徒刑、无期徒刑的犯罪分子,在执行期间,如果认真遵守监规,接受教育改造,确有悔改表现的,或者有立功表现的,可以减刑。其中,有重大立功表现,应当减刑,这些立功表现包括:(1)阻止他人重大犯罪活动;(2)检举监狱内外重大犯罪活动,经查证属实;(3)有发明创造或者重大技术革新;(4)在日常生产、生活中舍己救人;(5)在抗御自然灾害或者排除重大事故中,有突出表现;(6)对国家和社会有其他重大贡献。但是同时,减少刑期也有许多限制:(1)判处管制、拘役、有期徒刑的,减刑后实际执行的刑期不能少于原判刑期的1/2;(2)判处无期徒刑的,减刑后实际执行的刑期不能少于13年;(3)限制减刑的死刑缓期执行的犯罪分子,缓期执行期满后依法减为无期徒刑的,实际执行的刑期不能少于25年,缓期执行期满后依法减为25年有期徒刑的,实际执行的刑期不能少于20年。

假释,是对判处有期徒刑、无期徒刑的犯罪分子,在执行一定刑期之后,因其遵守监规,接受教育和改造,确有悔改表现,不致再危害社会,而附条件地将其予以提前释放的制度。假释也有许多条件:(1)被判处有期徒刑的犯罪分子,执行原判刑期1/2以上;(2)被判处无期徒刑的犯罪分子,实际执行13年以上。如果认真遵守监规,接受教育改造,确有悔改表现,没有再犯罪的危险的,可以假释。但是对累犯以及因故意杀人、强奸、抢劫、绑架、放火、爆炸、投放危险物质或者有组织的暴力性犯罪被判处10年以上有期徒刑、无期徒刑的犯罪分子,不得假释。

综上不难发现,想要获得减刑和假释都不是一件容易的事,且需要满足种种条件。即使获得减刑,减刑的刑期也有相当大的限制。依据《最高人民法院关于办理减刑、假释案件具体应用法律的规定》第6条之规定,被判处有期徒刑的罪犯减刑起始时间为:不满5年有期徒刑的,应当执行1年以上方可减刑;5年以上不满10年有期徒刑的,应当执行1年6个月以上方可减刑;10年以上有期徒刑的,应当执行2年以上方可减刑。有期徒刑减刑的起始时间自判决执行之日起计算。确有悔改表现或者有立功表现的,一次减刑不超过9个月有期徒刑;确有悔改表现并有立功表现的,一次减刑不超过1年有期徒刑;有重大立功表现的,一次减刑不超过1年6个月有期徒刑;确有悔改表现并有重大立功表现的,一次减刑不超过2年有期徒刑。被判处不满10年有期徒刑的罪犯,两次减刑间隔时间不得少于1年;被判处10年以上有期徒刑的罪犯,两次减刑间隔时间不得少于1年6个月。减刑间隔时间不得低于上次减刑减去的刑期。罪犯有重大立功表现的,可以不受上述减刑起始时间和间隔时间的限制。另依据《刑法》第78条第2款第1项之规定,判处有期徒刑的,减刑以后实际执行的刑期不能少于原判刑期的1/2。案例一中的钟成因犯贪污罪被判处有期徒刑14年6个月。在其服刑期间,无论其如何认真遵守监规,确有悔改表现,甚至会有立功表现,都不能改变其至少被关押7年3个月的命运!

总之,与其在监狱想方设法减刑或获得假释,不如在位时以身作则、公事公办,遵纪守法!因为什么都没有享受自由人生更加珍贵和重要!

(四)谨防不具有国家工作人员身份的人,也被认定构成贪污罪

根据《关于审理贪污、职务侵占案件如何认定共同犯罪几个问题的解释》规定,行为人与国家工作人员勾结,利用国家工作人员的职务便利,共同侵吞、窃取、骗取或者以其他手段非法占有公共财物的,以贪污罪论处。因此,非国家工作人员与国家工作人员相互勾结,当共同犯罪人利用了国家工作人员的职务之便时,构成贪污罪的共犯。

根据《刑法》对共同犯罪的规定,不具有国家工作人员身份的人可以教唆具有国家工作人员身份的人实施贪污行为,构成贪污罪的教唆犯;可以与具有国家工作人员身份的人事前通谋,帮助实施贪污行为,构成帮助犯。

综上所述,虽然贪污罪是具有特定身份的人才可能构成犯罪,但不具有国家工作人员身份的人在条件成立时可以构成贪污罪的共犯。所以,不要为利益蒙

蔽双眼,不要为无知埋单,不要让国家工作人员与非国家工作人员共同贪污之事一再上演。

四、法律速递

《中华人民共和国刑法》

第三百八十二条　国家工作人员利用职务上的便利,侵吞、窃取、骗取或者以其他手段非法占有公共财物的,是贪污罪。

受国家机关、国有公司、企业、事业单位、人民团体委托管理、经营国有财产的人员,利用职务上的便利,侵吞、窃取、骗取或者以其他手段非法占有国有财物的,以贪污论。

与前两款所列人员勾结,伙同贪污的,以共犯论处。

第三百八十三条　对犯贪污罪的,根据情节轻重,分别依照下列规定处罚:

(一)贪污数额较大或者有其他较重情节的,处三年以下有期徒刑或者拘役,并处罚金。

(二)贪污数额巨大或者有其他严重情节的,处三年以上十年以下有期徒刑,并处罚金或者没收财产。

(三)贪污数额特别巨大或者有其他特别严重情节的,处十年以上有期徒刑或者无期徒刑,并处罚金或者没收财产;数额特别巨大,并使国家和人民利益遭受特别重大损失的,处无期徒刑或者死刑,并处没收财产。

对多次贪污未经处理的,按照累计贪污数额处罚。

犯第一款罪,在提起公诉前如实供述自己罪行、真诚悔罪、积极退赃,避免、减少损害结果的发生,有第一项规定情形的,可以从轻、减轻或者免除处罚;有第二项、第三项规定情形的,可以从轻处罚。

犯第一款罪,有第三项规定情形被判处死刑缓期执行的,人民法院根据犯罪情节等情况可以同时决定在其死刑缓期执行二年期满依法减为无期徒刑后,终身监禁,不得减刑、假释。

《最高人民法院、最高人民检察关于办理贪污贿赂刑事案件适用法律若干问题的解释》

第一条第一款　贪污或者受贿数额在三万元以上不满二十万元的,应当认定为刑法第三百八十三条第一款规定的“数额较大”,依法判处三年以下有期徒刑或者拘役，并处罚金。

第二条　贪污或者受贿数额在二十万元以上不满三百万元的，应当认定为刑法第三百八十三条第一款规定的“数额巨大”，依法判处三年以上十年以下有期徒刑，并处罚金或者没收财产。

贪污数额在十万元以上不满二十万元，具有本解释第一条第二款规定的情形之一的，应当认定为刑法第三百八十三条第一款规定的“其他严重情节”，依法判处三年以上十年以下有期徒刑，并处罚金或者没收财产。

受贿数额在十万元以上不满二十万元，具有本解释第一条第三款规定的情形之一的，应当认定为刑法第三百八十三条第一款规定的“其他严重情节”，依法判处三年以上十年以下有期徒刑，并处罚金或者没收财产。

第三条　贪污或者受贿数额在三百万元以上的，应当认定为刑法第三百八十三条第一款规定的“数额特别巨大”，依法判处十年以上有期徒刑、无期徒刑或者死刑，并处罚金或者没收财产。

贪污数额在一百五十万元以上不满三百万元，具有本解释第一条第二款规定的情形之一的，应当认定为刑法第三百八十三条第一款规定的“其他特别严重情节”，依法判处十年以上有期徒刑、无期徒刑或者死刑，并处罚金或者没收财产。

受贿数额在一百五十万元以上不满三百万元，具有本解释第一条第三款规定的情形之一的，应当认定为刑法第三百八十三条第一款规定的“其他特别严重情节”，依法判处十年以上有期徒刑、无期徒刑或者死刑，并处罚金或者没收财产。

《行政机关公务员处分条例》

第二十九条　有下列行为之一的，给予警告、记过或者记大过处分。情节较重的，给予降级或者撤职处分；情节严重的，给予开除处分：（一）拒不承担赡养、抚养、扶养义务的；（二）虐待、遗弃家庭成员的；（三）包养情人的；（四）严重违反社会公德的行为。

有前款第（三）项行为的，给予撤职或者开除处分。

《中国共产党纪律处分条例》

第二十七条　党组织在纪律审查中发现党员有贪污贿赂、滥用职权、玩忽职守、权力寻租、利益输送、徇私舞弊、浪费国家资财等违反法律涉嫌犯罪行为的，应当给予撤销党内职务、留党察看或者开除党籍处分。

第三十一条　党员犯罪情节轻微,人民检察院依法作出不起诉决定的,或者人民法院依法作出有罪判决并免予刑事处罚的,应当给予撤销党内职务、留党察看或者开除党籍处分。

党员犯罪,被单处罚金的,依照前款规定处理。

第三十二条　党员犯罪,有下列情形之一的,应当给予开除党籍处分:

(一)因故意犯罪被依法判处刑法规定的主刑(含宣告缓刑)的;

(二)被单处或者附加剥夺政治权利的;

(三)因过失犯罪,被依法判处三年以上(不含三年)有期徒刑的。

因过失犯罪被判处三年以下(含三年)有期徒刑或者被判处管制、拘役的,一般应当开除党籍。对于个别可以不开除党籍的,应当对照处分党员批准权限的规定,报请再上一级党组织批准。

结语　远离婚外情，从今天开始

离别最让人不舍。但有些开始，就注定了离别的结局。就如本书的主题——婚外情。这一段三角的关系，不再是世界上最牢固的形状，反而是最脆弱、最易破碎的。无论是爱人，还是被爱的人，抑或是不被爱的人，都不可能全身而退。

就如本书各章节给大家呈现的案例一样。本是婚姻中遭遇背叛的无过错方，却因处理方式不当，变成了侵犯他人名誉、伤害他人的违法者；本是正值花季、前途不可限量的少男少女，却因陷入不被允许的爱恋中，遭受了情感、财产、身体、事业等各方面的多重损失；本是可以享受婚姻美满、子女可爱的幸福之人，却因自己的出轨行为，导致妻离子散、家破人亡。

这一段三角关系中，每一个人都会为自己的行为找各种理由、各种说辞，来让自己的行为显得正当合理，来掩饰自己的过错。而人最终都要为自己的行为负责。

有一部很火爆的韩剧《夫妻的世界》，讲述本是家庭幸福的丈夫，出轨年轻貌美、家庭优渥的年轻女性，妻子发现后愤而复仇的故事。然而，故事的最后，没有人是赢家。妻子以"受害者"心态，采用了自己也出轨、言语刺激丈夫母亲等复仇方式，最终不仅没有维护到自己和孩子的利益，反而把自己卷进烂泥塘，失去了朋友、失去了好名声、失去了高职位，还被勒索钱财，甚至差点失去孩子；丈夫以"事业不顺未得到尊重"为理由开始的"婚外情"，最后的结局当然也不能如愿：原家庭妻离子散，关系破裂，与第三者的再婚婚姻亦不牢靠，最终失去所有；而第三者，虽自认为系"无辜者"而被男主角的甜言蜜语所哄骗，系因单纯天真成为第三者，但最终却也成为单亲母亲，女儿缺失父爱。

戏剧源于生活，但生活远比戏剧更加狗血和残酷。本书各章节中经过改编的案例，全部是真实发生的事件，或来源中国裁判文书网，或来源幸福＋律师们的亲办案例。事实上,大多数的人并不知道,看起来只是违背道德,破坏家庭的"婚外情",却有可能引发一系列的违法犯罪行为。大多数人只知悉"婚外情"会带来身体伤害、名誉与隐私侵犯、财产损失、离婚财产分割与赔偿等民事责任,却忽略了上述行为也有可能受到拘留、罚款等行政处罚,更没有想过,稍有不慎,会触犯刑法,承担丧失自由的刑事责任。

写这本书的初衷之一,就是我们发现,太多的人对"婚外情"了解太少,从而陷入"婚外情"编织的爱恨情仇中无法自拔,就如《夫妻的世界》中的妻子、丈夫和第三者。我们曾经接待过一位第三者,她因为孩子的父亲突然不承认孩子的身份,并拒绝承担孩子的日常费用,以及担心孩子父亲曾经为她购买的房产受损害而前来咨询。当问及她当初为何要选择与这位已婚男子一起并生育子女时,她却表示当时并未想太多,知道他已有家庭但并不在意,只觉得这位男子风趣体贴,在一起很安心,也充分相信他。当我们告知她这段婚外情所造成的孩子和财产在法律方面的风险,以及有可能引发的其他行政和刑事风险时,她才醒悟并感到后怕。

因为办理过太多婚姻家事案件,我们很清楚,人在受到巨大刺激又不知晓利害关系的时候,容易冲动行事。所以,当一个人能充分了解"婚外情"的全貌,提前知晓"婚外情"给自己的家庭、事业乃至他人所带来的一系列影响、风险和法律责任时,会约束和克制自己的行为,慎重地选择是否进入"婚外情",仔细地考虑如何妥善地处理"婚外情"。

不管你是什么原因翻开这本书,希望看完这本书的每一位读者,都能有所收获:对没有或想要进入"婚外情"的人,这本书能成为一剂预防针;对已经遭受"婚外情"的无过错方,这本书能成为一份维权宝典和行动指引;对于陷入"婚外情"的过错方,这本书能成为一口警钟和一枚刹车片,及时止损,妥善处理。

远离婚外情,从今天开始,从现在开始。

2021 年 3 月 28 日

李 华

盈科律师事务所创始合伙人、盈科全国业务指导委员会主任。

李华律师作为盈科全国业务指导委员会主任，负责盈科体系内的专业化建设，带领全国执业律师，构建出完整的专业化法律服务体系，包括研究院、律师学院、专业委员会及法律服务中心，推动盈科律师专业化的法律服务，以适应法律服务市场不断细分的需要。在此基础上，通过集成各专业委员会纵深化的法律服务能力为客户提供综合性的法律服务。

曾荣获全国律师行业优秀党员律师、北京市优秀律师、朝阳区优秀律师、朝阳区首届优秀女律师、朝阳区优秀党员的荣誉称号。

杜　芹

盈科律师事务所全球总部合伙人、盈科全国婚姻家事法律专业委员会主任、盈科深圳管委会副主任、广东法学会家事法研究会理事、深圳律师协会民事法律专业委员会主任、幸福加遗嘱库创始人，《家族企业》《中国妇女》等杂志特邀撰稿人，《第一现场》等电视栏目常驻点评嘉宾，《婚姻律师，这么做才专业》《非凡家事》《律师密码》等畅销书作者。带领团队专注办理高端疑难家事诉讼和家族财富管理传承规划，团队多宗案例获评优秀典型案例或业内首宗，深受好评。

郑素洁

山东济宁人，盈科北京家事调解中心执行主任，盈科北京股权法律事务部副主任，幸福加遗嘱库北京区域负责人，北京市律协刑民交叉委员会委员，执业14年，专研婚姻、继承、财富管理与传承业务近10年，对家事、家族领域刑、民、行交叉案件有深入的研究和独到的处理方案。组建安和家事家族律师团队，并研发自有知识产权的系列法律服务产品，全面为各类人士的人身及财产安全保驾护航。团队以专业和敬业赢得委托人的好评和赞誉，以智慧和汇智让团队律师尽享拼尽全力后的成就感和幸福感！

本书副主编简介

李金涛

盈科南京高级合伙人、婚姻家事与财富管理法律事务部执行主任，南京广播电台“法律365”栏目特邀律师，常年处理大量婚姻家事纠纷（包括同居、离婚、抚养、继承、分家析产、夫妻共同债务纠纷等），诉讼实操经验非常丰富，处理过大量疑难复杂婚姻家事案件，并擅长谈判调解解决争议，做到案结事了，办案满意度高。

许慧芳

幸福加遗嘱库上海区域负责人，盈科上海业务指导委员会委员，荣获盈科律师事务所2020年度“优秀民事律师”“律政巾帼”称号，上海市律师协会婚姻家事业务研究委员会委员，多家知名保险公司、私人银行及三方财富管理等金融机构讲师，参与编撰《中国家族办公室管理前沿》。带领团队致力于复杂家事案件的诉讼解决以及家族财富保护与传承的综合方案服务。

谢达梅

2012年毕业于厦门大学法学院，获经济法学博士学位。现为华侨大学法学院讲师、华侨大学案例法研究中心研究员、华侨大学地方法治研究中心研究员、华侨大学知识产权服务中心专家成员、盈科泉州兼职律师、幸福加遗嘱库泉州区域负责人。谢律师一直从事高校的教学和研究工作，带领团队长期致力于“婚姻家事”“遗嘱规划”“财富传承”等家族法律服务产品的研发及实践，擅长各类家族法律事务的诉讼与非诉业务，具有丰富的法商课程培训经验。

图书在版编目(CIP)数据

拒绝危险关系：婚外情的法律应对 / 盈科律师事务所编；杜芹，郑素洁主编. -- 北京：法律出版社，2021

ISBN 978-7-5197-5492-1

Ⅰ. ①拒… Ⅱ. ①盈… ②杜… ③郑… Ⅲ. ①婚姻法-案例-中国 Ⅳ. ①D923.905

中国版本图书馆 CIP 数据核字(2021)第 076062 号

拒绝危险关系
——婚外情的法律应对
JUJUE WEIXIAN GUANXI
—HUNWAIQING DE FALÜ YINGDUI

盈科律师事务所 编
杜 芹 郑素洁 主编

策划编辑 朱海波
责任编辑 朱海波
装帧设计 汪奇峰

出版 法律出版社
总发行 中国法律图书有限公司
经销 新华书店
印刷 三河市兴达印务有限公司
责任校对 邢艳萍
责任印制 吕亚莉

编辑统筹 法律应用出版分社
开本 710 毫米×1000 毫米 1/16
印张 28
字数 250 千
版本 2021 年 5 月第 1 版
印次 2021 年 5 月第 1 次印刷

法律出版社/北京市丰台区莲花池西里 7 号(100073)
网址/www. lawpress. com. cn
投稿邮箱/info@ lawpress. com. cn
举报维权邮箱/jbwq@ lawpress. com. cn
销售热线/400-660-8393
咨询电话/010-63939796

中国法律图书有限公司/北京市丰台区莲花池西里 7 号(100073)
全国各地中法图分、子公司销售电话：
统一销售客服/400-660-8393/6393
第一法律书店/010-83938432/8433
西安分公司/029-85330678
重庆分公司/023-67453036
上海分公司/021-62071639/1636
深圳分公司/0755-83072995

书号:ISBN 978-7-5197-5492-1
定价:88.00 元